U0754639

丝路大视野

Silu Dashiye

冯 并 ◎著

黄河出版传媒集团
宁夏人民出版社

图书在版编目（CIP）数据

丝路大视野 / 冯并著. — 银川：宁夏人民出版社，
2015.5

　ISBN 978-7-227-06036-9

　Ⅰ.①丝… Ⅱ.①冯… Ⅲ.①区域经济发展—研究—
中国 Ⅳ.①F127

中国版本图书馆 CIP 数据核字（2015）第 111493 号

丝路大视野　　　　　　　　　　　　　　　　冯并　著

责任编辑　管世献　赵学佳
封面设计　邵士雷
责任印制　肖　艳

黄河出版传媒集团
宁夏人民出版社　出版发行

地　　址　银川市北京东路 139 号出版大厦（750001）
网　　址　http://www.yrpubm.com
网上书店　http://www.hh-book.com
电子信箱　renminshe@yrpubm.com
邮购电话　0951-5052104
经　　销　全国新华书店
印刷装订　宁夏捷诚彩色印务有限公司
印刷委托书号（宁)0017052

开本　880mm×1230mm　1/16
印张　28.5
字数　370 千字
版次　2015 年 8 月第 1 版
印次　2015 年 8 月第 1 次印刷
书号　ISBN 978-7-227-06036-9/ F·428

定价　45.00 元

序

　　写完初稿最后一节，正好是 2014 年 9 月 7 日中午。为了能在这一天写完本书的初稿，笔者一直每天写作七八个小时。因为上一年的今天，一次足以影响未来百年中国和世界的演讲在万里之外的中亚举行，演讲风格简洁，充满理智与感情，这就是首次提出丝绸之路经济带建设构想的中国国家主席习近平在哈萨克斯坦纳扎尔巴耶夫大学的讲话。26 天之后的 10 月 3 日，习近平主席访问印度尼西亚时在印尼国会发表演讲，又提出了共建 21 世纪海上丝绸之路的重要理念，"一带一路"发展的国际经济合作构想轮廓全面浮现。他在此前此后多次阐述了构想的基本理念、原则、途径和贯穿其间的"丝路精神"，"一带一路"很快呈现为一个完整多维空间发展战略，引起中国国内和国际有关国家地区更多的反响和认同。在 2014 年 5 月上海举行的"亚信会议"期间和以后，这种反响与认同与日俱增，不仅正在成为中国和周边国家的共同发展战略，也引起国际间更多人士的思考：这样一条由昔日美丽丝绸铺设连接的亚欧经济贸易和科技文化之路，为什么能在今天复苏？为什么要在今天复苏？影响的区域有多大？它的复苏与持续意味着什么？最终所及又在哪些主要层面上？特别是在经济全球化的潮流与大背景下，对崛起中的中国与世界各国的全球经济一体化和区域经济一体化产生怎样深刻的影响？将对人类社会的和平发展做出什么样的重大贡献?

笔者赞同一个正在浮现的观点,"一带一路"发展战略构想,是发展和崛起的中国在世界上首次提出的全面的具有创新意义的全球战略思想。其影响所致,不唯是中国经济的持续发展,同时也在于世界各国各地区"共商、共建、共享"与共同发展的经济一体化走向。

说首次,并不是说中国没有过战略性思考,但近代落后挨打的历史和新中国成立后长期的经济封锁与后来间歇性的被遏制,中国在计划经济的一个时期里只能选择"自力更生"的路径,不是没有成果,而是发展迟缓。改革开放以后,经济体制改革不断推进,在20世纪80年代,中国毅然选择了主动开放的东部沿海发展战略"引进来",并局部"走出去"。在改革开放的前30年里,重点解决经济体制市场化的问题和结构调整的初步问题。中国改革开放的总设计师邓小平提出了"东西是和平问题,南北是发展问题"的"东西南北"思想,为中国经济发展提供了地缘发展的思考框架。在21世纪初,中国也根据建设"和谐世界"的理念制定了和平发展的国家战略,提出构建"民主、和睦、公正、包容"的世界新秩序,但在实施中缺乏明确的地缘经济载体和相应的实现形式。地缘战略的话语权依然被西方特别是美国所垄断,世界经济发展受到所谓斯皮克曼的"边缘地带论"和后来的"大棋局论"的影响和阻滞。中国按照邓小平"发展是硬道理"的发展韧性,坚持改革开放与中国自己坚定不移的发展道路,终于成为世界第二大经济体。

30多年的发展,给中国的现代化奠定了相对强大的物质基础,也奠定了市场取向的经济体制基础。目前,中国进入了发展的新阶段和新的经济转型期,中国的发展,既不能在曾经的"摸着石头过河"中前进,也不能按照走过的路径复制自己,特别是在发展战略的制定和整合中,需要一个更明晰更有效的发展方略,一边更好地顺应经济全球化和区域经济一体化的世界发展潮流,一边按市场规律和地缘发展规律,寻找既是自己的也是跨区域和世界的多维空间的新的全面发展道路。中国国家主席习近平通过对中国经济文化发展的历史轨迹的深入思考，和对世界经济发展深层次发展问题以及当前经济全球化区域经济一体化正反两方面的经验与教训的整合，明确提出"一带一路"发展的战略构想，这必将对中国和世界的发展产生深刻影响。

在人们的常识里，大多都知晓地球上曾经存在过一条影响到人类文明发展的丝绸之路，但未必想得到，这条丝绸之路在未来还要深刻地影响到世界的发展轨迹，影响到世界文明的历史走向。从历史认知到现实认知，是思维与思想的区别。一个经历过"摸着石头过河"的中国，首次出现了一个全面完整和成熟的经济发展战略，看似横空出世，其实是中国改革开放30多年的必然结果。这是认识与实践的"常青树"上结出的果实，朴实无华，带着昔日泥土的芳香，却又像戈壁上的千年不倒的胡杨树，根深叶茂，更像是西亚与欧洲花园里的无花果，在平实的思维枝干的尖端上凝结出一种跨时空的东方智慧。

地缘认知，是伴随着人类进化过程同时发生的，也是人类改造世界中发现利用各种资源的初始环节和关键环节。它指导过人类的早期迁徙活动，指导过人类经济活动的要素和资源的选用与配置，是人类在筚路蓝缕以启山林中的经济认知活动。它也指导过人类从原始群落社会曲折进入现代社会的文明发展，这个发展过程还要继续。时空认知是地缘认知的基础，人类只要存在一天，这个认知就存在一天。在漫长的人类历史中，人类的各种活动是从陆地开始的，最具代表性的认知结果便是尼罗河流域、两河流域、印度河流域与黄河流域世界历史四大文明发源地的兴衰交替与不断发展。随着科学技术的进步，人类的认知活动已经扩展到与近海相连的远洋深海，扩展到太空与外太空，扩展到月球、火星和许多其他地外星球，甚至银河系外的宇宙。那么，作为过去和今天地球人的大陆家园，认知活动同样不会结束。因为不同的视角、不同的认知动机，认知成果和运用的方向也不同，同是为了发展，也有一己之发展或是大家共同发展的区分。理论指向不同，认知之后的方法论也不同，认知的话语体系自然也不同。由于近代资本主义的扩张是建立在"殖民"概念上的，手段又是"坚船利舰"下的不平等贸易，对于地缘的认知，也就染上很难洗去的政治、军事的色彩。从此，从自然地理地缘和经济发展地缘开始的地缘学说，逐步变成政治地缘和军事地缘学说，出现了地缘理论的高度异化，以致形成言必称控制的西方政治地缘理论的强势话语系统。先后出现了德国康德的"欧洲中心论"及拉采尔的"国家有机体论"、美国马汉的"海权论"、意大利杜黑的"空权论"、英国麦金德的"陆权论"，还有德国豪斯霍夫的"生存空间论"、美国斯皮克曼的"边缘地带论"与格雷厄姆的"太空权论"，以至美国亨廷顿的"文明冲突论"、布热津斯基的"大棋局论"。只有一个对信息革命浪潮做出准确预测的托夫勒在现代社会的语境里回归地缘理论的初衷，在技术要素的变量趋势里给出经济发展的共同答案。

中国在发展的历史长河里也很讲究地缘，在春秋战国时代，就出现过孙武的"先至衢地，合交固结"。在诸侯争王争霸中也有过实用主义的"合纵"、"连横"。中国改革开放以后，邓小平的"东西南北"思想，即东西问题是和平问题，南北问题是发展问题的论述，第一次把地缘理论拉回到和平与发展的当代主题上来，但当时中国的问题是如何迈出改革开放的第一步。设立特区和制定东南沿海发展战略，其实就是建设20世纪海上丝绸之路的一次实践，这是地缘学说地缘理论的一次回归。

和平发展是世界主题，也是各国人民的共同愿望和愿景。地缘学说的及时回归，是顺应潮流的一件大事情。习近平提出丝绸之路经济带和21世纪海上丝绸之路的发展构想，其认识价值、实践价值以及对中国对世界和平发展的影响，怎么估计也不为过。这个构想与思想的产生，极大地开阔了中国与世界经济发展的视野，引起亚洲、欧洲和全世界其他许多国家和地区人们的兴趣、思考与实践。

这是一个充满创新思维的发展战略，要素是和平、包容与发展。这是西方形形色色的地缘战略中从来没有过的。在他们的战略词典里只有对不同地理方向的武力征服与遏制，对地缘原理随心所欲的解释和利用，有时也把经济当成制裁的武器，最终把与地缘发展相关的经济活动战略降低到陷入历史恶性循环对抗的原始水平。这种降低其实也是对其推行的所谓"普世价值观"的自我反讽。

这是一个全面发展的战略，是对人类社会文明发展规律与现实发展历史走向的整合认知。"一带一路"既是亚欧古代世界发展中覆盖影响世界文明进化的"丝绸之路"，也是在地缘发展规律中注定要继续发挥重要作用的发展的不二途径，是在更大空间里优化配置市场资源和生产要素之路，是对全球化内涵与外延的更全面更准确的诠释。特别是在当今世界上存在不同的地缘战略理解，是在互利合作中共同发展，还是在遏制与不均衡中走向对抗，"一带一路"发展战略构想的世界意义，也就在不言而喻之中。

笔者之所以写作本书，非专业使然，而是因为强烈的感受驱使。40多年前，笔者在西部地区开始了新闻工作的第一份职业，对丝绸之路的历史与现状有过直观感受，以至于进入中央新闻机构和在原国家经济体制改革委员会工作时只要有机会，总愿意到西部去。这给了笔者一种不断思考的机会，也形成了阅读有关丝绸之路书籍资料的一些习惯，在经济研究和报道中对区域经济发展题目兴趣也更大些。但即便有过这样的一些积累，真正研究起来，仍感思维迟滞。丝绸之路的老概念，人们都耳熟能详，把丝绸之路与现代化建设特别是经济全球化紧密联系起来，还是空前的令人耳目一新的。如何把传统研究中偏重于历史并且多少有些专业化、碎片化的思维整合起来，为进一步深刻领会"一带一路"构想的发展思想精髓提供一些参考，笔者在本书中做了一些尝试，并尽可能把历史文化与现实的经济问题尤其是经济一体化问题结合起来论述。在写作上，也力求把经济研究和经济报道结合起来，带有一点经济随笔的特点，如果尝试有效果，也就很知足了。

　　笔者以为，区域经济发展从来是一个整合的概念，"一带一路"发展战略构想不仅开阔了我们的视野，也促使我们思考一个问题：在中国开始崛起的新的历史新阶段里，中国的"东部梦"与"西部梦"有更多的关联，"中国梦"与"世界梦"也有更多的关联。如果只是把"美国梦"完全搬到中国，"中国梦"和"世界梦"未必能实现。因此，我们应当有自己的地缘战略学说，要有自己的思维创新、理论创新和实践。

中国区域发展战略升级

丝路强国，丝路富民

复兴中的中亚绿洲丝绸之路经济带

草原丝路与西南丝路

海上丝绸之路在延伸

国内区域经济融合与"微丝路"

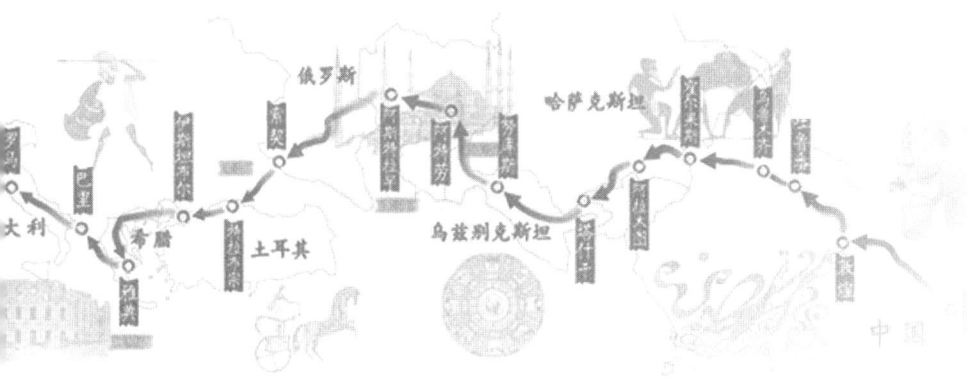

一个有生命的贸易符号

一个有生命的贸易符号

　　丝绸之路，一个在世界经济史和人类文明发展史上永远闪亮的名字。它是辉煌的过去还是未来的繁荣？两者都会是的。它的确首先是一个历史概念，因此引起大量中外学者的探寻与研究，并由此形成了热极一时的"丝路学"。就陆上丝绸之路来讲，它有着两千多年的历史，时断时续，荣辱更替，过去曾是无可替代的亚欧大陆间的经济、技术、文化等交流的大通道，是当时世界梦想的中心舞台，承载起数之不尽的历史内容和信息，现在仍然是承载世界和亚欧大陆经济发展、文明进化的重要舞台。研究丝路的历史，你可以说它是丝绸之路，也可以说它是彩陶之路、瓷器之路、青铜红铜冶炼技术之路、铁器之路、茶马与车骑之路、火药纸张印刷术等科技传播之路、农牧业产品基因交汇之路、世界文化和不同国家民族的文明理念交流之路，还可以说它是民族迁徙、民族融合甚至亚欧近代民族国家的形成之路。在历史上，丝绸、瓷器、茶和香料是流通其间的四种大规模交易产品。这条路中交易链最长的是丝绸，处于价值链顶端的也是丝绸，这就是李希霍芬将其命名为"丝绸之路"的根本原因。

　　说到底，丝绸是一个重要的贸易符号，而且是有生命的贸易符号。它代表着很长时期亚欧贸易的繁盛与繁荣，也会在新的生命周期里再次复兴，推动未来亚欧与世界贸易的进一步繁荣。在遥远的古代，这条丝

3

路如此漫长，中转环节又如此复杂，参与贩运交易的不同国家与地区的人群如此众多，投资甚至投机的空间如此巨大，影响文化、技术、艺术乃至宗教传播等各种文明要素的能量与能力又是如此的无与伦比，以至于人们在基本搞清它在中国的复杂的线路演化与它在中亚、西亚的直接走向之后，依然未能完全弄清它在地中海、在欧洲的辗转的传播路线。或者说，李希霍芬更多的是发现丝绸之路的源头方向，还来不及发现西方与东方的对流方向。倒是李约瑟的《中国科学技术史》，从西方的视角更详尽地叙述了东方对西方的科技影响。但不管怎么说，这都不妨碍我们对它未来将要做出的贡献进行更高的估价。

丝绸之路是连接亚、欧、非的东西方经济文化交流与商贸通道的总称。它有广义丝路与狭义丝路之分，也有古代与现代之别。不论人们研究到哪一步，一个无可怀疑的结论已经形成：丝绸之路是亚欧经济发展的纽带和巨大的地缘传动器，这个地缘经济发展规律并不会因为"地球村"的出现而发生改变，相反它进一步拉近了人们审视过去、透视未来传动的距离。

人们已经在思索，在这条历史悠长的丝路上印满的是对中西方经济、文化和文明交流的记忆，还是具有巨大可逆性的现实经济发展的印辙？一段简洁的演讲，点破了一个关于发展的至理——不论是现在还是将来，历史不死，地理不死，文明不死，发展不死，"一带一路"的发展理念将会是造福人类社会的最重要的发展理念。

"一带一路"构想是2013年正式提出的。建设丝绸之路经济带构想首次提出，是2013年9月7日中国国家主席习近平在哈萨克斯坦纳扎尔巴耶夫大学发表演讲中，他从古丝绸之路留下的宝贵启示里指出，横贯东西、连接亚欧的丝绸之路，完全可以成为不同种族、不同信仰、不同文化背景的国家共享和平、共同发展的新的丝绸之路。他在演讲中阐明了丝绸之路经济带的基本特质：团结互信、平等互利、包容互鉴、合作共赢。9 月 13 日，他在吉尔吉斯斯坦比什凯克举行的上合组织元首理事会第十三次会议上进一步讲，上海合作组织 6 个成员国和 5 个观察员国家都位于古丝绸之路沿线，有责任把丝路精神传承下去，发扬光大，并提出丝路合作的具体内容。一是交通与物流的大流通，二是贸易投资便利化，三是加强金融领域合作，四是成立能源俱乐部，五是建立粮食安全合作机制。2014 年初，习近平访问欧洲，在比利时布鲁日欧洲学院发表演讲，再次提出中欧要建造和平、增长、改革、文明"四座桥梁"，"要积极探讨把中欧合作和丝绸之路经济带建设结合起来，以构建亚欧大市场为目标，让两大洲人员、企业、资金、技术活起来，火起来，使中国和欧洲成为世界经济增长的双引擎"。亚欧发展的"双引擎"理念的提出，更加明晰了丝绸之路经济带建设发展的全面涵义，丝绸之路经济带建设的结构与顶层框架清晰可见。

2013 年 10 月 3 日，习近平访问印度尼西亚，在印度尼西亚国会发表演讲："东南亚地区自古以来就是'海上丝绸之路'的重要枢纽，中国愿同东盟国家加强海上合作，共同建设 21 世纪海上丝绸之路。中国愿通过扩大同东盟国家各领域务实合作，互通有无、优势互补，同东盟国家共享机遇、共迎挑战，实现共同发展、共同繁荣"，"携手建设更为紧密的中国—东盟命运共同体"，同时提出了筹建亚洲基础设施投资银行的建议。

建设 21 世纪海上丝绸之路与建设丝绸之路经济带的发展概念，共同组成和平发展的系统的区域性和全球性构想，一个影响深远的重要的区域性全球性发展战略思想明晰地展现出来。2014 年 5 月 15 日，在中国人民对外友好协会 60 周年纪念活动中，习近平主席要求中国国内各界"以更加开放的胸襟、更加包容的心态，更加宽广的视角"推动丝绸之路经济带和 21 世纪海上丝绸之路建设。2014 年 5 月 21 日，他在"亚信会"第四次峰会上，明确中国坚持"睦邻、安邻、富邻，践行亲、诚、惠、容理念，努力使自身发展更好惠及亚洲国家"，"同各国一道，加快推进丝绸之路经济带和 21 世纪海上丝绸之路建设"。在北京举行的中阿合作论坛第六届部长级会议开幕式上，习近平回顾中阿人民交往历史，提到中阿之间的丝绸之路与香料之路，再次论述了丝绸之路承载的和平合作、开放包容、互学互鉴、互利共赢的丝路精神，提出以丝路精神"为发展增动力，为合作添活力"，中阿是共建"一带一路的天然合作伙伴"，进一步明确了"一带一路"战略构想的行动原则：共商、共建、共享。

习近平"一带一路"的发展战略构想的形成，行云流水，立意高远却又明白如话，这与他对亚欧各民族的经济发展史了如指掌的知识结构有关，更与对世界经济一体化的走势的把握有关。在当今的世界上，各国各地区的经济联系从来没有如此紧密，资源配置的半径也从来没有如此之大，推进与实现区域全面经济合作，必然要与陆上丝绸之路经济带和 21 世纪海上丝绸之路以及跨国合作的多种形式结合在一起，以地缘经济为载体，全面发展经济伙伴合作关系，为中国的发展增添新的动力，为世界经济的发展开辟新的合作路径。

共识已经形成

　　"一带一路"发展战略构想基于世界经济一体化区域化的判断，也是中国经过 30 多年的改革开放推进东部沿海发展和西部大开发之后的又一个重大经济战略选择，同时也是中国企业进入跨国竞争阶段的必然要求，是国际经济竞争与合作进入新阶段，国际关系再次复杂化的形势下必须做出的战略应对。在可预见的几十年里，陆上丝绸之路将会出现周期性的大复兴，使它继续成为千古不废、充满活力的经济发展的高速路，在亚欧大陆的经济发展中再次起到举足轻重的作用。海上丝绸之路也会变得更加活跃，成为推动经济全球化的新的动力源。

　　政策沟通、道路联通、贸易畅通、货币流通、民心相通，这是"一带一路"的操作总纲。就亚欧国家丝绸之路经济带经济合作的硬件基础设施来讲，由于现代交通技术的快速发展，遥远变为相对的便捷，亚欧大陆的一些天然的阻隔不断消失和克服，信息技术又使烽火台的岁月切换到光纤时代，在新的丝绸之路经济带和海上丝路贸易中，各国各地区各民族的经济文化交流更直接更有效率。推进经济全球化和区域经济一体化的各种软件条件，如多边与双边的自贸谈判、自贸区建设和相关的贸易便利化政策，正在逐步打通贸易、投资和经济合作的各种瓶颈，极大提升经济合作的效率与效益。国际货币流通格局资金融通的新变化也创造了前所未有的跨国贸易投资和经济合作的有利条件。"一带一路"

发展构想及时完整地反映了中国对全球经济一体化和区域化进程的主动认知，在平等互利、互补多赢的框架下，让亚欧以及世界其他各国各民族进一步释放自身的发展追求，在历史的时空坐标里再次把握文明复兴的历史机遇，这不仅超越和改变了古老丝绸之路的略有单薄的自发形态，走上自觉自主的发展道路，也让现代丝路经济更像是一株生长在天地间的大树，有发达的根系，扎根跨国经济合作的肥沃土壤，有伸向四围的树冠，结出更多惠及多方的跨国经济合作的果实。

在当前国际关系发生剧烈深刻变化的大背景下，国际关系出现新的博弈格局，具有很多不确定性，但中国与世界各国的发展仍然处于大的机遇期。中国需要在新的发展阶段里继续加快发展，把丝绸之路经济带和 21 世纪海上丝路建设与国内的结构调整、产业升级相互配套结合，亚欧乃至世界各国各地区也要在各自不同的发展阶段里寻找经济振兴和复苏经济之路。丝绸之路经济带和海上丝绸之路构想将会成为越来越多国家和地区的共识，产生越来越大的吸引力和越来越强的发展效应。

对于"一带一路"构想的研究和进一步实施，目前还是初始阶段，但已经在中国国内形成了势头。建设丝绸之路经济带和 21 世纪海上丝绸之路，需要加快中国国内自身的改革开放，率先实现国内经济区域的经济一体化，打破"行政割据"画地为牢的非市场体制与机制，还要建设好内部的"微丝路"，构建利用两种资源、两个市场的全国统一的完整的物流大系统，改革金融体制和投资体制，形成与国际有效对接的经济运转系统，最大限度发展开放型经济、生态经济和创新经济，并在基础设施建设和生态建设上继续实现新突破，尽早实现中国人的"强国梦"，实现自立于世界民族之林的发展愿景。

2013 年底，国家发展改革委员会与外交部共同召开了推进丝绸之路经济带和 21 世纪海上丝绸之路建设座谈会，学习理解习近平提出丝绸之路经济带和 21 世纪海上丝绸之路战略构想的深刻内涵。西部九省（区、市）负责人以及国家 12 个部门负责人出席座谈会，提出加快研究推进有关战略构想总体设计和框架方案的制订，要求早期收获，形成示范效应，实现滚动发展。2014 年初，外交部、国务院新闻办分别与甘肃省、新疆维吾尔自治区共同举办主题为"振兴陆上海上丝绸之路，构建亚洲区域经济一体化新格局"，"亚洲合作对话丝绸之路务实合作论坛"和主题为"丝绸之路经济带——共建共享与共赢共荣的新机遇"的"丝绸之路经济带国际研讨会"。前者有成立 12 年的"亚洲对话平台"33 个成员国中的 28 个国家代表参会，后者有中国、俄罗斯、印度、哈萨克斯坦、吉尔吉斯斯坦、阿富汗、土耳其、美国等 20 多个国家的学者参加。2014 年中，交通运输部与新疆也共同举办了"丝绸之路经济带交通运输峰会"。

　　贵州"生态文明贵阳国际论坛"也设立共建绿色丝绸之路分论坛，以"新时期的丝绸之路建设与生态环保合作"、"丝绸之路建设与人文经贸合作"、"贵州与丝绸之路和互联互通"为题进行研讨，"一带一路"的战略构想已经开始全面影响到中国西南丝路经济带建设的新的思维和新的实践。

　　中国社会科学院"海上丝绸之路研究基地"在北京成立，并举行了"一带一路"学术研讨会。学者提出，构建"一带一路"，就是以经济合作和人文交流为主，以互联互通和贸易投资便利化为优先方向，以利益共同体为目标，在平等协商、循序渐进的基础上，与沿线国家一起打造一条共商、共建、共享、共赢的共同发展之路。对海上丝绸之路的研究，广东省政协连续四次举行推进海上丝绸之路建设座谈会，提出 21 世纪海上丝路不仅是商品与服务贸易的世界经济和区域经济一体化，也是金融、产业资本与投资的一体化，同时提出研究传统商贸与电子商务的异同点，研究海上丝绸之路贸易的新形态新特点。2014 年 7 月 11 日，中国迎来了郑和下西洋第 609 个周年纪念日，《广州日报》开始举行重访海上丝绸之路跨国采访活动，派出四路记者，从广州的古扶胥港出发，踏上重访海上丝绸之路的旅程。一路赴欧洲，包括伊斯坦布尔的古老港口遗迹和马可·波罗的故乡；一路赴南亚；一路赴西亚；一路赴东南亚，在东南亚寻访 609 年前郑和前后 6 次登岸的马六甲和三宝山。新华社也以强大的采访阵容，沿着丝路开始比较全面的采访活动。《环球时报》与新浪网则以建设 21 世纪海上丝绸之路与南海共同开发路径为议题，举行了 2014 年"中国边疆重镇"高峰论坛。

相比于理论学术研讨，实际操作走得更前。2014 年国务院副总理张高丽在兰州、福州与西安分别召集有关省区负责人会议，部署和落实"一带一路"建设。在此后前，全面升级的中国—南亚博览会、中国—亚欧博览会、中国—东盟博览会、中国—东北亚博览会和中国—阿拉伯博览会先后在西部和东北地区举行，铺出了丝绸之路的新的红地毯。2013 年中国—阿拉伯博览会签约项目 31 个，金额 664.91 亿元，还同 20 多个国家旅行商达成 30 亿元的旅游合同，成立了中阿贸易争端解决咨询委员会和中阿产业投资基金。这是中阿首次规模金融合作。中国—东北亚博览会签订投资合同 331 个，其中 10 亿元以上的 75 个。中国—亚欧博览会 2013 年对外贸易成交额 56 亿美元，对外经济技术合同 10 亿美元。新疆在"内引外联、东联西出、西来东去"互联互通格局下，2012 年进出口总额达到 251.71 亿美元，2014 年的中国—亚欧博览会签约超过 2000 亿元，外贸成交 60 亿美元。在中国—南亚博览会及其前身的带动下，2012 年云南省与东盟国家双边贸易额达到 66.8 亿美元。在中国—东盟博览会带动下，广西北部湾银行开展与东盟国家本币兑换业务，正在成为面向东盟的本币结算银行。2014 年，中国—东盟博览会共吸引参展客商近 40 万人，贸易成交额 154.78 亿美元，国际合作项目签约投资额 664.36 亿美元。截至 2014 年 6 月，中国与东盟国家双向投资额超过 1200 亿美元。已经举办 20 届的兰州洽谈会 2014 年再次拉开大幕，签约 142 个项目，引资 1350 亿元，近万客商参会。五大博览会分布在中国西部和东北地区，为丝绸之路经济带战略的全面启动开通了一条经济"宽带"，影响遍及丝绸之路经济带多维延伸面和多个辐射扇面，形成了国内国际经济合作的新的纵横陆路渠道，这些渠道与中国东部海上丝绸之路的沿海港口城市连接在一起，形成更加完整的经济辐射面，在"一带一路"构想的总体布局中发挥各自的作用，成为推动中国全方位整体发展的新地缘经济动力。2014 年 10 月底，21 世纪海上丝绸之路国际博览会在广东东莞开幕，42 个国家和地区的 173 个境外商会 6000 家境外企业参加采购，签约金额 1700 亿元。

2015 年 2 月，推动"一带一路"建设工作会议在京召开，提出高举和平、发展、合作、共赢旗帜，以政策沟通、道路联通、贸易畅通、货币流通、民心相通为主要内容，打造政治互信、经济融合、文化包容的利益共同体、责任共同体和命运共同体，目标更明确，也更具操作性。

"一带一路"构想在国际上同样反响巨大，构想提出一年，已经显示出大发展共识力持续的影响力。从中亚五国到阿拉伯国家，从东南亚到东北亚，多个国家和地区的政府和国家领导人表示出巨大的兴趣与深度合作的愿望，他们已经和正在成为中国的全面经济战略伙伴。

在亚洲，除了与中国共襄丝绸之路经济带建设发展盛举的中亚五国和阿塞拜疆等国家，俄罗斯总统在 2014 年 2 月 6 日就明确地讲，"俄方积极响应中方建设丝绸之路经济带和海上丝绸之路的倡议，愿将俄方跨亚欧铁路与一带一路对接，创造出更大效益"。俄罗斯已经意识到，俄罗斯不仅是中国西向中亚、欧洲的丝绸之路经济带的必经之地，俄罗斯的远东地区和西伯利亚及西伯利亚大铁路本身就在北方草原丝绸之路上。他们正在把远东地区的经济复兴的目光更多地放在丝路经济带更大视野的罗盘上。与中国有着 4710 公里边界线的蒙古国，是丝绸之路经济带的重要腹地。蒙古国总统说："从历史上看，蒙中的参与合作，对丝绸之路项目是不可或缺的。"铁路公路建设和天然气管道的铺设需要进一步加强合作。2014 年 8 月习近平主席首次访问蒙古国，对蒙古国经济发展走上丝绸之路的历程意义重大。此后不久在塔吉克斯坦首都杜尚别举行的上合会议上，中俄蒙三国元首举行首次三国会晤，明确了中国把丝绸之路经济带建设与俄罗斯亚欧大陆桥和蒙古的草原丝路倡议对接，打造三大经济走廊，即中国—中亚—西亚经济走廊、新亚欧大陆桥经济走廊和中蒙俄经济走廊，重点推动道路运输便利化，确保按期开放有关线路，推动贸易投资一体化，建立融资保障机制，充分发挥能源俱乐部作用，加强上合成员国能源政策协调和供需合作。引人注目的是，新当选的阿富汗总统加尼应邀访华，他在会谈中表示，中国是可靠的战略伙伴，"丝绸之路经济带建设对促进中阿合作和地区互联互通具有重要意义，阿方愿意积极参与，加强双方油气、矿产、基础设施建设、民生等领域合作"。

朝鲜半岛的韩国，无论是从通向东北亚的海上丝路还是陆上丝路，都是举足轻重的国家。当前中韩两国都处于大发展的关键时期，两国作为东北亚地区的重要近邻和伙伴，是共同发展的伙伴、致力于地区和平的伙伴、携手振兴亚洲的伙伴和促进世界繁荣的伙伴，战略合作伙伴关系进入了更全面更成熟的阶段。双方将在新能源、电子通信、智能制造、环境、高新技术、绿色低碳等战略新兴产业领域紧密合作。中韩始于2012 年 5 月的自贸协定谈判在 2014 年底完成，韩国首尔正在成为亚洲人民币离岸中心，人民币也将成为继美元之后第二个可直接与韩元兑换的货币。韩国总统朴槿惠在中韩经贸论坛上表示，中国提出的是"一带一路"经济战略，韩国谋划的是"欧亚倡议"，其核心是通过亚欧地区国家间的经济合作，扩大韩国对外贸易，创造就业岗位，激发韩国经济活力。对未来经济战略的构想，中韩有异曲同工之处。因此朴槿惠在论坛上说，需要考虑将韩国"欧亚倡议"同中国的丝绸之路经济带构想结合起来。中、韩都是亚洲的重要国家，也是世界主要经济体，双方通过早日达成自贸协定联手推动区域经济一体化，推动"欧亚倡议"和"一带一路"建设。

东南亚的新马泰是经济活力较强的三个国家。马来西亚总理纳吉布说："东盟和中国相互依赖，彼此是好邻居、好朋友。双方要密切合作，共同致力于实现亚洲和平、稳定、繁荣。马方愿积极参与建设 21 世纪海上丝绸之路和亚洲基础设施投资银行。"新加坡是经济发展成功的范例。中新合作，广泛实质，互补共赢。新加坡是中国西南丝绸之路的东南终端国，也是未来"泛亚铁路"与东南亚新丝绸之路的新起点和海上丝绸之路的交汇点。在老挝国会批准"泛亚铁路"老挝段之后，泰国政府也批准了耗资 233 亿美元直通中国云南省的两条高铁，一条是从泰中部大城府到北部清莱，一条从中部罗勇到东北部廊开，尤其是廊开方向，直接与"泛亚铁路"老挝段对接。"泛亚铁路"具有新的亚欧大陆桥形成的可能，将会极大改变与提升东南亚的经济发展格局。

在南亚，不仅巴基斯坦总统侯赛因高度评价巴中经济走廊建设是丝绸之路经济带和 21 世纪海上丝绸之路倡议的重要部分，斯里兰卡前总统拉贾帕克萨也表示"斯方希望积极参与 21 世纪海上丝绸之路倡议"，"加强海上合作"。2014 年 9 月习近平主席访问南亚三国，在马尔代夫媒体发表文章，把马尔代夫称为古代海上丝绸之路的重要驿站。在斯里兰卡，他还出席了投资 14 亿美元的科伦坡港口的开工仪式和中斯合作建设的电站启用仪式。斯里兰卡处于海上丝绸之路的中转点和十字路口，斯里兰卡看好 21 世纪海上丝绸之路，希望进一步建设海上交通枢纽。习近平主席对印度的访问，正像印度国家安全顾问阿吉特·多瓦尔所言，中印两个大国的关系出现飞跃。双方提出，不使边界问题影响两国关系。印方重申西藏是中国领土的一部分，加快推进中、孟、缅、印经济走廊建设，并明确表示寻求中国企业对铁路建设的投资。铁路在印度是"战略资产"，一般不允许外国企业涉足。

海湾国家领导人沙特阿拉伯王国王储萨勒曼和科威特首相贾比尔也都对"一带一路"构想表示赞同。卡塔尔埃米尔访华,两国元首共同宣布建立中卡战略伙伴关系,卡塔尔埃米尔明确表示,"一带一路"为两国能源、基础设施建设合作提供了重要机遇。卡塔尔官方表示,卡塔尔也是亚洲国家,要考虑丝绸之路经济带的建设。

德国总理默克尔在德国工商界高层的陪同下第七次访华,特意到中国西部成都看望落户成都的汽车产能达 70 万辆的德国"大众",同时也表示了对中国西部发展的极大关注。她说:"我看到中国的发展不仅局限于沿海地区,也出现在西部地区,我期待开展深入的讨论。"中德经贸关系"黄金 10 年"的延续,明显地具有丝路指向的新的特点。

希腊和意大利这两个有着古老海上贸易传统和丝绸之路文明的国家,对丝路建设同样抱有巨大的热情。希中两国元首和政府首脑在短短几个月里多次重申两国积极参与丝绸之路经济带和 21 世纪海上丝绸之路建设,使希腊成为中欧合作的"桥头堡"与中转门户。这是古老的中国文明同希腊文明的再一次握手。意大利总理马泰奥·伦齐说:"丝绸之路是古代东西方文明交流的重要标识,这一倡议再度唤醒了人们对历史的记忆。丝绸之路经济带对加强亚欧各国经贸合作的重要性不言而喻,建设丝绸之路经济带也是加强东西方文化、政治交流的好机会。特别是从维护整个世界和平的角度看,我们今天需要的不仅是一条有利于商品交换的丝绸之路,更是一条有助于对话和了解的丝绸之路。"

对"一带一路"的高度共识集中地体现在 2014 年在北京举行的第 22 届 APEC 领导人非正式会议中。第 22 届 APEC 领导人非正式会议推出了已经酝酿 8 年多的亚太自贸区路线图,提出了共建面向未来的亚太伙伴关系,同时举行了 APEC 所有成员参加的与"一带一路"和亚太自贸区建设共同关联的互联互通伙伴关系对话会。会议发表新闻公报,对"一带一路"高度认同,明确表示支持"一带一路"倡议,"倡议深受历史启迪又有鲜明的时代特色，与亚洲互联互通建设相辅相成，将为沿线国家增进政治互信、深化经济合作和密切民间往来及文化交流注入强大动力，具有巨大合作潜力和广阔发展前景"，并欢迎中国成立丝路基金，为亚洲国家参与设施联通合作提供投融资支持。公报还提出"一带一路"源于亚洲，应以亚洲国家为重点方向，"以陆路经济走廊和海上经济合作为依托，建立亚洲互联互通基本框架"。

第 22 届 APEC 会议批准了亚太自贸区北京路线图，批准了全球价值链发展蓝图，批准了经济创新发展共识，同时也批准了互联互通蓝图。亚太自贸区建设、全球价值链发展蓝图、亚太经济创新共识、亚太互联互通蓝图，是亚太经济区一体发展的灵魂与血肉，也是与"一带一路"一体相连的灵魂与血肉。在会议期间，许多经济体领导人在不同的场合讲到丝绸之路经济带和 21 世纪海上丝绸之路。泰国总理巴育希望同中方交流互鉴，深化合作，特别是借助"一带一路"建设推进农业、铁路合作，促进地区互联互通。印尼内阁秘书安迪则表示，印尼总统佐科在出席北京 APEC 峰会期间，把印尼的世界海洋轴心概念与建设 21 世纪海上丝绸之路战略联系在一起。一年前，习近平正是在印尼国会发表演讲中首次提出建设 21 世纪海上丝绸之路。

除了国际政界领袖，学者们的认识更加专业。印度的汉学家尼赫鲁大学教授狄伯杰不仅回顾印中的丝路交往，还认为海上丝绸之路"从中国到印尼、泰国、缅甸、斯里兰卡以致非洲等地的港口的基础设施将会整合到一起，相关参与方可以共同利用。如果印度也参与，将有助于解决印度国内部分发展问题"。他认为"海上丝绸之路从共同安全、共同繁荣的立场出发，解决亚洲面临的问题，非常有意义"。新加坡的一位资深学者则认为，"一带一路"涵纳了重要文化意蕴，以和平、开放和包容为重要精神元素的古老中华文明正在释放自信，彰显复兴。

构想从文明深处走来

　　"一带一路"构想为什么会产生如此强大的吸引力和影响力？除了构想的团结互信、平等互利、包容互鉴、合作共赢的基本特质与内涵，也是因为这个构想来自人们内心深处对文明进化的记忆，这种记忆已经成为历史基因，只要有合适的土壤和气候，就会破土而生。

　　人类文明特别是四大文明发源地出现在六七千年前，但古代文明发源大多时候是点状的相对闭锁的，而且主要体现在农耕文明发生之后。真正开始发生规模交换，乃是近两千年前的事，而且都是从资源相对贫乏的文明边缘区开始的。伴生于农业的手工业为规模交换创造了等价交换的条件，商业流通和产品的稀缺性也提升了其附加值。无论在东方还是在西方，都以不同的方式探寻交换贸易之路。在中国，规模贸易从张骞通西域开始，但不意味着东西方贸易在此前没有发生。中国商代君王的先祖王亥就是一个从中国北方草原往来贩牛的大商人，春秋时代救郑的商高大约也是商人的贩牛一族，中国人对交换者的称呼十有八九也自然来自最初的商部落。他们的地位并不比现在的大汽车品牌业主低多少。商汤代夏绝非偶然，是有其经济基础的。到了春秋战国时代，类如孔子的弟子子贡和富可敌国的陶朱公，从商者成功者不绝于书，但他们当时经商的半径有多大，是无可考的。贩牛而非贩马，方向是北方草原，但中国玉文化的更早出现，也指出了西向的贸易交换的路径。大约在子贡之后不久，也就是公元前 4 世纪中叶，出生在小亚半岛的哈利卡纳苏斯这个小古城的希腊史学家希罗多德，也以商人身份游历了埃及、巴比伦尼亚、波斯和中亚的斯基泰人地区，并在《历史》一书中记录了东至印度河西至摩洛哥地区的古代景象。记录涉及阿尔泰山的黄金生产交易者，从其所处的位置和特征来看，颇类中国《山海经》中所讲的"一目国人"。"一目国人"并非一只眼，或者如一些学者推测是为了射箭瞄得准，必须弄瞎一只眼，从遗存的岩画看，更可能是神灵图腾。这也如同另一部同样可疑的非信史古文稿《穆天子传》所记的西王母，"披发戴胜"形状如虎，同样有图腾的意味。但即使这是一个神话与伪托，也记录了魏汲塚发现以前人们对西域的认知信息。至少那时已有玉石交换，而早已被考古发现的安阳妇好墓里的和田玉器，说明这种交换发生的时间更早。不论怎么讲，希罗多德还是权威的。他的记录要比第一份世界地图（即"埃拉托色尼"世界图）早 200 年。至于 15 世纪前被西方航海家认可的"托勒密地图"就更晚一些。因为托勒密是公元前 168 至前 83 年的人，他比张骞晚生 4 年，也晚死 31 年。可惜他们无缘谋面，否则"托勒密地图"就是另一个模样，而且陆上丝路也会在地图里约略标出，而后来的西方探险家们也不至于大费周章地去寻找"丝国"与印度。中国的史书明确记载，张骞曾派他的副使到地中海东岸，但当地人大概出于对丝绸贸易垄断的原因，诡称向西无人，副使也就无功而返。若非此，张骞当时直接可通的不只是西域而是地中海与希腊、罗马了。历史有时就是如此吊诡。

从航海贸易上讲，从西方的视角，航海贸易的区域发展顺序是，从地中海贸易到阿拉伯人与中国人、印度人互动的厄立特里亚海即印度洋贸易，然后才是西欧人前仆后继的大航海。大航海的最终结果，哥伦布发现新大陆，麦哲伦发现太平洋。麦哲伦虽然死于与菲律宾土人的冲突中，但也开创了后来的"马尼拉—盖普贸易"。所谓"马尼拉—盖普贸易"，其实是中国商人与欧洲商人以马尼拉为第三地转口贸易的古代贸易方式，中国的福建商人运来丝绸、瓷器和漆器，葡萄牙与西班牙商人运来从新大陆掠来的廉价白银，在"马尼拉—盖普贸易"中参与交换的商品还有东南亚的香料与象牙。因为中国贸易规模有影响，被称为"盖普帆船"的两千吨的大船也被称为"中国船"。为什么福建人下南洋那么多那么早，其因盖出于此。接下来的事无须多讲，那就是红了眼的列强依仗着蒸汽机造成的商船与战舰，取代"盖普帆船"，打开中国的海门，开始了半殖民贸易活动。

西方贸易最早发生在地中海是必然之事，罗马城里的 100 万人口要仰仗埃及的近半粮食补给，贸易已经成为地中海国家的生命线。但地中海相对封闭，一年中有三个月无风的气候条件，也决定了航海技术的简单化。即便是在西罗马时代，罗马人对于丝绸也趋之若鹜，形成消费时尚，但都是从转手贸易中得到的。埃及"艳后"据记载也是中国丝绸的"拥趸"，主要是亚历山大港丝绸贸易所致。陆上丝路贸易，转手的粟特商人一般会保密其来源，以确保他的自然垄断性。海上的厄立特里亚贸易也即印度洋贸易，这在"托勒密地图"里已有反映。在希腊语里，厄立特里亚是"红"的意思，是红海的亚丁湾、阿拉伯海、孟加拉湾及印度洋沿岸的泛称。由于从海上通向东方的贸易之路受"普罗喜斯信风"影响，一般的地中海单层船底的帆船是承受不了的，因此对希腊、罗马水手来讲，这是一条艰难的路。但既有普罗喜斯人发现印度洋的信风规律，也就有不畏艰难的阿拉伯商船来往于红海和印度南部，因此印度商人是中国丝绸的又一个大的转手贸易商，这让西方世界隐约知道东方还有一个遥远的"丝国"。今天回顾丝路历史，不仅使我们得出一个结论，即在西域贸易大规模开通时，西南丝路已经开通，同时也得出另一个推断，在两千年前，"一带一路"已经有了历史的初型。

张骞出使在大夏发现蜀邛杖，想必也见到了丝绸，他判断印度东部还有一条通向印度的陆上贸易之路，是因为商品的原产地在中国四川，而四川也是中国丝绸的中心产区之一。因此，西南丝路比我们想象的要早，印度商人也是丝路贸易的更早参与者，中国循西南丝路甚至通过雪域高原向南辗转输出丝绸，并非推测。对丝绸服装的喜爱，不仅在处于草原丝路的蒙古民族中至今保留，雪域高原的藏族同胞也如此，这同样是历史留给我们的信息。

从地中海贸易到厄立特里亚贸易，海上丝路贸易进入发展高峰，是与彼时修建地中海最大的贸易城市亚历山大的亚历山大大帝有关的，亚历山大在占据埃及的同时，也开始在红海的亚丁湾设立海港，最盛时每年有120艘商船往来于"厄立特里亚海"。亚历山大大帝时代相当于中国战国时代中期，亚历山大大帝的陆上远征到达印度河上游，客观上造成了亚洲西南的"希腊化"，但最终没有打通一直向东的道路。一直到西罗马时代，这项历史使命才由中国的汉武大帝完成。汉武帝不仅推动了亚欧的陆路贸易，同时推进了南中国海的海上贸易，这就是《汉书》记载的公元前111年到前87年，汉朝派遣"黄门近侍"的海上贸易活动，主要沿着印支半岛进行。在罗马的古地图文献里，东部有"赛利卡"即丝绸之国，南部是"锡纳亚"，而"锡纳亚"是古印度给出的地理信息，因为印度人将秦发音为"锡纳"，这是关于"支那"称呼的一种更靠谱的解释。及至中国的隋唐，阿拔斯帝国兴起，不仅再次复苏了以阿拉伯商人为主导的从地中海到印度洋的贸易，并直接扩大到中国的广州。在中亚方向的陆地丝路上，阿拉伯商人也渐次替代了粟特商人。那时的阿拔斯帝国的首邑巴格达已是拥有150万人口的国际商业城市。要说贸易城市的规模对等，在中国的汉代，长安对应罗马与后来的君士坦丁堡，在隋唐，对应的则是君士坦丁堡和巴格达。阿拔斯王朝的邮政长官伊本·胡尔达兹比赫著有一本《道里邦国志》，记录了以巴格达为中心的道路网与930个驿站，还有从波斯湾巴士拉到广州的航线，还提到了"坎茨"（即中国的扬州）和东北亚的新罗与"瓦库瓦库"（即日本）。以阿拉伯商人为主导的海上贸易景象，可以从《一千零一夜》的故事中得到文艺作品的印证。而其书讲述的水手辛巴·达则实有原型，是一位阿曼水手，曾经驾着单桅船，历时两年到达广州。这个时期也是大批阿拉伯人移居中国的时期。

如果说，汉代是中国古代"一带一路"海陆贸易的第一个高峰，唐代是第二个高峰，元代的起于大都经由运河始发泉州的海陆贸易是第三个高峰，明代的郑和航海则达到第四个划时代高峰。郑和的旗舰宝船载重数千吨，船队有 200 余艘，成员有 2.7 万余人，其中包括阿拉伯海员。船舶性能规格远胜阿拉伯商船。郑和航海前三次远航在印度洋的卡列会特港，第四次到达霍尔木兹。在元代，中国的航海对世界航海技术有决定性影响。阿拉伯传统的横帆与中国三角帆结合，单桅杆变为三桅，中国火药的西传也提高了航海安全系数。即便在明末清初，中国也没有失去应当持续保有的海陆贸易主导权。因此，"一带一路"不仅伴随着中国也伴随着亚欧的发展历史，从古代走到了今天，在心底里一直没有被人们忘怀。

丝绸之路的历史特征

仅仅是不能忘记的文明发育的基因，依然不能完美地解释丝路的可以再次复苏的可复制性，真正使它再次活力四射的另一个深刻的原因是丝绸之路与生俱来的明显的历史特征。

一是丝路贸易的对称性。在古代历史上，无论是陆路贸易还是海上贸易，都是以亚洲主要是东亚与欧洲主要是南欧为起点与终点的，在汉代主要是长安和罗马，在隋唐则是长安和君士坦丁堡，在元代是大都与大不里士。这是一种地理的对称性。从最终辐射面和影响面来讲，则是当时的东方和西方即亚欧的地理对称。从直观上看，两端并没有从丝绸贸易的活动中得到直接的经济利益，贸易产生的超级利润几乎全被中间环节拿去，但并不能由此低估丝路贸易带来的直接的和间接的经济推动效应。

在汉唐，长安城与罗马、君士坦丁堡是世界上最大也是最繁华的城市，这种繁华来自于各自文明的发生与发展，也与丝路贸易的频繁发生有着直接的关系。罗马帝国商业传统和商业机制是相对成熟的，只是苦于找不到足以对冲的商品，只能拿出大量的黄金，不得不处于长期出超状态，以至国库空虚国力降低。但汉代特别是唐王朝统治下的中国，丝绸商品交换的因素并没有引起对经济基础产生冲击性的变化，依旧以农业立国，手工业作为补充，依旧在农业和农民上交赋税及农民担负沉重的徭役基础上维持帝国的统治。假设盛唐一代认识并抓住丝路贸易的机遇，历史就会重写。因此，即使那时已经出现了以长安和以广州与东部城市为起点的陆上、海上丝路贸易，向西抵达地中海，向东抵朝鲜、日本，向南到东南亚、南亚转向阿拉伯世界和南欧，形成了事实上的贸易循环圈，但并没有对中国的经济制度产生大的冲击，也没发生有多少影响社会变革与社会发展进程的内生因素，倒是出现了长安、扬州、凉州一线城市的畸形繁华，而这也是许多经济历史学者早已看到的，在中国历史的中后期产生了那么多的商业因素，却没有发生向资本主义过渡的历史原因之一。

但是，丝绸之路毕竟打开了通向外域的广阔天地，造就了当时世界上最大的跨国人流、物流、信息流和文化流，并推动了古代经济产业的某种分化，促进了古代商业城市的发育，形成了中国西部和中亚、西亚的以绿洲经济为特征的一系列跨国贸易城镇和东部的贸易重镇。这些城市有的后来衰落了，有的依然是现今的商业重地，前者如已经消失了的楼兰、中亚的图兰与马雷和西亚的泰西封等，甚至还有中国的敦煌和古凉州武威，后者如中国的扬州、洛阳、西安、伊犁、喀什，中亚和西亚的撒马尔罕、赫拉特、伊斯法罕、巴格达、大马士革和现在的伊斯坦布尔以及罗马等。这是拜丝路所赐的亚欧古代城市的基本格局，是早期丝路贸易发展奠定的重要城市化基石。

古长安的以丝绸交易为代表的陆上丝路贸易，既有规模，也有一定的"游戏规则"。在唐代，有形市场分为东市和西市，东市相当于当时的内需市场，并以上层人士消费为主，西市却有外需市场的特征，设有六品长官管理的和七品级的"平准署"、"市署"，负责物价、度量、质量、交易时间和禁止非法交易方面的管理。长安和广州是陆海丝绸贸易的国际市场，瓷器和茶叶也先后在这里集散，西亚的香料、珠宝和中亚传来的原生农产品也在这里流转。据有关史料转引的唐人韦述的《西京记》

记载，西市在隋代叫"利民市"，"置都立市，至是时百余年矣"，后来为避李世民讳，改称"金市"。朱温代唐，西市尽毁，到了元代，长安西市只剩"故市坡"的地名。唐代西市的遗址已被探掘并经考古确认，一些街道和桥梁、排水沟也在商业文化层里陆续发现。陕西的一位民营企业家在建设古西市博物馆就地保护遗存的同时，开发了古丝路商业文化风貌的"大唐西市"，再现了当时世界上最大的商业贸易中心和支撑丝绸之路贸易走向繁荣的枢纽市场。那时的丝绸品类众多，锦、绣、绫、绮、罗、绢、缣、缬、绸等，可以作为货币流通。丝绸作为等价物，一直影响到元明时代的商品交换活动。

从古代商业链发育的角度考查，中国虽然在输出具有超高附加值的丝绸产品中没有获得直接的巨大利益，甚至还做了"赔本买卖"，但其对世界文明的贡献更加无法计算。养蚕、缫丝、织造丝绸、烧瓷、制茶和开发各种动植物香料的技术的西传以及后来四大发明之火种点亮西方文明，这种利益的相对不平衡，最终带来世界文明发展的平衡。现在，当人们回顾这段横跨亚欧的丝绸贸易历史，无论是当时的西方还是东方，在最大限度满足贸易需求和推动物流和人文的交流中，其整合经济、传播科学技术的效应是人类有史以来绝无仅有的。即以丝绸这个具体的产品和商品来讲，大约在唐代不久，已经传到小亚半岛，伊斯坦布尔，也即当时拜占庭东罗马首都东南 200 公里处，至今还有一座又名"丝绸城"的古城布尔萨，那里是中国古代丝绸西传的重要节点，也是小亚和欧洲最早引进技术生产丝绸的地方。

从商业经营人才的养成和跨国商业活动的形成去看，丝绸之路同样有功于世界。中国历史上有一批商业人才，如汉代的卓文父女、巴寡妇清，商业活动与西南丝路有关，唐代的大贾窦乂、宋清，还有入籍长安由"兴贩"而家资巨富"比王侯"的粟特史姓大贾出现在长安，他们都是司马迁《史记》里和唐代文学家柳宗元、韩愈、温庭筠笔下的人物。

古粟特在今乌兹别克斯坦沙郝里夏勃兹地区，粟特"昭武九姓"的经商者有不少融入中国姓氏。粟特商人群体和后来的阿拉伯商人群体是长期从事丝路中转贸易的一代商业奇才。

在丝绸之路的舞台上，中国扮演着商品"批发集散"和东方市场管理者的角色，同时也是那时候的高档商品制造业大国，是那时候的"世界工厂"，处在技术的高端又处在贸易链的低端，几近于今天的"垂直分工"。因为中国商人并非直接交易者，从一开始就是付出大于收益，投入贡献大于回报，而贸易历史的这种"不对称"或者说"双峰驼型"的曲线收益，是陆路贸易历史形成的一幕。

海上丝路具有一些不同的历史特征。在中国汉唐和宋元前后时，虽然有直接贸易，但更多的是经由西南丝路由印度商人中转，出现阿拉伯商人主导的厄里特利亚贸易，但在明清以来的"马尼拉—盖普贸易"中，中国的福建商人进入直接贸易环节，用丝绸、瓷器交换白银。表面上看，白银出超，但他们用来交换的白银是从新大陆廉价得来的，因此从成本上讲还是总体平衡。但在海上列强殖民时代，掠夺性的贸易与征服性的战争如影随形，形成了一些西方贸易大国在近代出现的贸易扭曲和思维惯性。比如他们把"鸦片战争"称为"白银战争"，认为是中国在茶叶贸易中白银入超引起的。其实，在银本位出现之前，丝绸也曾经是一种"硬通货"，其间的"入超""出超"有谁去计算过，白银成了"硬通货"，除了用它来计算交换价值，难道还有用毒品为单位进行计算的道理？

殖民经济的终结，迎来了平等互利下的经济全球化和区域经济一体化，平等贸易开始成为一种可能。在未来可见的时间里，平等贸易、互利互补是新丝路贸易的基本取向，对称贸易成为丝路贸易的新特征，双边与多边的稳定的长期经济合作以及丝路国家区位优势和资源禀赋比较利益中的综合平衡赋予其广泛丰富的内涵，新丝绸之路和丝绸之路经济带发展具有了更大的可持续性。

　　二是丝路贸易的历史包容性。丝路贸易是和平竞争的贸易，也是相互包容的贸易。和平竞争是由商业发展规律决定的，包容则是文化发展规律决定的。开放就是具有包容性和非排他性，尺有所短，寸有所长，不分大国、强国还是小国、弱国，都有经济的互补性，都有贸易、投资、经济合作的广泛机会，都能一视同仁地贸易往来，己所不欲勿施于人，己所欲也不强加于人。融合就是按照市场规律和自由贸易的双边与多边协定让生产要素自由流动，不去横加干涉和另设条件，让流动的生产要素长入各合作共建地区经济，为其带来发展的福祉。不论政治体制、文化传统的异同，都应当开展合作，均衡则是排除非经济因素干扰下的发展机会均等。中国历史上的丝绸之路贸易不论是陆路的还是海路，都有这样包容、融合、化解与相对均衡的和平的特质，这种传统还会不断地延续下去。由于"一带一路"的发展构想视野兼及中国与世界各国各地区的经济合作与经济发展关系，这应当是在世界经济一体化区域化条件下的一个全球视野的经济合作发展战略。对于这个全球视野的经济合作发展战略，国际上的有识之士在习近平提出构想不久，就敏感地注意到了，并称之为"中国的首个全球战略"。而这是与目前中国已经成为世界第二大经济体地位相适应的。由于这个经济合作与经济发展构想所具有的和平特质和平等互利的特征的对象的普遍性，因此也可以称之为世界首个具有和平贸易完全色彩的全球战略。

　　就中国来讲，对"一带一路"发展战略构想有着深厚的历史与现实的文化认同。从历史上讲，中国的隋唐时代，是一个很国际化的时代，连皇族多少都有些胡人的血缘，彼时的长安是一个完全国际化的都市，胡人的数量约有十万计，东西方的各种宗教安然相处，经商贸易也很便利，文化艺术的发展在跨国交流中达到了一个高峰，国家的综合实力也进入了新的历史阶段。丝绸之路带来的繁荣已经刻入了历史记忆之中。这种连通中亚、南亚和西亚，横跨亚洲、欧洲和非洲的陆海文明交流，虽然并未被当时的历史学家们及时总结出来，也没有上升到后来地缘经济规律的高度，但规律却是永在的。当规律再次被揭示，也就会成为基本国策，得到迅速的认同。丝绸之路是一个跨国跨洋存在，它不仅是中国地缘商业财富和地缘科技文化交流财富，也是当时世界的地缘商业财富和科技文化交流财富。世界四大文明发源地都在不同的发展阶段里，对这个文明交流之路做出了各自巨大的贡献。因此，丝绸只是它的一个美丽的符号，它属于文明，属于世界，对它的认同感也会来自世界。

在古代丝路贸易中，确有时而畅通时而相对闭锁的历史现象，但不能作为丝路贸易不稳定和难以持续的一种解读。2000 年来，丝路贸易在总体上一直是贯通的，所不同的是，影响力程度大小不同，贸易规模和具体走向与具体路径有不同。在汉代，主要是塔里木盆地南缘的大南道和天山南道，然后才出现了天山北道。在唐代甚至元代，大南道没有废弃，马可·波罗进入中国走的就是大南道。贸易路线后来主要转向了天山南道与北道。与此同时，在中华多民族的历史视角里，西南丝路和北方草原丝路也同时存在。这不仅是应了"条条大路通罗马"那句大实话，也说明"通罗马"的大路原本就有多条，在多种因素下，哪条路径出现了不便利，必然有另一条路径取而代之，丝路贸易依然一派兴旺。此其一。其二，陆上丝路贸易真正出现危机，是在 18 世纪西方列强大规模推动跨洋贸易之际。在那之前，欧洲商团也还进行过对近东的"黎凡特贸易"，希望从西打通向东的"贸易"路线，但由于大规模航海贸易带来的便利和与欧洲国家与奥斯曼帝国的纷争，也就打消了贸易陆路东进的念头。但他们并没有放弃对亚欧腹地的征服，转而用探险、考古等文化手段与外交上的分化拉拢实现其目的。"世界岛"、"新月形地带"理论和后来的"边缘地带"论，正是在这样的背景下出现的。因此，陆上丝路贸易的相对衰落是与海上殖民贸易的东来同时发生的，与陆上丝路贸易内部结构变化关联不大。

或许，一些西方史学家怀着很深的疑虑在审视着丝绸之路的另一面，即历史上中东、西亚包括地中海地区和中亚地区，发生过多次战争，甚至被视为所谓"黄祸"的源头和"黄祸"的中心舞台，被视为"十字军东征"的战争方向。在他们眼里，要说中亚、西亚曾经是和平的，还有什么地区比这里更不宁静？

诚然，这里是历史上多个民族特别是游牧民族迁徙的大通道，因此也是历史上冲突较多的地区。中亚的亚洲十字路口的位势，决定了南北东西的不同的迁徙方向与碰撞，因此也兴起过许多匆匆而过的帝国与王朝。从亚历山大东征到"十字军"的东进再到阿拉伯大食的东扩；从雅利安人的西进南迁和塞人或斯基泰人部族、古月氏部族在中亚地区的迂回以及贵霜王朝的开疆扩土，还有短暂的帖木儿帝国的称雄，从匈奴、突厥西迁与辽的耶律大石的西走，甚至是成吉思汗的大军横扫亚欧、奥斯曼帝国与中欧诸国的纷争，无不显示了这样一种历史状态。

但是，每一次战争的起因各不相同，多数战争与争夺丝路并没有直接的关系，与中国的关联度更不高。成吉思汗的西征，直接的导火线是派向当时里海东岸的花剌子模国的庞大贸易"代表团"成员全部被杀，虽然这个借口与后来西方列强从海上先后进入新大陆与亚洲地区的理由没有什么两样，其中的残酷杀戮也为后人所诟病，但成吉思汗西征之后，客观上彻底打通了丝路特别是草原丝路贸易，其情其景又是马可·波罗这样的跨国商人与旅行家所见到的。

一般地讲，彼时的游牧民族和部族因为经济形态的单一与抵御自然灾害的能力低下，主要依靠对外贸易，因此在正常情况下，他们转变为商业民族的概率很大。这个规律也适用于古代地中海的城邦经济，他们同样需要在经济互补中求得生存权与发展权。当贸易受阻或不足，劫掠与战争的概率便会增大。中国则不然，中国在史前已经开始跨入农耕的门槛，当它与更多更大的部落联盟国家相遇时，已经是成熟的农业国家。

自给自足是它的基本经济特征，在古代中国的政治家眼里，只有能够耕种的土地才是财富，因此也就出现了以防卫为主的惯性策略，这也可以解释在少数民族入主中原时版图大而汉族控制政权时版图相对小的道理，也可以解释为什么中国的许多朝代都要修长城。把长城看作是护卫农耕家园核心区的内墙，至于外墙，也只能用塞障、用烽火台形成的边防连接线去标识。这也是过去一些望长城而生义的"学者"难以理解的。他们忘了，在他们民族统一国家形成之初更加是城堡如林的呀。

重于自卫也长于自卫的中国必然是一个"人不犯我，我不犯人，人若犯我，我必犯人"的中国。这也是勇于维护主权也永远爱和平的国家的必然的行为选择。

在中国历史上，并没有发生过丝绸战争、瓷器战争和茶叶战争，更不会为了销售鸦片抵冲由茶叶贸易带来出超而去发动侵略战争。在唐代，倒是有一次应羁縻州之请而发生的怛罗斯之战，唐将高仙芝败于刚刚兴起的大食军队，其结果又有些戏剧性，即被俘的部分军士会打井会造纸，这些"高技术"便从此传入撒马尔罕，传向巴格达，他们用当地盛产的亚麻和桑科植物纤维造出中亚和西亚的第一批纸张。之后又传入欧洲。据学者考证，纸张的西传，影响到绘画艺术发展，使16世纪伊朗萨非王朝细密画风格艺术进入鼎盛，并为欧洲中世纪结束后欧洲国家历经的文艺复兴准备了信息文化传播的物质条件。资本主义兴起并开始进入扩张期，揭开了海上丝路替代陆上丝路贸易的新的一幕。这是陆上丝绸之路总体发生历史逆向变化的真正原因。

时移事易，陆上丝绸之路沿线国家早已成了主权国家，发展成为各国共识，在世界经济一体化区域化的新条件下，重走丝路，重新联手，双向互动地建设新丝路和新的丝绸之路经济带，这是再合乎逻辑不过的事情。丝路上有没有竞争？自然会有。市场经济本身就是竞争的经济，在一般情况下，这也很正常。把竞争看作是一种斗争，如果不是弄错概念，便是有些难言之隐。

丝路贸易是和平的，也是多元主导的，恰如邻里街坊门前的大路，共同拥有，共同行走，是共同的固定资产。丝路开放也是互动中的开放，在历史的丝绸之路上，从未排斥过谁，也没有偏重谁，一切在自由交换的贸易中发生。新丝路一如往昔，一切都会在世界经济一体化区域化引力场中发生。因为丝路是开放的包容的，不同体制和治理模式的经济体都可以进行贸易投资和经济合作，无论是欧盟国家、东盟国家、海合会国家，还是北美经济区国家或者新成立的欧亚经济联盟国家，都是海上丝绸之路和丝绸之路经济带的合作成员。

"一带一路"构想是高度兼容的，足以也应当容得下各种共同市场、各个经济圈。习近平在中国—阿拉伯国家合作论坛上提出了丝路精神。什么是丝路精神？那就是和平协商的精神，共同建设共同享有的精神，包容与互鉴的精神，自由贸易的精神，互惠互利的精神，贸易投资便利深度合作的精神。这种包容是丝路贸易的灵魂，也体现了文明发展规律、社会发展规律和商业运行规律的内涵：一切文明传统都是平等的有价值的，一切国家都有基于自身传统和国情的发展模式，一切经济合作都要遵循平等交换的商业规律和市场规律，一切正常商业活动都来自包容与和平。

三是包容性与开放性。丝绸之路的交易者、参与者、商品运输者、从事转手贸易和长途贩运者，甚至为丝路贸易服务的各种行业，应有尽有。上文提到的长安西市是一个缩影，凡交易者必入市，居然有一百二十行之说，"行头"、"牙子"、"估客"、"居停主人"、"肆长"这样的贸易服务业大量出现，带来形态多元的经济业态，"质库"、"金店"、"柜房"乃至类似后代票据的"飞钱"的金融服务大量出现，类似货栈的"邸店"、"波斯店"、"波斯邸"也大量出现。西市还是当时世界最大的文化交流中心和时尚娱乐中心，生活娱乐设施俱全，因此也是彼时的商贾与文人游玩的去处。李白的《少年行》中"五陵年少金市东，银鞍白马渡春风。落花踏尽游何处，笑入胡姬酒肆中"，直接反映了这样的商业化社会生活。西市具有很大的开放性和居民结构多元特征，"胡商"云集。在唐太宗时期，东突厥内附迁入长安，一次安置突厥人口近万家，占到长安万年县人口的十分之一。这些新移民已经融入长安的经济生活与社会生活，经历安史之乱也"安居不欲归"。居民来源多元带来宗教信仰多元，除佛道之外，景教和摩尼教都有自己的活动场所。在广州常住的阿拉伯民族的人口约 20 万人，主要从事商业贸易。这在古代是一个很大的比例。参与丝路贸易的国家和地区以及古代部族甚多，几乎囊括了大陆所有的国家和地区，包括了东亚、东北亚、东南亚、南亚、中亚、西亚、非洲以及地中海周边的国家，构成全方位"跨国贸易"的主流，是彼时名副其实的"世界贸易"。更重要的是，丝路贸易从来没有贸易之外的前置条件，不问人种与族别，不问宗教信仰，不问治理体制，不问文明发展的源头与特征。这样的贸易开放必然带来海陆运输的繁荣，带来围绕商品交换出现的交通、流通和多种商品生产的巨大进步，带来一次次古代的技术革命和思想文化交流，成为世界文明发展的原动力。

四是新丝路的通透性。新丝路具有明显的通透性。习近平"一带一路"发展构想来自于对古丝路贸易的历史思考，也跳出古丝路海上、陆上各不相属的考察局限和思维格局，把历史记录中曾被视为彼此消长的陆上丝路与海上丝路联系在一起，整合在一起，着眼于海洋和陆地广阔的空间和地缘联系，形成了丝路贸易前所未有的通透性。重视历史经验又不拘泥于历史经验，连接了实践认识的历史长河，打通了经济发展规律运行中的认知隔膜，极为透彻地点出经济规律与地缘规律在经济发展中的关键所在和丝路经济海陆兼通的思维愿景。事实上，拨开历史地理的迷雾，海上丝路与陆上丝路原本是曲折相通的，正像陆上丝路通过地中海辐射到欧洲大陆，海上丝路也通过地中海、红海和印度洋的厄立特里亚海贸易与中国联系在一起。但人们认识这样一个历史事实，不仅经历了几百年的时间，也付出了哥伦布至死把新大陆当成中国和印度，麦哲伦环球航海在菲律宾死于非命的代价。

新丝路的通透性还在于将贸易与投资、经济合作联系在一起，与中国同各个国家和地区的发展连接在一起，产生更大的发展联动效应，更大的经济影响半径，这样一个惠及世界惠及长远的发展构想，高度契合人类社会和平、发展、合作、共赢的时代追求，高度契合世界经济一体化区域化发展趋势，必然引出广泛的共识和操作上的顺势力量，推动各国经济向世界经济一体化区域化方向良性发展。

"一带一路"构想的通透性还在于，与多极化经济世界建立全方位经济关系，具有双边与多边经济合作的自由度和多维度，既同地缘和经济合作关系紧密的国家共享发展成果，与发展中经济体建立全面经济合作伙伴关系，也与发达经济体建立和平、增长、改革、文明四大伙伴关系，同时与世人瞩目的中美关系建立新的经济平衡，走上一条不冲突、不对抗、相互尊重、合作共赢的新型大国关系之路。

历史在现实中创新

　　"一带一路"构想具有显而易见的历史特征，但与时俱进的创新性则是其产生巨大影响的真正来源。"一带一路"构想不仅揭示了曾经的辉煌，也揭示了创造辉煌的规律，是中国首次提出的具有全球意义的重大经济发展战略。这个全球经济发展战略的深远影响，人们将随着时间的推移看得越来越清楚。

　　说这是中国首次提出的具有全球意义的重大经济发展战略，并不是说中国从来没有提出过全球性发展战略主张。毛泽东的"三个世界"论断和邓小平"东西是和平问题，南北是发展问题"的有关论述，都触及到问题的一些本质，但由于中国与世界所处发展历史阶段的不同，也由于中国在当时还处在计划经济和改革开放初期，也没有取得现在的经济发展地位，缺乏相应的条件提出更有针对性更具有发展前瞻性的战略举措。在新的国际形势和国内经济转型的条件下，"一带一路"构想应运而生，无疑具有以下三个开创性的现实战略特征。

　　这是一个以国际经济合作为主旋律的战略。纵观近现代历史，从来没有如此明确如此清晰的国际经济的合作战略展示。团结互信、平等互利、包容互鉴、合作共赢是其战略核心。区别于古往今来东西方的任何一种战略。"一带一路"战略构想把经济社会发展放在第一位，把改革开放与经济的相互融入作为发展的动力，把与各国建立全面经济合作战略伙伴关系作为努力方向，对周边国家实行"睦邻、安邻、富邻"，对沿丝绸之路经济带国家践行"亲、诚、惠、容理念，努力使自身发展更好惠及亚洲国家"。

这是一个以经济全球化和经济均衡发展为目标的战略。世界经济一体化和区域化是世界各个国家和地区打破发展瓶颈，拉动经济持续发展的重要途径。特别是2008年美欧先后爆发金融危机和债务危机以来，发达经济体经济复苏缓慢，发展中经济体也受到巨大影响，在经济互利互补中建立多元经济联系，相互之间进一步加深贸易、投资和经济合作紧密关系，共同发展，既是各国各地区共同的愿景，也是唯一途径。尤其在信息化社会发展条件下，市场要素的流动配置半径发生你中有我我中有你的重大变化，流动性从来没有如此强烈，流动规模也从来没有如此巨大，谁都不可能闭门发展，更不可能在一些经济领域实行封闭，必须在经济一体化的多种有效形式里推动发展的车轮。

这是一个以和平为出发点和落脚点的战略。从麦金德的"陆权论"、斯皮克曼的"边缘地带论"、亨廷顿的"文明冲突论"到布热津斯基的"大棋局论"，从马汉的"海权论"、杜黑的"空权论"到格雷厄姆的"太空权论"，无一不在遏制与战争里兜圈子，程度或有不同，但他们使战略问题打上了不平等与争夺的深深的烙印，甚至使"战略"等同于谋取军事与政治经济乃至文化"霸权"的同义词。其最终目标是把自己的发展利益凌驾在别国发展利益之上，而不是如习近平所强调的，"自己活得好，也让别人活得好"。在战略学的词典里，几曾见到过"共商、共建、共享"的概念？"一带一路"构想与众多的西方地缘战略家们的"理论"相比较，少了用政治地缘绑架经济地缘的虚伪，多了用经济地缘发展促使政治地缘从扭曲中回归的真切，更加切合希望发展的人们的思维逻辑和行为逻辑。

这也是在当前国际形势正处在新的转折关头，各种国际战略力量加快分化组合，国际体系进入深刻演变调整时期保持世界和平稳定的战略。当前国际关系中大国关系复杂化，涉及政治、军事、经济乃至宗教、文化诸多领域，许多正常和不正常的因素相互纠结，相互影响，但在各种变化不定的因素里，经济依然是发展之舟的"压舱石"，而发展也是国家安全的"总钥匙"，是最终能够摆脱世界发展不平衡所造成的各种矛盾的唯一选项。战争威胁与武力对抗，抗不出世界经济繁荣，只会让少数军事技术优势国家和其军工寡头得利。那么，走富国富民和平发展的丝绸之路好，还是反其道而行之，是"一带一路"战略构想与其他形形色色的战略的最重要的分野，也是人们最终思考的问题。

　　需要强调的是，"一带一路"发展战略构想是中国的习近平主席首次提出，但并不意味着丝绸之路是中国的发明和发现专利。它是彼时亚欧各国共同贸易的地缘发展财富，也是世界的现实和未来的贸易、投资和经济合作的共同地缘发展财富。李希霍芬在彼时发现了它，引起中国学人的注意与研究，习近平主席提升和"复活"它，也必然引起相关国家的认同。真理有时就是那么简单，咫尺天涯，可以熟视无睹，也可在深思熟虑中捕获。

跨大区域经济现象

　　毋庸说，"一带一路"构想还深刻地揭示了经济全球化和区域经济一体化的发展规律和最新动态，这就是在经济全球化和区域经济一体化的历史过程中，出现了跨大区域经济现象。"一带一路"特别是其中的"一带"的建设构想，顺应了这个规律，揭示了这个规律，为处于发展困境中的经济全球化开辟了新的道路。

　　什么是全球经济一体化？全球经济一体化的概念在二战以后问世，在 20 世纪 90 年代形成潮流，并没有一个十分明确的定义，而且呈现出极其复杂的发展状态，但大体走向还是明晰的，那就是在新技术革命和新的产业革命的推动下，社会生产各个环节包括生产、分配、交换、消费和生产要素尤其是各种形态的资本，跨越国界，在全球范围自由流动。其主要实现形式是贸易自由化、生产国际化、金融和科技全球化，其表现是世界贸易增长迅速，金融国际化进程加快，国际资本流动规模空前，跨国公司影响力扩大，国际经济和国际经济组织协调作用日益增强，国际产业分工也由垂直分工更多地发展到水平分工，各国各地区经济彼此相互开放，彼此相互联系，相互依赖性也随之大大加强。经济全球化对发展中国家有利的一面是吸引外资，加速工业化进程，提升产业水平，更好地参与国际分工，形成全球统一市场。不利的一面则是发展中国家在强势的发达国家经济关系中，特别是在美国经济霸权格局下，处于名义平等但事实上不平等的状态。经济全球化必然涉及国家部分主权的让渡，这种让渡是相互的、对等的，其主要转移途径是具有不同作用的政府间国际组织形成的多边谈判平台，但在强势控制的意图中并不能完全保证事实上的平等。在这种情况下，区域经济一体化就成为许多国家的重要选择。区域经济一体化既能朝着经济全球化的方向前进，同时也规避了风险。从这个意义上讲，区域经济一体化既是经济全球化的渐进策略选择，也是经济全球化的组成部分。或者也可以说，区域经济一体化是经济全球化在一定地区的反映，是世界经济一体化的必然阶段和奠基石。区域经济一体化是指区域内两个或两个以上国家和地区在一个由政府授权组成的并具有超国家性的共同机构下，通过制定统一的对内对外经济政策包括金融政策，消除国别之间阻碍经济贸易发展障碍，实现区域内互利互惠、协调和资源优化配置的经济过程。区域经济一体化经历了长期的发展过程。在区域经济一体化发展初期，实现区域经济一体化的相关国家和地区，一般是具有地理、历史和文化的接近性和经济发展水平的相近性。比如二战前出现的比卢荷经济同盟和英国与英联邦国家间贸易特惠区，可以视为区域经济一体化的滥觞，发展到 20 世纪末，一体化形式多样平台不断升级，主要是"自贸区"、"关税同盟"、"共同市场"、"经济同盟"甚至是完全的经济一体化。完全的经济一体化意味着各成员国有统一的经济政策和社会政策，包括财政政策和货币政策，建立统一的中央银行，使用统一货币，实行同样的汇率管理和统一的价格政策，同时也有统一的组织管理机构。经历了多半个世纪演变的欧盟是这样的状态，多数国家和地区参与区域经济一体化的形式还处于"自贸区"、"关税同盟"、"共同市场"发育阶段。

目前，区域经济一体化的发展也出现了新的特点，一是区域化范围不断扩大，形成了更多伙伴关系的大的"自由贸易区"，二是各个区域化范围和"自由贸易区"相互联系，其成员也在不同的区域化范围中相互交叉，形成了跨大区域经济现象。这一方面标志着区域经济一体化进入新的融合发展阶段，另一方面也说明，经济全球化的影响开始渗透在区域经济一体化的进程之中。这样一个跨大区域经济现象和趋向，为"一带一路"发展战略构想的实施提供了条件，也为"一带一路"发展战略构想的可持续奠定了基础。

区域经济一体化范围不断扩大是显而易见的。人们记得，在20世纪90年代以前，全球就遍布了大大小小的经济圈，大多以共同体来命名，如南锥体、独联体、西非共同体、欧共体等，尽管共同体的名称很流行，但合作半径既小又有一定的封闭性，其市场功能也没有从包括政治地缘在内的综合考量中完全分化出来。现在，且不说欧盟在不断地东扩，东盟也由最早的"金四角"发展到如今的"10加3"，并且在酝酿2015年建成东盟经济共同体。非洲南部的区域经济一体化更是在不断整合中组成了由南非共同市场、南非共同体、东非共同体三合一的"非洲自贸区"，拥有26个成员国。区域经济一体化由小的经济集团演变为大的集团，很有些类如中国由春秋进入战国的演进时代。区域经济一体化范围不断扩大，既是数量的扩大，也是功能的进一步升级，或者成为由"自由贸易区"为载体的更紧密的经济共同体，或者是经济联盟和同盟。

区域经济一体化波及范围相互交叉也是显而易见的。东盟的成员国也是亚太经合组织的成员国，美国是北美自贸区的创始者，同时还想通过TTIP进一步插入欧盟的跨国经济体，甚至一方面参与亚太经合组织，一方面还要另起炉灶，去搞跨太平洋经济战略伙伴。双边与多边的自由贸易谈判给出多边经济合作的机会，贸易、投资和经济合作呈现出多元多边的色彩。在这样一个双边多边相互交织联系的合作格局里，丝绸之路经济带就成为西联欧洲与欧盟经济区、中亚西亚国家和"海共体"，北联俄罗斯与哈萨克斯坦主导的"欧亚联盟"、东北亚国家，南向东盟、南亚和"澳新自由贸易区"的跨国跨洲的超大经济带。海上丝绸之路也成为跨国跨洋的多向空间的延伸。

丝绸之路经济带和 21 世纪海上丝绸之路并不就是区域经济一体化下的经济区，也无需建立统一有形的经济区框架，完全按照自由贸易的双边与多边的世贸规则务实发展，政策沟通、道路联通、贸易畅通、货币流通、民心相通是其运作内容，也是它的灵魂。丝绸之路经济带和 21 世纪海上丝绸之路同样具有贸易的对称性、包容性、开放性和通透性，是丝路贸易的历史继承与发展，也是对经济全球化的强大的推动。

在丝绸之路经济带和 21 世纪海上丝绸之路的建设进程中，2014 年 11 月 10 日在北京举行的亚太经合组织第二十二次领导人非正式会议，是一个重要的环节和进一步演进。亚太经合组织第一次会议在美国的西雅图举行，包括了较多政治目标不同的地区复合性成员，1998 年亚洲部分国家发生金融危机以来，亚太经合组织的发展进入调整期，这也是美国打算用"太平洋全面经济合作伙伴关系"分化亚太经合组织的一个历史背景。但亚太经济区从根本上是一个完整的经济合作区域，早在 2000 年新加坡举行的第四次东盟领导人会议上，东盟 10 国提出的中国—东盟自由贸易区只是亚太经济区的一个大的次区域，东盟自由贸易区由"10 加 1"模式发展到日韩加入后的"10 加 3"模式，说明了这两个经济区域的正关系。在跨大区域经济现象频频出现的新形势下，亚太经合组织应当进一步破除各种干扰加快发展。亚太经合组织第二十二次领导人非正式会议的主题很明确，就是共建面向未来的亚太伙伴关系。

毋庸说，"一带一路"的战略构想对亚太经合组织的发展壮大是一个正能量，是一个强大的推动力，通过丝路贸易的多向辐射性，加强与亚太国家持续的经济合作，让全球经济一体化和区域经济一体化的航船走得更远。

丝绸之路经济带与 21 世纪海上丝绸之路路发展构想的提出，扎根在民族发展深厚的历史和现实土壤里，也来自于对世界经济一体化区域化发展的历史空间的判断，在历史与现实经济发展的时空里巡回激荡，似曾相识，又令人耳目一新，概念平实却饱含着睿智。

丝绸之路经济带与海上丝绸之路构想，不是一个单一的历史区域经济发展概念。特别是弘扬丝路精神的提出，使之具有了更丰富更有全球战略价值的巨大内涵。这是中国在世界上提出的首个全球战略构想，也是世界上首个以和平发展为特征的全球战略。它不仅颠覆了近代以来以武力以"霸权"为特征的各种全球地缘战略，把陆权、海权和空权从遏制与战争的纠缠状态中剥离出来，也是第一个公开宣称以"发展为安全总钥匙"的发展战略。这是一个尊重自然规律和市场规律的战略，是一个尊重多元文化和多种文明成果的战略，是相互协商对话沟通的战略，是具有多元文化认同和商业规则认同、平等合作、相互尊重的战略，因此也会是多数人多数国家和地区越来越认同的战略。"一带一路"还有海陆连接的多点网络链接的通透性，覆盖面广，辐射半径大，不附加经济合作便利化以外的条件，也没有一般经济区域特有的组织架构，在双边或多边自由贸易协定中和互联互通的硬件条件下，综合效率和效果都占有大的优势。从更高的层次上讲，是一个顺应世界经济发展历史规律的经济要素的全面大组合，是生产关系的地理大解放，为全球经济发展和生产力的进一步提升提供了新的条件。甚至说是一个新技术革命推动世界发展并为两翼，也并不为过。这一点会在"一带一路"的发展进程中逐步显示出来。

发展的新的线路图

　　和平与发展是当代的两大主题，也是人类社会的永恒追求。和平与发展互为前提，本质上是一个概念一个题目。和平发展是"中国梦"的最高境界，有了这个境界，才有了其他层次丰富的多种内涵。"一带一路"发展构想既是中国和平发展之梦的构想，也是世界发展之梦的构想，对和平发展的目标具有重大意义。

　　就中国的发展而言，"一带一路"发展构想是在中国面临经济转型的新的历史阶段里，进一步打破发展瓶颈，平衡和全面发展市场经济，在世界经济一体化区域化中更快更准地抓住机遇的重大发展战略选择。经过30多年的发展，中国取得了举世瞩目的经济成果。2013年，经济总量超过了9万多亿美元，2015年经济总量超过10万亿美元，位居世界第二。但从人均GDP来讲只有6000多美元，仍然排在世界80位之后，而且还存在地区发展不平衡、城乡发展不平衡、劳动群体收入差距不平衡的问题。随着经济快速增长，经济的结构性矛盾突出，资源与环境制约明显，城镇化水平总体滞后，公共产品的覆盖面不宽，面临着经济结构调整和产业升级等极具挑战性的新问题。瓶颈既多，道路且长，解决这些重大的经济发展问题，更需要进一步扩大开放，在更大的市场空间中优化资源配置。目前，中国的经济已经进入了经济转型期，经济增速也转向了中高速发展的新常态，资源节约、环境友好、创新驱动、产业升级成为发展的主旋律，经济发展从过多地依靠投资拉动向主要依靠扩大消费转变，实现这种历史性的转变，不仅要进一步深化改革，也需要开阔对外经济技术合作的视野，在全方位对外经济开放中全面提高经济和社会发展水平。

就推动全球经济一体化和区域经济一体化发展进程而言，"一带一路"发展构想同样具有重大的现实意义。当前，欧美等发达经济体也出现了步调不一致的经济复苏走势，世界经济发展还有很多不确定性，但总的态势比较明显，已经开始走出 2008 年金融危机以来的谷底，进入了缓慢的程度不一的新的调整期。发展中经济体虽然受到金融危机的严重影响，而且在未来几年里也还会遇到新的问题和新的不确定因素，但发展的势头并没有完全消退。比如，2013 年前后，中亚五国经济平均增长率达到过 6%，非洲的尼日利亚超过南非达到了 11%，印度的发展势头也在上升变化之中。当前油价暴跌引起了世界经济发展不均衡的反应，但总的趋势还在缓步增长。亚洲及其中国既是前一段时间里世界经济增长的重要来源，也是未来经济增长的核心区域，中国 7% 左右的经济增长速度仍然独秀于全球。发展中经济体推动全球经济一体化和区域经济一体化发展的动力依然存在。2014 年 10 月，世界贸易组织发布《2014 年世界贸易报告》，报告认为贸易仍是 21 世纪发展的推动力，发展中经济体仍是其中的主力。这份报告提出世界贸易出现几大趋势：一是发展中国家在全球经济中的地位和重要性日益提高，自 2000 年以来，发展中经济体的人均 GDP 增长 4.7%，发达国家增长只有 0.9%。如果按购买力平价计算，发展中国家在世界产出中的份额占到一半，在全球贸易中的比重也从 33% 上升到 48%。二是发展中经济体更多地参与到全球价值链中，但多数处于价值链下游，需要向上游攀升。三是各经济体相互依赖程度提高，彼此受益、互享成果，但一个经济体爆发危机同样会影响其他经济体。世贸总干事阿泽维多说，世界已进入"贸易与发展相互关联的新时期"。中国是最大的发展中国家，中国 2013 年已经成为全球 128 个国家的贸易伙伴，货物进口额 2 万亿美元，出口 2 万亿美元，对外金融类投资 900 亿美元，出境旅游人次 1 亿，2014 年进出口总额达 4.33 万亿美元，剔除不可比因素全年进出口增长 6.1%，为世界贸易做出了巨大贡献，未来在跨国贸易投资与经济合作中将会发挥更大的作用。

这种作用是十分明显的。中国不仅认同世贸组织推动贸易与发展需要开放的、非歧视性的和以规则为基础的多边贸易体系来保证的主张，同时在打破基础设施不足与落后的制约瓶颈方面正在做出独特的努力。"一带一路"构想提出设施联通，是扩大贸易和推动发展的不可或缺的条件。中国有设施联通的建设构想，也有基础设施建设的技术优势、产品优势和相对的资金优势。有关国际金融专家指出，美国现有的资本市场规模为 80 万亿美元，欧洲约为 60 万亿美元，中国和日本加起来约为 50 万亿美元，但中国拥有 4 万亿美元的外汇储备，每年的对外投资规模已经进入千亿美元级别，正在筹建的亚洲基础设施建设投资银行也将产生较大的融资效应。在亚洲国家和地区中，中国、日本、新加坡和中国香港拥有最大也是最稳定的银行系统，而正在走向国际化的人民币货币体系将使中国的货币资本和资金规模产生更多的溢出效应。既可以以美元结算也可以以本币结算的贸易投资多种结算选择，以及既可以投资与贸易互换，也可以技术换市场，还可以进行外包服务与补偿贸易的灵活经营方式，极具整合优势。适应发展中国家基础设施建设市场的多种需求，也适应发达国家改造提升基础设施的需求。与基础设施建设技术和产品相配套，中国初步培育形成了自己的优势产业，包括高铁、货运重载技术、航天航空、核能和平利用、水电建设、特变电电网技术与可再生能源技术，以及装备制造业、通信产业、造船业和建材建筑业等。中国的产业与产品高低搭配，性价比适中，有很大的国际市场适应能力和国际市场竞争力，是共拥"一带一路"和惠及多方发展的重要市场力量。

　　总之，"一带一路"发展构想，既是中国自身可持续发展的需要，也是让世界各国经济发展共同借力亚洲及其中国经济发展的需要。亚洲及其中国的发展同世界经济的发展紧密相关，"一荣俱荣，一损俱损"，开辟新的共建共享的发展道路是全球经济一体化和区域经济一体化的内在要求。发展了的中国理解自身发展对世界贡献的历史责任，更了解世界市场对中国发展的重要意义。

《马可·波罗游记》与"一带一路"

　　这里提到马可·波罗和他的游记，是因为他是世界上最早完整记录"一带一路"初型的西方人，是西方用东方视角审视亚洲并在东方生活的第一人。他同中国的张骞、郑和前后辉映在2000多年的丝绸之路贸易交通史上，是见证丝路贸易的历史巨星。他独一无二地描述了陆上丝绸之路和海上丝绸之路的明确的地理坐标和循环线路图。这些地理坐标与循环线路，从今天来看都是准确无误的，至少要比中外零散记载的史料更明晰，因此也更有历史参考价值。尽管《马可·波罗游记》繁多版本中有一些叙述细节问题，但地理走向与历史事件的真实是推翻不了的。不知那位证伪的美国伍德先生在20世纪是怎样想的，给马可·波罗的游记加上了一个道听途说，甚至断言马可·波罗最远没有走出过君士坦丁堡。其实，质疑者也不想想，如果把他放在600年前，恐怕再道听途说也听不出那么真切的亚洲地理信息和有史可查的东方历史事件。晚生于马可·波罗250多年的哥伦布，至死都把加勒比海的古巴当成中国的一个省，马可·波罗的经历又怎么能让他相信和接受呢？最有可能的理由是因为，马可·波罗是第一个站在东方文化立场带有东方文化思维并从东方的视角叙述东方繁荣的西方人，甚至在他归来时都穿着与欧洲人本色衣装不一样的红、黄、蓝相间的蒙古衣袍，在听后读过感到新奇之后，也就另外升起一种难言而异样的滋味。幸好另一位美国人物专记作家劳伦斯·贝林格尔，索性亲自重走马可·波罗的旅行路线，还了《马可·波罗游记》的真实与清白，也再一次证实了丝绸之路的历史存在与曾经的辉煌。西方人士历来反对文化歧视，但是是有条件有限度的，你弱，他会发出居高临下的几声怜悯，但你曾经和现在强大，那就非偷即骗。对于那个在外漂泊24年连家乡话都说不好的西方游子，最好的办法是把他说成是"百万先生"。这就是某些人的道德与评价底线。

《马可·波罗游记》的一些版本确乎有疏漏，比如蒙古大军围攻襄阳的时候，马可·波罗与他的父亲和叔叔尚在现在阿富汗的巴克达商修整养病，他记述的云南之行也有时间差，但他在长芦镇看到的制盐的情景，又不能否定他到过云贵。古代制盐手工业是重要的税源，云贵在元代色目人纳速剌丁的管理下少不了盐务，朝廷派一个与地方无利益关系又通晓"什一税"的另一个色目人去过问，无异于钦差一个临时督税官。那时已无科举，也无中国其他朝代的流品官制度，熟悉中国历史的人不会用一般的官制理解元朝。这可以解释马可·波罗在离开杭州之后为何突然从官吏变为商人的变换。至于对日本的记录，多半是受当时欧洲流行的"黄金岛"的影响。忽必烈攻打日本是重大的历史事件，马可·波罗不可能不知道。《马可·波罗游记》出现细节问题，有三种可能：一是他的合作者是专门撰写亚瑟王之类传奇故事的当红作家鲁斯蒂谦，所用文字又是他最不擅长的拉丁语，文法与拼写本身就很混乱；二是当时欧洲还没有出现活字印刷，全靠抄写，《马可·波罗游记》前后有119种版本，而且各种文字转来转去，其中出现错误甚至想当然的篡改完全可以想见；三是马可·波罗的记忆虽然惊人，而且写作时还有从中国带回的笔记，但在中国生活24年的漫长岁月，不可能有非常完整精确的时间备忘录。他的游记毕竟是个人的回忆，并非历史专著，但他的视野之开阔，记录细节之丰富，恐怕连专门的历史学者也很难比肩。

最重要的是他的游记地理定位精确，特别是旅行路线，基本没有错误，这是常年生活在中国的一般中国人也难以做到的。重大史实无误，就连时年十七的柯查琴公主与伊尔汗国可汗完婚，原定陆路送亲，后来又变改为海路，这都有史可证。重要的还有许多社会生活的细节，不到中国无论如何不会了解得那么细致入微。如在云南见到的文身与刺青，在杭州看到桥与木结构的建筑以及由此引起的火灾，甚至就餐前送上的擦脸毛巾以及中国过年的对联、爆竹、灯节乃至民间算卜中的生辰八字等，即便是长驻中国的现代外国商务人员，对这些细节也不敢说能够了如指掌。马可·波罗在回乡的海路上多记奇闻轶事，同样可以理解，毕竟是经过而不是常驻，而且他对印尼群岛的"小人"也即后来人类学家所知的"卑格米人"的记录，对"樟脑国"、"面包树"、"红宝石"、"苦行僧"乃至"食人族"、"巴拉巴国"海盗和亚丁湾口索科特拉岛的捕鲸者，都不是完全随意编造的。他从元朝带回的金牌、佛珠和蒙古头戴以及他笔下记录的蒙古包，只有到过上都的人才会写出。

马可·波罗17岁离家，在中国度过最精彩的年华，1292年38岁启程回乡，由泉州出发到占婆（即今越南南部），再到马六甲、安达曼海、锡兰、印度西岸，历时两年抵达霍尔木兹，于1295年辗转回到威尼斯。马可·波罗与他的父亲与叔父到中国，引述过一幅西班牙加泰罗尼亚地图，地图在元朝和钦察汗国之间的线路上绘有驼队与马队，显然是在标识另一条草原贸易通道。但他们走的是传统的南大道，这条南大道张骞走过，在千年之后的元代依然人来人往，这对研究古代交通史者也是一种难得的启示。

马可·波罗无疑是世界上最杰出的旅行家、商业探险家和东西文化交流使者。威尼斯的学者赖麦锡在1559年就高度评价了马可·波罗，并且认为他比哥伦布更伟大。其实他也比发现和命名丝绸之路的李希霍芬更有成就。李希霍芬发现了陆上丝绸之路，马可·波罗却更早地走上了丝绸之路，而且是海陆双程，完整地实现了古代的"一带一路"的全方位的伟大旅行。马可·波罗不仅是丝绸之路伟大的旅行家、丝路贸易的见证者和参与者，也是一位可敬的改革者。他给威尼斯带去元代盐币、纸币和丝绸币等重要金融信息，欧洲人从他那里第一次听说了纸币，并引发了后来整个欧洲金融界和商界的一场革命。这从一个重要的侧面补充了人们对丝绸之路的认识。丝绸之路不仅传播商品传播文化，也传播了金融学的基本原理。丝绸之路是现代文明的启蒙之路。

贝林格尔在马可·波罗传记的结尾部分说："马可·波罗为大家献上了一部突破所有条条框框的书，一部在不断自我更新的伟大著作，在他的游记里，他的行程完全超越了时空界限。沿着位于遥远的帕米尔高原边际的丝绸之路，马可·波罗来到一个原始的世界，那里他接触到一些似乎还停留在史前时期，没有任何发展变化的人和社会。但到了中国，历史似乎推进了数百年，马可·波罗发现自己来到一个有着先进技术和文化的理想社会。""马可·波罗到过很多很多这样的地方，虽然他始终认为自己是一个专门从事织物、宝石、香料贸易的商人，但实际上，他可以算得上是文艺复兴前乃至以后一段时期内，传播世界各民族文化与知识的使者。他通过对自己经历的记述引领东西方不断向未来迈进。""马可·波罗心目中的未来要通过人们的不断旅行、永不中断的贸易往来及使用多种语言进行沟通和交流来实现，而不应该像在中世纪那样彼此隔绝。""作为商人，马可·波罗认为商业贸易是各国交往的核心内容，他能超越不同政治制度和宗教信仰的限制。"

研究丝路经济

　　贝林格尔的《马可·波罗》，应当成为丝绸之路的历史教科书。中国和世界都需要从更宽广的视野去看马可·波罗，去看 21 世纪的新丝路，更需要研究现代丝路经济，包括丝路地理、丝路交通、丝路人文、丝路贸易等。

　　对于丝绸之路的研究，在中国学界大体经历了两个阶段，一是历史丝路历史文化学阶段。较早著有《中西文化交流史》的苏州大学沈福伟教授在《丝绸之路与丝路学研究》里概括，"丝路学是 20 世纪才问世的新学问，也是涵盖了文化、历史、宗教、民族、考古人文学科，以及地理、气象、地质、生物等自然科学的，汇聚了众多学科、综合研究多元化的学问"。这种研究最早起于国际，很快影响到丝绸之路的东方故乡，出现了持续不断的高潮。第二个阶段是现代交通推出新丝绸之路轮廓的准备研究阶段，我们也可以称之为"大陆桥"研究阶段，这个阶段还在继续，但更多地已经进入实际的探索与实施，跳出纯学术研究的范围。在中国国内，这个阶段始于 1990 年 9 月 12 日中国北疆铁路与苏联土西铁路接轨。中国北疆铁路与土西铁路的接轨，被称之为具有重大交通意义的"第二座亚欧大陆桥"。这个概念在芮杏文的《开创陆桥经济新时代》和沈骥如的《第二亚欧大陆桥和亚欧合作》中首次提出。世界上最早的"大陆桥"出现在 20 世纪 50 年代，这就是横贯北美大陆的铁路，

60 年代末又出现了第二条大陆桥即西伯利亚大铁路，第三条自然是指中国北疆铁路与苏联土西铁路的接轨。2014 年，中国与巴西、秘鲁签署了对南美"两洋"的可行性方案研究协议，这也是一个"大陆桥"规划。在中国西南丝绸之路的方向上，中国与东盟有关国家开始酝酿开发的"泛亚铁路"，有可能向西开辟一条连接西亚通向欧洲的跨洋铁路，这应该是亚欧之间的又一座"大陆桥"。

"大陆桥"原本是自然地理概念，是指地球的大陆板块在漂移中形成的陆上桥状跨海通道，也就是说，大陆桥的原始含义来自自然地理学。后来的含义与近代铁路建设相连，就有了物流交通意义上的经济地理概念，而丝绸之路则是基于自然地理经济地理基础，又是在他们之上的经济地缘乃至文化交流文明提升的历史概念。丝绸之路经济带则再次超越古代丝绸之路的概念，成为现在与未来的重大地缘经济概念，受到更多关注和更高层次的认同。"大陆桥"和丝绸之路经济带之间，既有地理根基和经济产业根基上的一致性，又有层次明晰的价值区分，弄清这个层次关系，就可以更好地认识丝绸之路经济带建设，更好地在世界经济一体化和区域化中实现人们对政治、经济、文化和社会文明发展的全方位追求的合理认同，也有助于我们更准确地研究丝绸之路经济带的理论与实践。

大陆桥研究触及到了跨国物流产业和跨国经济发展更大半径，毕竟还没有直击到基于地缘经济规律基础上的经济一体化和区域化经济合作的更高层次的布局，因此也只能说是丝路研究重新进入现代国际经济生活的一个前奏。"一带一路"构想给我们提出了新的历史课题，也提供了从政治、经济、文化和相关的分支学科拓宽视野的研究领域。更多地利用和比较中外研究成果，构造新的国际丝路学和丝路经济学乃至发展战略学，是顺理成章的事情。从古代亚欧海陆贸易扩大到现代的全球贸易，直接进入到经济全球化发展前景的分析预测。从西方提出的"世界岛"扩展到亚欧实体经济合作和文化对流，历史研究也要不断向着丝路沿线现代民族国家的活体延伸。要关注非虚构文学与实地交流考察信息，在国际上，这样的非虚构文学专家群体已经形成，大有同虚构文学平分秋色的势头，他们会是新一代的马可·波罗。

在丝绸之路的研究中，偏重于过去的经济和现实的旅游经济，这也是无可厚非的。没有这些重要的研究成果，既不能达成国内国际上的人文共识，也无法助力丝绸之路和海上丝绸之路建设，但从支撑丝绸之路经济带和海上丝绸之路建设发展的更重要的经济地缘规律和经济合作走向来看，那显然是不够的。丝绸之路经济带构想的提出，不仅为丝路学研究的拓展提供了新的机会，也为区域经济学甚至世界经济学的发展奠定了新的基础。在目前，我们更多地着眼于世界发达经济体和发展中经济体的经济互动，从亚欧大陆经济区域或次区域发展的角度，思考"一带一路"引出的中国与世界经济发展的理论思考，在区域经济学的范畴里，这其实也是一个关于在更大的全球市场的跨大区域全生产要素市场优化配置资源的更大的经济理论切入，即在自由贸易的前提下，如何更好地使启动经济发展内部动力和外部动力的循环不已的经济能量，推动各国各地区发展。

这个丝路经济学是区域经济学、对外贸易学、经济地理学、物流学和地缘政治经济学、国际关系学、国际文化学的交叉，应当涵盖地缘经济、区域经济以及跨大区域内资源研究配置利用、运输工程和货币学的多种研究。同时也涉及环境保护学、自然地理学、民族学和发展中国家地区城镇化问题研究，以及发展中国家如何避免"中等收入陷阱"的研究。另外，还包括国际投资贸易平衡与经济合作模式创新、政府间多边与双边自贸协定研究、自贸区建设研究、沿丝路各国的重大经济规划与重大项目沿丝路国家的特定市场研究、跨国企业活动规则、跨国旅游活动促进、跨国文化活动交流、不同国家的民族文化与宗教文化综合研究及各国经济政策和涉外经济政策比较研究等等。这种研究是双向的，在丝绸之路经济带上，既要从东向西看，也要从西向东看，还要站在中亚腹地两头看。在海上丝绸之路中，东西半球经济与各大经济区、自贸区以及相关的经济带、经济共同体，都应当纳入研究视野。

沿丝路国家企业和跨国公司是丝路市场的主体，国家间的经济伙伴谈判，终其目标，是为企业创造开展贸易、投资、经济合作的便利化环境，是对丝路经济发展的一种公共服务。在中国，深化经济体制改革的一个重要目标是放开民营资本的行业准入，发展混合经济。丝路经济提供了混合经济发展的最好契机，不同所有制企业在混合中可以弥补和减少信息不对称带来的投资经营失误，可以在联合跨国投资的增量中建立有效的现代企业制度，进而形成混合所有制企业的经济命运共同体。

丝路经济的可持续发展，必然是绿色发展，如何进一步保护生态环境，避免化石能源过度使用、自然资源过度消耗，造成二次生态破坏以及水污染、土壤污染、大气污染，将丝绸之路经济带建设成绿色经济带，需要在贸易、投资、经济合作的各个领域各个环节共同制定有效政策和措施。特别是中国西部和居于丝路咽喉的中亚和西亚地区，位处沙漠与干旱草原地带，生态系统脆弱，环保问题更加突出，必须把生态建设当成最大最重要的丝路"基础设施"建设工程，整合地去研究。

但是，当前研究丝路经济发展的重点内容还是互联互通的硬件、软件的整合和人员流动，而推动全球价值链发展合作的政策和机制则是一个核心问题。全球价值链已成为世界经济的一个显著特征，深入研究为跨境产品带来增加值的"贸易环节"，促进"一带一路"有关经济体内部及彼此之间全球价值链高效、顺畅连接至关重要。不同发展水平的经济体，参与全球价值链的态度与程度迥异，最明显的原因是发达经济体与发展中经济体，在全球价值链的伸延中位势不同。发达经济体控制着从设计研发到终端销售的关键环节，发展中经济体处于低端，大多扮演着

"加工厂"和制造基地的角色，或者是初级资源产品的输出者，依靠劳动密集的资源禀赋参与输出竞争。"两头在外"是典型的分工模式。他们在全球贸易中处于下风下水，在国际货币汇率变化中也处于被动地位。这样的分工格局决定了全球价值链的不均等状态，主要收益由发达经济体获取，发展中经济体处于价值链的低端与中端。价值链的高低差有一定的刚性，但打破和重新调整、平衡这种高低差，又是必需的，否则就会直接影响经济全球化的客观进程。如何实现这种相对的平衡与调整呢？一是破除贸易投资壁垒特别是投资壁垒，采取有效便利化贸易措施，进一步改善投资环境，进一步改善发展中经济体的经济结构与产业结构，推动产业升级。二是发挥服务贸易在全球价值链中的增值作用，使发展中经济体和中小企业更好地参与全球价值链。三是改善和加强全球价值链数据统计合作。长期以来，国际贸易普遍规则是将贸易量计入最终产品出口国，但获利小的制造加工环节承担了徒有虚名的过多贸易计入量，而所谓贸易逆差引起的摩擦之下，掩盖了前者高收益的事实。传统国际贸易普遍规则需要有所改进，这既是第二十二次 APEC 会议推出《促进亚太地区全球价值链发展战略蓝图》和《全球价值链中的 APEC 贸易增加值核算战略框架》的原因，也是改善全球贸易的新的努力。亚太自贸区从根本上讲是"一带一路"发展战略的延伸，甚至是最重要的一部分，以 APEC 全球价值链的研究为突破点，关系到"一带一路"全球价值链的研究和重建。丝路经济的研究也要同步延伸，不断创新价值链学说，使之真正成为实现双赢和多赢的工具与途径。

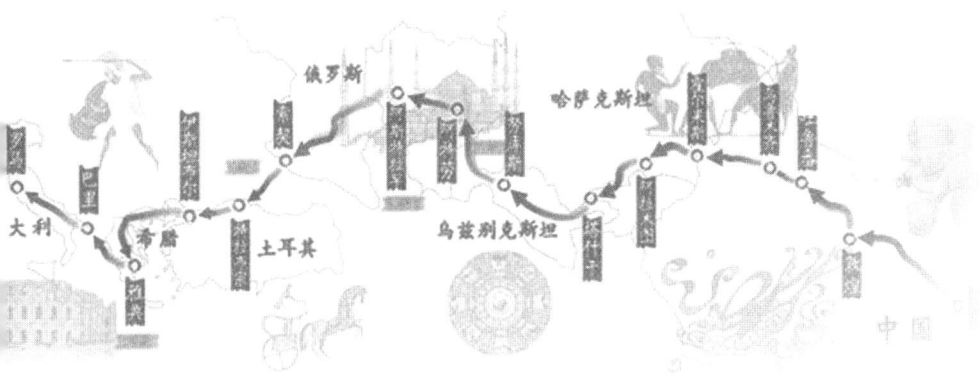

"一带一路"的全球化背景

○全球化还是"逆全球化"

○贸易保护与全球化"不均衡"

○全球化下的一个悖论：TPP

○更具合作走向的 RCEP 与 FTAAP

○地缘学说的历史扭曲

○海权贸易与海权合作

全球化还是"逆全球化"?

"一带一路"发展构想的提出，总背景是经济全球化和区域经济一体化，具体背景则是一段时间以来，经济全球化和区域经济一体化受到阻碍，特别是美国发生经济危机之后，"逆全球化"或"去全球化"思潮不断发生，使得本世纪初开始的贸易繁荣的局面为之变化，裹足不前，甚至出现了停滞与倒退。

2014 年 4 月 7 日，美国《时代》周刊发表题为《逆向全球化》的文章，作者是拉纳·福鲁哈尔。他对世界经济一体化提出相反看法。他说，"至少从目前看全球经济一体化在逆转"。理由罗列以下几点：首先是美国国内消费不旺，支出疲软，所有国家都有消费意愿与钱袋子不匹配的问题。或者从另一个角度说，自 2008 年金融危机以来，美国越来越不再是世界的最终消费者，表现在对外贸易中，美国的贸易逆差不是增加了而是减少了，从 2012 年到 2013 年，美国的贸易逆差下降了 12%。尽管其中有页岩气开发减少了进口化石燃料，但减少对电子产品、汽车等的消费，也是原因。其次，全球贸易增长也很缓慢，过去两年，全球贸易的增速低于 GDP 的增速，标志着经济的转折。欧美如此，新兴经济体也如此。宽松的信贷开始变得不宽松，许多经济学家和贸易专家开始讨论的问题，是转向"去全球化"时期问题。企业也在重新审视其扩展的价值链与供应链，讨论是否需要迁移回本土。他还提到俄罗斯与美欧之间的制裁与反制裁等，似乎也是"去全球化"的反映。"既然全球化常常被定义为商品、人和资金在各国之间的自由流动，近来，所有这些都面临威胁。"

　　的确，所讲的问题都存在。就全球贸易来说，虽然世界贸易组织曾经预测，美欧等发达经济体的贸易将在 2014 年实现 2010 年以来最快的增长，年均增速为 4.7%，但 2014 年头 3 个月里，全球贸易额同比仅增长 2.2%，以美元计价，增长率是 1.5%。如果用荷兰经济政策分析局采用的另一种方法计算，则是环比下滑 0.8%。亚太经合组织的数据更严峻，七国集团和金砖国家的出口环比下滑 2.6%。而且贸易增长与经济增长持平和低于经济增长的情况连续第三年出现，这是多年来未曾出现的现象。中国在 2014 年上半年的外贸表现，也证明了同一个外贸走向。2014 年上半年第二季度虽然比第一季度情况要好，但前半年进出口总值 12.4 万亿人民币，比去年同期下降 0.9%。那么美国呢？美国的财长雅各布·卢则公开演讲，未来十年，美国经济平均年增长率预计为 2.1%，大大低于从 1948 年到 2007 年金融危机前近 60 年里 3.4% 的平均水平。越来越多的经济专家认为，美国经济虽然有所好转，但不会从 2008 年的金融危机中彻底反弹，甚至预计在 2014 年到 2023 年的 10 年里，联邦预算赤字将达到 7.3 万亿美元，是目前 GDP 的一半。美国三轮"量宽"结束，经济开始回升，但回升态势并不很稳。世界第三大经济体日本也调低了经济增长预期，从最初的 1.1% 调低到 1%，亚太经合组织给出的数字则是 0.9%。虽然强刺激一度带动经济上扬，但增长乏力和"滞胀"的阴影笼罩了日本经济，2014 年 10 月底被迫进一步扩大"量宽"，启动了美国之后的又一场"货币战争"。欧洲的债务危机虽然开始结束，市场结构性的矛盾依然制约发展，国际货币基金组织给出的经济增速是略超 1%。欧洲央行同样不得不开始"量宽"的蹒跚步履，并投入 3000 亿欧元拉动经济。在这样的经济发展态势里，主要国际机构已普遍下调年初给出的对世界经济增速的乐观预计。世界银行发布的年中《全球经济展望》报告调低了对全球经济增速的预测，由 2014 年初的 3.2% 下调到 2.8%。

全球金融形势也阴晴未定。全球经济复苏的基础摇晃不定，潜在的金融风险时隐时现，各个经济体对金融走势未敢过于乐观。在这种错综复杂的情况下，新兴市场国家一方面面临经济转型，一方面又要面对美国退出量化宽松政策可能带来的冲击以及美国资本回流带来的负面效应，对金融环境也并不看好。就在各经济体对未来经济走势莫衷一是之时，国际货币基金组织发布了《2014 年溢出效应报告》，分析了当前有可能影响全球经济走势的两大变化因素。第一个溢出因素是从发达经济体金融政策变化角度提出的，即随着发达经济体经济好转趋势增大，美英等发达经济体的货币政策重新调整，开始有序退出量化宽松政策，收紧货币政策，将导致利率上升，全球借贷成本也伴同上升，影响新兴经济体经济增长。该组织给出的最坏的假设是新兴经济体在未来 3 年里的年增长率将减少 0.5%。更坏的假设是，全球金融环境大幅收缩加上新兴经济体经济增长结构性放缓的叠加影响，在 2015 年将导致全球经济产出下降 1.5～2 个百分点。第二个溢出因素是，新兴经济体过去几年经济增速就有普遍放缓趋势，现在在发达经济体货币政策变化下继续放缓，可能导致全球经济放缓的持续时间更长。国际货币基金组织在过去 4 年里已经将新兴经济体增长预期累计下调 2 个百分点，现在的预测平均增长速度从 2003 年到 2008 年的 7% 降至 5%。这样一个连锁的甚至是叠加的溢出效应将通过全球贸易市场和金融投资市场反映出来，势必对周边贸易伙伴产生首当其冲的影响。报告虽然并没有对经济全球化做出直接的走势判断，但提出，无论是溢出效应的来源国还是接受国，都应在国家层面和全球层面加强国际合作共同应对，其实也体现了对全球经济一体化进程的某些担忧。

担忧并非空穴来风，就目前开展的各种贸易投资多边的和双边的谈判来讲，也开始出现波折。就在国际货币基金组织发出溢出效应警告的同时，印度一度发出否决《巴厘协定》的信息。《巴厘协定》是世界贸易组织2013年在巴厘会议达成的贸易便利化协定，是一个总共包括10份文件的"巴厘一揽子贸易协定"，也是世贸组织160个成员将要最后达成的贸易便利化多边协定。在2013年底，世贸巴厘会议议定，尽力建立"单一窗口"以简化海关及通关程序。据估计，该协定将增加1万亿美元的贸易量并创造2100万个就业岗位。该协定实施的第一阶段为期半年，2014年7月31日截止，各签约成员根据共识再决定通过加入议定书部分，全面执行。2014年年中的日内瓦会议原本计划正式批准通过这个最后协定，不期有变。由于世界贸易组织是基于共识原则的谈判平台，只要任一成员对任一条款不同意，协定就无法通过。印度一度抵制《巴厘协定》的直接原因是此前就与美国有严重分歧的农业补贴与粮食储备问题，在《巴厘协定》最终同意为发展中国家提供相关农业服务并在一定条件下同意为发展中国家粮食安全进行公共储粮，印度同意签约。尽管这个抵制针对的不是贸易便利化本身，但对促进贸易增长的心理影响不可低估。《巴厘协定》是世贸组织成立18年达成的首个全球性贸易协议，在多边区域性贸易谈判安排中举足轻重，一旦无功而返，国际社会对全球多边贸易体系的信心也会动摇。以致世贸组织总干事阿泽维多在寻求协商的同时，也在寻求替代方案。评论者说，印度对巴厘一揽子协议的核心内容表示反对，令WTO出现有被"边缘化"危机的可能，但更重要的是贸易多边协议谈判受到冲击。人们更多地转向双边自由贸易协定谈判，其中也包括美国与其他11个国家为建立跨太平洋战略合作伙伴关系展开的谈判以及东盟倡导的全面经济战略合作伙伴协议谈判。印度一度对《巴厘协定》急踩刹车，农产品贸易是主要因素。印度农产品产量世界第一，产值占GDP的16.9%，从事农业生产的人口占全国劳动力的50%，但生产率仅为发达国家的30%，其他发展中国家的60%，这样的弱质农业对一体化市场是无法适应的，而且印度在 2013 年下半年刚通过为全国 8 亿人口提供粮食补助的法案，以指导价收购本国农民生产的粮食，以补助价售出，被美国等国家认为有向国际市场倾销剩余粮食库存的可能，要求印度全面开放食品市场。仅凭收购政策就判定为倾销，不仅受到印度抵制，连拉美的玻利维亚、委内瑞拉、古巴等国也反对。《巴厘协定》当时未获通过，美欧及日本、加拿大等国开始磋商有关替代方案。之后 4 个月，美国和印度就印度这个人口大国的粮食保障达成新的协议，危机开始化解，全球贸易谈判出现转机。印度同意不再反对实现货物跨境流通便利化协议，作为回应，世贸组织也接受一项开放式条款，就印度可以储备多少粮食达成谅解。这个新的转机，使巴厘一揽子协议和多边贸易体系重回轨道，但进一步统一所有成员的认识，还需要努力。

但是，问题不只来自多边谈判，许多双边谈判也进展缓慢。在多边谈判和双边谈判缓慢进展的同时，贸易摩擦与反倾销及其他贸易壁垒也在增多。根据世界银行公布的数据，2013 年，仅中国出口商品遭遇 20 国集团国家设立的反倾销措施和其他贸易壁垒的占比就是 6.4%，美国是1.2%。这说明，中国面临的贸易壁垒不仅来自发达国家，也来自发展中国家。而这种贸易摩擦和贸易壁垒的多发性和多向性，也提示世界经济一体化之路并不平坦。

世界经济一体化和全球化之路不平坦，还出现在美欧与俄罗斯的经济制裁与反制裁中。双边和多边贸易成了政治较量的武器，其中的损失不仅是上百亿美元或欧元，首当其冲的是经济全球化。俄罗斯与西方的贸易危机面临层层加码的风险，最终在两败俱伤中伤害了全球化。

然而，人们更注意的是美国，是美国经济的走向和与经济走向相关的经济政策的内向度与外向度。这似乎是未来 10 多年里世界经济格局变化的重要观察点，也是目前尚不能完全认定的变化指征。可以确定的是，美国国内的看法会有多种，包括继续推动全球经济一体化者与反全球化者，包括主张更多经济向内转还是更加继续加大外向度的争论。

就美国内部的经济运转来看，确乎有些眼睛内视的迹象。好不容易从2008年爆发的金融危机拔出身来，是要打理一下自家的田园的。美国是幸运的，2008年的危机不是20世纪30年代的翻版，因为它没有那么大的过剩的实体经济，或者有过剩也通过世界经济一体化流向发展中经济体。因此，即便在危机发生中出现很高的失业率，这一切还是在非实体经济特别是虚拟经济泡沫破裂中产生，实行了量化宽松的货币政策，也就慢慢开始恢复元气。对美国当前的经济形势，目前还是看好的居多。美国商务部2014年中公布的数字显示，经历年初的萎缩，美国经济反弹，商业库存情况好转、消费支出回暖与投资加速是经济回归的三个支柱，政府支出的增加也做出了贡献。虽然一个季度甚至一年两年的数据说明不了问题，但2014年第一季度4%和第三季度3.5%的增长率是出乎意料的回归征象。在美国，对外贸易中逆差与赤字在减少，这同样是一种不寻常的现象，预示着美国正在调整它的长期以来的"最终消费者"的相对宽口径的外贸政策，走向一定程度的内需消费之路。

对全球化走向还有一种似是而非的错位的分析，那就是认为全球化正陷入低潮，主要原因是所谓"民族主义"席卷了全球，并使经济全球化蒙上了"不均衡"的阴影。他们把世界上的各种纠葛与纷争都归于"民族主义"，其实是对文明多样性和平等及主权国家自身发展利益的无视与否定，也是对全球经济一体化和区域经济一体化平等互利原则的否认。事实上，对于这种"逆向"和"不均衡"，可以有两种诠释：一种是事物的本来面目，即由于各国各地区发展水平不一，资源禀赋和产业构成不尽相同，实现一体化的具体策略、路径会有不同，如对农业与食品供应较为倚重的国家，必然要考虑一体化中可能造成的冲击，对多边谈判的"游戏规则"表示出"和而不同"的微妙态度；一种是原本就缺少互补性，在相互外贸需求的同一个起跑线上，既玩不出刺激与心跳，又会出现同质竞争的矛盾。这样的不均衡，只能依靠更有针对性的双边贸易谈判去解决。但另一种"不均衡"却是人为的，那就是一些发达国家的双重标准和双重贸易政策，这才是"逆向全球化"和"不均衡全球化"的根源。需要引起注意的是，一个更为不寻常的概念也出现了，这就是"商界新冷战"。有论者把中国对在华外企垄断活动的调查也列入其间，大谈外国竞争者要想进入中国市场就要付出高昂代价等，并统统要归入"逆全球化"现象之中，这显然是一种文不对题。

那么，全球经济一体化与区域经济一体化是否真的出现了逆转？如果只从美国的经济转变的视角和世界贸易多边谈判的波折来看，表面上有点道理，从美国国内一些人的观点来衡量，"全球化"也早已寿终正寝。如果全视角全方位地去观察各国各地区经济一体化的总体走势，结论是另一样。

第一个结论，尽管全球贸易谈判发生了多边受阻双边缓慢的现象，但其原因既不是什么"民族主义"，也不是谈判中发生的分歧和时有所闻的贸易摩擦及倾销与反倾销的一些案例。由于经济一体化中的平等原则和差别原则遭到忽视，谈判过程中多边受阻双边缓慢，在一个阶段里会成为一种常态。不断消除不平等和无差别现象，建立平等磋商的新规则，一体化进程就会加快而不是停滞。

第二个结论，经济全球化并不是哪一个国家的全球化，而是世界各国包括发达国家与发展中国家经济互动中的全球化，参与经济一体化就有相应的话语权，各种话语权的最大公约数才是经济一体化的主导权。因此，全球化有两种，一种是一国主导下的全球化，一种是包括所有经济体在内共同主导下的全球经济一体化。

第三个结论，全球经济一体化正在进入新阶段，在全球化的新阶段里，发展中经济体正在逐步成为全球化的主要力量。世界贸易组织在

2014年11月初发布《2014年世界贸易报告》，预测2014年贸易增长持续低迷，增长率仅为3.1%，低于近20年5.3%的平均水平，主要是欧洲表现不尽如人意，但除了中、美，新兴经济体的贸易增长仍将领先。从长远看，世界已经进入贸易与发展相互关联的时期，贸易仍将是21世纪发展的主要推动力，世界贸易发展呈现发展中国家在世界经济中的地位日益提高，并发生更多地参与到全球价值链中的新趋势。按购买力平价计算，发展中国家产出的份额已占一半，在世界贸易中的比重从33%上升到48%。

第四个结论更为重要，就在世界经济与全球贸易发生新变化的关键时期，"一带一路"构想出现了，"一带一路"发展构想从贸易国家间的互联互通开始，勾画出推动世界贸易发展的包括商品流通、资金融通、政策和文化沟通重要元素的新图景，并把基础设施建设作为当前扩大贸易的实际举措，无论在宏观还是微观上都迅速产生了现实与深远的影响。"一带一路"是在经济全球化的转折关头有力地推动了经济一体化发展，为全球经济一体化和区域经济一体化注入新能量，提出新指向。

诚然，推动世界贸易和全球经济一体化发展也离不开发达经济体，特别在各个经济体相互依赖程度日益提高的情况下，发达经济体与发展中经济体必须紧密合作。中国在努力推动经济全球化，美国也并不希望全球化完全发生扭转与倒退。2008年金融危机给出的教训是美国虚拟经济过度发展与金融、资本市场监管的缺失，并不是经济全球化产生了什么扭转。美国促使制造业回流，在对外贸易方面优先选择性加强，意味着美国也在继续进行结构调整，对国内经济和世界经济同时出现了"再平衡"，但美国从资本流出转向资本流入，2013年吸引外国直接投资数量再居全球第一，本身是经济全球化的结果，也预示着美国没有任何理由选择"逆向全球化"或"去全球化"。此外，美国的经济开始复苏，对其未来的经济增长和实体经济的回归结果，既不能估计过低，也不能估计过高。在一段时间里，美国为"页岩气革命"欢呼不已，美国能源局估计，美国境内可以开采的页岩气储量达 25 亿立方米，加上其他油气资源可供使用 200 年。"页岩气革命"减少能源进口，能源价格下降，美国工业国际竞争力加强，以至于大名鼎鼎的约瑟夫仍将其视为"美国政治地缘的王牌"。但新的研究表明，情况并没有那么乐观。页岩气主要地带的油产量将在 2020 年达到峰值，最大的两个地带的产量不到预测的10%，而且，"页岩油井"在三年内的生产递减率为 60%～90%，是一般油井的 10 多倍以上。油价的暴跌也蒙上了新的阴影。一些评论者沮丧地写道，美国能源独立的希望有可能会是"一场白日梦"。因此，至少在能源问题上，美国当政者的眼里的全球化不仅依旧需要，也是美国经济战略不可或缺的部分。

问题在于，完全由美国主导的全球化的时代已经过去。美国国际关系教授阿米塔夫在耶鲁全球在线发表的《从单极时代到多重世界》的文章中用多剧场影院比喻："在同一个影院的不同剧场里，放映着几部不同的影片。不会有一位导演或制片人长期独占观众的注意力或者忠诚。观众有选择的自由。"他说，多重世界不是多极世界，美国领导的自由主义霸权秩序走向衰落，未必意味着美国在没落，"但他必须适应不遵循美国要求和偏好的新角色和新手段"。

贸易保护与全球化"不均衡"

在世界贸易中，贸易保护主义始终是一个威胁因素。特别是中美之间，既有高达 5500 亿美元的全世界最大的贸易规模，也有频繁发生的贸易摩擦。倾销与反倾销案例数量最多，形成两国之间经济负面因素。一般地讲，贸易保护主义是一种保护本国制造业免受国际竞争压力而对进口产品设立高关税和限定进口配额或其他可以减少进口的经济政策。这种政策与经济全球化下的自由贸易模式相抵触。在自由贸易和自由贸易区中，要对进口产品减免关税，在价格上进口产品与国内产品接轨。贸易保护主义或明或暗地反其道行之，是经济全球化和区域经济一体化的最大的拦路虎。

贸易保护主义一般表现为关税壁垒与非关税壁垒，前者实施高额进口税，后者实施许可制度与配额制度。这些贸易保护措施在发展中国家往往是保护竞争力较弱的民族工业的一种手段，在发达国家则是平衡国际收支和调整贸易逆差的工具，因此由来已久。在经济全球化和区域经济一体化浪潮中，贸易保护主义不时抬头并出现了新的变化特点。总体上关税壁垒变弱，非关税壁垒转强，世界贸易有一半以上受非关税壁垒影响和限制。针对性也增强，如对农产品进口敏感，对自身直接强大的贸易对手和伙伴敏感。除此之外最重要的变化，则是非关税壁垒内容无限延伸，出现了许多似是而非的"贸易标准"，比如技术壁垒、产品与劳工标准挂钩、产品与经济制度挂钩等。基于人道主义原则，产品与劳工标准挂钩有一定道理，但美国的"非市场经济贸易理论"却是一大发明。市场经济的标准由它来定，说你是非市场经济国家你就是，然后由此来裁定出口产品是否构成倾销。出口产品的定价是根据生产成本和市场需求进行的，出口价格与国内市场价格比而不是与国外市场价格比，相等或相近，也就构不成倾销行为。在这方面中国的企业与外国的企业没有什么两样，但美国的一些人主观认为，这肯定是与上游产业影响原材料价格形成有关，与中国政府的干预有关，这样一个"莫须有"也就成为"非市场经济贸易理论"的根据，这其实是经济上的"冷战思维"和"歧视"贸易政策，是随心所欲地增大一国的自由裁量权，达到保护一国国内竞争力差的产业的目的，也是典型的贸易双重标准，完全不符合WTO反对贸易歧视的精神。但10多年来美国坚持所谓非市场经济判断标准，违反了国际贸易责任与义务，也人为地造成了许多中美贸易纠纷。

中国历来反对各种形式的贸易保护主义，更反对美国所谓的"非市场经济贸易理论"，且不说中国早已是市场经济国家的事实，中国在持续的深化改革中坚定不移地发展市场经济，把经济体制与微观的价格形成机制混为一谈，本身就充满了强词夺理的逻辑。美国的贸易学者也对"非市场经济贸易理论"提出强烈的质疑。他们说，非市场经济方法论是冷战时期遗留下来的，存在至今只是因为它的"神秘表述让美国官员可以征收较高的惩罚性关税，从而保护国内一些效率低下的行业"。"根据十几个组织的规定，这种做法其实是非法的，但当中国2001年进入该组织时，美国坚持要把中国作为一个例外，让美国可以继续在此后15年里给予从中国进口的商品歧视性待遇。转眼十多年过去了，如果美国政府在2016年底之前不改变自己的做法，它就将违反自己所承担的贸易义务"。"令人遗憾的是，几乎可以肯定，美国不会完全遵守规则，美国贸易官员不顾法律规定滥用非市场经济方法论的可耻做法过去并不鲜见。

几十年来美国的法律和国际贸易规则一再被任意歪曲，甚至遭到彻底忽视。"

板子完全打在美国身上，也未必尽理。目前全球贸易保护主义的势头在强化而不是减弱。由于各国资源禀赋与比较优势不同，国家间的发展相对不平衡，贸易摩擦有不可完全避免的一面，甚至在经济危机发生中，贸易保护也会增加，可以理解也可以利用贸易摩擦预警机制和WTO提出的争端解决机制去化解。但恶性保护主义循环是另一个问题。特别是占全球贸易80%以上占经济产出85%以上的G20国家集团，影响巨大，决定了贸易保护主义的走向。因此，2014年在布里斯班举行全球G20峰会之前，世贸组织向20国集团发出呼吁，取消2008年国际金融危机爆发以来设置的贸易壁垒，加强对出台新的贸易限制性措施的限制，重新推动国家、国际贸易恢复21世纪初的强劲增长势头，再次明确提出反对贸易保护主义。中国总理李克强在2015年初达沃斯论坛上也明确提出反对贸易保护主义的主张。世贸组织发布《20国集团贸易措施报告》，说新贸易壁垒的程度被低估了。据世贸组织计算，在过去的6年里，20国集团共实行了5784条贸易壁垒措施。2008年以来出台的有1244项，其中962项仍在执行。同时，20国集团成员还在不断出台新的贸易限制性措施，在过去一年里，平均每个月出台18项，每23个小时就出台一项。目前实行的贸易限制性措施总数增加12%。甚至在2014年5月到10月的几个月里还出台93项，同期出台的贸易推动措施才是79项。放开进口数量超过进口限制的数量。这些措施从开展反倾销调查、上调关税到出台产品本地化生产与政府采购，从出台特别关税和商品配额到境内监管法规与对本国商品提供补贴等。报告说，"全球经济持续存在不确定性凸显，20国集团成员需要在出台新的限制性措施方面保持克制，并有效地削减现有措施"。世贸组织强调，多边贸易体系仍是抵御贸易保护主义的有效途径。联合国秘书长潘基文也重申消除贸易保护主义，支持多哈回合谈判，但从 2013 年 G20 峰会举行以来，至少已有 17 个国家开始强化贸易保护。这样一种态势是经济全球化不均衡现象的反映，同时也进一步加重了全球化不均衡。

贸易保护主义的抬头，在 2008 年至 2009 年金融危机时最严重，此后两年里有所放缓，但 2012 年以后再次兴起。"G20 与世贸组织都没有着手处理保护主义问题。全球市场沿着国境线四分五裂的情况比之前通报的要严重得多。"正像中国学者薛久荣指出的，在经济全球化和区域经济一体化中，出现了"新贸易保护主义"或者"超贸易保护主义"、"新重商主义"，其法理依据、政策手段、目标对象和实际效果与传统的贸易保护主义有着显著的区别。比如，依据国内法履行国际条约，利用区域贸易组织保护成员利益，保护手段更趋多样化，由贸易摩擦到贸易和金融制裁，不断升级。新贸易保护的产生有客观原因，主要是国际经济竞争加剧，跨国公司的发展改变了贸易的区域结构和国际收支结构，发展中国家对外贸易异军突起等，但最重要的是传统贸易发达国家对自身利益的过度追求和对贸易主导权的垄断意愿。但不论是什么形式什么目的的贸易保护特别是超贸易保护，不仅伤害了企业和全球的消费者，也威胁着全球贸易体系，威胁着世界经济的发展，必须不断地去消除。

消除贸易保护主义，可以用更多地加强双边与多边协商来解决，尤其在多种层级的国际贸易组织的架构里进行有效的沟通与谈判。消除新贸易保护主义却不简单。除了进一步发挥相关国际贸易组织的平台作用，也要制定行之有效的贸易发展战略规划，推动建设更加有效更加符合诸如 WTO 和较大区域贸易组织贸易共识的新的贸易途径。从这个角度看，无论是 APEC 还是"一带一路"，都是相互支撑相互推进的平等贸易、投资和经济合作的战略平台。地球是圆的，贸易活动也是在环形中不断对流交换的，照亮东方的太阳也会照亮西方，新的贸易保护主义只能更多地用新的平等的贸易规则和贸易秩序去改变。

全球化下的一个悖论：TPP

　　"一带一路"发展构想的提出，是当前经济全球化和区域经济一体化曲折发展背景下的重要的战略选择。经济全球化和区域经济一体化曲折发展主要表现在几个方面：一是区域逆袭，失序逆向操作，引起区域经济一体化过程紊乱；二是"逆向全球化"思潮再次出现，助长了贸易保护主义；三是国际经济合作出现了非经济因素特别是地缘政治因素，贸易活动与政治军事活动本末倒置，严重影响了全球经济一体化和区域经济一体化的历史进程。

　　区域逆袭是对跨区域经济一体化的一种悖论。典型的例子就是"跨太平洋战略经济伙伴协定"（TPP）谈判。在全球经济一体化大格局下，区域经济一体化运作风生水起，跨区域经济合作现象出现，多边与双边贸易谈判同时进行，这原本也是各个国家和地区不断发生的正常之事，但区域经济一体化首先具有区域内多边合作的特征，而区域外合作更多带有双边的特点，即便是一个经济体同一个区域的合作或者区域与区域之间的合作，也具有某种双边性。区域经济一体化中区域地理相连的特点决定了区域经济一体化应当更多地以地缘规律为游戏规则，打乱这种地缘规则，区域经济一体化也就不成其为完整的区域经济一体化。正像一些学者所指出的，目前是区域经济一体化与碎片化同步无序发生。从经济学角度看，当两个大型自贸协定同时并行存在于同一区域概念中，对区域合作的损害最大。亚太地区是全球资本与贸易最活跃地区，也是各类自贸安排大量衍生、交错重叠的区域。跨太平洋战略经济伙伴关系协定与区域全面经济伙伴协定两个自贸机制谈判在同一个亚太区域并行发展，相互竞争和抵冲，并不是很正常的现象。类似这样的架构与内容不尽相同的双边与多边的贸易谈判规则相互重叠，大量衍生自行其是的自贸谈判安排，增加了区域贸易谈判环境的不确定性。需要建立相对统一的经济一体化的合作与谈判框架，而不是一种"意大利面碗"。澳大利亚前总理陆克文在接受媒体采访时也认为，亚太地区在国际经济发展中举足轻重，但面临两个挑战，一是提升合作与互信，一是避免碎片化，减少战略冲突。推动贸易自由化，目的是破除阻碍贸易自由化的条条框框，高质量的贸易协定应当具有最大的包容性和最小的排他性，容纳更多的经济体，使更多的国家受益。他还认为，从贸易发展的整体性层面看，某个小区域实现贸易自由化只能带动一个小区域发展。贸易自由化的目标应该是制定完整区域性甚至全球性贸易协定和相应谈判。如果多哈回合贸易谈判能够继续取得进展，全球贸易自由化就会向前迈进一步。

美国从2012年才开始提出推进"跨太平洋战略经济伙伴协定"谈判，要比第二十二次APEC领导人会议提出的亚太自贸区协定构想和东盟在本区域提出的区域全面经济战略伙伴关系协定晚许多，正是这样一个具有明显碎片化取向的缺乏区域整体架构性的贸易谈判格局带来紊乱。TPP的谈判特点既是双边的，也是多边的，与APEC成员共同推进的亚太自贸区，有着明显的不相和谐性，与东盟的区域全面经济伙伴关系的地缘规定性也不是一回事情，亚太自贸区已经酝酿了8年多，而且是美国最早提出来的，目前已到瓜熟蒂落之时。有着特定谈判对象和特定排斥对象的TPP出现在亚太自贸区构想之后，又想抢在亚太自贸区之前，这恐怕不是锦上添花，更不是雪中送炭。

按道理，APEC正处在发展的最好时期，应当按照APEC大家庭精神继续推进亚太地区的经济合作和酝酿了8年的亚太自贸区计划，为什么会在中间插入一个"跨太平洋战略经济伙伴协定"？是APEC失效了，还是自贸区构想已被否定了？两者都不是。1994年在印尼茂物举行的APEC第二届领导人会议上就制定了到2020年实现APEC贸易投资自由化的总体目标，2006年APEC领导人会议达成建立亚太自贸区贸易协定构想的共识。在近20年的时间里，APEC成员的平均关税，已经从1989年的17%降到2011年的5.7%，交易成本也降低了5%，APEC运转也在向更高层次上良性发展。条件开始成熟，启动亚太自贸区时不我待。对于这样一种走势，有的并不以为然，反倒认为APEC大家庭平等协商的水平不高，需要另一个"一揽子"方案去替代去提升，但这个"一揽子"分明不是APEC大家庭的"一揽子"，是亚太区域内另起一摊的"半揽子"，既与亚太经合组织成立的初衷相背离，更背离了APEC大家庭精神。APEC大家庭精神是开放、渐进、自愿、发展、互补、共同利益，这是从亚太经济发展实际出发的合作共识。APEC成员并不处在同一个发展水平线上，发达经济体与发展中经济体共处同一区域，但又是最具发展潜力的地区。发展的不同状态和经济发展水平的差别决定了整合需要渐进的时间，也需要各成员在区域内经济互补的状态下共同发展的认知空间。在共同愿景下共同发展，在共同发展中实现共同利益，是亚太合作的精髓与目标，任何一种与共同性相背而行的行动都无益于实现这样一个目标。那么，与建设亚太自贸区明显地具有一种不和谐性的"跨太平洋战略经济伙伴协定"的出现，至少在客观上是对亚太自贸区整合和亚太区域经济一体化的反向运作，甚至是对区域经济一体化的一种"逆袭"。

对TPP美国是一意孤行的，而且加快了节奏，2015年初，这个包括有美国、墨西哥、加拿大、日本、澳大利亚以及越南等12国的TPP似乎已经达到谈判尾声，奥巴马在国情咨文中也发出声音，说不能由中国来制定亚太贸易规则，那显然是用TPP对冲亚太自贸区路线图的另一种提法。

　　为什么这样说呢？第一个原因是经济合作的主导权问题。既是平等经济合作，主导权就应当在亚太经合组织和所有成员的平等协商之中。如果把经济合作的主导权视为一二经济体的专利，不仅违背了国际关系尤其是国际经济关系中的议事规则，也会造成合作中的扭曲。亚太经合区是在20世纪80年代末诞生的，从1989年11月澳、美、加、日、韩、新西兰和东盟6国在堪培拉举行首届部长会议，发表《联合声明》，到1991年中国在"区别主权国家和地区经济体"原则基础上加入，再到1993年6月定名"亚太经济合作组织"，前后经历了几个阶段，从地区自由贸易投资和经济技术合作达成原则共识的初始阶段发展到部长会议升格为经济体领导人非正式会议的快速发展阶段，又从亚洲金融危机阴影带来的盘整阶段进入新的发展阶段，已经成为当今世界上历史较长影响最大覆盖面最广的贸易投资和经济合作的区域经济合作大平台。这是一个不同于欧盟模式的更为实际的经济一体化模式，幅员更广，经济文化更具多元性，各经济体的社会规制也有不同。其成员包括了整个环太平洋地区的南北美洲、亚洲和大洋洲的21个经济体，具有从外交到国际经济技术合作、国际投资贸易、工商企业微观经济活动各个层面的广泛性。其成员有美国、中国、日本、韩国、新加坡、马来西亚、文莱、泰国、菲律宾、印度尼西亚、越南、加拿大、墨西哥、秘鲁、智利、澳大利亚、巴布亚新几内亚、新西兰，以及中国台湾和中国香港地区等，既有发达经济体，又有处于不同发展阶段的发展中经济体，其中包括了世界前三大经济体。亚太经济区人口26亿，约占世界40%，国民生产总值之和超过19亿万美元，约占世界的56%，贸易额也占世界贸易额的近一半。在这样一个经济体量巨大社会经济文化差别较大的经济区里，包容发展是经济合作的重要前提，共同的经济发展利益也是最重要的合作纽带。亚太经济区的这一个显著的特点，决定了成员的包容、架构的包容、发展水平的包容、社会文化的包容，也决定了渐进、普惠和求同存异下的共同。正如习近平在 APEC 会议上所讲，"志同道合，是伙伴，求同存异，也是伙伴"。APEC 具有经济合作官方论坛和亚太地区最高级别的政府间经济合作机制，具有经济合作政策规制的权威性，但与欧盟不同，也与北美经济区的模式不一样。由于这个平台具有广泛性、多层次性、自愿性和表现为多元多层次合作的可操作性，也由于区域内多数国家以加工贸易为特点的经济增长结构所决定的"开放的地区主义"，特别是开放、渐进、自愿、协商、发展、互补、共同利益的 APEC 大家庭精神，经济合作的主导权主要体现在多元形成的共识之中，这是一些发达经济体难以面对的。

亚太经济区出现之初，正值全球经济一体化和区域经济一体化出现新的高潮，美国作为其中的"领头羊"，信心满满，无论从操控惯性上，还是贸易、投资、国际金融地位实力上都处于无人可以争锋的主导地位。这种地位现在依然存在。但是，不同经济体的经济合作向来是平等互利的合作，随着亚太地区各国经济的快速发展，亚太经济合作组织的多数成员主张多边主义和推动国际关系民主化的呼声越来越强烈，对经济合作的话语权与对共同利益的要求越来越主动，进一步强化了共同主导的意识。2008 年后美国经济发生危机，亚太经济合作进入盘整期，美国既无暇应对亚太经济体的发展要求，也相对弱化了对亚太经济合作的兴趣，主导权也就暂时地束之高阁，而亚太经济合作也由此出现了新的空间，在更多的平等协商中开始了新进程，亚洲经济一枝独秀，成为世界经济发展的主要来源地，甚至引出了 21 世纪是亚洲世纪的新评价。亚太经济合作的进展有一定的全面性，也典型地体现在东盟一体化的快速进展中，体现在东盟从"10 加 1"到"10 加 3"的扩容之中。从某种意义上看，东盟经济一体化的发展是亚太经济区发展的重大突破，这是美国在一段时间里所未料到的，这样一种局面发展下去，也是已经习惯于主导但主导权有所失落的美国所不愿见到的。2008 年前后的美国不会去想也无力去干预，因为它自身陷入了前途未卜的金融危机，国内失业率居高不下，是没有精力去"再平衡"亚洲的。美国经济有所回暖之后，有了"再平衡"新兴经济体亚太经济区的底气，便要在政治上重塑美国为主导的国际秩序的同时，也要重塑亚太经济合作格局，重拾亚太经济主动权。

第二个原因则是用"跨太平洋战略经济伙伴协定"来配合重返太平洋的军事战略，一边巩固扩大美国在太平洋军事的存在，一边用"跨太平洋战略经济伙伴协定"的经济手段强化军事"安保条约"，一石二鸟，进而分化亚太国家的经济合作，同时压缩新兴经济体特别是中国的发展空间。也就是说，仅仅是为了经济主导权也倒罢了，TPP 作为美国"重返太平洋"战略的重要组成部分，则有更深层次的考虑。这并非是一种臆测，TPP 的构造手法与美国在冷战时期打造军事同盟非常相似，操作方向也与军事同盟国和扩大准军事同盟外围的走向一致。这是一个与军事同盟配套的经济同盟，是军事同盟的经济变型。力推"跨太平洋战略经济伙伴协定"谈判并不意味着会建立与亚太经济合作组织相并行的另一套贸易组织机构，因为美国和其他谈判对象也是亚太经济合作组织的重要成员，抛开一个具有 25 年历史而且运作有效的大区域经济合作组织另起炉灶，无论如何是不可想象的，但在事实上割裂或至少弱化了亚太经济合作组织的协调功能，是必然的结局。因此，跨太平洋战略经济伙伴协定"既是美国亚洲"再平衡"战略的经济支点，也是美国"安保条约"的经济版本。重返太平洋重返亚洲是美国长期战略里早已想下的一着棋，不是不下，而是何时要下何时能下的问题。现在经济上缓过劲来，自然要有大的动静。

第三个原因是"项庄舞剑，意在沛公"，是要应对中国的经济崛起。中国是世界第二大经济体，也是亚洲的第一大经济体，在亚太经济区的影响与日俱增。中国重视中美贸易，同时也更重视包括美国在内的亚太地区开展多边贸易投资与经济技术合作的 APEC 合作平台，重视与东盟的务实合作和东盟主张的"全面经济战略伙伴关系"谈判。从 20 世纪 90 年代到 21 世纪第一个十年，亚太地区是中国外经外贸的主要方向和来源。2012 年，中国与亚太经合组织成员之间的贸易总值达到 2.33 万亿美元，占中国外贸总额的 60%。与东盟的双边贸易额仅在 2014 年前三个季度就达到 3466 亿美元，2015 年将达 5000 亿美元，2020 年将达 1 万亿美元。在中国的十大贸易伙伴里，除了欧盟与巴西等，主要是亚太经合组织成员。今后 5 年里中国将进口总值超过 10 万亿美元的商品，对外直接投资将超过 5000 亿美元，出境游将达到 5 亿人次。这就是说，平均每年进口 2 万亿美元商品，直接投资 1000 亿美元，每年出境游 1 亿人次。中国对世界经济和亚太经济的影响力非同一般，也会持续上升。如果把这种影响看作是可以分享的世界经济发展的一种红利，当作是市场机会，让亚太经济合作水涨船高，做到你赢我赢，大家都赢，更合逻辑，但美国有人未必这样想，他们把中国对世界经济和亚太经济的影响力看成是经济威胁，要用具有明显排他性的跨太平洋战略伙伴关系的经济"武器"去压缩中国的发展空间，从而达到遏制中国发展的战略目标。在美日主导的 TPP 里，中国被排斥在外是意料之中的。

　　美国平衡国际经济关系的方法很不少，除了"跨太平洋战略经济伙伴协定"，还有"跨大西洋贸易与投资伙伴关系协定"（TTIP）和在世界贸易组织框架下的"多边服务贸易协议"（TISA）以及颇有弹性的"新型双边投资保护协定"、"新型双边经贸协定"等等。这些协定大多有明显的针对性和排他性，主要是把中国、俄罗斯甚至印度等新兴大国排斥在外。经过多轮谈判的"跨大西洋贸易与投资伙伴关系协定"就是一个被国际媒体称之为"经济北约"的协定，认为其针对的主要目标是俄罗斯。目前，"北美自由贸易区"的成员国加拿大已经与欧盟完成谈判过程，被看作是 TTIP 谈判有可能在 2014 年底结束的先兆。TTIP 协定之所以很快达成，主要来自欧盟自身的经济危机感。据有关预测，欧盟的GDP目前占全球20%，但15年后很可能只占10%。他们希望借此来摆脱困境，同时在与俄罗斯遏制与反遏制中获得支持。在美国的战略棋盘里，一个TTIP拉住欧盟，一个TPP"遏制"中国与亚洲的新兴经济体，由此形成一个经济同盟加上军事同盟的新的环球战略，最终还是为了维护其心目中的国际秩序包括国际经济秩序。

TPP的水准可能更高，但效果与效益未必一定高。太平洋经济合作理事会的一项研究显示，亚太自贸区将为全球贡献2.4万亿美元的产值，相比之下，TPP预计只能贡献2230亿美元的产值。

TPP谈判过程也并不顺畅，TPP谈判从2012年启动，美国与日本两个主角，先是提出2013年达成协议，2013年过去了，2014年依旧未见大成果。2014年10月底举行的"跨太平洋战略经济伙伴协定"悉尼部长级会议僵局未破，2015年初进入妥协阶段，本质上还是为了非经济因素，而且需要美国国会授权。诸多分歧，特别是在诸如牛肉、猪肉之类的农产品关税问题并不会消失。日本政府在参加TPP的同时也参加了东盟提出的"区域全面经济伙伴关系协定"谈判，但一直把TPP当成更重要的经济战略支柱，把所谓由美日主导的TPP"贸易新秩序"视为优先目标。因为TPP谈判也会影响到日本与欧盟的贸易谈判，后者是把TPP协议当成参照标准的。

对于TPP是否能够顺利运转，很多学者也是持怀疑态度的，甚至认为，参与谈判的有关各方，"虽然为了保存颜面会达成最小共识"，"但各国的谈判意图如此不同，因此将零散拼图拼接在一起的可能性几乎为零"。他们还认为，在TPP框架下，不会出现实质性的跨区域贸易便利化，在操作上无法推进任何一种贸易政策诉求。但这只是技术层面上的分析。真正的难题有四个：一是TPP各方利害关系不同，多数对手对贸易便利化期望的不仅是取消关税，还有规则差异等非关税壁垒。这种分歧是很难消除的。二是在多轮谈判中，美国的话语权逻辑是舍我其谁，要求贸易实力并不大的小经济体也以美国的准则为准则，利益走向协调困难。三是各有关国家产业结构有不同也有相似性，比如农产品问题发生利益碰撞，同质化而互补性不强。四是谁都能看得出来，美国既要从亚太经济发展中谋利，又意在遏制中国，除了别有他图的个别国家，谁愿意真的去蹚浑水？当然，也会有不同程度的跟进者，多半是为了某种平衡和一时的相互利用。由于加入 TPP 的条件与加入地区生产分工网络的条件不同，所以不同方面的利益走向未必一致。

更重要的是，不管是 TPP 还是别的什么经济谈判，都要通过自贸区谈判来实现，由于出发点不同，摊开在自贸区平台谈判桌上的条款也不同，谈判效果也不会相同。呼应者会有，会不会吊在一棵树上，恐怕还是有疑问的。即使美国的盟国日本也会在"货比多家"中同时出现在两个甚至更多的谈判平台上，哪个有利就奔哪里。在真正的发展效应和利益比较上，任何具有长远发展计划的国家和地区都不会跟自己打马虎眼。因此，美国只有借助军事力量和所谓"南海问题"说事，一边制造亚太乱局，一边渲染中国"威胁论"，为其重返太平洋开路的同时，也为 TPP 的开张造势。TPP 的排他性充分体现和暴露了这一点。据有关专家测算，仅是歧视性排他性的 TPP 就会给中国的外贸带来每年 1000 亿美元的损失。但是，这终归是损人也损己的"小账"，比起这些"小账"来，TPP 的小格局倒很难让人看好，在广阔的太平洋两岸，10 来个国家就要组成影响亚太发展走势的一种主导力量，即便是以世界第一和第三大经济体为骨干，也恐怕有些力不从心。更何况，世上的事情从来是"得道多助，失道寡助"，背离经济全球化与区域经济一体化的潮流，终究会行而未远，至少不会有预想的大效果。

目前被 TPP 排斥在外的中国呢？只有在经济全球化和区域经济一体化的既定道路上不断前进，一边坚定地维护 APEC 的原有目标、框架、机制和自贸区构想，进一步加强与亚太国家的深度经济合作，继续积极推进由中国、日本、韩国和东盟参与的"区域全面经济伙伴关系协定"谈判，并在推进亚太自贸区建设中，打造亚太经济发展合作的更大平台，打造互信、包容、合作、共赢的亚太伙伴关系。一边按照地缘发展规律加快推进 "一带一路"建设，在更大的区域经济合作的半径里实现亚太和亚洲地区经济一体化和经济全球化的重要目标。

其实，第二十二届 APEC 一致通过的亚太自贸区建设路线图，无论对推动亚太地区经济一体化进程来讲，还是对 TPP 来说，都是一个机会。正像卡内基和平基金会高级研究员黄育川所言，启动亚太自贸区建设，不仅有助于协调亚太众多的双边和多边自贸谈判，也是整合 TPP 和其他谈判的可能之路。亚太地区的两大经济体在不同的情势中选择了不同的走向，如果让不同的平台靠得更近甚至靠在一起，并不是不可能的。

更具合作走向的 RCEP 和 FTAAP

可以与 TPP 相比较的是中国认同和参与的 RCEP。RCEP 是东盟国家提出的经济合作关系主张，完全符合 APEC 经济合作大家庭精神。中国是 APEC 的重要成员，2001 年 10 月，在上海举办的第九次 APEC 领导人非正式会议通过了《亚太经合组织经济领导人宣言》也即"上海共识"，在"上海共识"的推动下，东盟国家区域一体化经济发展进程加快，中国与东盟经济合作也进入新阶段。与后出现的 TPP 相比，东盟国家提出并主导的 RCEP 谈判，是一个不具排他性的不带有任何附加条件的自愿的谈判与经济联合，门槛可高可低，具有很大的经济合作包容性，与 TPP 明显的排他性和或明或暗附加条件的"高门槛"有本质的区别。中国高度赞赏并坚定地支持 RCEP，并将其作为广泛建立发展对外贸易投资经济合作伙伴关系的主要参照系。

RCEP 不仅具有包容性、多边性，与亚太"大家庭精神"高度契合，也具有务实的可行性，具有经济合作的全面性，具有普遍适应性。

RCEP 中的经济伙伴关系是务实的，除了经济之外，没有别的附加条件，因此也是无障碍且有效率的，具有讲求实际的可操作性。就谈判操作层面上讲，相互协商与相互间的妥协是谈判中的常见现象，但 TPP 脱离实际的"高门槛"，即使是合作者也会硬着头皮去跨越。比如对社会制度、治理结构、企业体制的苛刻要求和对知识产权以及对倾销的单方面判断标准，对多数发展中国家都是难以接受的"城下之盟"。发达国家也是一样，各有各的经济利益和产业政策，以一己之利就要强人所难，同样很难走得长远。不同的国家有不同的文明、文化传统，不同的社会经济结构，不同的经济发展水平，不同的产业结构，有的国家和地区外向性经济发达，有的内向为主，有的资源丰富但加工业制造业发展滞后，有的偏重服务业而缺少引进资本发展加工业制造业的动力，有的从事农业生产人口比重大，有的更倚重制造业，这一方面形成了相互之间的经济互补性，另一方面也会出现同质竞争。资源禀赋与发展的不平衡，需要在经济合作中各自扬长避短，发挥比较优势。"跨太平洋经济战略伙伴关系"中缺乏对比较优势的认同，也无视贸易合作中的总体平衡，这是 TPP 的重要缺陷。设置各种"门槛"，抬高合作条件特别是额外条件，即便伙伴协议勉强达成，要想长期维持，也是十分困难和行而未远的事情。RCEP 就不同了，一不需要设定特别的"门槛"，唯一的条件是平等互利共同发展，二在合作模式上重视互补性，三是维护了经济合作贸易往来的自愿原则，强调经济发展差异性中的共同利益，强调共同的需求，具有较强的务实性。在 RCEP 中，发展中国家既可以与发达经济体建立经济合作关系，引进投资引进产业，还可以与资源丰富、开发空间较大的发展中经济体实现经济互补，在投资和贸易往来中不断完善合作机制，按照不同合作对象发展水平和实际需求开展有效合作，受到合作各方的欢迎。事实上，对发展水平差异的认知和重视差别并在渐进中消除差别，对不同国家和地区利益共同取向的认知和逐步扩大共同利益，是国际经济合作的事关成败的重要前提。1994 年 APEC 会议发表的《茂物宣言》，在贸易投资自由化和便利化的长远目标上，从各国事实上的发展差别出发，提出发达与发展中成员分别于 2010 年与 2020 年实现投资自由化，提出经济合作要在基础设施、资本市场、科技、环保、中小企业等 6 个优先领域展开，就是一个认知差别渐进消除差别的共同文件，2014 年北京第二十二次 APEC 会议提出建设亚太自贸区路线图，也是建立在对不同国家和地区共同利益认知和扩大共同利益的盛举。

RCEP 合作中的全面性，不仅体现在无排他的合作广泛性上，更重要的是发展全要素全方位的合作。从互联互通的基础设施建设到货物贸易与服务贸易的便利化，从投融资合作到技术和产业合作，从自贸区建设到货币互换，甚至从海上合作到陆地合作，无一不涉及生产要素和经济发展权要素的组合。生产要素和经济发展权要素的全面组合，创造并拓宽了区域联动发展的巨大舞台，RCEP 中的伙伴是区域联动发展的舞台上的多主角群体关系，具有持续的活力。经济合作的这种全面性，超越了之前所能见到的任何一种经济合作的深度与广度。在这里，互联互通包括陆路交通、航海航空、物流、能源流、人员流等在内的基础设施建设发展，是贸易、投资和经济合作的主要的硬条件，资金融通特别是国际货币流通走向多元是贸易、投资和经济合作的主要的软条件，有了这些硬软条件，才能够更好地实现贸易自由化。当前，互联互通交通运输体系与本币互换和多种结算方式以及金融合作体系的多种新变化，已经成为各国发展全面经济伙伴关系的重要内容，对扩大贸易规避金融风险给出了更多的选择，成为多元经济合作和多元经济发展的两个重要支柱。

RCEP 的务实性和经济合作的全面要求带来了这样一种经济合作操作模式的普遍适应性和开放性。那就是，在平等互利的经济合作中，任何经济区域和任何经济体都应当具有这样的全面经济合作关系，即坚持开放的地区主义理念，推动建设开放型经济新体制和区域合作架构，不断引领世界发展。中国赞同 RCEP，也在"一带一路"的建设推进中，努力打造与世界各国各地区建立以共同利益为纽带以共同发展为目标的全面经济战略合作关系。

中国与东盟推动 RCEP 谈判也是从 2012 年开始的，在时序上基本与自贸区谈判同时起步。2014 年，中国东盟自贸区升级版启动，中国与东盟国家的全面经济伙伴战略关系将会在 2015 年进一步深化。目前，中国与世界 50 多个国家和地区建立了区域全面经济伙伴关系，尽管在表述上会有细微差异，但在"精、气、神"上是一致的。特别是在丝绸之路经济带和 21 世纪海上丝绸之路建设中，全面经济伙伴关系意味着交通、贸易、投资、金融和文化交流的全面合作，意味着贸易便利化和自由化扎实推进，在政策沟通、设施联通、贸易畅通、资金融通和民心相通中不断加强共识，不断取得进展。

作为东盟对经济全球化和区域经济一体化贸易、投资和经济合作关系规范的重要贡献，RCEP 的影响也越来越大，2014 年中在新加坡举行的五轮 RCEP 谈判就有 16 个亚太国家贸易官员参加，超过了东盟成员国的数量，也大于"10 加 3"的互动格局，谈判主要围绕商品贸易、服务贸易、投资、竞争规则、知识产权、经济和技术合作以及如何解决贸易争端等问题进行，达成进一步的共识。中国与东盟的合作是亚太合作的一部分。可以预见，在经济全球化和区域经济一体化发展进程中，RCEP 不仅是中国与东盟国家的关系规范，是"一带一路"国家地区经济合作的关系规范，也会是亚太国家和地区经济合作的关系规范。东盟国家首创的 RCEP，极有可能成为大多数亚太国家的经济合作首要理念。

2014 年 11 月 7 日至 12 日，第 22 届 APEC 领导人非正式会议在北京举行，会议主题是共建面向未来的亚太伙伴关系，子议题则是区域经济一体化，促进经济创新发展，改革与增长，加强全方位基础设施建设与互联互通，支持多边贸易体制和反对贸易保护主义，推进亚太自贸区建设，开展全球价值链和价值链合作。在过去几年里，APEC 在经贸领域已经达成一系列重要成果，规划和启动 FTAAP 路线图，使 APEC 成为亚太自贸区的孵化器，是其新的使命。谈判近十年的亚太自由贸易区再次启动，将会进一步发掘亚太经济发展未来的新动力，勾画并实现覆盖太平洋两岸的全方位亚太互联互通新蓝图，进一步加强区域经济一体化进程，促进各自贸区之间的互动，促进全球价值链和供应链的合作共享。APEC 会议还就推动 WTO 多哈回合谈判取得进展，并推动各方将 APEC 几代领导人关于从 2016 年前"不采取新的贸易投资限制措施"的承诺延长到 2018 年。

启动亚太自贸区进程是推动亚太伙伴建设的具体行动，也是第 22 届 APEC 会议的最大亮点。启动亚太自贸区进程是 APEC 所有成员的共识。是一个坚持亚太大家庭精神和命运共同体意识，顺应和平、发展、合作、共赢的时代潮流，致力于亚太繁荣进步并与东盟提出 RCEP 理念有直接关系但又比东盟经济共同体更大的开放格局，将为亚太与世界经济的发展提供更多的机遇。中国希望在坚持本地区开放的区域主义理念的同时，推动建设开放型经济新体制和区域间相互融合、相互促进的合作架构，支持东盟和亚太经济体在地区合作中发挥重要作用，也欢迎区域外经济体发挥建设性作用，让亚太的大门始终向全世界敞开，让区域内外经济更有活力，贸易更加自由，投资更加便利，道路更加通畅，人与人交往更加密切。

启动亚太自贸区进程也标志着中美经济关系出现了积极的因素，到目前为止，还没有一项自贸区安排同时包括中美这两个世界最大经济体，给人印象更深刻的是中美背向而行的 TPP，亚太自贸区的启动，开始了中美经济相向而行的一步。据彼得森国际经济研究院的研究结果，建立亚太自贸区将使美国到 2025 年获益 2020 亿美元，这还不包括美国扩大就业的其他积极效应。与此同时，亚太作为一个不可分割的经济合作区，开始了经济融合的新的过程，直接间接地避免了 TPP 带来的对亚太整体发展发生冲击的负效应，甚至冲淡了 TPP 作为遏制工具的意义与作用，维护了区域共同和平发展的整体性。值得注意的是，在新的 FTAAP 亚太伙伴关系的合作框架里，跨太平洋互联互通首次提出，并在已有的 RCEP 经济合作关系和新的更具包容性的 FTAAP 亚太伙伴关系基础上，细化出互联互通伙伴关系，使区域合作关系更趋务实性，增强了发展效应。对启动亚太自贸区进程，国际上也有正面积极的评价，甚至认为在"自贸区之争"中，"中美走近了一步"，宣布开始进行有关的"联合战略研究"。美国的官员说，这项"联合战略研究"将会包括对亚太地区总数超过 80 项的贸易协定的研究。在这里，TPP 依然是美国的既定政策，但 APEC 部长会议通过 FTAAP 联合声明，从 2014 年开始为加强亚太经济一体化和推进 FTAAP 采取切实行动。基辛格在接受中国记者采访时评论，这也许可能为两国关系的"分水岭"，成为两个国家、两种体系致力于共同发展的"新起点"。这是一位美国老政治家的愿望。

毫无疑问，推进亚太自贸区进程和推动共建共享共同发展的亚太伙伴关系，将会变赢者通吃为各方共赢，共同做大亚太发展的蛋糕，共同促进亚太与世界的繁荣。习近平在 APEC 工商领导人峰会上指出，大时代需要大格局，大格局需要大智慧。实现"中国梦"的同时实现"亚太梦"，进而实现世界发展梦，就是当今时代的最大发展格局，变赢者通吃为各方共赢，在区域主义中建设向世界开放的新体制就是真正的大智慧。

从地缘格局上讲，推进亚太自贸区进程和推动共建共享共同发展的亚太伙伴关系，是行而有效的跨大区域发展战略。亚太区域经济的开放性发展和"一带一路"的开放性发展相互支撑与相互连接，推动全球经济一体化的目标完全一致，具有紧密的相关性，在思路、宗旨、发展内容、发展目标和体制构架及经济合作伙伴关系的包容性上也具有同一种取向，相辅相成。"一带"从亚洲延伸到欧洲，"一路"则覆盖东北亚、东南亚、环太平洋和《大趋势》作者奈斯比特最近提出的世界"南环经济带"的众多经济体。"一带一路"的地缘经济发展关系更加明晰，具有高度复合性的互联互通的内涵更加充实。意味着各经济体之间的物流、交通、能源基础设施的连接与整合，从而提高供应链的效能，也意味着机制与规制合作进一步加强，以及人员跨界流动的便利性。资源配置布局有序，资金配置渠道紧跟，在多国投资的亚洲基础设施投资银行协议签订之后，迅即成立规模高达400亿美元的丝路建设基金，为实现"一带一路"与覆盖亚太互联互通网络，提供了强大的资金支撑。丝绸之路经济带建设特别是亚欧的互联互通将为亚太地区发展提供广阔的经济腹地，扩大环太平洋沿岸国家发展的空间。俄罗斯、白俄罗斯、哈萨克斯坦等国家组成的欧亚经济联盟也在与亚太多国谈判建立自贸区，也显示了"一带一路"与亚太地区经济发展有着内在的联系。目前，亚洲内陆国家的东向发展势头很猛，经济重心在东移的同时也在向南移，亚洲沿海国家的西向发展也是一个新的趋势，东西互动，陆海互通，已经成为跨国经济发展的一道新的风景线。未来亚太经济发展一体化与"一带一路"发展下的亚欧经济一体化将会相互融合，跨洲跨洋发展的超大经济区域一体化将会推动全球经济一体化发展开始进入更新更高的发展阶段。

第二十二届APEC会议成果巨大，完成了预定目标，也在"习奥会"中推进了中美关系的良性发展，达成27项共识，确认了经济关系是双边的核心关系。

地缘学说的历史扭曲

经济全球化与区域经济一体化作为推动贸易和发展的结构模式，是为世界各国普遍认同的，除了极少数的国家和地区，主要是一些微型国家如欧洲的一些公国，几乎所有的国家和地区都参与其中。经济全球化发展的曲折不仅来自于错综复杂的经济因素，更涉及错综复杂的政治与文化等许多非经济因素。特别是西方政客奉为圭臬的"地缘政治"的直接干扰。许多时候，"地缘政治"绑架了"地缘经济"，使后者成为前者实施"遏制"政策的工具。前面讲到的 TPP 甚至 TTIP，在本质上也都具有这样的性质与含义。

但是，不管是军事遏制还是经济遏制，遏制对中国来讲似乎不是一个什么新东西，至少已经有过 70 多年的承受史。人们难以想象的是，早在二战结束之前，那位提出"边缘地带论"的大名鼎鼎的尼古拉斯·约翰·斯皮克曼，在美军与日军夺岛恶战还要再打三年的时候，已经超前地"建议"美国政府，要与日本结成战后联盟，以"遏制"大陆强国特别是未来有可能崛起的中国。对美国来说，中国幅员辽阔，海域广大，出现一个现代化的生机勃勃的中国是会如芒在背的，特别是中国拥有广大的南海海域，必须想方设法由美国和他的同盟国来控制。那位斯皮克曼没有等到二战完全结束就死去了，但他的遏制中国的战略遗产却被时明时暗地承袭下来，一直到现在。

　　"遏制"对近现代大国关系来讲当然也不是新问题，至少是一个暂时不会消失的历史现象。有遏制就会有合作，这正如有合作就会有遏制。美国与他的同盟国说穿了也就是这样一种关系。但由"遏制"发展到"围堵"，问题就会复杂化。为什么要"遏制"，为什么要"围堵"，很多人把原因归之于所谓"修昔底德陷阱"，即在古代历史学家修昔底德看来，古代雅典实力的增长引发"拉栖代梦人"的安全心理困境，于是发生了不可避免的伯罗奔尼撒战争。由此推测中美冲突不可避免，那是基于西方历史思考的结论，既没有看到中国历史进化的和平特征，也抛开了当今世界经济一体化的难以扭转的时代特征，但说遏制中有修昔底德心结，还不能说是完全妄测。

　　心理困境不一定必然导致冲突，但由此发生的某种战略判断和行为走向，却使"遏制"和"围堵"成为自以为是的选项。这种自以为是的选项无非是两种，一是"战马"频出，四处呼啸，干扰和延宕一国的发展进程，一是把商业贸易的拉车之马当作"战马"去役使，削弱对方的发展势头。一策难奏效，那就两策并用，一面在军事上加大压力，一面在贸易合作中"釜底抽薪"。多管齐下，让人难以招架。但对已经发展了的中国来讲，对头显然选错了。要说军事上"重返太平洋"，其实美国舰队压根就从来没有离开过太平洋，真能做的也只是强化与盟国的军事同盟，想方设法拼凑"千艘舰队"，搞搞"代理人"纠葛或者"第三邻国"等。要说在经济战略上"遏制"，目前能够看到的，也不过是一个排他性的TPP，经济全球化的道路很宽广，并非只有一条路径，也非只有一种伙伴关系。但这也提醒我们，美国的一些政客们不仅长于使用军事武器，也长于使用经济武器。

　　这种例子其实是屡见不鲜的。冷战时期的"石油战争"和冷战结束之后的"货币战争"就是典型案例。20世纪80年代后期，在美国的操纵下，石油价格从每桶13美元跌落到3美元，致使当时的苏联每年损失外汇 200 亿美元，连续几年，成为压垮经济体制僵化且经济结构极其不合理的苏联经济的最后一根稻草。大概也是同样一种担忧，2014 年后半年石油价格再次暴跌，从 150 美元最低跌到 50 美元左右。而较大产油国里，伊朗的荣枯线是 130 美元，俄罗斯是 100 美元，由此引起俄罗斯与伊朗关于"国际石油阴谋"的再度疑虑。货币战争的使人记忆犹新的例证，则同样发生在 20 世纪 90 年代初，也就是日本经济正在踌躇满志一路高歌之时，美元大幅升值，在日本企业大量吃进美国地产和兼并大量企业之后，美元大幅贬值抄底，尽数收回"失地"，并导致日本经济陷入至今没有喘息过来的衰退状况，不得不继续成为美国的附庸。现在出现的景象，则有些"地缘经济战"的某些新味道，但"地缘经济战"大约还没有完胜的先例。因为 TPP 的主要谈判对象是军事盟国，其他的是点缀，一旦军事与经济捆绑太紧，也就丧失了经济一体化原本应当具有的经济平衡合作的特征，伙伴关系也会随之异化为附庸，这对希望发展的国家来讲，无疑是一把容易自残的双刃剑。在这种情况下，经济就不再成为经济，发展更不成为发展，其中的利害关系变得更加复杂和难以把握。

应当说，从深层次上讲，当前全球经济一体化和区域经济一体化的主要障碍不是多边和双边谈判的曲折过程，也不是不同国家和地区的利益整合，主要的问题还是出在非经济领域，出现贸易与军事冲突的错位，出在地缘政治对经济发展的扭曲。同时也与根深蒂固的地缘政治的历史惯性思维有关。19 世纪以来，伴随西方列强的扩张，出现了一系列为其扩张服务的地缘政治理论，这些理论不同程度地带有军事与战争的浓厚色彩。其中最著名影响最广泛的是"陆权论"、"海权论"、"边缘地带论"、"大棋局论"和"海权论"以及"文明冲突论"等，这些地缘战略理论长期深刻地影响着西方的发展战略思想和思维走向，言必称操控，行必讲"遏制"，形成了所谓国际秩序的一套既定的行为逻辑和标准，与这套逻辑标准略有不同，就会被扣上各种罪名，想方设法逐出全球化的

"山门"，在他们看来，全球化是其主导下的全球化，是符合他们心目中政治地缘战略利益的全球化，这是造成"不均衡全球化"的最直接的原因，也是全球化进程不断受阻的重要动因。

先说"陆路贸易"与"陆权"。众所周知，"陆权论"的开山论者是英国近代地理学奠基人哈尔福德·约翰·麦金德。学术思想主要体现在《历史的地理枢纽》和《民主理想与现实》著作中，"陆权论"产生的时代背景是一战前夜。他的著名论断在中国也是耳熟能详的，即"谁统治东欧，谁就能主宰心脏地带；谁统治心脏地带，谁就能主宰世界岛；谁统治世界岛，谁就能主宰全世界。"这无疑是一个关于"霸权"与控制的理论。他的著名三段式警语来自三层地缘结构：一是亚欧大陆中心的内陆区域；二是围绕大陆的边缘陆地形成的内新月形地带，包括从法国、德国到土耳其、印度再到中国的一个上弦月的半弧；三是近海岛屿、南北美洲、撒哈拉以南的非洲、澳洲形成的更大弧线，那时的美国也只能屈居在这个外新月形地带里。在欧洲中心论的麦金德眼里，亚欧是独一无二的"世界岛"，远不是如今日的欧美"双黄蛋"。麦金德的欧洲"单黄"世界岛理论是不是一战的理论注脚或预测姑存不论，但目前的结构与权力重心的变化，是他无论如何不会想到的。遥想当年，他的母国大英帝国号称"日不落"，哪里会想到"蛋黄"偏移，日头也会在落下升起中改变位置，更不会想到，他的理论核心（即"控制逻辑"）在被某些战略家继承之后，很快改出了美国版，这就是我们今天更为熟悉的"边缘地带论"与"大棋局论"。

麦金德的理论带着英帝国的印记，斯皮克曼的"边缘地带论"却是美国货。他把麦金德三段论变为两段：谁控制了边缘地带，谁就控制了亚欧大陆；谁控制了亚欧大陆，谁就控制了世界的命运。他认为"边缘地带"是海上强国与陆上强国注定要发生冲突的地带。他还认为，美国在地理上被亚欧大陆与非洲及澳洲包围，因此决不允许亚欧大陆出现一个统一的"权力中心",必须积极干预亚欧大陆事务,控制亚欧大陆边缘地带。这其实就是他在二战尚未结束之时就建议实行"遏制"中国的理论源头,也是其仰仗武力征服亚欧的战略理由。正是这个思维,20世纪50年代美国的国务卿艾奇逊就把所谓的"太平洋防线"划在了东中国海"第一岛链"之内,试图以"软木塞放在瓶里"的方式遏制中国向海发展。斯皮克曼在建议对中国遏制之后的第二年死去,但他的"边缘地带论"却形成了美国数十年一贯的武力"遏制"政策的支柱,但武力征服并不能完全见效,越战失败就是个例子,也就引出了塞缪尔·菲利普斯·亨廷顿的《文明的冲突与世界秩序的重建》(1996年)。亨廷顿在其文明冲突论中指出,在不同文明之间,跨越界限、尊重和承认相互界限非常重要,但在本质上还是把西方文明置于最高端,把西方文明作为世界秩序的基石与标尺。新旧世纪之交,曾任美国安全顾问委员会顾问的波兰裔美国地缘战略家兹比格涅夫·布热津斯基先后出版《大棋局:美国的首要地位及其地缘战略》(1997年)和《战略远见》(2012年),干脆把斯皮克曼的两段式浓缩为一段:谁控制了亚欧大陆,谁就控制了世界。这其实就是北约东扩与美军重返太平洋的地缘政治学说的直接支撑。布热津斯基把斯皮克曼的"区块"简之又简地变作棋盘上的几个关键棋子,对已经有些力不从心的美国政府给出最低限度的博弈指点,这就是世界的棋盘上有十个国家要认真对待:五个是"地缘战略棋手"国家,有法国、德国、俄罗斯、中国与印度;还有五个是"地缘政治支柱与战略轴线"国家,是乌克兰、阿塞拜疆、韩国、土耳其和伊朗。奇怪的是棋子里没日本,大概已是同盟的铁关系,或者是伙计而不是伙伴,可以略去不提。现在,乌克兰的棋子动了,影响的自然是俄罗斯,如果阿塞拜疆也动了,自然也是因为俄罗斯、土耳其和伊朗。更令人称奇的是,法、德、韩是同盟国,又是入围世界前十名的经济体,居然也被当作"地缘战略棋手"或可利用的"战略轴线"。这是地缘学说的一种悲哀。更悲哀的是,从目前看，在这盘大棋局里，遇到的不是泥沼便是坚硬的墙体。

问题还在于，从斯皮克曼开始，地缘学说已经越来越远离地理地缘的最初的整合概念，蜕变为战争学或军事学的一个分支，远离"权益"和"权利"的本来面目，更远离了贸易这块基石。其演变特点是，地缘政治替代了天然的地理联系和由此而来的地缘经济，把政治和军事手段当成了目标。这样一个演变过程和演变结果，导致了目前的"不均衡全球化"，导致了国际关系的混乱与紧张。

麦金德是地理学家，他的局限是历史的局限，视角有局限，由于欧洲中心论惯性思维的局限，他"发现"了"世界岛"，这是一个重要贡献。这是我们重新认识亚欧的重要地理原点。

从地理结构上讲，欧洲与亚洲的地理联系，确乎是一个"世界岛"，是连在一体的。过去就有学者提出过洲际划分的质疑，因为其他大洲是按照诸如大的海洋和自然形成的明显陆地标志区分的，而亚欧更多地是以宗教文化甚至种族划分的。以乌拉尔山为界，并不是因为它难以逾越，而是因为这里是昔日白种人与黄种人的主要分界线，这造成了现代俄罗斯向西向东的历史纠结，也使其"双头鹰"的国徽图案有了特别的意义。造成亚洲、欧洲划分的原因，西方学者也心知肚明，因此"世界岛"的称谓被广泛接受。一方面承认这块连接在一起的超级大陆原本一体，对世界文明的进化发展举足轻重，另一方面却要把它人为地割裂开来，划出了发达世界和落后的世界。如果真的以地理坐标为区分标准，也许帕米尔高原是一个候选，但他们又不愿把阿拉伯世界当成与自己同居一陆的"文明世界"，这就形成地理科学与政治地缘学说的一个悖论。

对于亚欧的自然与人文地理的分析，基辛格博士在其新著《世界秩序》里有所涉及，引起认同者强烈反响。学者阿基莱什·皮拉拉马里发表的文章《基辛格是对的："亚洲"是一种西方结构》中说，亚洲仅是对欧洲以东的一部分亚欧大陆的统称。从历史角度而言，认为欧洲和亚洲是不同大陆的看法源自于古希腊的观点，即希腊以东的陆地构成了一个单一有机整体，被称为亚洲，而希腊以西的陆地构成了另一个整体，名为欧洲。这种观点最终让现代西方将欧洲和亚洲作为两个独立的大陆来看待。就地理而言，欧洲、亚洲没有特殊的区别，他们位于同一地质板块亚欧板块上。在文化上，西方已经被界定为源自罗马文明，被基督教化后经历文艺复兴、启蒙运动和工业革命，但这并不是说亚洲和欧洲就没有共同的历史或文化。亚洲拥有众多的区域比如东亚（如日本、朝鲜和韩国等受中华文化影响的国家）或南亚，每一个区域都像欧洲一样独特。因此可以将欧洲与亚洲作为一个具有特定分区而内在相连的体系。皮拉拉马里还把欧洲、亚洲定义为一块自然大陆，拥有约七大区域，以此平衡地理和文化之间的关系以及几大过渡带：欧洲、中东（包括北非在内）、南亚、中亚、俄罗斯、东亚和东南亚。他的最后结论是，具有不同区域的"亚欧板块并不会模糊这些地区拥有大量共同文化、历史和发展趋势的事实"。

阿基莱什·皮拉拉马里的文章不仅有力地支持了基辛格博士关于亚欧的分割特别是亚洲概念是虚构出来的论点，也有力地支持了大陆各个次区域文化传统有差异，更有陆路贸易连接共同性发展走势。这正是古代丝绸之路带给亚欧的经济文化发展的基础，也是今日建设丝绸之路经济带的真正地缘基础和人文基础。

事实上，亚欧大陆的历史的划分并没有阻挡贸易与经济技术交流的脚步，相反地造就了文明发展融合的永久的穿透力。对于欧洲、亚洲的概念的新的诠释，其意义并不是在于名称上要做什么修正，那其实并没有什么至关重要的意义，要紧的是抹去历史遗留的文化的时隐时现的隔膜，让丝绸之路经济带再一次把欧洲与亚洲连接得更紧密，在经济一体化中再一次发出异彩。

亚欧大陆三维一体，一维是2000多年的历史，一维是现在和未来的发展空间，一维是不会消失的地理轴线也即丝绸之路。尤其是不会消失的地理轴线，也即从古至今存在的丝绸之路和世界经济一体化下的丝绸之路经济带，将会再一次成为亚欧大陆的核心连接线，形成经济与文明发展的核心地带而不是"边缘地区"。这是尊重历史尊重未来的人们与斯皮克曼们在历史与地理认知上的根本分野，也是在所谓世界秩序上发生不同认知的地理与历史基础的最根本的原因。这样一个基于历史和地理的基本事实被歪曲，再加上控制与征服的欲望无限膨胀，控制与征服的欲望无限膨胀后的结果，还要强使亚欧国家违心去认同，这怎么会永远办得到呢？

　　但是，斯皮克曼们的指鹿为马的地缘战略理论影响太大太久了，甚至达到"如入鲍鱼之肆久而不闻其臭"的地步，被征服控制论者长时间地使用，也影响了许多学者的正常思维。要把斯皮克曼"边缘地带论"的时空扭曲翻转过来，恢复亚欧大陆的本来地缘面目，不仅需要在理论上去重新彻底地清理，更需要一种符合历史与现实发展规律的鲜活实践，寻找和实现亚欧大陆一体发展的未来。

　　2014 年，第十届亚欧首脑会议在意大利米兰举行。亚欧会议 1996 年启动，已经运行 18 年，中国是创始国之一。除了亚欧国家，大洋洲的澳大利亚和新西兰也加入了。成立以来规模影响不断扩大，中亚的哈萨克斯坦和东南欧克罗地亚是其最新成员。由最初的 26 个扩大到 51 个，经济总量占全球 55%，贸易总量占全球 60%。中国与亚欧会议其他成员的贸易额占中国对外贸易总额近 50%，对中国的投资也占 50%。亚欧会议虽然形式灵活，但层次高，已经成为亚欧国家之间对话与合作的平台，对建立平衡的全球政治、经济秩序具有一定的战略意义，也是在丝绸之路经济带建设发展构想背景下，寻找和实现亚欧大陆未来一体发展的新的开端。亚欧之间，在市场、劳动力、资金、技术方面有很强的互补性，正在实施的《中欧合作 2020 年战略规划》将为亚欧合作增添新的发展能量。第十届亚欧首脑会议的主题是"构建负责任伙伴关系，促进可持续增长与安全"，"一带一路"构想得到许多亚欧国家的响应，"一带一路"的优先领域列为会议的主要议题。亚欧会议体现亚欧的紧密经济关系，也是弥补亚欧洲际间在历史上人为割裂的一个重要的合作机制。中国政府总理李克强参加亚欧会议时提出三点主张：一是共同维护亚欧和平安全和稳定发展；二是共同推进互联互通和贸易投资自由化；三是促进亚欧人文交流与社会发展，不断培育凝聚亚欧共同体意识。

令人多思的是，麦金德时代的英国，是一个典型的"海权贸易"国家，不去谈"海权"，却要去讲"陆权"，这恐怕不是因为马汉讲海权在先，而是要传递一个信息：彼时的英国作为一个拥有强大"海权"的国家，最缺少的是对欧洲大陆与"世界岛"的"陆权"影响与控制，拥有"海权"同时拥有强大的"陆权"地位，英国才能保持"日不落"。麦金德的地理地缘视角，是从海上观察大陆的视角，在其"陆权论"成为以欧洲为战场的"一战"舆论先导的同时，"海权贸易"依然是英国霸权的主要来源。欧美国家在海上角逐并从海上展开对所谓"边缘地带"的控制，出现了形形色色的海上战略，海上战略的实施迁延不绝，也就不足为奇了，而这也是美国"重返太平洋"的一种历史惯性力。

海权贸易与海权合作

　　海权贸易是欧美国家的一个历史优势，也是美国拿来说事特别是全球经济一体化之事的主要"论据"。因此，我们在讨论"一带一路"构想对全球化的最终影响之前，必须首先需要厘清什么是海权、海权的来源和它在正常地缘学术概念与在所谓"地缘政治"乃至"地缘军事"中的区别。首先，无论是"海权"或者"陆权"，"权"的最基本含义是权益和权利，并不必然要与"霸权"画等号。唯其如此，吉原恒淑与詹姆斯·霍姆斯在《红星照耀太平洋》里重新回顾了马汉对"海权"的基本看法：马汉认为"人天生倾向贸易，这是海权的基石，由于贸易的需要，国家才发展前沿基地支持蒸汽船航海"。这应当是解读马汉"海权论"的总钥匙，是我们评价西方各种地缘学说的基本理论依据。其次，海权有公海海权与专属海权之分，国家主权意义上的海权是与国家领土紧密相关的领海专属权、资源开发权和经营权，一般由大陆架延伸所决定，与历史管辖状态有直接关系。公海海权则是一种经济贸易的公权，各国家都可以使用，但不拥有专属权、控制权。但在经济全球化部分主权可以让渡的新情况下，专属海权出现了拥有权与使用权的分离与分置，让渡的不是国家主权与领海权，而是使用权、租用权和协议中的开发经营权。

　　就海权贸易来讲，马汉是一位值得尊重的地缘学者。人们之所以尊重他，不仅因为他是"海权论"的奠基人，在"海权贸易"国家里具有广泛深远的影响，而且是因为他身为美国的军事历史学家和美国海军战略理论家，对"海权"的本质解释并非是穷兵黩武，而有着出自贸易的极为正常的商业发展情怀。在他看来，人天生倾向贸易，战争并非第一选择。马汉生于 1840 年，逝于 1914 年。在他的年代里，美国处于上升时期，但没有直接介入世界"霸权"之争。美国依靠新移民政策和西部开发实现经济转型，发展外向经济，马汉提出的海洋发展战略使海外贸易和海军成为美国的两大支柱。1898 年美国以其海军为后盾，利用移民吞并了刚成立的夏威夷共和国，1907 年东扩关岛，占有了东太平洋的大部分地区。美国还打通了巴拿马运河，使国内的大陆桥铁路与巴拿马运河形成高效循环，开始了在太平洋的全面扩张。一战后英国实力大减，在华盛顿会议上美国以"四国条约"取代"英日同盟"，这是控制日本之始。美国区位环境与资源条件得天独厚，从来没有陆地纠纷的困扰，航海贸易成为其发展与崛起的极为重要的途径，在这种情况下，出现马汉这样的杰出地缘理论家，是必然之事。

马汉的"海权"思想主要体现在《海权对历史的影响：1660—1783》《海权对法国革命与帝国的影响：1793—1812》《海权与 1812 年战争的关系》三部作品中。他的"海权"核心思想是：谁控制了海洋，谁就能控制世界。但对占地球表面四分之三的海洋控制的途径和目的是什么？途径是控制世界贸易，目的是控制世界财富。他把构成"海权"的要素分成 6 个，即地理位置、自然构造、领土范围、人口数量质量、民族特点、政府特性。海上的优势标志是强大的舰队、庞大的商船队和发达的基地网。毋庸说，马汉的"海权论"至今仍是美国海上战略的主要根基，但由于时代发展阶段的不同，对"海权"本质目标及目标与手段区分的认识不同，人们对他的学说理解也不一。即便在西方，也出现两个马汉乃至"后马汉"、"新马汉"的争论与分野。

马汉的理论是为美国战略服务的，但马汉理论的本质却不能一言蔽之。马汉认为"商业繁荣得益于和平，而毁于战争"。因此，对于一个海洋国家来讲，"和平是首要的利益"。对于马汉和马汉式的"海权逻辑"，吉原恒淑和詹姆斯·霍姆斯在《红星照耀太平洋》中有出色的引述与分析，他们说，在这位美国上校看来，海洋是一个"广阔的公共场所，人类可以通往各个方向"。或者说，"世界海洋正如好用的公路一样，属于广泛的公域"，具有双重性质和双重结构。虽然马汉认为有时舰队采取行动是必要的，但是，"和平时期的商业贸易是促使国家繁荣和伟大的真正途径"。但是许多论者过度使用马汉关于作战和策略的基本原理，忽视他关于海权的内在贸易逻辑，必然限制和扭曲对马汉"海权"的认识。事实上，贸易和商业构成了海权的基本原理和逻辑构成的交集面。在马汉的作品《海权对历史的影响：1660—1783》中，他将海上力量建立在三个支柱之上，即生产、商船和海军航运，以及海外市场和基地。

詹姆斯·霍姆斯对马汉的肯定是把他放在当时的历史环境中给予了恰如其分的评价。马汉未曾想到他辞世以后接连出现的世界大战和战后近40 年的冷战。时间和地点给了他独立思考的机会，他是一位既明确国家首要逻辑，也对海上贸易有力支持的伟大战略家。一些人虽然尊崇马汉，但一定会修正马汉，这就是在冷战时期出现的"新马汉主义"。该主义把马汉的第二只"三叉戟"当成唯一，其代表作就是在冷战顶峰时期出现的以苏联为目标的武力对抗与斗争。东欧剧变后，对抗战略失去对象，8年以后，一个以"21 世纪海权合作战略"命名的新海军或海权战略出现了，这就是所谓"后马汉主义"。"后马汉"多少继承了马汉学说的内核，使《21 世纪海权合作战略》具有与经济全球化取得一致的走向。2007 年提出的21 世纪海权合作战略认为，所有国家都是"现行体系"的利益攸关者，各国应该共同努力维护这一体系，"提供这一公共产品"。很显然，海上自由不仅是在自由贸易中推动世界经济一体化的要素，也是现代海权的要素。这也正是海上丝绸之路的核心所在，而中国海军参加打击索马里海盗和海外维和等行动，就是其中的一个体现。

　　8 年过去了，美国国内对 21 世纪海权合作战略发生争论，出现了海权贸易的某种逆转，更多着眼于遏制中国"崛起"，强化军事遏制，开始酝酿所谓"全球海上合作伙伴关系"，其内容就是"千舰海军"与"航海联盟"和把美国海警船队列入战略力量的补充。21 世纪海权合作战略虽然并没有改变美国主宰世界海洋的目标，但与杀气腾腾的"千舰海军"、"航海联盟"和"全球海上合作伙伴关系"还是不同的。

　　美国的海军作战部长乔纳森·格林纳特上将多次宣扬组织强化"千舰海军"的概念，说这支"千舰海军"将包括印度、新加坡、印尼、马来西亚、越南、新西兰、澳大利亚、韩国和菲律宾等。他甚至说这是美国海军发展的好机会。"千舰海军"是美国海军军费捉襟见肘的原因，但这是美国 21 世纪海权合作战略发生改变的一个标志。此公把美国纳税人当"大头"，还要把别的国家当"大头"，白使惯了人家的基地还要白使人家的舰船，除了利令智昏的个别国家领导人，有谁会去犯傻？"千舰海军"明显违背了马汉的"世界海洋正如好用的公路一样，属于广泛的公域"的遗训。海权贸易已经变形，变得不再是它自己。据说格林纳特在 2014 年拿出的这份计划书只有四页，四页纸里的军舰数量仍是"低成本小脚印"，到 2019 年派至太平洋的该地区的舰艇数量只比 2014 年多出 15 艘。按此计划，美国在海外"前沿"的舰艇要由 97 艘增加到 120 艘，太平洋的占一半多。按此布局，"千舰海军"的 70%以上要由其预想的国家担负。澳大利亚前总理马尔科姆·弗雷泽在《危险的盟友》中明确敦促澳大利亚放弃澳美同盟，以避免与中国发生冲突，这不仅因为澳大利亚对华出口占其全部出口的三分之一，更认为澳美同盟剥夺了澳对华战略空间，"牢牢困在美国体系里"。

　　军事同盟并不是国家安全的保险柜，上错了船，是要牵连国运的。除非是像日本《日本 2009 年防卫白皮书》自我判断的："鉴于本国的人口、领土和经济状况，日本若想单独负责本国防卫几乎是不可能的"，因此"日本仍将与世界军事霸权国美国保持盟友关系"。日本的防卫计划不像是其实力讲出的话，但谁说这不只是一种外交辞令呢？

在马汉的海权词典里，"如果海洋实力必须依赖稳定发展的商业繁荣，那么人们对商业利益的追求必然高于对发展海洋的追求，这是所有原则中重要的特征"。经济全球化是商业利益的一种最高追求，军事利益的追求凌驾于商业利益之上，不仅是一种谬误，也是与多数人对经济全球化认同目标的一种反向运动。

美国海权战略中的唯战争逻辑出现，不是偶然的，美国那位在美西战争时担任美国海军部副部长后来担任总统的老西奥多·罗斯福就情不自禁地说过，"任何和平的胜利都不如战争的胜利那样让人兴奋"。这位老罗斯福就是"新马汉"的开山祖师。对于地理位势绝对优越的美国来讲，东西两面靠洋，对海权的研究和正常的运用，是理所当然的事情。但此理也同样适用于正在发展的中国。中国在近百年的屈辱史中得出刻骨铭心的一个教训，那就是"落后就要挨打"。中国既是伟大的"陆权"国家也同时是伟大的"海权"国家。这样一个陆、海权兼备的国家，怎么能够永远被"边缘地带"化呢？

中国的海权，既是历史的，也是现实的。中国的国土面积是960万平方公里，陆地近邻14国，陆上国界线20000多公里，海岸线18000公里，加上近海岛屿的海岸线为32000公里，海岸线超过陆上边界线60%。按照马汉的海权6要素（即地理位置、自然构造、领土范围、人口数量质量、民族特点、政府特性），每一条都符合海权国家的标准。从历史上看，郑和的"宝船队"在哥伦布航海之前已经到了东非，航海技术、装备和吨位与多达2.7万人的航海规模与后者根本不是一个等量级，他们不是"探险"，而是在驾轻就熟地进行贸易沟通。如果不是明成祖和郑和先后谢世，中国的海权贸易地位继续会是世界第一，中国进入明代中叶的海外贸易也是一种持续不断的商业现象，明代之后海外贸易在正规史书记载略少，不是海外贸易结束了，实则是由官方贸易转向了民间非官方贸易。即便是在明清交替时期，民间贸易规模依然巨大，并且开启了由中国福建商人直接参加交易的"马尼拉—盖普贸易"。郑成功之所以成为民族英雄，不仅是因为他从荷兰殖民者手里收复台湾，也是因为他是中国陆权与海权的伟大的捍卫者。事实上，郑和七下西洋只是中国的海外贸易的一个高峰，即便不算秦代徐福3千童男3千童女浮海的"传说"，从公元前2世纪中叶起，汉武帝就派官方贸易使团大规模出海，远至南亚。2000多年以来，历史的"一带一路"贸易成果是世界贸易"双璧"，相互辉映。清中叶短期实行海禁，但也留下广州口岸，清朝晚期列强叩门，"五口通商"也在被动中延续了海上贸易，其历史之悠久，在世界史上也是罕见的。新中国成立以后，虽然由于美国的军事经济封锁，不得不在一段时间实行"自力更生"，但在邓小平改革开放政策的有力推动下，中国的开放型经济加快发展，目前外贸规模的90%以上仍是通过海外贸易实现的。

无论从历史讲，还是现实的发展讲，中国的海权贸易都达到很高的水平，其巨大的海权战略空间应当得到高度的尊重。正像《红星照耀太平洋》一书所言，"中国发现自己在不同方向存在着大陆和海洋权"，"与大陆腹地诸多国家关系处于良好状态"，"中国的活动范围也将日益扩大到远离中国沿岸的海域"。该书把中国转向海洋称为"非凡行为"，认为"马汉也会向这种动员国家资源的能力与决心致敬"，认为"美国如果打算在未来维持有利于自身与亚洲的战略地位，就需要认真思考与中国的互动关系"。甚至提出，"鉴于中国海上软实力的不确定性，美国应避免反应过度，应接受北京关于亚洲海域领导权的一些主张"。

美国的一位国际关系"零和效应"的研究者罗伯特·吉尔平讲过，"尽管总受到限制，但选择永远存在"。中国的"一带一路"特别是21世纪海上丝绸之路建设，就是一个明智的符合全球商业利益的发展战略选择。美国作为"海权论"的诞生地，同样应当进行更加符合全球商业利益的发展的战略再选择，至少不应当从 21 世纪海权合作战略大步地后退，让那些自以为是的新马汉继续阻碍经济全球化的正常发展。

应当说，痼疾难除的西方的地缘政治理论，对全球经济一体化与区域经济一体化的破坏性最大，而且短期内影响不会消失。但世界的整体性也在不断增强，这是世界体系演变的另一个明显特征。世界整体性增强和各国发展的强烈要求，是维持与保持和平发展的主要力量。历史经验证明，自冷战结束后，作为世界性大国，中美关系在竞争与协调互在的关系中多次反复，但也从未陷入恶性循环。如果有什么"困境"出现，美国倒有点明显，因为它对安全边界定义得太大太宽，甚至不给别人留下起码的余地。中国对海权的主张，只是恢复其长期航海贸易传统应有的地位和对海上丝绸之路的历史与经济一体化下的认同。美国则有些敏感。马汉在 100 年前就讲过，对美国的海上威胁并不存在。现在却把安保系数扩大到离美国西海岸 7000 海里的地方，这本身就有些不可思议。难道是美国的海权生来就比中国大？但历史得不出这种结论。维护自己的领土领海主权是任何国家都要做的事情，在经济全球化条件下对专属海权的平等让渡，并不等于可以放弃主权，那么，美国一边宣称在东海、南海不选边站，一边又要搅局，除了要"遏制"中国的发展，还能有什么更好的解释？从这个角度看，21 世纪海上丝绸之路不仅是繁荣贸易之路，也是维护中国固有海权之路。最终的途径是在坚定维护领海主权的同时，开展平等的海权合作。

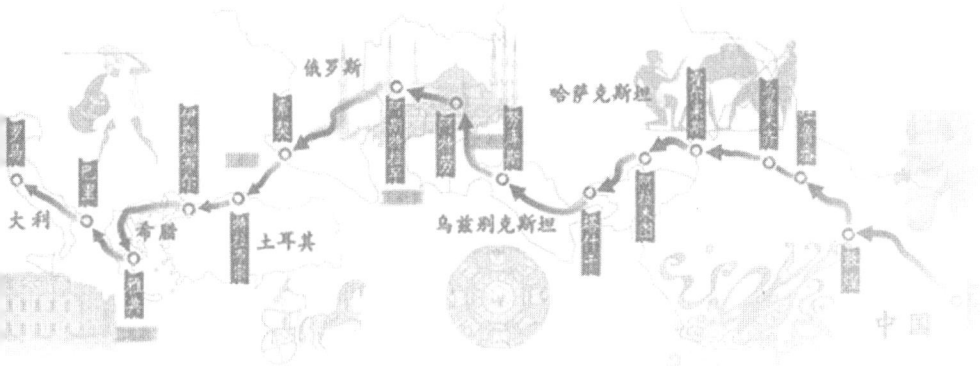

中国区域发展战略升级

○从东部战略到西部大开发

○发展的非线性"函数"

○上台阶后的西部开发

○丝路建设带来发展新空间

从东部战略到西部大开发

　　"一带一路"发展构想，也是着眼于中国国内发展大局所做的及时正确的战略选择。30多年来，中国经济高速增长，得益于改革，得益于开放，尤其得益于东部沿海战略的成功实施。30多年来，中国的经济规模从不足3千亿美元扩大到10万亿美元，经济体量增长了33倍。要想持续发展，不仅需要进行结构调整和经济转型，也需要制定新的发展战略，克服面临的各种经济发展瓶颈，而发展战略的选择对于已经成为全球第二大经济体的中国来讲，必须从世界经济发展的走向着眼，也必须要有更超前的思路和更大的空间格局。

　　因此，考察"一带一路"发展构想产生的动因，还要着眼于中国区域经济发展的可持续。中国改革开放前30多年里，成功地实施了东部沿海经济发展战略，涌现出"珠三角"、"长三角"这样充满经济活力的地区，沿海开放城市也先后改变了发展滞后的状态，成为带动中国经济发展的经济引擎，成为中国发展外向型经济，由封闭走向开放的前沿地带。30多年的发展经历了从低水平到比较高水平的过程，持续时间之长，在世界经济发展史上少见，发展速度之快，也在世界经济发展史上少有。这是一个了不起的成就，也是一种发展奇迹。更重要的是，通过改革开放，中国结束了计划经济，进入了市场经济，在经济体制与企业发展机制上出现了根本变化，为今后的持续发展奠定了体制基础。但是，发展从来不是直线的，也不是同一种快速状态。旧的状态结束了，新的状态出现了，在发展中，各种社会经济结构变化引出诸多深层次矛盾，包括产业结构的不平衡、地区发展的不平衡、城乡发展的不平衡、社会群体收入的不平衡，这成为制约进一步发展的重大因素和主要瓶颈，处理不好或处理不及时，甚至也会出现一些发展中国家曾经面临的"中等收入陷阱"。

中国的经济结构面临调整，中国的区域发展战略也面临新的调整，特别是在东部先发展地区需要增强后劲，继续发挥业已形成的比较优势，不断培育新的增长点和增长机制；中部和西部后发展地区则要迅速摆脱发展的不平衡状态，成为经济发展的新引擎。在这样的形势下，东西部协调发展就成为一个时期以来众所关注的焦点，成为战略决策中首先考虑的重大社会经济问题。但是，平衡只能解决和化解发展中的时间差和空间差问题，虽然对社会经济稳定发展具有极为重要的意义，但并不能从总体上解决资源配置的各种瓶颈问题。究竟是就平衡论平衡，还是开辟新的发展道路，在经济全球化和区域经济一体化中寻求更大的发展机遇，在内外两个市场的更大半径里配置资源，调整结构，推动产业升级，进一步解放生产力，也就成为持续发展的关键。"一带一路"发展构想正是在这样的国内发展背景下应运而生，为中国的发展提供了战略新动力。

这是一种承接过去面向未来的战略思维，是一种全方位开放与多元合作的创新思考，也是一个理论与实践浑然一体的发展方略。这个发展方略和战略思维来之于对全球经济一体化区域化以及世界贸易投资经济合作新走向的判断，更来自于中国经济发展新阶段面临的新变化新走向的判断，同时渗透着对中国发展历史方位的纵深理解和对国家发展至关重要的区域经济战略发展取向的纵深理解。特别是在以市场为基础配置资源的体制方向大局已定，改革也在多个领域不断深化，经济结构调整全面展开的形势下，经济发展战略的选择就成为决定性因素。换句话说，中国经济能否在周期性的发展曲线里承上启下，实现可持续发展，取决于三个大的因素：一是经济体制创新与科技创新力度，二是市场改革所决定的资源配置效率，三是发展机遇启动点和启动的位势。现在，中国的市场经济体制走向已经明确，改革也进入攻坚阶段，抓住发展机遇的启动点和启动位势便成为至关重要的问题。

中国前30年的发展也是这样走过来的。在改革开放之初，中国改革开放的总设计师邓小平把发展机遇的启动点放在了中国东南沿海，特别是与香港这个老资格自由港相邻的深圳，推动建设经济特区和沿海开放城市，并从实际出发，推出"三来一补"的发展模式，大力吸引外资，发展外向型经济，事实证明，这样一个喻为"杀出一条血路"的历史性选择，对中国发展产生了意义深远的影响。

经过30多年的发展，中国东南沿海地区已经成为中国经济发展的核心地带，经济总产出占到全国的一半以上，并形成两个黄金三角"珠三角"和"长三角"，一批高成长的沿海开放城市也成为经济开放的前沿，至今仍然是中国经济的半壁江山。伴随东部的发展，一时间"孔雀东南飞"，各种发展资源和生产要素，资本、技术、能源、人才与劳动力流向东南沿海地区，出现了蔚为壮观的下深圳、渡海南的历史性开发现象。"深圳速度"成为东南沿海发展速度和中国发展速度的代名词。在这个过程中，土地这种不可再生资源也从传统的三农用地中分化出来，出现了以开发与工业化扩容为特点的"城镇化"浪潮，中国的工业化也随之进入中期阶段。应当说，在中国改革开放初期，区域经济学家们已经有了模糊的理论冲动，那就是所谓的"梯度发展"的理论。这个理论是有一定道理的，因为它基于资本向"价值洼地"流动产业转移特性的思考，而中国东部第一个10年的发展战略也就是产业从当时的"四小龙"转移为依据做出的选择。但任何理论都有适时性和适用性，要从具体条件和具体的时空条件出发，因此在第二个10年里又出现"跨越"发展的战略思考。什么是"跨越"发展？就是后发展地区主要是中部地区，为了消除发展的不平衡，在内陆开放中浓缩东部发展经验，一举甩掉经济落后的帽子"大干快上"。在 20 世纪后期，西部也不甘落后，西部大开发与东北老工业基地的振兴开始提上日程。西部大开发与东北老工业基地的振兴，从区域平衡发展的角度无疑是一个正确的决策，也应当是发展战略的必要组成。西部发展的成果更是有口皆碑。但是，区域经济发展并不是单一视角和平面的线性的，而是多维立体的，有时还是跳跃的。西部大开发在取得巨大成就的同时，也带来某些操作上的模糊性，以为直线的传导与平面的复制就可以出现可持续发展的效果，这是一个误解。对误解的反思，终于使人们对西部的再认识，通过丝绸之路经济带建设表达出来。西部不断出现经济产业的大小发展浪潮，其实还是一种铺垫，而真正的最大成就是以交通、能源物流为代表的基础设施的脱胎换骨的大改善。这期间，由于"大陆桥"理论首先接触到铁路建设，出现了"大陆桥"几乎就是丝绸之路同义语的程度，但这也是丝绸之路经济带建设概念躁动母腹的发展征兆。

东部沿海发展的起点并不高，是在国际产业垂直分工的最下游，或是"两头在外"和工业、加工业的末端。技术含量低，劳动密集，但好用好使，初步完成了东南地区的原始积累。东部产业的发展，引起中部、西部人们的发展联想和强烈愿望。梯度发展理论由此引起关注，即从东部发展的起点基于及时承接亚太"四小龙"产业转移的事实，认为按照产业转移的规律，接下来的会是中部，然后是西部。但预想中的劳动密集型产业转移并没有按照梯度发展的时间表转移，倒是出现了更复杂的现象，那就是对西部比较优势的片面理解，加上"有水快流"的急功近利思维的影响，在一次性能源特别是煤炭生产方面出现了"跨越"，而"跨越式"发展又引发重化工业的过度发展，环境问题开始出现。

2003 年，中国中部 6 省在发展的呐喊中迎来中央政府的决策，要求及时解决中部地区经济发展"塌陷"问题。因为从 1980 年到 2003 年，在东部经济占比由 50.2% 上升到 58.86% 的时候，中部经济一路下滑，人均 GDP 只及全国平均水平的 75%。解决中部经济"塌陷"问题，取得了一定的成功。这种成功，主要是因为找准了切入点和操作点，在抓能源基地建设的同时，抓了粮食基地、现代装备制造业和循环经济建设，抓了长江通道以及陇海、京广、京九"两横两纵"交通资源优化配置和相应的"两横两纵"经济带的发展。这个发展格局后来又明确为"三个基地，一个枢纽"。中部有没有承接"长三角"、"珠三角"产业转移呢？当然有，但这不是主要因素。因为那时候的"长三角"、"珠三角"以出口为主导的外向型经济发展正欢，无暇西顾，在机会成本上也未必有这种动力，倒是中部从"两横两纵"交通水平提升中，从"两横两纵"经济带之间联系度加大的发展格局中，找到了融入东部发展的机会。人们记得，在那时湖南省的一个重要的发展提法是融入"珠三角"，安徽则是融入"长三角"，而不是被动承接。这也说明了，产业"转移"首先是基于"垂直分工"而不是"水平分工"。产业转移与产业升级在表现形态上的区别正是"垂直分工"与"水平分工"的不同。

从 2006 年到 2010 年以及 2012 年到 2014 年，中部崛起之路走了 10 年。中央政府先后出台至少四个促进中部崛起的意见和规划。"两横两纵"经济带发展战略效果明显，诸如武汉都市圈、郑汴一体化、鄱阳湖循环经济试点、湖南"长沙、潇湘、湘西"三个文化产业带等亮点频出，这个拥有 3.6 亿人口，人口与经济总量分别占全国 28% 和 20% 的经济"塌陷区"，终于全部进入经济总量万亿元"俱乐部"。

西部的发展稍后于中部，但也不是等到中部崛起后才开始，在中央政府启动西部大开发规划前就自发地开始了，并且一开始也把希望寄托在产业转移的路径上。但预想中的效果与中部庶几相近，甚至由于地理遥远，效果远不及后者。2006 年，有学者选取制造业发达的浙江和广东两省中 9 个具有代表性的劳动密集型产业，即食品加工、食品制造、饮料制造、纺织业、服装、皮革、家具制造、造纸、塑料制造业变化状况，对照西部人口相对密集的西南地区，即四川、重庆、云南、贵州四地的产业发展情况，进行区位商评价方法研究分析，得出的结论是：一是浙江省在选取的 9 个劳动密集型产业中，除了食品和饮料制造业，剩下 6 个产业的区位商都大于 1，其中纺织业和皮革、毛皮制造的区位商超过了 2，而广东省除了食品、饮料、纺织业，其他 5 个产业的区位商都大于 1。说明浙江和广东两省依然是劳动密集型企业集中地区。二是西南四省的大多数劳动密集型产业都没有比较优势，而东部地区的劳动密集型产业在总体上仍具有比较优势。也就是说，在东部地区发展 20 多年之后，预想中的劳动密集型产业从东部沿海向西南地区转移是滞缓的。

这不是滞缓，除了引人注目的以温商为代表的商业流通的发育，制造加工产业的转移也许就没有大量发生过。因为研究者也正确地注意到一种事实和一种规律，这个事实和规律，不仅是东部地区的劳动密集型产业在参与国内外分工中仍占重要地位，而且由市场便利性和物流商业成本规律所决定，舍近求远并不是一个好选择。东部地区在参与跨国企业的全球分工中，产业升级呈现高低并存的经济群落状态，产业集群的聚集效应，又使集群内形成了完善的产业分工链条，就近找到专业的配套生产服务，就近出口，从而可以集中于产品价值链上的各个关键环节，节约了企业的采购和交易成本，也实现了规模经济生产目标。在这种情况下，即使西南部物流条件部分有所改善，但既不是劳动力密集流向地区，又相对远离终端市场，并不会"舍近求远，舍易求难"，引发产业的反向转移冲动。更普遍的情况是，即便是中国劳动力价格提升，企业盈利空间开始压缩，"招工难"现象出现，产业转移方向不完全是中部，更不完全是劳动力资源相对稀少且在流出的西部，而是位于海上丝绸之路沿线的人口相对密集的发展中国家和地区，如越南等。

事实上，一直到 2014 年，浙江的义乌和广东的东莞，依然是中国劳动密集型行业和商业的重镇。东莞的国内唯一的国家级加工贸易博览会，在 2014 年吸引了 1210 家知名企业和过万种产品参展，6300 多家国外采购商、1.6 名专业买手赴会采购。加工贸易博览会的前身是创办于 2009 年的广东外商投资企业产品博览会，2012 年升级后的两年里达成商贸项目 13000 个。尽管加工贸易具有"贴牌生产"技术含量和附加值低的特点，在中国对外贸易的结构中地位有所降低，需要向价值链高端环节拓展，但劳动密集型产业依然高于 30%。他们在现代陆上丝路贸易便利化格局尚未完全形成之前，还要在技术含量持续提高中不断发展。

那么，西部是不是无路可走了，当然不是也不会的。它有自己发展的路数，有自身将要担当的"天降大任"，这就是在丝绸之路经济带建设中成为重要角色甚至主角。在西部发展的初始阶段里，东部的发展对西部是个市场启蒙，浙商与温商就是启蒙的"教师"。他们走遍了西部，是中国西部开发的第一批生力军，有效地改变了西部的经济封闭观念，有效地改变了西部的商业市场地图，有效地增添了西部市场人文环境的商业因素，有效地帮助西部居民改变了经济生活的"匮乏"状态。他们的努力在客观上提升了西部人的产业理念和对就业的开放态度，可以在继续"孔雀东南飞"中去"打工"，也可以在本地与邻近地区从事更多种类的服务业，还可以"孔雀向外飞"，像温州人一样到国外去创业，而这是西部开发中的最具价值的人才和人力资源条件。东部劳动密集型产业没有大量转移到西部，并不意味着生产要素在新的市场组合方式中不会发生转移，正面效应是服务业开始发展，相对负面效应则是急功近利中的"靠山吃山"，比如认为西部能源特别是煤炭相对丰富，能源产业和重化工产业开始大量发展，并吸引了东部的企业投资，房地产业也出现了畸轻畸重的发展。但这也套住了许多"精明"的东部商人，给西部发展留下后患。因为商业开发特别是过度的商业开发也是两面刃，比如在城镇化中与内地攀比发展房地产业，那不仅是对西部广袤土地资源的破坏，也是在环境制约瓶颈下西部发展的一种败笔。

发展的非线性"函数"

　　东部发展与西部开发的相互关系也提示了，它们之间不存在一条直线，不是线性的，就是有也是曲折的、跳跃的。它们之间也不是完全单一的地理梯度关系，是多维多元视角中的一种函数关系。梯度理论应当是在更大经济半径里发生转化与转换的辐射规律理论，是宏观经济地缘概念，而且要有相应的前置条件。这些条件包括互联互通的便利化，要有市场的消化能力与市场容量，更要求市场开放中的重要政策配置。最能说明前置条件之重要的，莫过于东部发展的历史过程，设若没有当年经济开放的重大决策，没有东部沿海发展战略，东部恐怕依然如故。发展不仅是美好的愿望，更是与经济辐射传导途径相结合的更复杂的排列组合。明乎此，也就明乎建设"一带一路"为什么要在政策沟通、道路联通、贸易畅通、货币流通、民心相通的"五通"上下功夫。

　　西部开发自然会让人联想到美国的西部大开发，也想到旧金山的来历——华人的淘金历史和美洲第一条跨洋铁路。但是，美国腹背两面紧临两大洋，中部虽有"马鞍"，却不是犹如骆驼的直立的"单峰"与"双峰"，更不是在当时经济技术历史条件下交通的不可逾越。美国的西部开发是美国国内的区域经济发展的必然选择，最后的结果则是东西部发展出现"哑铃"式平衡和经济发展的"双核"。但这也说明，区域发展不一定是水平推进，美国的西部开发当时就跳过了中部。

中国西部大开发是从 1999 年开始提出的。思考尽管是多方面的，但把发展了的东部的剩余经济发展力注入西部，不能不说是一个最初的思考。但西部大开发的更深刻的原因，还是地区发展的不平衡。中国西部大开发的范围包括重庆、四川、贵州、云南、西藏、陕西、甘肃、青海、宁夏、新疆、内蒙古、广西等 12 个省（区、市），面积 685 万平方公里，占全国的 70% 以上，人口占全国的 30% 左右。2003 年国内生产总值 22660 亿元，占全国当时经济总量的 16.8%。西部地区资源相对丰富，战略位置重要，但由于自然、历史、社会等原因，西部地区经济发展相对落后，人均国内生产总值仅相当于全国平均水平的三分之二。不到东部地区平均水平的 40%，迫切需要加快改革开放和现代化建设步伐。

西部开发从 2000 年起步，已经进入第 14 个年头，按照有关规划，前 10 年打基础，再过 20 年是加速发展阶段，再用 20 年才进入全面推进阶段。目前应当处于加速发展阶段的初始。如何接续又在什么样的发展战略中接续是十分重要的。按原来规划，至少要经过 30 多年才有大的希望，现在看，用不了这么久。因为丝绸之路经济带的建设不仅是中国发展加速的历史要求，也是西部真正"超常规"发展的动力来源和加速器。丝绸之路经济带似乎具有一定的线性的某些特点，但从根本上不是线性的。产业转移也是其中应有之义，但远远超越了一般产业转移的略显单薄的概念。从其结构上看，具有多元辐射的网状结构性。从建设发展形态上看，则是在带内各个国家和地区在经济平等互利合作中的主动与自主的发展。这些不可或缺的发展元素构成了非线性的新的"函数"关系，构成了发展的新的更大的空间。在中国国内，也会是这样一种状态，呈现出这样的新特点。这种新的发展战略思考与实践，有效地改变和提升了西部开发的效率与效果，为区域经济发展提供了可持续的新动力。

毫无疑问，中国西部大开发成就是巨大的，成就之巨大主要体现在三个方面：一是初步实现国内互联互通也为国际间的全面设施联通奠定了基础。这个联通是广义的，包括了铁路、高速公路及航空在内的交通，也包括油气管道、电网在内的基础设施。二是有效改变了西部封闭落后的社会经济发展状态，提高了西部居民的收入水平与生活水平。三是壮大了经济自我发展的实力，也有效改变了生态环境自然恶化的一些非工业影响趋势。这一切都为丝绸之路经济带建设的推进奠定了重要基础。特别是在 2004 年以后，在肯定西部大开发四年开发成果的基础上，国家发布有关意见，认为基础设施落后仍然是制约西部地区发展的薄弱环节，生态总体恶化趋势尚未扭转，水资源短缺矛盾突出，教育、卫生等社会事业严重滞后，需要进行持续不懈的努力。继续推进西部大开发的举措，择其要者是在继续加快基础设施重点工程建设的同时，推进生态建设和环境保护，并要求建立以企业为主体的对外招商引资新机制，逐步放宽西部地区保险、旅游、运输等服务领域的外资准入限制条件，开拓国际贸易和边境贸易。

把生态建设和环境保护看作是西部大开发的切入点是正确及时的。退耕还林、退牧还草、天然林保护、京津风沙源治理和已垦草原退耕还草等生态建设，以及在江河源头及两岸、湖泊水库周围，还有北方干旱半干旱土地沙化区、黄土高原水土流失严重区、南方岩溶石漠化集中区、长江中上游大江大湖周边区、青藏高原江河源头区和京津风沙源区等区域加大治理力度，继续推进天然林保护等工程，逐步恢复生态系统自我修复，落实重要生态功能区保护，并提出把水资源的合理开发利用和节约保护放在首要位置，加强各类节水设施建设。推进重点流域综合治理、水资源科学调配、水源涵养地保护，有效防治水污染，促进污水资源化，以水资源的承受能力为前提，合理规划产业布局，禁止在缺水地区上高耗水项目等，都具有一定的针对性。提出 5 年内建成"五纵七横"国道主干线西部路段，到 2010 年建成西部开发八条公路干线，逐步完善以干线机场为中心、干线机场与支线机场相协调的航空网络和加强内河航运基础设施建设，都是打基础的重点。特别是提出以线串点、以点带面的区域发展指导方针，依托水陆交通干线，重点发展一批中心城市，培育西陇海兰新线经济带、长江上游经济带和南贵昆经济区等重点经济区域，形成新的经济增长极，对西部开发给出有希望的答案，但也在重点突破中忽视了西部经济内部巨大差异性。

意见也提出加强综合能源体系建设，发挥西部地区作为全国石油天然气生产和加工基地的作用，建设一批大型高产、高效、低排污煤炭生产基地和发挥西部地区气候多样化和生物多样性的优势，积极发展特色农产品及其深加工，加强市场流通基础设施建设，推进农业产业化经营，并密切结合西部地区资源特点和产业优势，以市场为导向，积极发展能源、矿业、机械，在有条件的地方发展高新技术产业，探索一条适合西部地区的新型工业化道路。其出发点也不错，但对新型工业化如何理解，综合能源体系建设是国家重点布局，还是自上而下的"俄罗斯套娃"模式，在认识与实践上还是一个大的问题。

总之，在西部大开发的10多年里，西部大开发迈出了实质性步伐，除了生态问题还要继续付出长期努力，在制造业产业结构上还需要进行实事求是的调整，西部大开发出现了许多新亮点，其中最瞩目的就是西部大开发的标志性工程西气东输、西电东送。在基础设施建设方面，西藏等级公路已经接近5万公里，青藏铁路、拉日铁路前后通车，拉萨到林芝、日喀则到亚东和吉隆口岸的铁路列入计划，南北疆铁路贯通、兰新铁路三条复线建设和通向中亚的连霍公路建设以及优化西安咸阳国际机场，扩建成都双流机场、昆明巫家坝机场、兰州中川机场和乌鲁木齐机场，完善航空网建设，也都亮点频出。其中仅就铁路建设而言，在"十二五"期间，全国不仅建成世界独有的"四纵四横"铁路网，还在中西部地区投资1.85亿元，投产新线2.3万公里。2014年投资比例进一步加大，未来两年里，中西部铁路投资至少还要投入上万亿元，投入新线

1.6 万公里。交通部还提出，加快推进普通国道、省道建设，到 2020 年由 2013 年占比只有 64% 达到所有具备条件的县城通二级以上公路。这大部分涉及西部地区。

根据不同计算口径，2000 年到 2008 年，西部基础设施建设累计工程 102 项，投资规模 1.7 万亿元。经济社会建设全口径统计，2000 年到 2009 年中央财政累计投入 3.5 万亿元，包括财政建设资金 5500 亿元，财政转移支付 7500 亿元，长期国债资金 3100 亿元。2000 年到 2008 年的 8 年里，西部地区经济总量从 16655 亿元飚升到 58237 亿元，年均增长率 11.7%。

在西部大开发中，最艰难的生态建设也开始上路，到 2005 年的最初几年里，退耕还林 8600 万亩，退牧还草实施面积 2.9 亿亩。三江源生态有所改善，连国人最为关心的国内最大咸水湖青海湖的水位也开始上涨，在 2013 年末回归到 40 年前的状态，增加了 6 个西湖的水量。京津风沙源治理效果明显，林进沙退，相关四省区在 2009 年后沙化土地面积减少 4060 平方公里，森林覆盖率提高到 23.64%。从全国来看，森林覆盖率由 16.55% 增加到 20.36%，但仍不及世界平均水平的三分之二，人均森林面积不到世界平均水平的四分之一。生态系统受制约的核心是荒漠化、石漠化。中国是世界上荒漠化面积大、分布广、类型复杂的国家之一，据监测，截至 2009 年底，全国荒漠化面积 262.37 万平方公里，沙化土地 173.11 平方公里，分别占国土总面积 27.33% 和 18.03%。中国水土流失面积也达 367 万平方公里，占国土面积的 38.3%。荒漠化面积主要分布在中亚一线和草原一线，水土严重流失区域也在中国西部黄河流域地区，在西南丝路上还有大面积的石漠化地区，改造起来难度更大。

沙漠边缘区扩大有人为开发的历史因素，但荒漠、石漠多数具有地理地质上的原生态性。荒漠、石漠的治理并不是简单的沙漠变良田和向石漠要效益，而是建立稳定的自然平衡体系。中国也是世界 13 个贫水区之一，目前人均水资源量居世界 121 位，为世界人均水平的四分之一，全国 18 个省份人均水资源低于严重缺水线。到 2030 年，随着人口增加到 16 亿，人均水资源将比现在减少四分之一。全国缺水 400 亿立方米，地下水超采区面积达 19 万平方公里。中国西北部降雨量低，西南部许多地区有较多降雨但年代与时段不平衡，石漠地区又留不住地表径流，干旱时有发生，成为经济发展的一大瓶颈。特别是地下水资源，占全国总供水量的 20%、饮用水量的 70%、农田灌溉水量的 40%、工业用水量的38%，资源分布很不均匀，在西南红层地区、西部黄土高原和内陆盆地，都是典型的缺水区域。南水北调可行，并不意味着西水东调可行。这都涉及东西部发展长远综合平衡的问题。中国西部当然也有矿产资源相对较多的优势，但中国人均矿产资源仅为世界平均水平的 58%。国民经济需求量大的支柱矿产如石油、天然气、铁矿等严重短缺。已经探明的 45 种主要矿产，从 2010 年起已有三分之二难以保证发展的需求。单靠西部的有形资源，既不足以独力支撑中国的工业需求，也对西部可持续发展造成多方面的负面压力。

上台阶后的西部开发

　　2010 年，西部大开发又上新台阶。在推进建设国家能源基地、资源加工基地的同时，生态建设再次上路，明确划分了西北荒漠化防治区、黄土高原水土保持区、青藏高原水源涵养区、西南石漠化防治区、重要森林生态功能区。在功能保持与建设关系的平衡中遏制生态恶化趋势。在交通设施方面则进一步提出"五横四纵"高速公路网，连接东西南北，并形成东北亚、东南亚、中亚和南亚"四出境"国际通道。2012 年，西部大开发规划编制发布。中国"十二五"时期西部大开发的主要目标是，区域经济增速和城乡居民收入增速"双高于"全国平均水平，新增铁路营运里程 1.5 万公里，森林覆盖率力争达到 19% 左右，地区单位生产总值能源消耗下降 15% 左右，单位工业增加值用水量降低 30%，九年义务教育巩固率达到 90% 以上，城镇化率超过 45%，等等。根据全国主体功能区规划要求，西部地区空间开发格局也进行了规划，提出支持成渝、关中—天水、广西北部湾等 11 个重点经济区率先发展，支持河套灌区等 8 个农产品主产区优化发展，支持西北草原荒漠化防治区等 5 个重点区可持续发展，支持攀西—六盘水等 8 个资源富集区集约发展，支持沿边开放区加快发展，支持秦巴山区等集中连片特殊困难地区跨越发展。

　　应当说，西部大开发的思路越来越清晰，但依然存在当前发展目标与长远经济战略布局的深刻矛盾。一是在西部自然地理和经济地理的大

116

结构中，不同地区的发展条件与起始点有很大差异，必须在共同的发展目标下寻求不同的地缘发展路径。二是生态建设必须放在首位，在一些地区甚至要在生态方面进一步"休养生息"，最大限度地摒除与生态建设要求相悖的产业发展的主观要求，特别是对高利高税收高增长率重化工的理解与对"城镇化"片面理解下的房地产业的过度过滥发展。

重化工产业价值链比较长，产业效益附加值也比较高，加上西部的煤炭油气自然资源相对富集，也就成为西部特别是西北地区趋之若鹜的重点发展产业。煤矿产能不断扩大，煤制油煤化工不断上马，西部的其他矿产资源也成为竞相开发的对象，在一个时期里成为热点。煤炭采掘带动火力发电和全产业链煤化工，成为西部一些资源富集地区攀比发展的加速器，造成在一次生态环境刚有好转的情况下出现二次污染的更加难以逆转的环境变化，成为西部发展的另一个主要发展瓶颈和影响最深刻的制约。由煤采掘产业链和盲目推动西部房地产业发展的"鄂尔多斯现象"是一个典型的例证。由于西部的资源禀赋和资源流转的重要区位位置，国家需要在重要的节点地区建立能源和能源加工基地，在有条件的地方发展高新技术装备产业，但这不意味着遍地开花，不意味着可以为一时一地的工业增加值而牺牲长远发展。这明显带有不可持续的特征。一拥而上，在一些地方不仅不可持续，眼下也难以支撑，以煤制油而言，生产一吨汽油需要使用 7 吨水，在水贵如油的西北地区，怎么能够支持下去？而油价的波动也提示了市场的不可持续性。由于粗放式的经济发展模式长期影响，包括在产业结构中过多倚重高价值但也是高消耗的重化工业，不仅资源浪费严重，投入产出不成比例，也造成了生态环境二次制约的严重问题。自然生态恶化，淡水污染开始超出水体自然交换的自净能力，环保压力持续加大。这是西部大开发思路需要从根本上转变的一个重要原因。当然，西部地区并非不能发展化石能源与重化工项目，但要有严格的论证与环评。比如陕西榆林地区是世界七大煤田之一，仅榆阳区、神木、府谷煤储量 1000 亿吨以上，煤种低水、低灰、低硫，属于高发热量值标准煤，而且水资源相对丰富，陕西榆林地区又是西煤东运、西电东送、西气东输的能源节点地区，可以重点发展，但即使是在这样的地区，人们更看重的是它的具有自主知识产权的新型碳素材料"兰炭"产业。

生态环境的二次制约与重化工影响下的环境恶化，不仅制约西部的长远发展，也同世界遏制气候变暖的努力目标不相和谐。遏制气候变暖是事关全球发展的重要目标，也是各国重要的责任与义务。在这种应对气候变化的共同目标面前，任何一种产业的持续发展都要面临新考验和新选择，或者通过推广减排技术减少排放，或者寻求产业替代，除此之外，没有更好更多的路径。以煤炭产业为例，煤炭使用在中国一次能源中占到 70% 左右，使用量最高曾达 36 亿吨，这是亟须改变的。中国已经开始大幅减少煤炭的使用并努力推动使用清洁技术和煤质标准，煤炭产业的过度发展，本身就具有不可持续性。

2010 年，环保部对环渤海沿海地区、海峡西岸经济区进行环评的同时，就对北部湾经济区沿海、成渝经济区和黄河中上游能源化工区，进行了同步环评。2012 年，首次全面启动西部大开发战略环评，实施项目区域化环境准入标准，弥补了区域战略环评在云贵地区和甘青新地区的空白。虽然有"妥协"中的留有余地，但也明确地指出，一些西部省份的规划具有浓重的重化工色彩，必须改变。环保专家们指出，西部发展不能复制东部的老路，更不能只看到重化工业的规模优势"快赚钱"，忽视当地生态的完整性，这样会最终造成不可逆转的生态灾难。国土资源部专家也提出，应当禁止在黄河上游和大气污染扩散条件差的地区发展重化工。

丝路建设带来发展新空间

　　西部开发在成就巨大但制约也明显的情况下如何持续？答案是必须要有新的思路和新的发展战略，也就是具有巨大开放性的丝绸之路经济带建设。丝绸之路经济带建设将使中国西部开放融入中国与中亚、西亚和欧洲地区的共同发展之中，超越了中国东中西部相对"封闭"与内向循环的局限，在更大的市场半径里配置资源，收到更好的开发与发展效果。东部与西部的开发有密切关联，东部必须支持西部的发展，但同样不能在内循环中完全实现共同发展的目标。在经济全球化和区域经济一体化的大趋势里，必须在更大的经济开放中利用两种市场资源。东部已经形成了发展外向型经济优势，要想持续发展，不仅需要搞好经济结构调整和产业升级，进一步加强国际市场竞争能力，也需要创新经济发展战略，走上21世纪海上丝绸之路。也就是说，丝绸之路经济带建设构想的横空出世，不仅是西部大开发彻底摆脱开发与资源环境矛盾的经济发展战略，为西部大开发带来近于无限的发展空间，也为东部持续发展提供了更大的原动力。这个动力来自国内国际两个市场，来自经济全球化和区域经济一体化，来自对中国发展和世界经济发展规律性走向的认识。西部与东部的发展机遇在"一带一路"中，世界发展的机遇同样在"一带一路"之中。发展特别是共同发展催生了"一带一路"发展构想，"一带一路"发展也将最大化的共同发展利益回报给"一带一路"建设的国内与国外的所有参与者。

区域大市场和全球市场的流通拉动效应是发展的重要基石。古代陆上丝绸之路和海上丝绸之路在历史上曾经塑造了"烟花三月"的古扬州和"旌旗十万家"的古凉州，一东一西，连接着古长安，使其成为与古罗马齐名的国际大都市，成为古代陆上丝绸之路与海上丝绸之路的中枢。现代的新丝路也将再次塑造中国的东部和西部的经济发展地图：通过西部连接亚欧，通过东部面向亚太与世界，中国的东部发展战略与西部发展战略相互匹配，形成了一个更完整的经济发展的战略走向。

走上丝绸之路经济带建设之路，不仅要在西部大开发近10多年来取得的成果基础上进行，也要在亚欧的互联互通和亚太与世界的互联互通中实现，海陆兼通，贸易畅达，是一个基础目标。中国倡导并推动亚洲基础设施投资银行和设立400亿规模的丝路基金，是丝路建设的重大举措，与此同时，也将会进一步推动中国的经济结构调整特别是西部大开发中的产业结构调整。在加强基础设施建设和生态建设的前提下，更加准确地定位西部区域发展的产业构成。丝路经济带建设也拓宽了西部产业发展的空间，按照丝绸之路经济带的建设内涵与外延，即中亚绿洲丝绸之路、西南丝绸之路和北方草原丝绸之路的辐射范围，以及其中各段落各次区域的生态特征和经济合作的明显的或潜在的互补性，做出科学的论证与自身的角色安排应对。在具体地区发展中则要根据实际情况调整甚至重构产业体系，除了国家从总体经济战略高度进行的基地性建设和涉及总体安排的项目，一般要有几个重点优先方向。

一是与丝路交通有关的物流产业链和生产性生活性服务产业包括区域合作金融服务业。这应当是丝路经济发展的主导产业。大贸易大流通需要服务业大配套，国家能源基地和重要产业基地也需要服务业的相应配套。尤其在西部尚属短板的金融业更需要跟进。物流贸易与金融是相生相促进的孪生产业。在2010年有关西部开发意见中，十分强调拓宽资金渠道。但主要是用长期建设国债等中央建设性资金支持西部开发和采取多种方式筹集西部开发专项资金，虽然也鼓励各金融机构采取银团贷款、混合贷款、委托理财、融资租赁、股权信托等方式加大对西部地区的金融支持，以及加快商业银行对西部支持和国家政策性银行扩大贷款规模，延长贷款期限等，但市场融资的力度是不够的。西部需要跨地区甚至跨国经营的开发银行，西部也需要更为活跃的资本市场。

服务业相对绿色，能耗小，就业量大。在经济一体化与区域化的推动下，在信息技术广泛应用的条件下，服务业与制造业的融合渗透，制造业服务化的发展趋势明显，并逐渐成为推动产业升级的重要驱动力。目前，愈来愈多的国家将制造业服务化作为实现产业转型升级提升制造业发展水平的重大战略。在美国，生产性服务企业一直贯穿在制造业的价值链中。在 2011 年，美国制造业的中间产品有四分之一出自服务业，在有的行业里，比例高达一半。1980 年以来美国的生产性服务业增长59%，是整体服务业的两倍多。生产性服务业的内容与功能的定位，并不是一个对服务业的分类问题，而是传统服务业与制造业的结合和结合中形成的新业态。中国的服务业多年来徘徊在 40% 多一点，与中国同等人均收入国家大多在 54% 左右，发达国家是 70% 左右相比，相差甚远。2013 年中国服务业实现增加值 26 万亿元，在产业经济结构的总体盘子里首次占比 46%，但服务业发展水平仍低，特别在西部，服务业发展不但滞后，更缺少以信息现代化为核心的现代服务业。丝绸之路经济带建设将会有效改变这种落后状况，这是丝绸之路经济带建设带来的重要产业发展效应。

二是现代跨国旅游业。跨国旅游业是丝路经济发展的先导产业，业态丰富，就业容量同样很大，还有品牌传播效应。尤其是在陆上丝路路网申遗成功之后，在乌鲁木齐—哈密高铁和"兰西新"第三条高铁复线开通之后，兰宝、郑西高铁也将陆续对接，中国国内全丝路旅行已经成为现实。中亚跨国公路的联通与亚欧铁路的对接，以及中俄之间的莫斯科与北京直接联通的高铁规划，也使国际全丝路旅行成为可能。哈萨克斯坦提出"丝绸之路旅游节"的创意，为丝路旅游铺平文化地毯。目前，咸阳国际机场乘降人次可达1700万，新郑国际机场与兰州、乌鲁木齐国际机场也形成主支配套的航空网络，国际丝路旅游将给丝绸之路经济带带来更大的人气和更多的商机。西安访古旅游是丝路跨国旅游的较大的品牌，这样的大品牌也会出现在西亚和小亚。老丝路景观有吸引力，新丝路景点也有吸引力。诸如西安西市的"丝绸之路博览园"、"丝路国际博览会"、"大唐西市丝街"以及"网上丝路"和培养丝路文化人才的"中亚学院"等等，都产生了"似曾相识燕归来"的历史魅力。在新疆喀什，民营企业投资百亿的文化主题"阿凡提"乐园也成为古丝路旅游新地标。海上丝路旅游"游轮经济"在大连港国际邮轮中心起航，有望带动千亿邮轮产业集群，上海的新迪斯尼乐园也将迎来新的游客。据世界旅游组织预测，到2020年，中国出境游规模10亿人次，每年1亿多，外国入境游规模1.7亿人次。在2011年，中国入境游客从2008年的5305万人次增至5758万人次，从世界第四大入境旅游接待国升至第四大旅游接待国和世界第三大旅游输出国，2013年入境旅游为1.3亿人次，入境旅游外汇收入近500亿美元。据中国国家旅游局预计，2015年国内游将突破33亿人次，入境旅游突破1.5亿人次，2020年超过1.7亿人次。届时中国将成为世界最大旅游输出国和接待国。

目前，中国与其他国家和地区签订双边航运协定110多个，通航城市也达100多个。此外，文化产业有自身独特的市场价值，但与丝路旅游产业融合所产生的效应会更大。这也是西部和东部旅游的一大机遇。就西部旅游资源来讲，总量占全国40%，实施西部大开发以来，入境游规模增长1.25倍，达到近1000万人次，旅游总收入增长2.19倍，达到5279亿元人民币，年均增长率分别为14%和24.5%，均高于同期西部各省 GDP 增长率。旅游业已经成为西部许多地区的支柱产业，但也面临新挑战。世界旅游组织说，国际旅游人数 2014 年上半年增长 4.6%，旅游人次 5.17 亿，比 2013 年同期增加 2200 万人次，其中美洲增长 6%，亚太地区 5%，而日本、韩国和马来西亚增长率达到两位数。据中国旅游研究院推算，中国有可能达到 1.16 亿人次。但出境游与入境游比差较大，形成旅游贸易逆差。2014 年上半年，中国出境游 5410 万人次，入境游为 2683 万人次。上半年海外游客在中国国内消费的金额为 248 亿美元，而中国游客在海外消费达 688 亿美元，逆差 440 亿美元，估计全年为 1000 亿美元。这个差距从 2009 年就开始了，2012 年超过德国，成为世界最大旅游收支逆差国。其原因有三个：一是环境污染与食品安全问题和高档消费品价格高，二是服务水平不高，三是在同质化"农家乐"和游山玩水中徘徊，改变这种情况，要靠国际丝路旅游的良性发展。

三是现代农业产业。西部农业并非是弱项，是西部特色加工业的首要资源。西部是动植物垂直与地理生态分布的丰富基因库，土地资源多，光照温差大，是发展特色农牧业、草业与繁育种业的优选地。由于缺水，西北以旱作农业为主的生态环境，西南则有一定的全口径。在一般认为不毛之地的沙漠里，"沙产业"的具体模式引人注目。库布其沙漠是中国第七大沙漠，面积 1.86 万平方公里。内蒙古亿利资源集团在库布其沙漠里经营 25 年，绿化 3500 平方公里的荒漠化土地，不毛之地变成绿洲，松鼠回来了，白鹤也飞来了，雨水也开始丰沛了。2013 年的多半年里，库布其下了大小 17 场雨。最重要的是，这里出现了小村镇，原来散居的牧民们现在搞起了种草业与旅游业。"沙产业"的发展已经不是沙退人进或者沙进人退的故事，而是已故著名科学家钱学森提出的"沙产业"理论的生动实践。联合国副秘书长阿齐姆·施泰纳现场考察后评价说，"他们从一开始就不仅仅是治沙，是考虑生态系统"。联合国防治荒漠化国际公约秘书处秘书长吕克·尼亚卡贾说，全球有 3800 万平方公里的荒漠，占陆地面积四分之一，10多亿人遭受威胁，如果都像库布其一样，荒漠化的问题也会减轻。联合国防治荒漠化国际公约秘书处由此提出2030年全球实现荒漠化零增长的目标。

四是可再生能源与环保产业。生态环境是西部地区可持续发展的制约，同时也提出了生态环境产业生产力发展的新课题，看是减法，其实也是加法，生态环境建设与互联互通的基础设施建设一样重要，甚至就是基础设施建设的一个重要部分。西部化石能源的优势并不是可持续的长久优势，最多只能说是能源过渡性的一种优势。尤其是煤炭资源，在一次能源消费中比例不断降低。与石油相比，天然气是清洁能源，在一次能源消费中，清洁能源特别是可再生能源产业的发展，是目前的重要选择，但真正的能源发展方向是可再生清洁能源。可再生清洁能源种类很多，有物理能源也有少量的化学能源，但更多的是自然能源。在中国西北和西南，太阳能、风能、水电能资源丰富，特别是沙漠地区，再生能源富集。虽然再生能源目前在规模开发中遇到资金投入大，尘沙与高温降低转化效率以及电能储存和输出问题，但作为相对封闭的能源系统，是适用于西部居民小集中大分散的分布结构的。从生态环境建设和未来发展方向，不失为好的选择。

绿色发展是丝路经济带建设的第一取向。绿色发展就是把环境要求和资源消耗作为一种刚性约束，做到低污染。绿色发展取决于两个变量变化，一个是资源节约减量，一个是能效提高。前一个问题的解决，要靠发展循环经济在产业发展中的具体的路径，就是打造资源循环利用的循环经济产业链，化害为利，促进生产、流通、消费全过程资源减量化、再利用化和废弃排放的最大限度无害化。

后一个问题的解决，要靠低碳发展节能减排，在发展中推行以低消耗、低污染、低排放为特征的能源利用模式，尽力减少化石能源使用，最大限度使用清洁能源和再生能源。在丝路经济带建设绿色发展中加强生态环境文明建设，新能源与可再生能源的开发利用，是重要的一环。尽管丝路上不缺化石能源，但减少化石能源的利用数量，提高效能，是丝路经济发展的根本方向。2004 年，中国的水电装机规模就居世界第一，突破 1 亿千瓦，2011 年中国成为世界风电第一大市场。2012 年，中国水电、风电装机容量已经突破 2.3 亿千瓦和 5258 千瓦，均居世界首位。在 2012 年国家能源局发布的《风电发展"十二五"规划》里，2015 年风电并网装机容量要达到 1 亿千瓦，2020 年达到 2 亿千瓦。在并网运行成效方面，2012 年，内蒙古东部与西部、甘肃和河北北部，风电的日发电量占用电量的比例最高分别达到 72%、28%、26%、20%，中国电网运行风电的能力已经处于世界领先水平。太阳能光热发电是能源领域的新亮点。太阳能取之不尽，到达地球表面的太阳能，在理论上相当于目前全世界总发电能力的 20 万倍，地球每天接收的太阳能，相当于全球一年消耗的总能量的 200 倍。在理论上，人类只要利用太阳每天光照的 5%，就可以满足全球的能源需要。在国家能源局的"十二五"规划中，太阳能发电并网装机容量 2015 年为 2100 千瓦，2020 年是 5000 千瓦。光热发电的发展前景，也许比规划的要快。太阳光是中国西部最具优势的自然资源，大规模的太阳能电站可以运行，农民在发展特色农业的同时，也会进入小光电业与风电业，这正是丝路经济的活力所在。据研究，中国每年未被开发的太阳能资源总量约为 109 万兆瓦，大部分在西部。中国每年未开发的风能资源总量也有 45 亿千瓦，大部分也在西部。在沙漠上建设太阳能电站，在产出电能的同时，还可以降低沙漠气温，增加土壤含水量，有利于沙漠作物生长，形成生态的正循环系统。目前，太阳能发电已经大幅降低成本，过去十年，成本下降了 80%，据业内人士预测，到 2020 年以后的几年里，还能下降一半，与天然气发电成本基本一致，在沿海地区可降到最低位 0.5 元，与煤发电成本一致，产业化前景比较明朗。

在这里，有一个问题不能不提，即在国内的丝绸之路经济带上，许多地区是"老少边穷"，减贫脱困的担子很重，从"输血"到"造血"，产业扶贫减贫成果来之不易，但也要区分"造血"的途径。有些产业效益来得快，去也快，减贫而复贫的例子不少。可持续的产业才是可持续减贫与脱贫产业。在丝绸之路经济发展合理产业结构中寻找产业的发展机会，才是产业扶贫的重要方向。"老少边穷"，不一定区位资源贫困，有的与海上丝路相邻，有的处于陆上丝绸之路的交叉转接点，比较有名的陕甘宁边区，在丝绸之路经济带上并不是边缘区，至少是中亚方向绿洲丝绸之路和北方丝绸之路的重要中间连线，甚至在中国秦汉时期是北通大漠西向朔方的重要战略区域。在宋辽金夏蒙的"五国时代"也是西夏国的发祥地。在抗日战争时期，陕甘宁边区成为战略后方，北上绥蒙，西征甘肃，东出黄河，说明了它所具有的交通战略地位。陕甘宁边区的基础设施建设已经取得很大变化，基本形成了加快物流产业发展和旅游业发展的基础条件，现在需要在丝绸之路的网状结构里寻求二次创业的新机遇。陕甘宁区位结构是一个典型的"八门"齐开的经济过渡地区，同时也是国家重要的能源基地和特色农业发展地区。"八门"齐开的过渡特征决定了它的多方位物流中心地位，也决定了陕甘宁边区与晋盟边区的经济一体化，从而形成陕甘宁蒙（原绥远省部分）晋经济协作区。这"八门"通向几个"黄河金三角"，即跨越黄河，北联榆林、呼和浩特、包头，东北连接雁北大同，西北连接鄂尔多斯、乌海等，还有经由延安东西连接太原与银川的高速公路与铁路，是中部地区通向丝绸之路干线的重要的物流枢纽。"八门"齐开，陕甘宁老区的物流产业就会进一步发展，推动陕甘宁老区振兴同丝绸之路经济带建设融为一体，走上二次创业之路。

丝路强国，丝路富民

○互动中的外需与内需

○重要的外贸“生态三角”

○强国富民离不开开放型经济

○从跨国经营到跨国公司

○在市场开放中促进产业升级

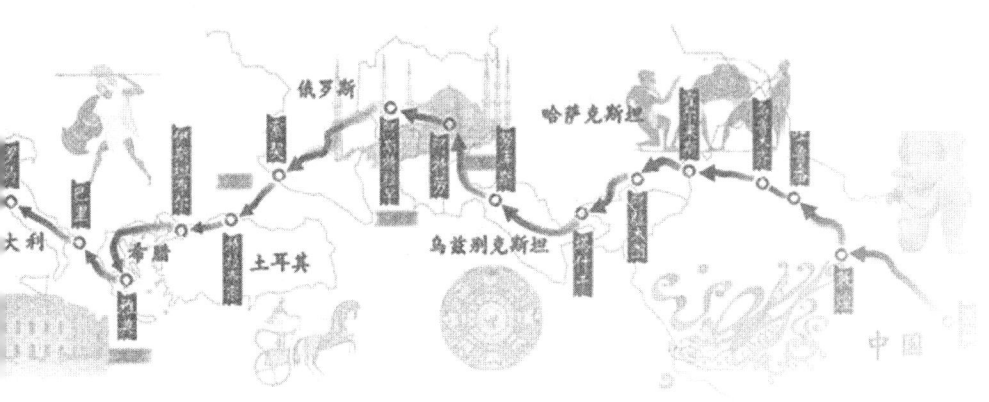

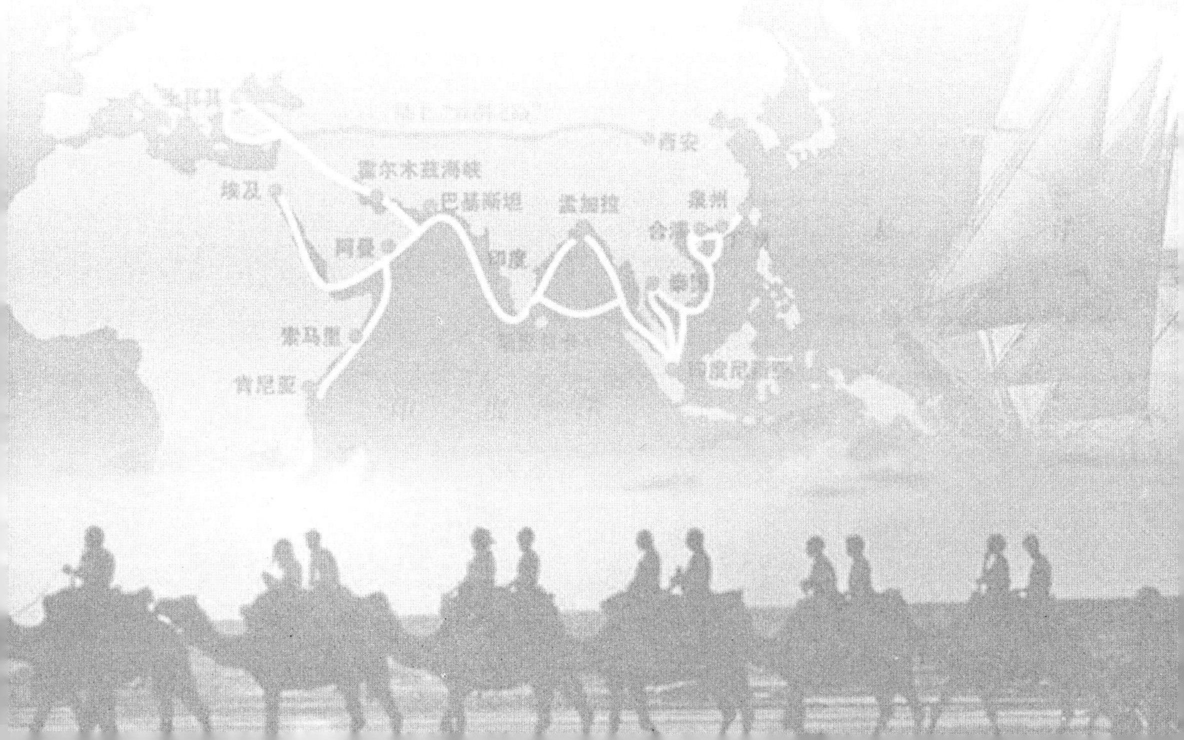

互动中的外需与内需

改革是中国经济发展的体制动力，区域经济战略选择是地缘发展动力，另一个既是物质的也是精神的动力，源于发展开放型经济的"中国梦"。

强国首先是个经济发展概念。2014 年一开年，世界银行提出报告，按照购买力平价来计算，中国经济在 2011 年就与美国旗鼓相当。同年 10 月再一次发布按购买力平价计算的报告，2014 年底，说是中国经济总量超过美国。但国与国的经济比较通常使用的方法是名义 GDP，它统计一国出售的商品与服务的价值，并将其转换为美元。按照这种通用的标准计算，中国的 GDP 不到美国的 56%。如美国国内一些评论者所言，购买力平价不是衡量中国在世界经济足迹的最好方法，却是测量中国人消费水平的好方法，中国消费水平提高，更能惠及欧美出口。对于中国来讲，无论外间有多少种声音，还是要走自己的发展之路。这种发展需要按照新的更具开放性的合作路径来实现。因此，归根结底，丝绸之路经济带和海上丝绸之路建设的提出，来自对中国国内经济持续发展的思路和经济全球化中世界经济整体化不断强化的判断。这种判断有几个层次。

最一般的层次是国际产业转移给中国带来的"走出去"历史机遇。中国在 20 世纪 80 年代改革开放初期，面对的是"亚洲四小龙"的经济发展和产业转移的明显走势。中国当时处于百废待兴的状态，没有任何理由将机遇挡在门外。中国是周边发展中的价值洼地，劳动力丰富且劳动力价格便宜，有可能吸收外来过剩产能和产业以及相应的投资。首先在特区建设和东南沿海地带的"三来一补"的加工贸易和劳动密集型产业企业的引进中，"杀出一条血路"，实现了把外来投资看成是机遇的历史大转变，从此开启了对外经济开放的快速发展之门，走上了外向经济成为拉动发展重要因素的发展之路。但是，在2008年后，随着贸易顺差变大和贸易增长迟缓，认识上有所变化，把一些经济问题归因于出口过多。并由此提出内需转型的一个明确的提法，国内外都有人提出，拉动经济增长的三驾马车需要换位，由投资拉动和外向需求拉动转向内向需求。2008年美国发生金融危机，欧盟国家也先后陷入经济衰退之中，全球经济普遍处于低迷状态，国际消费需求疲软，贸易出口受到直接的冲击，发展中经济体的外向经济活动也受到严重牵连。中国虽然依然保持了最大贸易国之一的地位，但增长幅度缩小，甚至在近年来出现净出口对增长的贡献率下降趋势。比如2014年外贸增长6.1%，已是一个超出预期的成绩单。上半年增速一度为-2.9%，GDP增长负拉动0.2个百分点更增加了担忧。这样一些情况都进一步加重了对出口对外向经济所持的消极看法，强化了内向与外向的争议。其实三驾马车是发展经济学的基本理论，任何时候内需都是一个基础，并没有哪一架代替哪一架的问题，关键是在不同的发展阶段和特定情况下，更要倚重哪一个多发力。投资不足，外向贸易和内向需求也都缺乏后劲，但外向贸易疲软也并不会增大内需，而完全强调内需，也会导致经济封闭。在这个问题上，一是要讲比例平衡，尤其对于一个大的发展中国家来讲，更不能畸轻畸重。二是看实际效果，投资不能过度，更不能停滞，关键是要转变政府投入为市场投入。内外贸要平衡，而不是"拆东补西"。内需市场稳定、风险小，对13亿人口的大市场来说，消费需求的潜力巨大，是稳定发展的主要支撑，但外需同样是市场需求，一旦产能过剩，也就需要合理转化。三是这种动力格局虽然与发展战略选择有关，但终究是发展战略的即时具体的运用，并不是长期发展战略本身。尤其要看到，在经济全球化和区域经济一体化下，在贸易自由化便利化条件下世界经济和世界市场的整体性和联系性不断增强，在更大的共同市场里，各个国家地区企业相互投资，互为市场，内需与外需关系发生新变化，内需与外需不再是"井水不犯河水"，相反出现了互为补充相互推动的现象，内需与外需也就成为一个相对的概念。

摆在人们面前的问题是，外需相对疲软，外向型经济就真的不那么重要了？答案显然不是这样。因为进出口和外向型经济不仅对国际经济竞争重要，其与扩大内需也不是对立的。大国的经济增长离不开内需的持续增长，并不等于依靠压缩外需就会增加内需。事实上，多年叫喊扩大内需，内需并没有很快地上去，主要原因是产业结构不合理和服务业发展水平不高，与外需并没有直接的关联，相反地，由于服务业发展滞后，也拖累了外需的增长。一个明显的情况是，中国早已经告别了短缺经济，甚至在某些方面出现了落后产能下的低层次产品积压过剩。在内外需之间简单地切割比例是多少，去分析内外需关系，显然有些对不上口径。此外，外需产品质量安全标准的刚性要求也会直接间接影响内需产品的质量安全标准，是刺激内需的一个积极因素，因此不能把内需与外需对立起来。国际金融危机缓解之后，包括欧美在内的发达经济体都把外需拉动作为经济复苏与经济振兴的重要突破口，提出重振制造业和出口，美国政府在重振制造业的同时，还推出了"五年出口倍增计划"，说明出口与进一步发展外向型经济的重要意义，也反证了"一带一路"发展战略基于发展的普遍原理性和适用性。

从根本上说，出口和发展外向型经济取决于两个变量：一是外需旺不旺盛所依赖的国际经济形势的变化，这里有不确定性；二是适销对路，没有适销对路这一条，内需也难以启动。能不能适销对路，不仅是产品，重要的是国内的产业结构包括外贸结构。在一段时间里，中国的产业结构和相应的外贸结构变化不大，出口中最具竞争力的老三样产品不少，这老三样是劳动密集型产品、加工贴牌产品和部分核心技术与部件在别人手里的制造业单一货物贸易产品。技术含量高的产品的出口虽然在增加，但数量不足品牌较弱，服务贸易处于较大逆差。从某种意义上讲，30年前中国是短缺经济，"四小龙"的过剩产能和劳动力的短缺造成中国打开国门的机会，如今中国的部分产能也过剩了，劳动力也不再充裕，就应该反向"走出去"，让"走进来"与"走出去"两扇大门齐开。这是积极平衡内外需的必然的市场循环。当然，商业模式创新是重要的，如电商发展扩大内需，但模式创新终究代替不了内外市场的联通规律，电商助力启动内需，同样促进了外需。据中国商务部测算，到2016年，跨境电子商务交易规模有望增至6.5万亿元人民币，年均递增30%，但目前跨境电商面临通关滞后，缺少配套法规，蕴藏的潜力还仍待挖掘。从某种意义上也可以讲，出口反映的是国内经济结构问题，产业结构的调整对内贸与外贸都是关键。

此外，贸易也不仅是产品贸易，除了贸易之外，相互投资与相应的经济技术合作，是更高的贸易形式。应当说，在产品贸易和货物贸易中，中国制造业目前已经开始度过世界产业链垂直分工的阶段，在水平分工中占有有利位置，在"高精尖"领域占有一席之地，特别在交通运输、基础设施建设和装备制造业方面形成新的优势，在一般消费品生产领域，中国保有庞大的内需外需市场需求，但也受到后发展中国家的竞争。如何在全球市场竞争中进一步提升产品的技术含量与附加值，全面提高经济效益，进而加强外向经济的国际竞争力，面临新的整合。在这个新的整合阶段里，一方面要提升贸易档次和完善贸易结构，加强服务贸易，一方面寻求与走上贸易、投资和经济合作的有效国际途径，也就是要打通内外贸通道，辩证处理外贸关系，就是把贸易、投资与全方位经济合作结合起来。这正是"一带一路"构想的基本市场走向。

产能过剩是最令人头疼的问题，不仅浪费与污染，还直接影响市场价格下行和企业的恶性竞争与企业的生存状态，甚至还影响到企业的债务链和金融贷款安全。产能过剩有三种：一种是落后产能过剩，包括技术落后、产品落后和环境污染工艺。必须按照国家产业政策去做"减法"。在产业转移中，不管是国内转移国际转移，落后产能都没有存在的资格，需要行政立法去解决。第二种是市场需要但缺少市场竞争力和价值形态上的可持续性的劳动密集产品，主要通过"智能化"即"第四次工业革命"去化解。第三种则是盲目投资重复建设引起的，这是产业转移的重点。特别是随着中国国内人工工资的提高与生产成本的上升，必然迫使这些过剩产能转移出去，还有一种并不过剩的优势产能，如中国的轨道交通与其他装备制造业，国际需求，国内也需求，也需要部分及时转移，不能等到过剩了再去处置，要在价值洼地国家和地区寻找新的机会。这种转移是数量的转移而不是落后产能转移。这种转移方和接受方达成的产业转移的简单形式，在 20 世纪后半叶就颇有效果。特别是在资本转移和技术转移中同时实现产能转移，这在发达国家和地区很习见。总之，不论是一般的产业转移还是高层次上的产业转移，都是经济合作的必有之义和基本方式，不论是在发展中国家还是发达国家，都存在大量机遇。

重要的外贸"生态三角"

　　要想在经济全球化和区域经济一体化发展的新环境进行外贸市场考量，更需要在大的视野半径中去进行。在经济全球化和区域经济一体化中，许多发展中国家和地区的经济发展开始进入加速期，许多发达国家和地区经济也面临步履艰难的复苏期。新的经济发展周期与旧的发展周期市场有同有异，市场需求并不总是一样。就发达经济体来讲，出口的是高新产业技术和以高新技术为核心的产品，如芯片、高端存储器、民用发动机、数据库及操作系统、汽车核心部件、高端数控机床、集成电路以及医疗设备、生物技术产品、清洁能源技术与能源、大宗农产品等，需要进口的是高铁、船舶、航天、新一代核电、一般消费品和更为紧缺的投资品。发展中经济体则对互联互通的各种基础设施有更强烈的需求，特别是能够改善经济发展环境，推动物流发展并且具有资金流与产业流相结合的具有强烈的溢出效应，一揽子贸易投资合作计划，更受欢迎。中国与发达国家、发展中国家组成的贸易供求结构，本身就是一个外贸"生态三角"，即高产品模块贸易（包括服务贸易）—基础设施模块贸易（包括物流通信）——一般消费品贸易。在这个贸易"生态三角"里，最为稀缺的资本与资金处于中央。对中国来讲，四者至少有其三，更多地具有基础设施模块贸易、一般消费品贸易和投资的主导权。发展外向型经济的优势不仅没有失去，还有越来越加强的趋势。中国在港口建设、铁路建设、公路桥梁建设、管道建设、电网建设乃至通信设备等各方面都有相对优势，许多国家和地区有巨大的市场需求，加上已经形成的一般消费品生产出口的传统优势和正在形成的装备制造业新的比较优势，为贸易投资和全面经济合作提供了多种选项，特别是基础设施产业模块的输出，与国际市场特别是发展中国家需求契合度更高，经济互补性更强，也就更具有贸易、投资和经济合作的活力，形成颇具特色的外向经济合作模式。

从贸易到投资到全面经济合作，是国际经济发展必经的几个阶段，是从一般到复杂，从低效应到高效应，外贸创新的空间不断延伸。在国际经济的往来中，资源利用方式有多种组合，并非单一产业转移模式所能概括。在中国的经济开放过程中，一开始是与加工业相关但没有直接外贸渠道的"三来一补"，后来进入"中外合资"，出现以跨国企业为主体的贸易投资合作，随着放开外资独资及中外资本股份化，利用内外两个市场两种资源的企业法人体系形成，产业形态逐步向高端发展，中国的对外贸易也随之进入新的阶段。在未来，由于国际产业分工的要求，多种形式的"三来一补"还会存在，特别在自然资源缺少、劳动人口相对密集的后发展中国家里，这是外向型经济起步的跳板。但也可能出现反向"三来一补"，这会是未来内需市场与外需市场利用资源互补效应的新趋势。在资源占有不均衡、劳动人口相对稀缺的国家和地区里，更需要在国际产业分工中实现产品、产品模块与经济模块的整合交流，稀缺资源和稀缺的资金可以作为其中的"催化剂"与经济发展的"稀土"，进一步撬动市场，提升贸易、投资和经济合作水平。

在理论上，贸易结构中的"生态三角"不仅对发展中经济体有效，对发达经济体也有效。能不能获得成功，取决于他们的产业政策和对经济发展的认知差别。习近平在"一带一路"构想中提出"五通"中的政策沟通是发展外向经济的重要前提，也是推动自贸区建设和经济伙伴关系的重要因素。贸易自由化和便利化是最新层次上政策沟通的目标，实现这个目标的地理地缘坐标就是丝绸之路经济带和 21 世纪海上丝绸之路。在"一带一路"上，发达经济体与发展中经济体并存，比较优势与资源禀赋各有不同，经济互补的切入点也不完全相同，但由于丝绸之路经济带和海上丝绸之路的明显的开放性与互补共融性，可以在包括转口贸易、多边投资、经济技术合作在内的多种整合形式中更好地实现，在更大市场半径里优化配置资源，达到双赢多赢的效益最大化。也就是说，在丝绸之路经济带和海上丝绸之路上没有"输家"，只有"赢家"，是外向型经济和开放型经济成长的自由天地。

强国富民离不开开放型经济

外向型经济不完全等同开放型经济，但外向型经济是走向开放型经济的必然台阶。外向型经济是内向型经济的对称，是指与国际市场紧密相连的某国或某地区的开放型经济体系。广义的外向型经济是指在世界范围内进行产品贸易、资本、技术和劳动力等市场要素的经济交流活动，狭义的外向型经济是指以国际市场为导向，以出口与创汇为主要目标的商业活动。经济学意义上的开放型经济，则是更有多元性更有自由度的一国与多国的长期稳定经济往来。同时具有非排他的广泛性和较大的自由度。

开放型经济与封闭型经济相对立，是一种经济体制模式的比较概念。在开放型经济中，要素、商品与服务可以较自由地跨国界流动，从而实现最优资源配置和最高经济效益。开放型经济强调把国内经济和整个国际市场联系起来，尽可能充分地参加国际分工，同时在国际分工中发挥本国经济的比较优势。一般而言，一国经济发展水平越高，市场化程度越高，越接近于开放型经济。在经济全球化的趋势下，发展开放型经济已成为各国的主流选择。

开放型经济与外向型经济之不同，在于外向型经济以出口导向为主，开放型经济则以降低关税壁垒和提高资本自由流动程度为主。在开放型经济中，既出口，也进口，基本不存在孰重孰轻的问题，贸易顺差也不是追求的目标。关键在于发挥比较优势，既吸引外资，也对外投资，对资本流动限制较少。

根据比较优势理论，以国际经济的基本内容和发展为依据，积极参与国际分工，同时具备较为健全的经济体制和经济组织结构体系，外贸体制上采取以经济手段为主的管理体制是开放型经济追求的目标，其贸易政策也往往是一种"中性"或包容的不偏不倚的政策。

学界通常把外向型和开放型经济分为三种：一是坚定的外向型经济，二是基本外向型经济，三是一般外向型经济。世界银行则简化为两类：坚定的外向型经济和一般的外向型经济。其他分类，可按参与国际市场的方式划分，把外向型经济分成贸易型、资本型、资本贸易混合型；可以按发展模式划分，分成科技领先型、资源驱动型、结构优化型；等等。国际上还通用以经济贸易制度的"偏倚"来衡量的标准：如名义保护率和实际保护率，如国（或地区）内贸易比值，如产业国际相关比值，如主要出口产品国际市场占有率，等等。这都是技术层面的问题，而中国"一带一路"发展中的开放型经济则是最具开放性的全面开放机制。

开放型经济固非一好百好，由于对国际市场的高度依赖，国际市场的变化决定着外向型经济的兴衰，受世界经济环境的制约较大，往往容易受国际市场波动的影响，具有一定的风险性。但利弊相权，开放的利益远超相对封闭。在贸易投资中越来越多的本外币多元结算与互换，正是为了规避国际贸易中出现的各种难以预测的风险。

对一个实行外向型经济政策的国家来说，汇率制度安排的变动或多或少会改变社会利益分配格局。近些年来，在强劲的外贸出口态势下，中国一直处于经常项目和资本项目双顺差的状态，2014年开始发生变化，经常项目顺差，资本项目下逆差，这对中国来讲，是个着眼未来的理想状态。这种情况下面临更大的人民币币值的压力，为了稳定币值，要投放大量货币到外汇市场，使得央行不得不紧缩银根，压缩商业银行的贷款进行冲销操作。其结果是将由外向型经济部门带来的损失转嫁给了内向型经济部门，很显然，这种单一盯住美元制度的"分配效应"所产生的利益格局造成经济资源的再分配，一方面使开放型经济国家和地区经济表现处于优势，另一方面不断发生的"汇率"问题，而解决这个问题的最终办法是减少对美元为核心的货币体制的单一依赖，形成多元汇率体系。

外贸依存度是开放型特别是外向型经济的主要标尺。有关资料表明，2001年中国进出口总额达5097.7亿美元，外贸依存度达44%，分别是1990年的4.4倍和1.47倍，甚至高于美国、日本等开放程度较高的发达国家。这个比例高不高，可以研究，但太低并不是好的选择，特别要看到，中国的国家财政性投资会大大减少，中外企业的商业投资会取而代之，在"三驾马车"间达成一定的拉力平衡，并把财政投资转换为企业直接投资，是改革的重要方向。

对于发展速度较快的中国，外向经济的发展一直是一个亮点，在拉动经济的"三驾马车"中发力犹强，但在2008年美国发生金融危机、欧盟国家陷入经济衰退的情况下，发达国家市场需求不足，世界贸易形势急转直下。中国一度实行投资拉动的积极财政政策，一举投入四万亿元人民币。"三驾马车"里倚重哪一驾的争论再起。积极财政政策只能在经济危机发生的特定情况下有限运用，较为宽松的货币政策是必要的，在经济危机影响中启动和强化市场投资也是一个常见的选项，但由此得出结论，认为中国的经济要想平稳健康发展，一定要完全地转向内向需求型，这是有偏颇的。

任何一个国家的经济发展，都离不开内部需求的扩张，更离不开外部需求的增长。中国经济持续发展，必须建立强大的结构均衡的经济发展体系。建立强大的结构均衡的经济发展体系，离不开外向型开放型经济的充裕发育。内向需求与外向需求是可以互相转化的。在经济全球化和区域经济一体化中，内向与外向是联通互动的。两个市场比一个市场更有回旋余地，全面建立开放型经济，"请进来"，"走出去"，内外兼修，是一个更值得追求的市场发展目标。

历史也证明，不论老牌发达经济体还是新兴经济体，都要在外向开放的经济环境中发展壮大。没有一个大国的经济是完全内向的。当今的第一大经济体美国不是这样，欧盟国家不是这样，前16名经济体中的其他大多数国家如日、英、韩、俄、澳、印、墨、土和印尼都不是这样。巴西资源得天独厚，但也并非完全内向，即便是有中等经济实力的新、马、泰、南非和另一些个非洲国家，都是外向型或经济开放国家。在古丝绸之路上，从古印度、古埃及、古希腊、古罗马、古波斯再到阿拉伯帝国、奥斯曼帝国，无一没有贸易大国的特征，不论他们是城邦经济出身，还是游牧经济起家，跨境商品交换的范围越大越强盛。在历史上，倒是那些不以贸易为生命线而以劫掠为生的古代王朝如西匈奴、"跛子"帖木儿帝国，都是短命的王庭。成吉思汗和其继承者贵由汗建立了四大汗国，其中的伊尔汗国，若不是弯子转得快，很快与被征服者的贸易传统和宗教文化迅速融合，恐怕早已灭亡，倒是那位入主中原的忽必烈，立上都，建大都，主导丝路贸易，在尖锐的社会矛盾中延续了近100年的国祚。

众所周知，欧洲中世纪结束，在文艺复兴的基础上，欧洲此起彼伏的海洋大国开始走向大规模海上贸易，走马灯式地进入贸易强国的序列，先是葡萄牙、西班牙，后是"日不落帝国"英国和美国。他们在海上贸易中完成了原始积累，有的也在海上丢失了原始积累，他们的兴衰史也可以说是贸易兴衰史。近代贸易路线虽然在前半段因为苏伊士运河还没来得及开掘，需要绕过非洲的好望角，但进入印度洋、太平洋后的航行轨迹，分明与中国明代郑和的海上丝路贸易相向吻合，但后者只有交换，没有血腥。历史就是如此令人遗憾，历史上的中国人看得很远但走得不算远，在别人看来，可能目的性从来不是很强，其实是从来没有把征服当成贸易与交换的条件。因为农业社会体制带来自给自足的封闭，海上丝路有时也会变成熟悉的陌生路。陆上丝路贸易进入盘整期，美国还处在发展初期，是世界经济的外围成员，对当时国际金本位也还懵懵懂懂，美联储一直到1913年才成立，并没有来得及赶上欧洲列强在"海上贸易"中完成的原始积累的初始阶段。只是因为得天独厚的地利条件和资源条件，加上一战中置身事外，找到了"殷实户"的自我角色感，便在两次世界大战中完成了颇有特色的财富积累和国力的飞跃。但谁也得承认，就当时美国的贸易与经济往来而言，尽管玩的是放贷生意，也有军火生意在其中，毕竟是通过贸易途径取得的。美国取得今天的经济地位应当肯定，而这也从另一面说明，任何一个国家的强盛都离不开外向经济的发展。

中国不可能重走美国崛起之路，也没有这样一种历史动机，但从贸易角度讲，笔者倒很想做一个并不可能成立的假设：假设汉武唐宗时代，中国已经开始有了对外经济贸易的自觉意识而不是自发意识，假设中国没有时松时紧的"抑商传统"或者说不完全是经典著作里的"亚细亚生产方式"，不完全是自给自足的自然经济——这当然是不可能的——那么，在古代丝绸之路开始贯通之后，中国与周边世界会是什么样子？也许，罗马消费和购买丝绸的巨额等价黄金流向中国而不完全流失在路上，古代中国的原始积累早就完成了。也许，汉唐中国的综合国力也远超历史中的汉唐——那时的汉唐未必就是完全经济开放的汉唐，连取经的唐僧也在半途中被截留过几回。也许，周边的游牧民族与古代中国不会发生那些冲突，让盛唐过早地走向衰落。甚至在东汉之后少了董卓、吕布之乱长安，但《三国演义》也就不会出现。或许有谁会用古代的"榷场"与"茶马互市"来反驳这种假设，但古代的"榷场"与"茶马互市"是时开时闭的小规模贸易，毕竟没有那么大的经济塑造力。丝路的历史开通才是汉唐强盛的历史根源。贸易可以抑制战乱，可以维护和平，可以安民富民，可以推进国力强盛。

中国改革开放 30 多年经济高速增长来自开放型经济的发展，也给开放型经济奠定了新的基石。中国的经济发展离不开开放型经济的进一步发展。尽管开放有各种可以预见和不可预见的经济乃至金融风险，但更有机遇。建立相互开放的市场是增强国际经济竞争力的最重要的平台和唯一的平台，也是实现世界各国各地区共同发展的平台，离开这个平台，也就离开了以发展为主题的"中国梦"和世界各国各地区的共同发展梦，包括亚太伙伴关系下的亚太共同发展梦。"中国梦"是中国的发展梦，也是与世界各国各地区共同发展之梦，这样一种"一荣俱荣，一损俱损"的紧密关联中的发展，只能在开放中实现。

世界经济的发展相互依赖相互需要，因为这是资源合理配置的最优化和最大化。在经济全球化条件下，发展具有整体性，在贸易自由化和共同市场中，都是地位平等的贸易参与者和规则制定者。经济命运共同体的共同利益，决定了谁也离不开谁，决定了内外市场通透组成整体循环，决定了内向度与外向度都是市场需求度。这在旅游经济模式中看得最清晰。

当前，发展外向型经济和开放型经济已经成为世界经济一体化区域化下国家与地区实现发展并走上强盛道路的共同选择。中国要实现自己的中国发展梦，自然也离不开开放型经济的进一步发育。2012 年 11 月，习近平履新不到半个月，率同中国其他领导人参观《复兴之路》大型展览，强调"道路决定命运"，并明确提出了实现中华民族伟大复兴的中国梦。实现"中华民族伟大复兴"的中国梦，并不只是一个口号，既有明确的目标，又有实现复兴的重要手段与方法和明确的发展战略思想。从 2013 年下半年到 2014 年上半年，他在出访中亚、欧洲与东南亚国家和参加国际会议中的重要演讲和讲话中，出现频率最高的就是丝绸之路，就是中国文明传统与不同文明传统之间的包容，就是中国同世界各国的平等互利经济合作，就是共商、共建、共享新丝绸之路合作成果，就是在互联互通的经济全球化和区域经济一体化下共同利益和共同发展。他把惠及世界各国的"一带一路"经济合作发展看作是中国对世界的重要承诺和使命，也把建设开放型经济看作是实现中国梦的发展路径。

目前，世界贸易在欧美后金融危机时代和不时出现的贸易保护中开始缓慢复苏，发展中国家也开始新一轮的发展，一个新的贸易时代开始走来，这个新的贸易时代是自贸区的时代。各个双边与多边的经济贸易投资协定，都在协商制定之中。自贸区建设由一个区域扩展到多个区域，国家与国家、区域与区域开始形成互联互通的大气候，尽管会有分歧和谈判中的曲折，但外向型经济和开放型经济的发展将会成为不可遏阻的新潮流，是经济全球化的内化与外显。

从跨国经营到跨国公司

　　发展开放型经济需要政府间在贸易自由化中的政策沟通斡旋，更离不开市场主体，企业的跨国经营特别是跨国公司的全方位市场开拓，是打造开放型经济的主力。丝绸之路经济带和 21 世纪海上丝绸之路发展构想的提出，也是走上市场化之路的中国企业在跨国经营中和在国际市场竞争发展的内在需要。中国企业利用两种资源两个市场实现跨国经营，是企业发展的根本途径，是丝路经济发展的原动力。

　　据联合国贸易和发展会议估计，发达国家和发展中国家跨国公司规模数量很大。全球跨国公司至少有 550 家，他们在海外的分公司约有15000 家以上，海外资产超过 2 万亿美元。2013 年，各国跨国公司的直接投资超过 1600 亿元，占全球对外直接投资的 11%。从全口径来讲，包括私募基金在内的私营公司远远超过各国国有跨国企业的数量和资产规模，他们同样是推动全球经济一体化和区域经济发展的主体力量。

　　中国企业跨国经营在中国改革开放的前 30 多年里，经历了必要的历史发展阶段。远在 20 世纪 80 年代末和 90 年代初，中国企业就开始了"走出去"的经营历程。但是，由于现代企业制度尚未建立，企业规模与企业经营水平也不高，品牌效应也没有形成，"走出去"的企业大多数是民营小企业，主要以"浙商"特别是温州商人为代表。"温商"不仅走遍了中国，也走到世界的各个角落，形成了一股不小的新华商商流。

在中国东北地区，从边贸起家的东北商人圈也在风生水起中上路。他们以商贸为主，也具有工商联动特征。这些跨国经营的小企业与欧美国家的以家族商业形态为特征的小企业构成了既互相竞争又相互补充的关系，开通了消费类产品的国际交流渠道，也引进欧美制造加工业技术，引进市场经验和信息。由于"新华商"在总体上处于原始积累的发展阶段，在市场竞争中难免与所在国本土企业发生摩擦，但总的走向是互相合作，并有效地为中国大陆企业提供了吸引外资、引进技术与管理的多种发展条件。这些企业主要是"贴牌生产"，这是东南沿海地区"三来一补"加工贸易模式的延长与空间上的扩大，他们对于中国企业的发展特别是劳动密集型企业的发展功不可没，是中国企业"走出去"的先行者。这种模式现在仍未消失，是中国中小企业与西方发达国家中小企业紧密合作的纽带，盘活了发展中国家的"民生经济"，也协助欧美国家遏制和减轻金融危机对民生的影响，对中国外向型经济的发展也是一种启动与启蒙。

在前两个十年中，这种启动、启蒙的外向企业的发展，明显地带有两个特点：一是商业、物流业先行，加工制造业跟进，金融业也随之加大外向经营半径，初步形成了以中国银行为代表的多国布点的多维网络。可以称为"试水"阶段。二是跨国经营呈现不对称的双向性，即在外国跨国企业进入中国市场与中国中小企业进入欧美市场数量规模存在明显的不对称，到中国的企业主要是"资本技术换市场"，中国企业到欧美国家的多是市场补充性的劳动密集企业。但不管什么样的模式，都有各自的成功。

进入新世纪以来，中国企业在市场改革与市场主体改革中，在引进外资和合资、融资合作中，不断壮大经济力量和市场竞争力，中国加入世贸组织又为中国企业走向跨国经营创造了新的条件，开始了企业跨国经营的新一轮发展。中国的规模企业包括国有企业、股份制企业和大型民营企业出现在国际市场的竞争舞台上，国外跨国企业也在更多投资、更大规模、更广泛的领域进入中国。在这个发展周期里，除了跨国经营的双向性"不对称"有所减缩，主要的特征是摩擦不断，贸易诉讼和反诉讼成为跨国经营的重要的不和谐"音符"，大至知识产权，小至经营方式，不论在西方发达国家，还是周边一些重要的发展中市场，摩擦都有发生。如俄罗斯远东市场和其他中心城市市场的拆赶事件就发生了较大的两起，欧洲市场对于中国商户的营业时间提出质疑，等等。对于中国大企业的诉讼，应诉与反诉讼案例增多。各国政府层面的谈判纠纷也在不断增加。这种纠纷和诉讼不仅发生在对中国的国有企业和国有控股企业身上，连一些较大的民营企业如"三一重工"也无可幸免。一时间，中国企业成了不守"世贸规矩"的代名词，明显带有"离不开"又"见不得"的双重标准眼光和偏见。在中国的外资企业也连续不断地发生经营丑闻甚至贿赂丑闻，给双向跨国经营蒙上了一层阴影。这一轮中外企业跨国经营史，我们可以暂时称之为"盘整期"。因为，正如中国古诗所言的意境，向来是"沉舟侧畔千帆过，病树前头万木春"，这种摩擦，其实是跨国投资贸易和跨国经营的一种复杂的磨合，是迈向更规范、更明确的企业跨国经营境界的一种调音性的前奏。

从 2010 年开始，或者更准确地说，从 2013 年丝绸之路经济带和海上丝绸之路构想提出，中国企业跨国经营进入了历史性转折的新阶段。这个阶段也可以称之为"井喷阶段"，在宏观层面上有以下特点。首先是世界经济一体化区域化下的自由贸易、投资与深度经济合作，在每个国家政府层面上都得到前所未有的重视，虽然贸易壁垒与贸易保护主义依然是瓶颈，但这个瓶颈在自贸谈判中日益打开。现在，不论全球经济发达国家还是发展中国家，几乎全都加入自贸谈判协定中，尽管这种谈判是多种多样出于不同目的的，但毕竟在交叉中进行，这为企业的跨国经营扫清了道路。尤其是贸易、投资和经济合作的"一揽子"谈判，为贸易投资便利化创造条件，同时也进一步打开了企业跨国经营的视野。与此同时，人民币国际化进程开始推进，贸易投资清算体系开始出现新的变化，跨国经营的金融服务开始跟进。企业跨国经营有了最基本的条件。第二，中国跨国企业竞争力相对优势开始形成，从有限领域到优势领域的提升过程逐步展开。这个过程既是中国企业自主创新和集成创新的过程，也是中国继续引进国际跨国企业，在吸收消化别国先进技术和管理经验基础上不断创新不断优化的过程。目前，中国企业不仅在传统制造业方面占有重要的优势，在基础设施建设包括铁路工程与高铁技术、港口船舶制造及相关装备、电力设施与特高压输变电等方面，也形成了全面优势，在航天航空、核电和卫星通信与移动通信方面形成较大优势，在再生能源技术包括水电、风电、太阳能等方面也有较大的市场和竞争能力，在重要装备制造业产业取得突飞猛进的发展。这些相对优势产业，是许多发展中国家最迫切需要的，也是许多发达国家阶段性稀缺的。第三，中国企业不仅在传统制造业领域和基础产业领域以及部分高新产业领域有比较整合的优势，同时有比较成熟的人才与劳动力优势。多种产业优势、资金资本优势和劳动力优势结合起来，很容易形成"集装箱打包"式的多要素集成模式，产生跨国经营的叠加效应和乘数效应，进一步强化经营竞争力和未来的优势取向。第四，中国还具有各种企业集成走出去的重要操作平台，正在形成新的机制。商务部 2014 年修订了《境外投资管理办法》，规定除"涉及敏感国家和地区、敏感行业的，实行核准管理"，其余都在商务部登记备案。过去投资采矿、能源、金融的核准很严，现在大幅放开，对外投资流程得到简化。对外投资的约 98% 无需审批，企业自主对外投资的主体地位进一步确立，企业"走出去"的道路更加顺畅。目前已经形成集会展、博览、招商与贸易投资洽谈功能的五大博览会，也为国外跨国公司走进来与中国跨国公司走出去，搭建了有效的资源组合平台。更加重要的是，投资主体由最初的国有企业唱主角转变为"国企民企并重"，2013 年中国对外投资存量中，非国企占比已达 45%，中小企业崭露头角。在地域分布上，由地理相邻区域向跨地区跨文化复兴延伸。投资行业扩大，从低端进入高端，覆盖了国民经济所有行业类别。其中能源矿产类投资存量占 16.7%。在目前商务服务业、一般制造业、批发零售业、采矿业投资存量达到 5500 亿美元，占总存量六分之五。未来多种装备制造业也将成为主力。

2014 年 7 月《财富》世界 500 强排名榜全球发布，500 强入围门槛虽然再次提高，中国企业的表现依然抢眼。其一是中石化取代埃克森美孚，排名第三，打破了该公司与沃尔玛、壳牌包罗前三的历史；其二是上榜企业连续 11 年增加并首次达到 100 家（含港澳台地区），缩小了与美国企业数量上的差距，首次上榜的中国企业有 7 家，而美国企业却有 4 家跌出榜单。其三是多数企业位次前移，新秀迭出。在位次上，排名上升最快的 20 家企业里，中国企业占到 16 席，如天津物资集团排名前移了 158 位，北气集团排名前移 88 位，民营企业排名也在上升，华为由去年的 315 位升至 285 位，联想集团由 329 位升至 286 位等。在 2014 年的榜单上，排名前十的美国公司两家，荷兰、英国、德国、瑞士、日本各一家，中国企业三家。从某种角度看，这个反映世界级企业发展规模和国别分布消长速度以及反映全球市场企业竞争力变化格局的新榜单，折射了全球各行业新老力量发生交替的趋势。早先美日欧包占榜单三足鼎立的局面已经不复存在，中国企业的快速成长和中国经济在全球经济中的举足轻重的作用开始明显显现。

进入《财富》榜单当然并不是企业的唯一目标，但中国企业越来越多地参与国际产业合作与分工，将为中国经济发展和世界经济发展做出越来越大的贡献，通过榜单有所体现。当然，中国企业的不足也是明显的。"大而不强"问题依然存在，比如，中石化的原业收入超过了美国的埃克森美孚，但埃克森美孚的利润是 325.8 亿美元，中石化是 89 亿美元。数据显示，在上榜企业中，美国企业的平均利润额达到 62.4 亿美元，是中国企业的将近 4 倍，而中国企业的员工人数则是美国企业的 1.5 倍，人均创利远远不及后者。此外，行业结构也不十分均衡，中国的上榜企业主要分布在资源、金融、钢铁、化工和汽车等领域，来自服务业和各种消费品的少，来自航空航天、信息技术和高端制造的也少于发达国家，需要进一步加快结构调整、产业升级和技术创新步伐。中国企业也应当给自身提出更高的发展要求，要在全球战略、全球管治、全球责任的跨国指数上努力超过 50% 以上的标准，在打造全球价值链的目标上持续努力，在资源整合、创新能力、人才培养、自主知识产权、国际化能力等方面有较长的路要走，从企业跨国经营发展到形成跨国公司的方阵，需要在国际市场里去拼搏。

国际商标协会 2014 年年会发布的一份题为《中国品牌走向世界——中国企业全球商标战略的最佳实践》报告，首次追踪了中国品牌和其他国际品牌近 25 年的全球商标活动趋势。报告重点突出了中国跨国企业在从国内基地迅速向外扩张过程的初步进展，有三个关键发现：一是中国企业的国际商标申请量猛增。近 5 年来，中国企业在世界其他国家和地区提交的国际商标申请总量增长 84%，2013 年比 1990 年增长了 47 倍。二是中国内地的国际商标申请量排名世界第七位。排在美国、日本、德国、中国香港、英国、法国之后。三是越来越多的中国企业开始设计并创造自己的产品，很多中国跨国公司在收购西方企业并继承知识产权。

中国企业的提升与亚洲品牌的提升节奏相一致。《亚洲品牌战略》的作者，英国广告与公共关系巨头 WPP 集团首席执行官马丁·罗尔说，过去 10 ~ 15 年是亚洲品牌建设的第一阶段，现在则迎来了一个黄金时代。但亚洲品牌还必须证明自己在设计、质量、管理、经营和创新方面的价值，还需要培养顾客的品牌感情。在中国，还需要 5 ~ 10 年的时间。但是，不管怎么说，在历史上荣登榜首，"这不会是季节性的或一时性的潮流，全球消费者将看到，前三名或前五名的品牌都来自亚洲，这些像西方品牌一样令人信服"。

还是 WPP 集团在 2014 年初发布的另一篇姊妹报告《中国梦的实力与潜力》中强调，全球知名品牌象征着国家的实力，尽管中国的主要国有企业仍然统治着品牌价值排行榜，但"市场化品牌"已经在超越。"粗略地说，现在中国品牌的价值已经可以与在华的外国品牌价值相抗衡。"

中国的品牌方阵正在形成中，从能源到金融，从基础设施建设到装备制造业，从物流运输到电子商务，从刚刚开始升级的传统产业到高新技术产业，品牌战略都有不同程度的进展。与此同时，"标准制定"型企业开始出现，比如二维码的自主标准等，在国际市场中的市场话语权在加强。智慧型企业也浮出水面。智慧型产业下的智慧型企业善于运用信息技术最新成果，包括物联网、大数据、云计算在内的最新发展趋势，在市场预测、生产与物流、经营销售和市场服务中取得主动与主导权。特别在电商时代，在制造业正处在 2.0 时代时，又在德国制造业界提出4.0 时代的令人目眩的快速发展中，出现新的挑战，也造成新的品牌发展机遇。

其实，中国企业的全球竞争力和自我发展潜力还没有进入真正的井喷期，由于经济体制的惰力和机制制约，跨国经营的潜力还没有完全发挥出来，跨国公司的方阵还没有全方位形成。目前，中国正在向民间资本开放垄断行业，先从大型石油公司加工销售"下游业务"入手，逐步搭建油田开发、管道建设平台与民间企业共同运营，并逐渐将铁路包括城市铁路、跨地区地方铁路与资源专用铁路和通信等基础设施领域，甚至部分军工企业业务放开。2014 年 4 月，中国政府公布了 80 个向社会资本开放的基础设施项目清单，涉及铁路、新一代通信、清洁能源、油气管网等领域。在丝绸之路经济带建设中也十分强调民间企业的主要作用。广东、安徽、湖南、贵州、陕西、天津、上海和重庆等都推出类似计划。垄断行业向民企放开，也势必影响到金融融资系统。民营企业的融资成本是国企的一倍，这样一个企业竞争的明显的不公平必须"摆平"，其中一个重要方面就是加快金融改革，组建民营银行。人们有理由相信，随着民营企业经营半径的不断扩大，将有更多出色的企业和优秀品牌出现，将有更多的阿里巴巴。

在市场开放中促进产业升级

　　中国企业发展，已经构成了以下几个显著的产业特点，正是这样一些发展特点，构成了中国企业在全球市场的竞争力和产业冲击力。

　　第一，中国企业以制造业多门类产品参与世界贸易投资并被称为"世界工厂"。中国制造业高中低档产品兼备，既有劳动密集型产品，也有科技密集型产品，还有基础设施建设产业的集成块和重化工业。中国在工业化过程中仍属于中期阶段，相对于发达国家普遍出现的"产业空心化"或"非实体化"倾向，具有工业化的现实结构与全面经验，是其他发达经济体在金融危机后"再工业化"的历史参照和最佳投资者，同时也是由低到高的产品产业输出参照系统，具有多面逢源正逢其时的特点，在跨国经营中目前处于"上风上水"。发达国家"再工业化"政策不断加码，继"先进制造业伙伴计划"、"美国制造业复兴计划"之后，美国政府又提出"让美国成为新增就业和制造业磁场"的新目标。2014年还推出"学徒计划"培训技工。他们试图说服企业主，像袜子和玩具之类的低附加值、劳动密集型产品同样有钱可赚。在这样的产业政策下，选择回流美国的制造业企业开始增加。美国白宫国家经济委员会不久前发布的一份报告认为，一段时间以来，美国制造业产出大幅增长，2014年6月，美国制造业PMI终值上升至57.3%，扩张十分明显。美国鼓励劳动密集型企业回流，不是简单地搬回来，是伴随"智能化"的一个过程，即随着机器人技术和工艺日臻成熟和机器人的经济性大大提高，很多低端制造所需的大量重复性劳动岗位都被机器人替代。在日本，工业机器人应用比例已经高达33%，降低了人工在制造业增加值中的权重。这种发展趋势对中国企业既是挑战也是一种机会。一方面要看到，中国制造业在全球主要的5个经济体中，仍旧排名第一，美国已攀升到第二，中国制造业已经形成自己的比较完整的上下游产业链体系，而产业链的集群效应带来从生产到销售的各个环节的成本下降，这是大多数发展中国家不具备的，相当多的发达国家在短期内也难以形成这样的优势。为什么国际市场稍稍回暖，中国制造业的PMI就会出现迅速的反弹，其因盖出于此。另一方面也要看到，中国制造业也必须补上"智能化"的短板，用高新技术武装"中国制造"，这才是传统制造业的持久发展之道。

第二，中国企业创新能力不断提升。战略新兴产业代表科技创新和产业发展方向，对未来经济特别是外向型经济具有重大引领作用。以高铁为例，自从20世纪90年代中国开始规划高速铁路网，目标不仅是改善国内运输状况，而且也要打造出足以角逐全球市场的自主品牌。中国运用"技术换市场"的有效途径，加速产品研发，并在集成创新和国产化中降低了实现流程优化的时间成本。中国南车股份公司组建了高速机车系统性研发平台，进一步升级了设计和制造水平，独立研制了最高时速达350公里的高铁技术。现在，中国列车制造和民用工程企业正在美国、南美、俄罗斯、沙特等地参与修建和准备竞标高铁项目。在亚洲的市场空间更大，预计到2020年，亚洲的基础设施建设投入规模达到8万亿美元。据预测，不仅是高铁技术，中国在全球尖端机械制造出口市场份额，将从2010年的8%增加到2020年的30%。再比如中国的大型客机制造，继前机身、中央翼和其他部段下线，机头也成功下线，意味着总装开始，产业链已经开始完善，第一批400架的市场规模也同步形成。

前不久，日本的《日本经济新闻》实施了全球产业企业份额调查，美国在 18 个品类占首位，欧洲在 8 个品类占优，日本在 11 个品类上走在前列，如日本的智能手机零部件、精密仪器、中小型液晶面板、碳素纤维、白色 LED\CMOS 图像传感器等。但中国企业也在全部 50 个品类中有 6 个品类占到首位，名次与韩国并列。韩国主要在数码家电、超薄液晶电视、闪存、智能手机等方面荣登榜首。中国凭借自身巨大市场保持优势，同时批量进入全球市场，尤其在冰箱、洗衣机和个人电脑等消费品市场上影响力巨大。自联想在 2005 年收购了 IBM 个人电脑业务，经过一系列海外并购，已经超越惠普占到全球首位，海尔已连续两年在冰箱、洗衣机品类中居首位，英利绿色能源也连续两年在太阳能电池产业中遥遥领先。韩国贸易协会研究院也在 2014 年初公布一项国际市场调查《2012 年全球出口市场占有率第一产品数量》，前十名依次为中国（1485个）、德国（703 个）、美国（603 个）、日本（231 个）、意大利（228 个）、印度（144 个）、荷兰（138 个）、法国（104 个）、比利时（94 个）、英国（81 个）。在亚洲国家和地区里的排列，中国香港（65 个）、韩国（64个）、印度尼西亚（60 个）。加拿大和西班牙分别是 76 个和 67 个。

第三，企业后备资源丰富。中国产业市场主体基数大，具有竞争的数量优势。根据 2014 年上半年的统计数据，全国实有各类市场主体6413.8 万户，比上年同期增加 14.01%，注册资本 115.05 万亿元，同比增长 23.76%。注册资本数量超过货币总量。其中，个体工商户 4648.73 万户，企业 1648.21 万户，同比增长 17.3% 和 12.4%。在各类企业中，私营企业 120 万户，同比增长 70.14%，私营企业注册资本 5.09 万亿元，同比增长 91.20%。外商投资企业 1.18 万户，同比增长 5.51%。全国私营个体经济从业人员达到 2.32 亿人。虽然企业九成多是传统行业产业中的小企业，但随着企业的转型升级，将会有大量的小企业脱颖而出。中小企业是发展的真正源泉，是大企业发展的支柱和后备军。对于传统产业，也应当两面看，一方面，他们之中存在着落后产能，另一方面又是就业主渠道，有不少产业直接关系民生，不能简单地把过剩产能与传统产业画等号，重要的是要研究如何引导他们进行产业升级。特别是在制造业领域，不少企业处于产业链的低端，"智能化"和低碳发展才是他们生存发展的根本出路和提高效益与增值率的关键。目前，中国制造业的增值率是21.4%，低于发达国家35%的水平，每年因间接质量损失的利润超过1万亿元。是差距，也是潜力。此外，中国"走出去"的企业，不仅是大型国企，民营企业也为数不少。《福布斯》的一份报告列举了部分在西方市场有一定影响和知名度的中国民营企业：联想、万达、华为、双汇、复星、新希望、阿里巴巴、中兴、三一重工、腾讯、吉利、百度与李宁。

第四，中国企业的竞争力不仅体现在制造业领域，也体现在现代农业体系中的加工业中。现代农业不仅包括现代种植业和养殖业，也包括相关的加工业和不断延长的制造业产业链中。真正的绿色食品和各种绿色衍生品，大多来自农业。农业并不就是弱质产业，随着现代农业的发展和现代农业加工体系的升级，农业产品和以农业为基础的产品，将会成为一国经济竞争力的重要来源。许多原来与农业无关的企业和企业集团把投资重心转向农业，说明了它的重要性。比如，中国的拥有6500亿美元的主权财富基金，在专注于金融、能源、矿产等"硬商品"之后，他们正在把投资重点转向农业和全球食品供应的"整个价值链"，开始关注以往被大型投资机构忽略的灌溉、土地改造和饲料生产。2013年，中国的双汇集团投资美国最大的猪肉生产商史密斯菲尔德公司，成为当时中国企业对美国企业的最大一笔收购交易。中国有很多特色农业产业，也有许多特色农业发展的潜在地区，例如地处丝路中段的宁夏回族自治区，不仅大力发展贺兰山葡萄酒带，还与德国企业进行技术合作，发展重点向中东地区出口的清真羊肉食品产业，在阿联酋、巴林、卡特尔极负盛名。中国的"苹果大省"也与世界苹果发源地哈萨克斯坦进行"中哈苹果友谊园"的产业合作。在蜂业、花卉业和草业方面，中哈之间也在密切合作，一方面开始改变中国饲草完全依赖美、澳国家进口的被动局面，一面又实现了水土保持的生态需求。特别是西北地区的种业，已经成为丝路经济带上农业合作中的核心产业，走上了跨国经营之路。中国农业系列产品的竞争力还来自中国正在推进的适度规模化经营。2014上半年，中国的农民专业合作社达到116.89万家。他们具有企业的完整法人资格，正在形成自己的各具特色的农业产业链，是农业产业跨国经营的力量来源。

农业产业跨国经营也有广阔的空间与天地。2014年，第23届非洲联盟首脑会议的主题，依然是"农业与粮食安全"。非洲70%的人口是农业人口，农业对非洲GDP的贡献率达到30%，但农业生产相对落后。非洲的农业资源得天独厚，有不可多得的光照、湿度和水文条件。据不完全统计，非洲可耕地面积占世界的26.4%，水利资源占12%，人口不足全球10%，人均可耕地面积和水资源均高于世界平均水平，但由于各种因素，又一直被称为"饥饿的大陆"，全世界缺粮国家里非洲国家占一半。早在2003年，非盟就发起了被称为马普托声明的《非洲农业综合发展计划》，要求非洲各国把不低于10%的预算用于农业发展，从而确保非洲各国农业年均增长率达到6%。但10年里只有7个非洲国家达到了这个要求。农业产业合作历来是中非合作的重要组成部分，"授人以鱼不如授人以渔"，中国目前已在非洲24国援建25个农业技术示范中心，提高非洲农业"本土化水平"。中国与非洲和非洲国家共同实施"农业优质高产示范工程"和"中非农业阳光计划"。在这种深度合作中，中国的农业企业将是一支最重要的力量。

第五，中国企业是结构开放型企业，一面通过合资合作不断吸收跨国企业的技术与管理，一方面强化服务，按照世界跨国公司经历过的发展足迹（即市场化→专业化→国际化→高端化）发展。2014年中，中海油联手英国 BP 签署价值 200 亿美元的 LNG 供应大单。中海油涉足 LNG 领域的第一个外资合作伙伴就是 BP。除了 BP，中海油在 4 年前也与英国的天然气巨头 BG 长期合作。2013 年中国 LNG 进口约 1800 万吨，其中中海油进口 1283 万吨，占进口总量的 71%。此外，中国企业开始加入海外并购浪潮，涉及能源、食品、电子等，如中国国家电网公司在 2012 年和 2014 年投资葡萄牙能源网公司和收购意大利存贷款公司旗下能源网公司 35% 的股权。西方媒体惊呼，"世界工厂"变身"金融家"、"投资家"，2012 年，中国企业对欧投资，法、英、德各占 21%、16% 和 9%。投资效果良好，沃尔沃被吉利收购以后，2011 年的销售额增长 23%。

在管理服务水平方面，中国企业也有显著的进步。中石油、中铁装备集团和南东公司都在国际合作中不断提升管理水平。中石油东方物探公司不仅把技术创新作为企业发展的核心战略，近 5 年来陆续投入 5 亿元以上，从"健康、安全、环境"三位一体的 HSE 管理体系中增强了市场竞争力。现在东方物探公司认真消化国际通用的管理规则，形成了一整套以项目管理为核心的 HSE 管理、技术支持等"八大管理体系"。中铁装备集团则以优质服务"定义"高端制造。他们以盾构国家重点实验室为依托，一些技术达到世界领先水平，其盾构产业在中国国内属战略性新兴产业。但用户不仅需要设备，也需要服务，服务更能创造不断延伸的市场价值，从一次性产品销售向服务生命周期转变，由提供产品向提供增值服务转变，使其成为世界三大掘进机生产商之一。

企业由"制造"向"制造加服务"转型的好处是什么？在企业各类成本都在上升时，提升竞争力的方法之一就是向"微笑曲线"两端要效益。"微笑曲线"指在产业链中，研发、生产、流通诸环节的附加值曲线呈现"两端高、中间低"的形态。在"微笑曲线"中，中间是加工生产，一端是研发、设计，另一端就是销售、服务。加强服务贸易强化企业在国际产业分工竞争力，是实现中国企业由大转强的主要途径。

最重要的是，中国企业走上跨国公司之路，也需要在国际资本市场上出现大影响。2014年阿里巴巴在美国上市轰动全球，市值1686亿美元。目前市值最高的前20家互联网公司中三分之一总部在中国，阿里巴巴首次公开募投却是迄今为止最令人瞩目的现象，阿里巴巴、百度与腾讯被外界统称为"BAT集团"。美国的评论家说，这为美国科技公司特别是硅谷敲响了警钟。他们说，中国的网络用户高达6亿，从美国的亿贝到谷歌，早就被吸引到中国市场，但大多认输，相比之下，伴随国内业务的爆发，中国的"BAT集团"不仅拥有国内的庞大市场份额，而且进入美国市场和发展中国家市场。未来的上市者将更多来自私营企业，这是一个趋势性的变化。随着更多的阿里巴巴走向国际资本市场，中国企业的跨国公司之路就会越走越宽广。

还有一种跨国竞争力量，是在全球跨国企业发生直接影响之外的从中国内部市场里发生的"逆袭收购"和"逆袭市场"。前者如中国私募股权投资机构弘毅投资斥资9亿英镑收购英国著名连锁餐饮品牌意大利式比萨饼连锁店，该连锁餐饮品牌属贡多拉集团，英国有436家分店，中国有22家，目前共500家。这次收购的特点不是"走出去"，而是"走进来"，初衷在于扩大内需，但影响显然涉及全球餐饮业的布局。弘毅投资的出资人多元，有联想控股、社保基金、中国人寿以及高盛、淡马锡、斯坦福大学基金等，目前管理着490亿人民币的基金。"逆袭市场"的代表是备受中国年轻专业人士欢迎的小米手机，它的规模目前还很难说与"苹果"全面较量，但这只"中国苹果"已经开始出现了消费者的品牌崇拜，2014年上半年售出2611万部，比去年同期激增271%，其全年销售目标是6000万部。小米在国外表现也不俗，在马来西亚网上供货，曾经在17分钟里销售一空。小米不是第一家在成长初期为了市场份额牺牲利润的中国公司，他们在国内市场起步，极有可能是赢得"苹果之战"的后起之秀。目前，小米是全球第三大智能手机制造商。

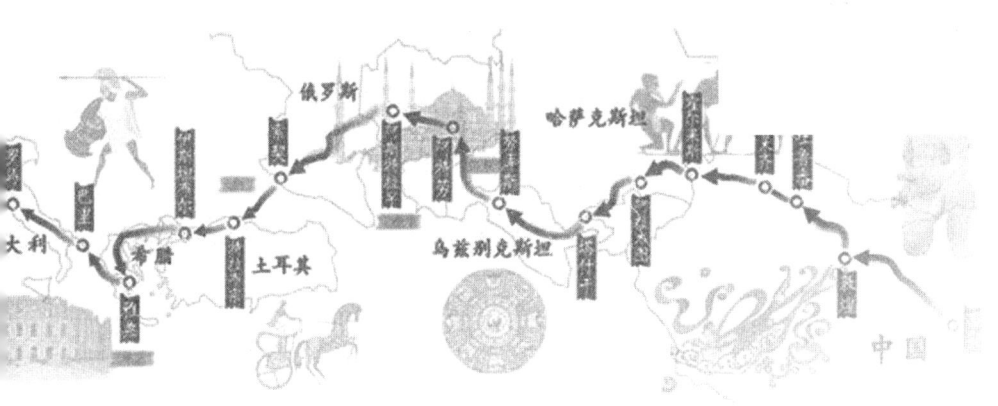

复兴中的中亚绿洲丝绸之路经济带

丝绸之路与丝绸之路经济带

　　丝绸之路与丝绸之路经济带是紧密联系但又有区别的地缘经济概念。丝绸之路经济带是在亚欧大陆发生的自然规律与现代经济发展规律结合下和在世界经济一体化区域化条件下发生的跨大区域经济发展现象。说二者紧密联系，是因为它们的地缘走向的总体一致性、复合性和操作上的可逆性及层次提升中的可复制性。因此，研究丝绸之路经济带，必然要与古代丝绸之路紧密相连，以至于在概念上常常把他们当成一回事情。中国境内丝绸之路的较准概念是指从汉唐开始的连接中国与中亚到地中海的漫长贸易路线，虽有传统北线、中线与南线的区分，但总的走向是明晰的。丝路贸易不仅是贸易活动，在贸易活动的延伸和衍生中深刻影响了欧洲的经济技术发展态势，影响了当时的世界文明进程。今天，在人们认为丝绸之路已经成为一个历史概念的时候，老概念再一次焕发出新的光彩，在中国国家主席习近平的大力倡导下，成为中国与丝路沿线国家、地区加强贸易投资往来、提高经济合作水平的极其重要的跨国经济纽带。

　　进一步讲，丝绸之路与丝绸之路经济带的区别，一是在于后者的历史方位感更开阔，更具有历史的纵横感和超前性，因此一般以新丝路与古丝路的区分来研究他们的承继与鼎新。古代丝绸之路虽然在世界历史上发生了经济技术文化乃至文明进化决定性影响，然而是曲折的线性的辗转的，效率与速率非今可比。覆盖半径更大，对亚欧大陆与全球经济一体化的影响更深。二是在于前者自发而后者自觉，这种自觉来自全球经济一体化区域化下亚洲国家与中国的可持续发展的思考，也来自欧洲复苏动因以及非洲大陆的发展追求。三是联动性更强，辐射更远。在世界经济增长最快的10个国家中，有5个就在丝绸之路的沿线上。潜力较大的"金砖五国"也有三个在丝绸之路经济带里。四是覆盖面宽，亚欧大陆有30多亿人口，目前在世界经济GDP的占比是25%以上，这已经不是阿基米德"给我一个点可以撬动地球"的物理学可能，而是用一条经济带拉动和影响全球经济的区域经济发展规律性的再发现。

　　丝绸之路经济带和海上丝绸之路的提出，是一个世纪性的经济战略构想，视野更开阔，焦距更准确，多学科的合作更紧密。不仅会影响今后几十年上百年亚欧大陆和全球经济的发展，也拉开了丝路研究与目前经济发展紧密相关的新的序幕。完全可以说，丝绸之路经济带是在古丝路基础概念上形成的一个新的经济合作发展的超级区域经济概念。从地域上讲，涵盖亚欧大陆，辐射地中海地区与北非，西联欧洲经济圈、地中海经济圈，东接亚太经济圈，南通南亚和非洲大陆经济圈，是世界上轴线最长、覆盖面最广、最具经济发展潜力的经济带和内部可细分的经济区组合。从未来经济总量增长大体预测，在亚欧经济带的最大辐射半径里，很可能占到世界经济的多一半。从未来经济融合的趋势分析，则有可能在目前各经济合作次区域细分中出现四大经济区对接的新格局。这四大经济区有可能是亚太区、欧盟区、亚欧丝路经济带连接区和地中海海湾区。如果是这样，将大大提前世界经济一体化进程。

　　发展趋势已经揭示了丝绸之路经济带与海上丝绸之路建设的影响力，展现了区域全面经济伙伴关系的吸引力，同时也再次唤醒了中国人对丝绸之路的更加全面的认知：21世纪上半叶将是新丝绸之路和建设丝绸之路经济带的黄金时期。如何在研究深度上透视未来，在研究宽度上打通文化与经济的界别，打通国际国内的发展界限，是一个重大的课题。这个课题由中国和世界关注丝绸之路经济带建设的人们共同研究开拓。事实上，在20世纪90年代联合国教科文组织国际专家，考察了丝绸之路经济带的另一条具体路线和海上丝绸之路，并第一次明确使用草原丝绸之路的名称，肯定其历史存在，已经是一个探索。也许是时空和思维的局限，那一次考察也只是对历史文化与文明的追忆与印证，如果是在"一带一路"已经明确提出的今天，将会有进一步对经济发展的更多思考。

在文化研究上，对古老的丝绸之路的走向，有多种论述，名称各有认定和探讨的依据，有的从地理方位地形地貌着眼，有的从历史兴衰着眼，有的干脆沿用古籍或民间的习惯说法来研究。从某条道路某个节点的微观研究来讲，这都不无道理，但是从地缘经济与区域经济，从未来的区域经济伙伴关系的不断增加和延伸来考察，以及从中国国内区域经济布局和国际经济合作的地缘走向来谋划，更需要在丝绸之路历史定格的前提下，进一步明确地缘经济与区域经济意义上的认同。在这里，需要提出的是，中国是丝绸之路的东起点，但丝绸之路是亚欧国家人们联手打造的贸易之路。它不光是中国的地缘财富，也是亚欧各国的地缘财富，古丝路有古财富，新路有新财富。丝绸之路经济带是亚欧人的共同经济舞台。因此，在中国人欣然接受西方学人对丝绸之路的命名与定格的同时，东西方也有两头相看的共同视角和视野。

从全球的视角，总的提法是"一带一路"，即丝绸之路经济带和海上丝绸之路，这是宏观概念。从历史和现实的区域化经济带细分的角度看，这是一个有不同辐射与吸收扇面和多条通道并存的海与陆的网状结构。只要地球上海洋与陆地相沿存在，就一定是这样的平面结构。因此，从中国的陆地地理视角，把丝绸之路经济带细化为三条支线三条子带或次区域带，看得会更清晰，包容性更广，也更有国际合作的认同感。具体地说，在丝绸之路经济带里，有中亚、西亚绿洲方向丝绸之路经济带、北方草原丝绸之路带即中蒙俄经济走廊和西南丝绸之路及孟中印缅经济走廊。此外还有雪域高原—南亚丝绸之路经济走廊，可以视为西南丝绸之路经济带的循环同时有相对独立的地理经济意义。这几条新丝绸之路经济和大经济合作走廊恰与中国东部沿海发展战略的进一步升级的海上丝绸之路严丝合缝。

丝绸之路经济带的路网构造

中亚细亚绿洲丝绸之路，干线有三条，在中国部分，主要是以沿天山与塔里木盆地这样的大地标区分。世界文化遗产"申遗大会"批准名录上列出的，是中国古长安到天山南北道的古丝路路网。这是因为是中国与哈萨克斯坦、吉尔吉斯斯坦三国联合申遗确认的范围，从历史的久远性和广泛分布及今天跨国经济合作的重要性，以及通过各条具体道路现实贸易、投资和经济合作走向的目标性，将来还有许多新的认定。比如，中国汉代以来率先开通的沿昆仑山北西行的"大南道"未必不重要，这里是中国汉唐丝绸之路历经 600 多年一直到元代都畅通的中外贸易文化交通线，这条传统的历史国际通道结集于帕米尔高原和阿富汗境内的兴都库什山，西行阿姆河流域，路经土库曼斯坦的马雷（中国古称木鹿）到达西亚、地中海，辗转欧洲与非洲各地。这条"大南道"与"天山南道"合流，目前是中巴经济走廊的连接口。缘于地理因素，这里是丝路的畏途，但又是中西文化集中交流的区位轴线。由古希腊文化与古印度文化融合的著名的犍陀罗文化，是其著名的文化标志。这条丝路通道也是中国古代记载的"葱岭"即今天帕米尔 12 帕（山谷）翻越的山结所在，是通向巴基斯坦和南亚地区的西南道。因为中亚南部国家未参与联合申遗，也就暂时排在申遗目录之外，而其区域经济合作的联通价值暂且为天山南道所替代。"大南道"也是有名的"汲冢书"中的《穆天子传》里玉石交换的地区，因此也被称为"玉石之路"。

中国古长安到天山南北道的古丝路路网，主要是经兰州进入河西走廊和兰西新高铁祁连山南麓，绕行天山南北两侧方向。目前铁路基础设施迅速提升的也是天山南北道，也即习惯上称呼的"天山南北道"，这两条交通线由敦煌和东天山南北分开，在历史上分为从阳关出发，经罗布泊循孔雀河、库尔勒、库车地区沿塔里木河到喀什，翻越帕米尔山结，入南亚，入古波斯与古希腊、古罗马，或从玉门关出发，经史称"白龙堆"的雅丹地貌地区，以及哈密、吐鲁番和北天山向里海方向走去。

在新疆哈密与中亚绿洲丝绸之路交汇的北方草原丝路，不仅是联合国专家考察团称呼的草原丝绸之路。在晚清与民国之际最便捷的道路，这条路还是一路西北向，从蒙古国科布尔地区向南俄草原和欧洲方向延伸，或者与中亚方向西行的天山北道合流，向里海方向一路西去交汇的道路。一般的走向是由北京出发，经河套地区、巴里坤、哈密、吉木萨尔、伊犁到今哈萨克斯坦的楚河流域到里海与黑海。西方探险家斯文·赫定走的就是这条路，影视作品中的黑戈壁的原型也在这里。这条曾被长期忽视至今仍未引起规划部门足够重视的北方草原丝路，不仅具有历史特色，是元代以来的超级国际贸易大通道，在今天同样具有贸易、投资和经济合作的战略性意义。

西南丝绸之路自成系统但与由甘南和陇南走廊过渡的中亚绿洲丝路相连，这种相连性在历史上也比较模糊，需要进一步透视。西南丝路向向南、向东南辐射，这就是今天的通向越南的河口道和通向老缅柬和新马泰的规划中的泛亚铁路方向。还有通向孟中印缅经济走廊包括高黎贡山腾冲走廊的"滇缅古道"，也称"博南道"。此路沿蜀道进四川，越大理至保山、景宏或腾冲，与南亚、东南亚发生传统的持久经济文化联系。另一条史称"唐番古道"但民间有一个略带野性浪漫名字的"茶马古道"，则是从古至今的与雪域高原相互循环链接的大西南丝绸之路的古老概念，直接通向青藏和尼泊尔与印度。

对于国际知名度较高的西南贸易通道，对汉唐时代丝路的经济贡献，已有耳熟能详的定论。对草原古代贸易通道，尽管联合国教科文组织专家考察过，还是多少有些耳生。这其中的原因很多，有一点很重要，那就是观察与研究的视野有多宽，目光就能看多宽。一部中国史从一开始就是一部多民族共存亡共荣辱的历史，全方位地考察历史丝绸之路，要从历史多民族共同发展的全视角来进行。这样一种全视角研究，是立体的多维视野，自然就不会仅仅把目光局限在秦汉隋唐某一个时代的辉煌。中国的辉煌时代也包括少数民族入主的时代，包括元帝国、清帝国，也包括宋、金、辽的又一个"三国"时代。那时的汉民族史家着眼得更多的是"茶马互市"和榷场——如今在北京南部以南的物流批发大市场的白沟市和拒马河流域还可以找到昔日的遗迹——如果把这里发生的历史交换当然地看作是特殊时期的内部交换，由此向北的贸易通道，历来是风雨无阻地走向草原。

陆上丝绸之路之所以引起关注并且被认定具有未来发展的举足轻重的意义，在于它的开放性与洲际性。我们站在这个开放体系的东端透视西端，从过去透视未来，最东边的是连接着海上丝路的多条航路，在西边则是渐伸渐远的贸易之路。如今，驼铃声渐远，钢铁动脉在延伸，铁路、公路穿起的纵横交错的物流通道连接着大大小小的经济体。这是现在与未来的国际区域经济一体化的绝无仅有的画面。

应当感谢那位知识渊博的李希霍芬，他在我们尚未自觉之时较早地发现了一种历史超级国际商品，即流通价值堪比黄金的柔软美丽的丝绸。这种商品也曾经是一种硬通货，它的流通影响着昔日世界的经济格局和社会文明的进化，进而将之定格下来，给了她一个美丽永恒的名字。人们继续要做的，不仅是对丝绸的美丽与贵重的经济历史诠释，更是经济的全面提升与各国各地区的持续发展的期待。

　　诚然，李氏对丝路的命名并不是直接的。据有关学者考证，在他的德文著作《中国》里，出现的词直译为"绢的街道"，显然更多地着眼于微观的市场研究发现。这就犹如中国汉代的张骞通西域，在身毒（今印度）发现邛杖蜀布，推断西南还有一条辗转通向西域的道路一样。李希霍芬同时代的另一位德国学者以更宏观的贸易物流的研究判断，将其明确定格为"丝绸之路"，但这并不减低人们对他们的共同的尊重。

中亚绿洲丝绸之路在复苏

　　当前，最令人注目的一条陆上丝绸之路是中国古代汉唐时期开通的中亚绿洲丝绸之路，最能引起关注的是由此而来的中亚绿洲方向经济带。

　　古代丝绸之路和现代丝绸之路大体一致，但细节上有所不同。从古今丝绸之路的地缘走向来说，在中国境内，一直以古长安为中心，向东连接洛阳、郑州和扬州，现在则是徐州、连云港市，向西经宝鸡、天水、兰州，穿越河西走廊，到达哈密盆地和吐鲁番盆地。北上北疆，以乌鲁木齐为辐射枢纽，以塔城、伊犁和现今的霍尔果斯、阿拉山口为经济辐射节点，此为中亚绿洲丝绸之路经济带的中国国内段的天山北道，也即现今的发展迅速的天山北经济带。其国际部分则由新疆博乐的阿拉山口和伊犁的霍尔果斯分为两路，或者经过南俄草原的铁路一直通向欧洲，或者经由哈萨克斯坦南部的阿拉木图、西姆肯特向西北越过中亚"干草原"，一路通向欧洲。这里有铁路，也有正在由中国工人修筑的高速公路，也就是未来的亚欧高速"双西公路"。从这里也可以通过铁路连接里海周边的乌兹别克斯坦、土库曼斯坦与西亚、小亚地区，经过伊斯坦布尔海峡进入欧洲。由哈萨克斯坦南部进入乌、土的一段，也就是中亚输气管道的来路。

　　南下南疆，以库尔勒为中转，进入中国天山南道经济带，经过库车即古代有名的龟兹，以阿克苏和南疆重镇喀什地区为边境辐射节点，向西连接吉尔吉斯斯坦和乌兹别克斯坦的铁路。目前由中乌合作施工的安帕铁路隧道正在贯通。安帕铁路修通以后，走向西亚、小亚和地中海沿岸的道路基本连通，中亚、西亚方向现代丝路就有了初型。

由喀什南经塔什库尔干的著名的红其拉甫山口进入喀喇昆仑公路，就是人们熟知的中巴经济走廊。在这里实现和巴基斯坦南亚次大陆的经济连接。这里的地理走廊不只一条，如著名的瓦罕走廊连接着阿富汗，附近就是历史上有名的古代"大勃律"、"小勃律"地区，也就是古代俗称的"大头痛"、"小头痛"地区，盖因海拔高而空气稀薄而称之。古代的"摩揭陀"在这里，法显、玄奘"西天取经"，也必经这里。与中国文化对接的由古希腊、古印度文化包括世界宗教文化各种元素融汇一起的犍陀罗风格艺术出现在这里，这自然是丝绸之路的重要走廊。

在张骞的时代，中巴交通走廊已经开通，并在隋唐盛极一时。张骞从月氏北走的方向去中亚，沿着塔里木盆地南缘的丝路南道归来，是迫不得已，因为那时的匈奴游骑已经在月氏部落西迁之后遍及南北疆，他在被匈奴游骑两度羁绊后安然走脱，一路辗转西行走了一个大大的C字形，完成"通西域"的尽天之功。他的西域之行路线，成为后来的模版，也成就了丝绸之路的最早的经济文化交流线。及之后来，南道未废而天山南北道大开，丝绸之路在中国国内的网络进一步完善，形成网络状的丝路系统。当然，中国内地从陕甘地区的宝鸡、平凉，又分出关中天水道和平凉萧关道，前者陇海铁路所行，后者是中国著名记者范长江走过的老西兰公路。这其中有个规律，就是凡有石窟之处，必是古丝路所经之处。因为只有商人才有这种精神需求与财力。兰州是古丝路的重要交汇点，但中心市场在彼时的凉州即武威。由此经河西走廊连接天山南北道路网并直接间接分出青藏雪域丝路干线，这两条主干线各有自身的内部循环与外部循环。但仅就天山南北道路网，其历史地缘经济价值与现在的价值预期，是难以估量的。

目前，这条中亚绿洲丝绸之路已经在全面复苏之中，并迅速延伸发展，进入一个崭新的发展时期。由几条交通线沿线辐射的中国国内和国外的微观经济带也在逐步形成。特别是 2014 年，温度剧升，快速推进。

在 2014 年 5 月，在上海"亚信会"举行前，习近平与来华参加会议的土库曼斯坦总统、吉尔吉斯斯坦总统会谈后分别发表了联合公报，再次明确中亚各国参与建设丝绸之路经济带的意向，中土、中吉双边经济合作提到新的战略高度，积极对接并推进互联互通和贸易投资便利化。在联合公报中，中国提出鼓励中方企业扩大对吉投资，实施输变电、发电、炼油与天然气项目，并促进中吉乌公路早日贯通。在"亚信会"前，习近平还与哈萨克斯坦、塔吉克斯坦、乌兹别克斯坦和阿富汗总统会谈，分别强调了丝路经济带建设。哈萨克总统纳扎尔巴耶夫还接受了中国民间组织颁发的"丝绸之路和平奖"。在两国发表的联合公报中宣布启动"丝绸之路国家电影节"。纳扎尔巴耶夫是有 22 年历史的"亚信会"的首倡者，获得"丝绸之路和平奖"理所应当，而这个新奖项的设立，也昭示了中国和中亚国家在中亚绿洲丝绸之路经济带建设上的共识，要在互信合作的和平环境中寻求共同发展复兴之路。在 9 月上合组织元首理事会上，上合组织各国不仅进一步明确中亚绿洲丝绸之路的经济走廊建设的走向，也确认了中蒙俄经济走廊与草原丝路的经济对接。

对于源远流长的中亚绿洲丝绸之路来讲，中亚是丝路贸易的参与者与丝路贸易的历史性共同开创者。中亚是古代民族迁徙的十字路口。中国西汉时代西迁的古月氏民族和希罗多德记录的斯基泰人及辗转南迁的塞人族群，以及中国隋唐时期散居在中亚河中地区的粟特人，是丝绸之路商业链条上最重要的历史商业群体。有了这些历史商业群体，丝绸贸易才能远行，丝绸之路才能形成。他们的贸易才能和商业名声并不亚于地中海贸易时代的腓尼基商人、迦太基商人和希腊人以及罗马时代的威尼斯商人以及后来的阿拉伯商人。如果没有他们的中转与出色的经营，纵有丝绸，行而未远，丝绸之路也就很难成为古代经济文化与技术交流集大成的丝绸贸易之路。

在现代中亚绿洲丝绸之路经济带上，中亚五国仍然是承前启后的重要环节。曾经作为苏联加盟共和国的中亚五国，正在成长为一个新兴的"欧亚经济联盟"经济圈。中亚五国以丰富的自然资源为依托，经济增长迅速，基础设施建设的需求和个人消费的需求势头高涨。中亚五国已经度过了1991年独立后的调整时期，进入国家建设的新时期。支撑中亚国家经济发展的主要资源是丰富的石油、天然气、稀有金属和铀矿等，土库曼斯坦的天然气排名世界第四，哈萨克斯坦的油田开发也极富前景，乌兹别克斯坦也以天然气和铀矿蕴藏量著名，吉尔吉斯斯坦与塔吉克斯坦的稀有金属和石油蕴藏同样具有很大的开发前景，与中国形成天然的资源互补性与经济互补性。

中亚的地缘优势、经济区位优势明显，北接俄罗斯，南通南亚、西亚，东临中国，西去伊朗和小亚半岛，可以说是四面来风八方通达，是继中国经济崛起形成第一经济高地之后的第二个经济高地。正如历史上中亚商人是丝路经济的传递者，他们今天也是丝路经济的发展者和传导者。中亚五国的现代经济地缘战略取向必然是东联中国，北联俄罗斯，西向西亚、小亚和欧洲，在继续完成新丝路经济带建设"中锋"新角色的过程中，快速地发展自己。事实上，这种继续开拓的新丝路经济旅程，不仅在中国和中亚五国之间开始了，西联西亚、小亚的丝路经济旅程也开始了。比如，在中国公司进入中亚基础设施建设市场的同时，地处小亚半岛的土耳其的建筑公司也以23亿美元的标的承建阿什哈巴德的国际机场。中亚国家经济与中国经济发展关联度高，与毗邻的阿富汗、伊朗和海湾地区国家关联度也很高。中亚地区是现代丝路的千里经济长廊，不论是西向地中海，还是西进欧洲，中亚都是陆地上的最大门户，走出这个门户，也就成就了亚欧大陆国际新丝路的经济合作大事业。诚然，这个经济大事业包罗的元素今非昔比，也不会像古丝路时代的自然状态和线性曲折状态，会在现代经济交流合作的棋盘上，出现新的整合效应。历史的规律也表明，一旦亚欧地区互联互通的格局形成，丝绸之路作为其中的发展轴线，必然要把亚欧的经济发展紧密联系起来，形成一个拥有 30 亿人口的超级经济区。在中亚丝绸之路经济带上，有大大小小的经济体和经济实力强大的欧盟，在贸易、投资和经济合作的多维结构中，有各自的经济辐射扇面，也有经济圈经济体之间的互补与整合。

有活力的中亚五国

据有关统计，中亚五国 2013 年经济平均增长速度为 8.4%。其中哈萨克斯坦经济总量最大，为 2280 亿美元，增速为 6%；乌兹别克斯坦经济总量 567 亿美元，增速为 8%；土库曼斯坦经济总量为 411.42 亿美元，增速 10.2%；塔吉克斯坦经济总量 85 亿美元，增速 7.4%；吉尔吉斯斯坦经济总量为 72.26 亿美元，增速 10.5%。中亚五国开始跳出经济起跑线，较快发展的要求强烈。在人均 GDP 方面追赶其他发展中国家的脚步也迈得很大，哈萨克斯坦 2013 年人均 GDP1.3 万美元，已经初具发达国家人均 GDP 的水平，但各国发展不平衡。石油天然气资源相对开发不足的塔吉克斯坦人均 GDP 为 1000 美元，需要进一步实施产业振兴计划。

近年来，中国与中亚五国双边经贸合作发展迅速，自 1992 年中国与中亚五国集中建交以来，贸易总额由 4.6 亿美元提升到 2008 年的 308 亿美元，其中中哈贸易额占大头，由 3.68 亿美元升为 250 亿美元，20 年里增长 70 倍。哈萨克斯坦已经探明的石油储量高达 300 亿桶，天然气储量超过 2 亿立方米，油气出口排在世界第十位。该国钨、铜、铅、锌、钼储量均居亚洲第一位，铀矿蕴藏量世界第二，资源出口占其工业产值 60%，是其 GDP 增幅一路走高的重要原因。受美国次贷危机和欧洲债务危机的影响，哈萨克斯坦 2009 年国际贸易额有所回落，但 2012 年又达到 460 亿美元。其中，中哈贸易规模是 290 亿美元，近中期目标是 400 亿美元，仅次于哈与欧盟的 500 亿美元。欧美对哈也很重视，美对哈投资 300 亿美元，欧盟对哈投资 400 亿美元。中哈贸易要达到 400 亿美元的贸易目标，不只是靠油气贸易，还要在其他产业方面加强全方位合作。

哈萨克斯坦总统纳扎尔巴耶夫在参加 2014 "亚信会"时接受媒体采访说，中哈两国企业已经计划共同建设全流程产业链。在哈萨克斯坦看来，一头是发达的欧洲，一头是包括中亚在内的亚洲，彼此紧密合作，才能更好地发展。目前，中哈经济合作不仅是在基础设施和石油天然气领域，比如中国收购了被认为是哈 40 年来发现的最大油田卡沙甘油田的 8.33% 的股份，在农业、旅游合作方面也有很大空间，双方都拥有丰富的自然与人文旅游资源，在中亚与中国丝路网联合申遗成功后，跨国丝路旅游将会成为新的热点。重要的还有，中亚和中国的西部地区都是可再生能源宝库，开发利用风能、太阳能、生物质能的技术和资金优势结合，将会在丝绸之路上形成最大的可再生能源产业群。

哈萨克斯坦 2013 年外贸总额 1300 亿美元，其中与中国的贸易额为 225 亿美元，占近五分之一。他们特别看好中哈连云港物流项目，认为是中亚五国的共同国际贸易平台。他们对中哈共同建设的从中国西部经阿拉木图、西姆肯特走向欧洲的高速公路更加关注，甚至提议把"丝绸之路复兴计划"总部设在阿斯塔纳或阿拉木图。在中国，已经设市的"百年口岸"霍尔果斯，设立了面积为 5.28 平方公里的中哈霍尔果斯国际边境合作中心，按照"境内关外"模式管理，是上合组织框架下区域合作示范区，也是创新边贸合作机制的试验区，货物进入区内视同出口，实行退税购物还享有一定额度的免税。有名的义乌国际商城已经落户区内。中哈霍尔果斯国际边境合作中心还是中国首个陆地口岸"关外"离岸人民币金融创新试点区，区内银行可以直接到境外融资放贷，区内中外企业可以在境外直接融资，为中国与中亚国家本外币交易结算创造了基础条件。霍尔果斯也是亚欧未来高速公路与高铁主要接口。

中国是土库曼斯坦最大的贸易伙伴。中国与土库曼斯坦以能源合作

175

为先导，区域全面经济伙伴关系在深化。土库曼斯坦是中亚最大的产气国，必须寻找相对便捷的出口，土库曼斯坦"复兴1号气田"一期工程竣工，探明储量4万亿~6万亿立方米，这在不缺少能源的中亚国家是难以消化的。中国需要天然气，欧洲国家也把目光投向这里。中哈、中土通向里海的油气管道，2013年的原油运输量为1300万吨，很快会达到每年2000万吨。到2013年9月累计输油6000万吨。土库曼斯坦是中国的重要天然气供气国，2007年开始合作，截至2013年8月，累计输气600亿立方米。总长1830公里的二期工程即C线已经开始供气，连接中国的西气东输工程A、B、C线，已经成为中国西部国际天然气能源动脉，2015年完全建成之后，年输气量可达550亿立方米。届时可满足中国23%的天然气消费需求，并使中国天然气消费在一次能源结构中的比例由6%提升到8%。

在乌兹别克斯坦，除了少量天然气进入土、哈输气管，双方合作更多的是天然气加工、页岩气开发和再生能源领域。乌兹别克斯坦能源储量也在增长。2012年乌兹别克斯坦总统卡里莫夫访华期间，两国元首签署《中乌建立战略伙伴关系的联合声明》，2013年又签署《中乌友好合作条约》，两国积极拓展经贸合作，中乌双边贸易由建交初的5000万美元增至2013年的45.32亿美元。中国从乌兹别克斯坦进口棉花、化工产品、油气资源、塑料和皮革，中国向乌出口机械、电子设备和交通工具等，中国对乌投资超50亿美元，中国是乌第一大投资国和第二大贸易伙伴。中兴公司在乌兹别克斯坦投资4500万美元建设"鹏盛工业园"成为中亚第一条年产10万部智能手机的生产线，园区在2012年获得32.8%的高增长。美的与长虹也签署年产30万台冰箱与50万台电视机的投资协议。乌兹别克斯坦是地区农业大国，粮棉生产有优势，与中方企业在节水灌溉、育种、农机方面开展合作。2014年上半年，乌兹别克斯坦经济增长8.1%。

塔吉克斯坦与中国紧密相邻，是通向南亚与西亚的重要路口，近年经济发展也颇有起色。中塔合作取得成果，两国贸易额在 2011 年就超过 20 亿美元。中国公司帮助塔吉克斯坦在丹加拉自由经济区建设首座 120 万吨炼油厂，建设 120 万吨水泥厂，结束了该国水泥进口的局面，热电厂和输变电项目也缓解了该国的电力紧张。目前，中国通向乌、土的第四条天然气管道即 D 线在中塔合作中顺利推进。塔吉克斯坦新发现的博赫塔尔气田也计划进入 D 线，有希望成为中亚地区又一个对华供气国。

中亚绿洲新丝绸之路将成为亚欧发展的新的传动带。近年来，随着中国西部大开发的推进，随着对外开放水平的提升，中亚丝绸之路经济带的建设已经结出第一批果实。在中亚，中国与中亚国家的贸易、投资和经济合作早已风生水起。能源领域里，中石化、中石油、中信等企业已经合作多年，通信领域里，华为、中兴也在中亚五国小有名气，基建领域里，中路桥、中铁五局也做出贡献，新疆三宝和野马集团等民营企业在跨境贸易上也颇有影响。在中亚五国，基础设施发展是其重要战略项目，公路、铁路、航空、电信、口岸建设都有很大合作空间，市政建设也给房地产业带来机会，并带来对工程机械设备、交通运输设备、建材产品的采购需求。能源设施改造也有强烈需求，中亚的电力系统已经陈旧，需要成套设备，中亚能源结构以传统能源为主，高能耗产业多，需要改造。中亚国家的棉、毛、麻、皮革原料丰富，但存在加工短板，日用消费品还要依赖进口，轻纺工业和食品工业有大的发展余地。

中亚五国人口密度不算大，总面积 4005100 平方公里，人口 6000 万，每平方公里约 15 人，因此对劳动密集型企业难以消化，生态环境系统总体薄弱，环保要求比较高，但五国国情各自有差别，即以大农业概念比较，中亚是苏联的粮仓，农产品优势地位突出，但农业技术落后，机械化程度低，灌溉效率低，在多个领域里都可以展开合作。有的如哈萨克斯坦牧业发达，乌兹别克斯坦更偏重种植业。这些都是全面经济合作中需要研究的资源结构性问题。

"此地还成要路径"

　　值得关注的是，在中国南疆，由喀什、阿克苏地区通向吉尔吉斯斯坦的公路以及连通中巴经济走廊的喀喇昆仑公路二期改造工程已陆续施工。这是古代盛极一时的丝路中道和南道。喀喇昆仑公路伸向巴基斯坦沿海西南的由中国公司出资建设的通向阿拉伯海的瓜德尔港，由这里向西经过阿曼湾或者霍尔木兹海峡的阿巴斯港。伊朗和沙特的原油可以不再绕道马六甲海峡，为中巴的能源安全提供了基本的条件。

　　中巴经济走廊的建设，是丝绸之路经济带建设的一种模式，多种模式也会在这里出现。中巴双方对修建一条连接喀什与瓜德尔港的铁路有兴趣。按照常规，这条长达 1800 公里的铁路线还要经过巴基斯坦首都伊斯兰堡和最大城市卡拉奇。如果这条铁路纳入计划，将是经过帕米尔高原和喀喇昆仑山区的最难建设的铁路之一，但如果该铁路立项，也会成为中巴共建丝绸之路经济带的一座里程碑。巴基斯坦位于陆上丝绸之路与海上丝绸之路的交汇处，也是中亚与南亚次大陆的接合部。中巴经济走廊南端的瓜德尔港水文条件优越，地缘位置独特，有开发为世界一流大港的潜力，将是中巴两国进入中东海上贸易路线的中继站，也为中亚五国及阿富汗提供了最近出海口，使陆上丝路与海上丝路相互贯通，形成既开放又闭合的丝路经济贸易的交通框架。

　　中国新疆的喀什"五口通八国，一路连亚欧"，但最大的地缘优势是通向中巴经济走廊和连接吉尔吉斯斯坦与塔吉克斯坦。喀什建立多国边民互市贸易区"广州新城",与近百家巴基斯坦和吉尔吉斯斯坦企业签署进驻协议,喀什到巴基斯坦伊斯兰堡的直航与吉尔吉斯斯坦奥什州的巴士班车开通。帕米尔高原上的塔什库尔干也建立了以旅游贸易为重点的边贸互市区。

目前,在中巴自由贸易协定谈判推动下,中巴双边贸易投资深入发展。2013 年,中巴双边贸易额为 153 亿美元。中巴经济走廊建设也带来两国在能源、基础设施和交通领域的快速进展。中巴经贸合作已经进入快速上升通道。在 FTA 正式实施后双边贸易将快速提升。鉴于巴基斯坦在双边贸易中处于赤字状态,巴政府和企业界正在致力于提升对华出口,改善自身贸易平衡。双边投资也充满机遇。巴基斯坦虽然并不针对特定国家制定单独的优惠政策,但所有外来投资者在巴基斯坦享受平等政策优惠,同时也享受与国内投资者同等的国民投资待遇。巴基斯坦石油天然气蕴藏不多,但却是全球页岩气储量较大的国家之一,有丰富的水资源和太阳能资源,也是世界上较大的产棉国,是小麦、玉米主要产出国。巨大的可再生能源和农业潜力为中巴经济合作的可持续提供了基础性条件。

中巴经济走廊对巴基斯坦经济发展的意义十分重大。当前巴基斯坦国内能源短缺是制约巴工业发展的瓶颈,瓜德尔港的建设为中国的能源安全创造了条件,也为巴基斯坦能源供给创造了条件。中巴经济走廊可以带动一系列投资活动,会使巴基斯坦经济发展发生巨大变化。2014 年中,巴基斯坦发布 2013—2014 年经济表现报告,经济增速 4.14%。外汇储备保持稳定,物价基本稳定,时隔 7 年后重返国际债券市场,2014 年发行主权债券从原计划 5 亿美元突破到 20 亿美元。巴基斯坦是资本短缺国家,对外商投资需求旺盛,将中巴经济走廊建设看作是经济振兴重要工程。总体规划完成,喀喇昆仑公路雷克特至伊斯兰堡段、卡拉奇到拉哈尔高速公路、卡拉奇铁路、瓜德尔港高速陆续开工，将会促进巴基斯坦潜力巨大的转口贸易，据世行评估，这些设施建成后可使巴 GDP 增速升至 5%。

中巴经济走廊还会对丝绸之路经济带建设视野的扩大有着前瞻意义。不仅是连接阿拉伯海，进入地中海，进入北非、南欧和西欧，也连接着与巴基斯坦毗邻的阿富汗。阿富汗是古丝绸之路的核心地区，是中亚与南亚的交界地带。阿富汗是内陆国，巴基斯坦则是海上丝绸之路亚洲沿途国家。巴基斯坦与阿富汗有 2600 公里的边界，边贸活动频繁，因此，中巴经济走廊建设将会直接和间接地从正面影响到阿富汗的经济发展。巴阿传统的经济往来与"一带一路"有着直接间接的联动关系，巴阿经济合作既可造福阿富汗经济，又可提升巴阿经济合作水平。据阿富汗商贸与工业协会统计，2013 年阿富汗出口额达 5.24 亿美元，较 2012 年增长 33%，数额虽然小，但增幅很大，预示着经济开始发展。阿富汗新的发展势头得益于巴阿过境贸易机制和运输基础设施的相对改善。日渐活跃的巴阿贸易成为拉动阿富汗产品出口和经济发展的重要的驱动力。在地缘上，巴基斯坦南部 1000 公里的海岸线是内陆国家阿富汗的最近出海口，阿富汗则是盛产原油的中亚国家到巴基斯坦的最短陆路通道，巴阿国家对能源和海外市场的共同需求，进一步凸显了两国彼此互联互通的重要经济战略意义。在宗教文化上，两国均为伊斯兰国家且边界地区都属普什图族文化圈。在经济上既有相似性，又有不同的发展水平，互补性强。阿富汗经济发展水平适宜承接巴基斯坦产业，利于两国经济资源优化配置。

在美军撤离阿富汗之前，美国地质学家在苏联对阿富汗矿藏勘探的基础上，进行了磁力和重力研究，表明阿富汗至少有 22 亿吨铁矿和大量石油天然气，还有价值 3 万亿美元的稀土矿等。2013 年以来，随着美军逐步撤离阿富汗，巴基斯坦积极调整对阿政策，阿富汗也认识到必须依靠自身的地缘联系和资源禀赋发展经济并完成战后经济过渡，在经济政策上出现回归区域经济合作的动向。巴阿双方就进一步扩大边贸规模达成共识，制定了从目前的24亿美元的规模提高到50亿美元规模的目标，巴方还提出修建从白沙瓦至贾拉拉巴德的新公路计划，以及巴阿边境铁路的设想。两国边贸物流主要依靠开伯尔地区跨境公路，但运能严重不足。巴阿两国也有意邀请中国企业参与巴阿两国基础设施建设，这既是中巴经济走廊北部建设包括水电建设的多视角延伸，也能最大限度整合丝绸之路经济带的交通资源。瓦罕走廊毕竟是连接中阿的传统交通走廊，也是通向西向西亚和中东南向经济走廊的"陆上桥梁"。目前，道路交通艰难还是阿富汗经济发展的最大瓶颈，从阿富汗首都喀布尔向北，只有一条长达450公里的公路，穿越巨大的兴都库什山的萨朗山口，到达经济相对平稳发展的马里沙里夫，而马里沙里夫也仅有一条长达75公里的铁路通向乌兹别克斯坦。这是目前唯一可以与拟建中的中吉乌铁路相连接的运输途径。从陆上丝绸之路总体结构上看，阿富汗是承东启西、由北转南丝路交通核心区，北有通向乌兹别克斯坦的萨朗山口，南有连接巴基斯坦的开伯尔山口，东有与中国交界的瓦罕走廊，西去丝路名城赫拉特与西亚相连。从"一带一路"长远发展看，"此地还成要路径"。

对于阿富汗这个对古丝绸之路做过特别贡献，但近代以来常处多事之秋的国家，人们怀着敬意，也怀着同情。因为它同中亚国家都处在亚洲的中心区域或者说是心脏地带，历来是当年英帝国和沙俄帝国的角逐之地。这种角逐的延续在20世纪达到高峰，先是前苏联军队入侵，后来是塔利班和基地组织的恐怖主义占据与割据，然后就是美军的进入。美军撤离，并不意味着阿富汗的战略价值降低了，阿富汗人一方面可以按照自己的意愿调整已经满目疮痍的经济，开始探索经济发展之路，一面也还在自身的谋划中寻找新的定位。美国在撤出作战部队之前，已经修了许多战略公路，主要的设想无非是借助一条另类"丝路"，南北掌控，东西相拒。从"反恐"角度讲有道理，但除了难以言明的原因，还有将阿富汗变成交通枢纽的计划。据亚行估计，阿富汗仅在公路与电力传输方面就需要20亿美元的资金，在管道、铁路等基础设施方面的资金需求更多。中国在阿富汗的铜矿和石油领域已有较多投资，在管道、铁路等基础设施方面合作的余地还很大。

阿富汗在丝路的历史上原本就是交通十字路口，被塔利班炸毁的巴米扬大佛和西部丝路名城赫拉特就是无言的证明。但美国的有关交通枢纽计划似乎和俄罗斯与中亚五国发起的"欧亚经济联盟"的一个铁路设想冲突，该设想大体是从俄罗斯南部草原地带，南下哈萨克斯坦、吉尔吉斯斯坦、塔吉克斯坦、乌兹别克斯坦，到阿富汗、土库曼斯坦、伊朗波斯湾，总体也是南北走向。这个计划2013年中提出，但也只在俄、哈、乌、塔四国运输会上讨论过，还没有实际方案，主要的障碍是南北走向横穿千里西天山所产生的投资是天文数字。

中巴经济走廊其实是丝绸之路经济带的向南延伸，在历史上，这里是广义丝路，以佛教文化为代表的东西宗教文化在这里交汇交流，形成了影响深远的"犍陀罗"文化传播链，影响到整个东亚地区，并且顺着海上丝路的多个路线向东向南一路发散，影响力遍及整个东方世界。在世界文明史上，印度河流域是世界四大原生文明诞生地之一，在印巴分治之前和印巴分治之后，这里都是南亚的一个重要文化核心区，有着巨大的文明复兴的历史动力，也有着在丝绸之路上共同发展的预期。

中巴经济走廊对中国来讲，是一条保障自身能源安全的最直接的进出口通道，这是毫无疑义的。但是，仅仅从中国自身发展来看，是低估了这条新丝绸之路带的意义。对于中亚五国来讲，身居内陆，缺少比较直接的出海通道，不能够货畅其流。对巴基斯坦本身的发展来讲，也受到能源制约，一港利各方，这正是丝绸之路经济合作的新特征。目前，中巴经济走廊主要在基础设施建设上打基础，包括瓜德尔国际大港、瓜德尔国际机场，包括喀喇昆仑二期公路，也包括与巴基斯坦北部贫困地区发展密切相关的水电利用开发。电力短缺是制约巴经济发展的重要因素，但巴基斯坦拥有超过5000万千瓦的水电资源，投资与开发的空间很大。这都是丝绸之路经济带上的标志性的经济合作工程。可以想见，在中巴经济合作发展到一定阶段，也会有输油输气管道以及被称之为大陆桥的铁路出现在走廊里，造福沿线各国各地区各民族的人民。

关于中巴经济走廊周边国家地区的互联互通，巴阿之间还有几个拟议方案，如让铁路通过阿富汗直抵卡拉奇与瓜德尔港，这就涉及瓦罕走廊。其实，从未来看，瓦罕走廊未必不是一种选择。瓦罕走廊是中阿唯一的交界地区。在阿富汗一侧，走廊分为东西两部分，分别为东瓦罕、西瓦罕或上瓦罕、下瓦罕。西瓦罕包括潘贾河谷，处于古丝绸之路南道的咽喉地带；东瓦罕包括瓦罕河、帕米尔河，最东端就是帕米尔山结。从那里往东，海拔4287米的塔格尔曼山口就是中国一侧的瓦罕走廊了。据曾随美军参加阿富汗战争的美籍华人邱永峥和郝洲在《跟着美军上战场》中转引，曾经参加20世纪70年代中阿边界勘测的阿明先生回忆，有两千年交通史的瓦罕通道早已荒废，分散居住在走廊40多个村庄的7000个塔吉克瓦罕人，出行基本靠毛驴。但是，给邱永峥和郝洲印象最深刻的是，离瓦罕走廊不远的阿富汗的巴达赫商首府法扎巴德，有一条高等级公路，双向两车道。这条105公里长的高等级公路是美国国际开发署出资修建的，主要是军用，但随着美军宣布撤出阿富汗，这条公路终归要转为更多的用途。因此，翻越瓦罕走廊，前面还有坦途。对于4287米的山口来说，其实也算不上不可逾越的天险，饱受战乱的阿富汗终究要回归发展，虽然这里还有许多不确定因素，但假以时日，瓦罕走廊还会成为丝路的要津。在丝绸之路的历史上，这里同巴控克什米尔地区的吉尔吉特地区，即当年玄奘、法显翻越的"大勃律"、"小勃律"，位于乔戈里峰南坡，一山之隔。

　　中阿关系目前也在正常的轨道上发展，阿富汗新当选的总统阿什拉夫·加尼首次出访就到中国，其目标是邀请中国加入阿富汗和平进程，并吸引中国投资。加尼访华是在最后一名英国军人撤出阿富汗之后进行的，美军也将在 2016 年大部撤离，阿富汗的和平安全提上日程。中国从 2001 年以来已经向阿富汗提供 2.5 亿美元的援助，在 2017 年前还将提供 3.27 亿美元的援助。加尼访华期间，在北京举行了阿富汗问题"伊斯坦布尔进程"部长级会议，国际社会对中国确保阿富汗稳定发挥越来越大的作用表示欢迎，美国与北约也有在阿富汗加强多边合作的意愿。丝绸之路经济带建设无疑给阿富汗带来新的发展机遇，阿富汗政府和加尼总统表示积极参与丝绸之路经济带建设，将会在建设连接西亚的跨国铁路实现互联互通方面起到重要作用。

丝绸之路经济带的几个台地

　　沿丝绸之路，中亚西向北上有里海、黑海沿岸国家，有伊朗、土耳其、阿塞拜疆、亚美尼亚、保加利亚、罗马尼亚、塞尔维亚等巴尔干国家和乌克兰、波兰、匈牙利、斯洛伐克、捷克等东欧国家。如果把中国西部看作中亚丝路经济带第一个台地，中亚五国是第二个台地，西亚和里海、黑海沿岸国家是第三个台地，东中欧国家是第四个台地，北欧、西欧则是第五个台地，也是当代丝绸之路经济带的最终目的地。

　　在丝路经济带的第三个台地，即伊朗、伊拉克、叙利亚、土耳其、格鲁吉亚、亚美尼亚、黎巴嫩、约旦、巴勒斯坦、塞浦路斯、以色列、沙特阿拉伯、科威特、卡塔尔、阿联酋、阿曼、也门、巴林等组成的西亚和地中海国家，是一个重要的世界。伊拉克目前又进入恐怖主义"伊斯兰—黎凡特国"袭击的混乱期，但多事的中东终要归于宁静，丝绸之路经济带的建设与发展是未来必然的选择。伊朗是西亚文明古国，公元前 6 世纪的波斯帝国盛极一时，面积 163.6 万平方公里，人口 6648 万，是人口超过 6000 万的西亚大国。伊朗是世界第四大石油生产国，欧佩克第二大石油输出国。工业以石油开采为主，工业原料配件依赖进口。交通运输以公路为主，进出口 80% 依靠海运。伊朗素有"亚欧陆桥"和"东西方空中走廊"之称，在丝绸之路上具有重要区位战略性，是中亚绿洲丝绸之路的商业目的地和转口地区。特别是东部呼罗珊地区和中部伊斯法罕，是古丝绸之路的重要节点地区，对丝路的复兴和丝绸之路经济带建设具有重大意义。中国目前是伊朗的最大贸易伙伴，伊朗也是中国第三大原油供应国，占中国原油进口 12%。2013 年，中伊双边贸易额为 395.4 亿美元。在中亚绿洲丝绸之路复兴也即新的丝绸之路经济带发育的初始阶段，中国与中亚五国、巴基斯坦以及伊朗等海湾国家，处于未来一线合作的核心地带，这应当是优先发展区域全面经济伙伴关系的潜在重心。这既与中国沿边全方位开放的经济发展走向相契合，也与经济一体化区域化的走向密切相关。1999 年，笔者曾到伊朗访问，路经当年丝绸之路的重镇伊斯法罕，站在著名的三十三孔桥桥头上，丝路复兴的感受更强烈。在 2000 年前，中伊之间的经济文化流在三十三孔桥头交汇过，未来也必然会在这里继续交汇，这是经济的力量，发展的力量。伊朗近年经济社会有新变化，公共基础设施开始改善，除了首都德黑兰，大不里士、伊斯法罕等城市也在修建地铁。2013 年，人均 GDP 从 1993 年的 4400 美元上升到 13200 美元。

西亚地区的小亚半岛是另一个重要的发展中大国土耳其，面积近 80 万平方公里，人口近 7800 万。土耳其地跨亚欧两洲，公元前 19 世纪就出现城邦，前 17 世纪建立统一的赫梯王国，前 14 世纪成为帝国，是世界上最早出现铁器的地区。前 12 世纪赫梯王国崩溃，希腊人约于前 10 世纪进入，并发生已被考古证实的特洛伊战争。前 6 世纪为波斯帝国拥有，公元前 2 世纪至公元 7 世纪又先后为罗马帝国和东罗马帝国统治，史称拜占庭帝国即中国史书上的拂菻。这是东西罗马与中国汉唐之间形成丝路著名国际贸易路线的极盛时期。14 世纪，奥斯曼帝国曾经建立环地中海的地跨亚欧非三洲控制范围内约 2000 万平方公里的大帝国，16 世纪开始衰落，一战战败后瓦解。1923 年建立土耳其共和国并于 1924 年废除奥斯曼哈里发制。土耳其是一个奉行多边主义外交的国家，虽然是北约成员，但并不只有亲美，经济发展比较迅速。据土方统计，中土双边贸易额从 2000 年的 16 亿美元上升到 2013 的 280 亿美元，13 年增长 17 倍。中国已成为土耳其的第三大贸易伙伴。土耳其是古丝绸之路的环地中海的目的地，也是古丝路向欧洲延伸的中枢地区，是在丝绸之路经济带建设中由亚入欧的重要的陆海大通道之一。土耳其经济部副部长阿德南在参加"中国—亚欧博览会"时讲，建设丝绸之路经济带是一项宏伟工程，将给土耳其和中国的经贸发展、人文交流带来独特机会，不仅推动投资，还将促进思想、理念交流。2013 年 10 月 29 日，世界第一条连接欧洲与亚洲的海底铁路隧道马尔马雷隧道穿越伊斯坦布尔海峡，实现了土耳其的百年梦想，这同时也是丝绸之路交通史划时代的大事情。隧道全长 13.6 公里，其中跨海部分 1.4 公里，造价 41 亿美元。位于海床下 4.6 米，深度在海平面下 60 米，为世界之最。马尔马雷隧道之所以说是土耳其的百年梦想，是因为该计划 1860 年由奥斯曼苏丹阿卜杜勒·马吉德提出设想，但技术条件不成熟，终未实现，2005 年一度开工，又因考古发现而延缓。隧道的配套项目还有伊斯坦布尔第三机场、第三座跨洲大桥和一条运河，直接目标是缓解伊斯坦布尔交通，但对丝绸之路的再次通畅，意义是非凡的。

　　与土耳其隔地中海相望的是扼亚欧海上通道苏伊士运河的另一个文明古国埃及。埃及虽然时局艰难，但正常的贸易投资并未停顿。2013 年前 11 个月，中埃双边贸易额 92.6 亿美元，同比增长 10%。中埃经济合作时间较早，也启动了一些大的项目。中石化收购美国阿帕奇石油公司在埃的股份，由中埃继续合作经营，中国的民营企业新希望集团也在埃及设立饲料公司。中埃苏伊士经贸合作区占地 6 平方公里。埃及南邻苏丹与南苏丹、埃塞俄比亚和索马里等非洲国家，在苏伊士运河尚未开通之前，与西亚陆路相连，与海湾国家也是近邻，是古代陆上丝绸之路的又一个终端地区。长约 162 公里的苏伊士运河在 1896 年开通以后，英伦到孟买的交通缩短三分之二。苏伊士运河一度由英国以 400 万英镑的出价控制44%的股份，20世纪国有化。目前埃及宣布在其东侧开凿一条72公里长的新运河。其中37公里拓宽旧河道，通航等待时间从11个小时缩为3小时，日均过船数量由23艘增加到97艘。苏伊士运河收入、外国直接投资和旅游并称埃及经济的"三驾马车"，新运河建成后，政府收入可从50亿美元升至130亿美元。埃及还推出了"苏伊士运河发展计划"，包括在红海周边的苏伊士、伊斯美利亚、南西奈建设港口和国际机场，以及兴建"科技峡谷"新型工业区。苏伊士运河是陆上丝绸之路与海上丝绸之路的交叉点，在北非地区铁路交通设施进一步完善以后，埃及还会成为连接东非与北非国家的海陆交通门户，再次发挥西亚、地中海与非洲互联互通的重要作用。

在第四个台地上，是一个发展中地区，有较发达的中欧国家，也有发展中国家。自然资源相对缺乏，但教育水平较高，有的国家加入欧盟，有的未加入，是欧洲核心区的边缘地区。许多东欧国家在经过美欧经济危机震荡之后缓慢复苏，具有发展势差上的发展潜力。以罗马尼亚为例，2008年国际金融危机爆发，给罗马尼亚经济连续8年的高增长的势态蒙上阴影，2009年开始结构调整，2010年再次受到欧债危机的影响，经济增速再度下滑，经过再次调整，2013年经济增速达到3.5%，成为欧盟范围里经济发展最快的国家，2014年经济增速达4.5%。吸引外资也有起色，2013年达5.7亿欧元。中国已经成为罗马尼亚第二大进口来源国，占比16%，中国也是罗马尼亚在欧盟以外的第七出口国。东欧国家贸易投资需求越来越强烈，是丝路经济带的最有潜力的地方。特别是保加利亚、乌克兰、匈牙利、捷克与斯洛伐克等，在20世纪90年代就与中国发生密切的经济贸易往来。就连乌克兰新政府在处理对俄关系的困局中也不忘加强对华关系，明确表示，乌克兰此前已明确的承诺，将恪守双方签署的所有文件，落实已有的合作项目，并希望把两国的合作推向更高水平。匈牙利与中国的经济文化联系更悠久，推动出口是其重要经济增长来源。据世界银行在《全球经济展望报告》最新预测，匈牙利2014年增长2.4%，中欧东欧国家在2014年和2015年将增长1.7%和2.7%，势头看好。

东欧许多国家居民的成分里，有不少亚洲历史游牧部族的后裔，对亚洲文化并不完全隔膜。比如保加利亚的保加尔人、匈牙利的马扎尔人，还有芬兰居民，他们的民族成分里多少与中国北部历史上的丁零部族文化有关联，这都是丝绸之路经济带建设的有利文化因素。2014年，中国副总理张高丽出席第二次中国—中东欧国家地方领导人会议，会见了东道主捷克总统泽曼与总理索博特卡，双方表示加快机械制造、新能源、汽车、医疗、旅游、交通、科技合作，推动"16加1"合作，进而推动欧盟国家同中国合作深入发展。"16加1"是"增长伙伴关系"，重点促进互联互通，共同推进丝绸之路经济带建设。目前，"中捷先进技术产业园"落户四川，引进捷克"烟气集成净化技术"，以涂料方式分解有机污染物，实现工业污染物超低排放。

在第五个台地的前沿，是与东欧毗邻的中欧国家，随着经济回暖，经济进入抬升期。奥地利2014年经济增速预计为1.6%，2015年有望维持在1.9%，奥地利经济总体处于复苏的轨道上，这个蓝色多瑙河上的音乐之国不仅与中国在艺术上联系紧密，经济上也会走上持续合作发展的道路。在第五台地的核心地带是经济发达的欧盟国家。包括德国、丹麦、瑞典、芬兰等北欧国，英国、法国、荷兰、比利时、西班牙、葡萄牙等西欧国家，还有意大利、希腊等南欧国家。这里也有非欧盟国家如瑞士、冰岛，他们已经正式与中国签订了自由贸易协定。

欧盟是世界上有影响的大经济联合体，其中，德国是世界第四大经济体，英、法分别为第五、第六。欧盟国家业已形成的经济技术优势和高新产业优势将是推动丝绸之路经济带发展的不可或缺的重要动力。由于这些国家在近代以来对华贸易主要走海路，在丝绸之路经济带还没有完全建成之前，他们的情况可以更多地从海上丝路中去观察。但是，人们也可以从丝路经济带的第五台地向东回望：从中国至中亚一路走来的中亚绿洲丝绸之路经济带，明白地显示了丝绸之路经济带的经济地缘发展逻辑，可以看到一条"天设地造"的从古至今的经济的连接线。这条连接线不是谁来虚构的，是两个世纪前被欧洲学者发现，被中欧人普遍认可，顽强地存在，顽强地复苏，并在世界经济一体化区域化的浪潮里重新出现生命力。

这条经济带是古老的，也是现代的，是历史时空里的人类文明的一条经济动脉，也会继续成为现实时空里世界文明发展的一条经济动脉。这条经济动脉对亚欧来讲，不是唯一的，却是不可替代的。在这条丝绸之路经济带上，人口几乎占了世界人口的一半，其核心地带的面积也占亚欧大陆的60%还要多。这条经济带的国家和地区在经济结构上有巨大的经济互补性，一边集中了世界的发达国家，一边是世界上的最大发展中国家，中间还有发展水平不一的强烈要求发展的国家，推动发展的势能与势差明显，各个国家和地区资源禀赋也不同，能在更大市场空间合理利用和配置资源。这条经济带各民族文化不同、宗教信仰不同、教育水平不同、社会治理结构不同，甚至在价值观念上也有差异，但正如《马可·波罗》的作者贝尔格林所言，并不妨碍一起做生意，一起去投资。

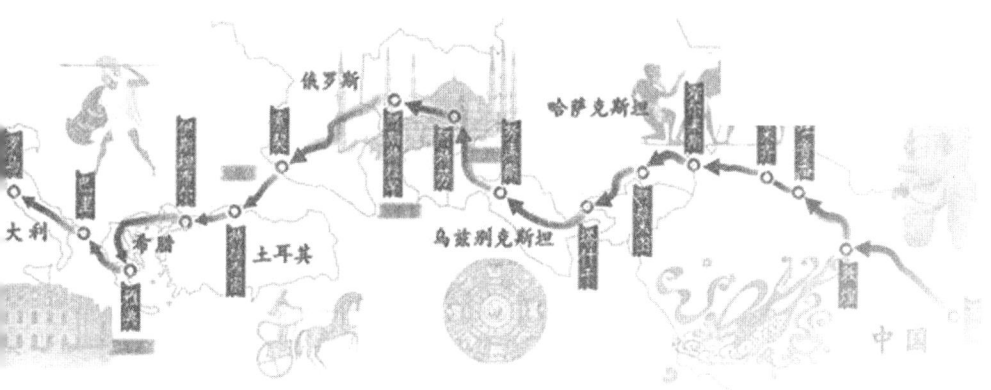

草原丝路与西南丝路

草原丝路的历史宽度

　　草原丝绸之路的名称与概念是从 20 世纪末开始出现的，媒体上热闹一阵，旋即有些淡化。这是一条以北京为主中心，向西、向北、向东北亚辐射的丝绸之路经济带。人们记得，1990 年，联合国教科文组织的 30 多名专家学者与有关人士，在对海上丝绸之路与内陆丝绸之路进行考察的同时，重点考察了北方草原丝绸之路，草原丝绸之路开始进入人们的视野。

　　在中国，草原丝绸之路没有汉唐绿洲丝绸之路出名，在草原丝路所在的北方国家里，也是一个新概念。但它也许比汉唐绿洲丝绸之路更古老，也同样重要。甚至在一些历史时段里，草原丝绸之路大有替代和连接汉唐绿洲丝绸之路的情况。至少在宋、元、明、清时代，草原丝绸之路在事实上已经成为东亚与中亚、西亚和欧洲经济文化交流的主要通道。说它更古老，是因为在这条历史的通道上，历史悠久、持续时间颇长的北方草原民族的迁徙，不断地在这里发生。草原丝绸之路东西向的民族迁徙同中亚地区的南北向迁徙通道形成了巨大的十字，成为亚欧历史的独特风景线。田野考古与文献考察也能佐证，比如分布在阴山、贺兰山、阿尔泰山一线的岩画与鹿石，比如希罗多德对斯基泰人在阿尔泰山附近存在过的记载，甚至中国《山海经》对"一目人"的图腾描述，希腊神话中对"人头马"、"金羊毛"的传说等，无一不是同一个指向。在历史上，你可以把这条路称之为貂皮之路，也可以把它叫作人参之路，或者渔猎游牧之路，但这只是地广人稀的草原乃至森林的地表特征对丝路贸易表达的具体的形态，是一个枝节问题。在这里，中俄蒙交界的阿尔泰山结和其东西南北，是一个深藏着亚欧人类迁徙、分离、重组、融合的无数秘密的地方，也是广义丝绸之路的另一条不为人们多所注意的特殊的重要的走廊。

从古代地理地缘来讲，这里虽然气候寒冷但地势开阔，阿尔泰山脉是东西走向，乌拉尔山脉是南北走向。在阿尔泰山脉和乌拉尔山脉之间，是草原民族曾经的生存发展舞台，他们以原始畜牧业特别是牧马业为草原民族与部族的主要经济形态，往来于亚欧之间。相对短暂的战争冲突与更为持久的和平贸易，一直是草原丝路的交响乐的主旋律。一般地讲，草原民族经济生活的单一性使他们更需要依赖于各种形式的贸易与交换。这是他们与自给自足的农业民族的显著区别和特征，也是贸易产生的内在需求动力。

草原丝绸之路究竟有多长有多宽，大体上是可以判断的。从长度上讲，设若中亚绿洲丝绸之路是一条以欧洲为目的地的浅弧线，草原丝绸之路更像是直线，因此距离要比前者短。但以西亚为目的地，则长度相差无几。从草原丝路民族国家分布的大的视野看，草原丝路同样是一条网状的丝路带，大体上由北向南排列出比较规整的三条线。

最北的一条是南西伯利亚大通道，也就是20世纪中修建成的被称为第一座亚欧大陆桥的西伯利亚大铁路沿线。对于这条线的存在，俄罗斯人不仅很知情和很关注，从20世纪80年代起，就为西伯利亚大铁路的运量不足再三筹划。但是，如何使用草原丝路的概念则有些犹疑。因为这条线上森林密布，连俄罗斯的滨海边疆区和中国东北地区也大抵如此，为什么不是森林之路而是草原之路呢？其实，森林也罢，草原也罢，在历史经济的自然形态上只是猎与牧的区别，具有庶几相近的自然经济特征。草原与森林的变化，与气候条件的垂直高度有关，历史的草原经济和森林经济同处一带，因此不是关键问题。关键是两点：一是在现代工业化体系中如何从历史的背景中去看自身所在区位；二是在世界经济一体化的浪潮冲击下，如何合理利用自身所在的区位资源，在区域经济一体化中发展自己。由于中国的发展，东北亚的经济流向已经开始发生显著变化，必然波及草原丝路经济带的北缘地区，也即西伯利亚大铁路沿线和俄罗斯远东的发展。俄罗斯的经济东进，正是在这种深刻的背景变化下的合理反映。问题是，正如俄罗斯国徽上的"双头鹰"，一头向欧洲，一头向远东，在人口密度不大而远东人口密度尤小的"第一资源"瓶颈条件下，这是一个两难的选择。需要有新的经济政策和新的人力资源流动政策。欧俄关系"钝刀子割肉"式的制裁与反制裁，一时半会儿不会完全消失，俄罗斯加快经济东进，便成为普京的最重要的考量。经济东进是不是意味着走上草原丝绸之路？那应该是一定的，即便把现代草原丝路换成另一个什么叫法，贸易包括投资与经济合作的内涵是不会改变的。丝路贸易是对历史贸易地缘走向的形象的概括，在古为今用中体现着贸易的高水平与高互惠、高便利和高自由度。丝路贸易从来也是跨国的和国际化的，是沿线各国共同拥有的，并不是中国人自己要发明的一个概念，是一种有持续历史传承有未来更大持续性的区域经济一体化的平台。上不上这个平台，有自由，上了这个平台，有更大的自由。那么，走上去，走多远，就成为一个最重要的经济战略选择。

目前，俄罗斯已经有了草原丝路的选择，有了开发远东和贝加尔地区的新的经济行动。他们计划投资 18 万亿卢布开发远东地区，还计划着把西伯利亚大铁路从远东最大不冻港符拉迪沃斯托克（海参崴）同韩国最大的海港釜山港连接起来，并加快西伯利亚石油和天然气向东向南多元输出的步伐，加强了与世界第二大经济体中国的经济联系。东西伯利亚也称通古斯地区，通古斯是一些阿尔泰语系民族的历史称呼。这里在历史上也可称为"貂皮之路"或者"人参之路",其实都是丝绸之路的另一种称呼。贝加尔地区的发展前途在丝路,远东地区的发展前途也在丝路。在丝路经济带的建设与发展中,草原丝路是能源之路、现代农业发展之路、货物贸易与服务贸易之路。中国东北和西伯利亚有丰富的水资源,勒拿河、鄂毕河与叶尼塞河三条大河流向北冰洋,是能源与未来农业发展的超级区域。中俄经贸和资源务实合作有新的巨大前景。随着2014年5月"亚信会"期间中俄贸易突飞猛进,开启了中俄经济合作新的大门,边贸和更高一级商务来往频繁。历经24载风雨的"哈尔滨国际经济贸易洽谈会"正式升级为中俄双方合办俄罗斯深度参与的中国—俄罗斯博览会。来自俄罗斯、蒙古等31个国家和地区的商务代表团与会,俄罗斯30个州区组团出席,参展企业1597家,涉及42个行业门类。2013年,俄罗斯推出《俄罗斯远东和贝加尔地区社会经济发展国家规划》,中国也将《黑龙江和内蒙古东北部地区沿边开放规划》上升为国家战略。与俄罗斯商业有着历史商业联系的黑龙江的许多地区,包括最大的边贸城市绥芬河与黑河,已经成为对俄日常贸易和投资的主要平台。由于地缘相接,黑龙江省对俄贸易占全国对俄贸易的四分之一,对俄投资的三分之一。许多内地企业家赶赴博览会,寻找贸易与投资机会。"中国—俄罗斯博览会"不仅有绿色有机食品的传统亮点,有文化产业的大量签约项目,也在较大的工业物流项目上出现新突破,如投资77.6亿元的阿穆尔—黑河油储炼化项目、大型宽体运输机项目、多用途轻型飞机项目等,都是上海"亚信会"之后的新的接续项目。在推动航天航空、核能、机械制造、跨境基础设施建设、本币互换金融等领域,有很大的协作空间。据统计,近20年来,中俄贸易增长了14倍。中国已连续4年成为俄罗斯第一大贸易伙伴。2013年中俄双边贸易额达到892.1亿美元,计划到2020年达到2000亿美元。双方贸易投资水平在稳步提升。2013年,中国对俄直接投资40.8亿,增长518.2%。据俄罗斯媒体报道,

2014年第一季度，俄罗斯从中国吸引的资金达131亿美元。目前，黑龙江省正在谋划连接亚欧东部陆海的丝绸之路经济带建设，俄罗斯也在规划西伯利亚大铁路的东南延伸。

号称第一座"亚欧大陆桥"的西伯利亚的铁路延伸至韩国釜山港的设想，是俄罗斯"远东梦"的核心内容，也为中国黑龙江省东部地区未来草原丝绸之路经济带发展注入新的活力。这是一条沿日本海西岸的跨国经济带，从中国的三江平原到绥芬河、珲春一线的"东边道"地区，将在国际经济一体化的经济合作中迎来新的经济合作契机。早在2012年，俄罗斯就主办了长、图、吉俄罗斯会议，为西伯利亚铁路的东南延伸再次做准备。这个计划需要大量资金，也需要互补互利的多国合作。这是草原丝路复兴的一个重要的内容。与西伯利亚铁路东南延伸计划相呼应，俄罗斯已经启动贝加尔—阿穆尔铁路的扩建工程。贝阿铁路的年运能是1600万吨，但设备老旧运力不足，这同样需要投入大量资金。俄罗斯专家认为，西伯利亚是能源富集地区，包括石油、天然气与煤炭。他们说，到2040年，中国对全球GDP的贡献将达28%，而欧盟的贡献率将由20%下降到11%，除了石油、天然气，也需要西伯利亚的煤炭。他们对西伯利亚发展前景有信心。2014年7月底，俄罗斯联邦远东发展部正式宣布，在远东地区建立14个经济特区，中国、韩国、日本和新西兰的企业已经签署了相关谅解备忘录。

中国黑龙江省是对俄远东地区和贝加尔地区贸易投资经济合作的第一线。从草原丝绸之路经济带的跨国结构去看，西去黑河、满洲里东到三江平原顶端的黑龙江黄金水道，其实也是草原丝路北缘与西伯利亚大铁路相得益彰的另一种水丝路形态，甚至可以说是潜力与中国长江三峡相媲美的黄金经济带的另一个候选。因为是中俄界河，目前更多地把它视作是边贸城市发展跨国贸易的水路口岸。但黑龙江两岸的开放度与大江的运能总体量相比，黑龙江的经济能量远远没有发挥出来。以旅游业为例，黑龙江旅游业发展布局说不上是大格局，主要原因是俄罗斯内部旅游目的地是滨海地区，但他们并没有估计到中国旅游流向对黑龙江两岸的经济拉动效应。国际旅游业带来的人口流动，本身就是价值无可估量的流动大市场，带来直接的经济效益、带来基础设施和房地产业的发展，也给边贸带来新的活力。世界经济一体化的基础就是市场化，是各种市场要素跨境流动合作，这是再长再宽的界河也难以抵挡的经济洪流。黑龙江沿岸也是设立自由贸易投资区的好的区位所在，相比之下，铁路设施只是连通与物流的手段。投资贸易的便利化才是推动中俄经济合作的高速高效的发展的基础条件。

诚然，互联互通是基础条件，俄罗斯在 20 世纪建成的第一座"亚欧大陆桥"，是草原丝绸之路的战略性交通设施，会在东北亚的经济整合中发挥越来越大的影响，这也是没有疑问的。从陆路交通来讲，中国的以哈尔滨为中心的四通八达的铁路网要与西伯利亚大铁路合理对接，形成互联互通的同一个跨国物流系统，而不是只有竞争关系没有紧密合作关系的相互独立系统，这既是深度经济合作的要求，也应当是建设草原丝路的题中应有之义。

白令海峡的未来

　　有意思的是，2014年5月，中国某媒体披露采访中国工程院院士王梦恕的消息，说有关工程技术专家有一项高速铁路的技术设想研究，是关于从北京经由东北地区和东西伯利亚，横跨白令海海峡抵达阿拉斯加，然后南向加拿大、美国的亚美铁路。这条铁路修起来，长达约1万3千公里，还要修通200公里长的海底隧道，隧道长是英吉利海峡隧道的两倍，但据说技术上没有问题。还说，俄罗斯工程技术人员也有这样的设想，西伯利亚大铁路不仅向南，也会向北越过白令海海峡。当然，设想真要落地，加拿大和美国是费思量的，美国花7000万美元从俄罗斯手里买到的冰雪后花园，自然会有地缘敏感，但从世界经济一体化历史走向来讲，未必就是荒唐。这其实也是草原丝路延伸的一种历史回应。

　　在大陆桥学者和"大陆桥迷"们看来，白令海峡是他们的童话和神话。因为在古大陆学里，白令海峡曾被称为典型的"大陆桥"。这座大陆桥隐藏着远古人类迁徙和美洲原住民的起源之谜。考古者也力图寻找一些线索，希望证明美洲人类先祖来自亚洲来自西伯利亚，他们是在小冰河期里走过白令海峡的勇士。对这个人类迁徙的历史猜想，无独有偶地好像有点眉目，美国《华盛顿邮报》网站2014年5月16日报道，潜水员在尤卡坦半岛的洞穴里发现1.2万年前的女孩头骨，取名纳娅，提取线粒体DNA检测，她拥有当今美洲原住民中十分普遍的标记，这个标记是史前人类中形成的，有几千年曾经孤立存在于白令海峡。

白令海峡的发现是 1725 年到 1730 年俄罗斯航海探险的一个重大成果。白令率领的探险队的第一次探险以失败告终，但第二次探险终于发现白令海峡的存在。由于冰雪封盖，这里一直是航海的禁区，当然也不是贸易者涉足的地区，但不可能永远如此。西伯利亚的四条大河也是地球上最后的水资源，如果加上俄罗斯临近的北冰洋里还蕴藏着地球最后的大约 25% 的石油和巨量的天然气，加上也许会成为地球的最后的粮仓的东西西伯利亚辽阔的腹地，这无疑是重要的资源区。也许，包括中国东北地区在内的东北亚地区，有一天会比东南亚地区还要重要。北极临近地区，无论在贸易还是其他方面，都要比南极更胜一筹。从美国的战略棋盘上看，他们也把阿拉斯加同夏威夷和关岛置于同等地位的"铁三角"的一角，但美国军事战略家把关岛看作是"矛尖"，而俄罗斯会把阿拉斯加与白令海峡的结合部看成是"矛尖"。目前，北极圈国家有一个"俱乐部"，中国是观察员，对于中国对"北极"的观察科考活动，美国和其北极圈盟国是十分在意的，在 2014 年中的一次科学考察中，加拿大连中国的媒体人都要防范，很令人不可思议。但同样不可思议的是，美国与欧盟国家开打制裁与反制裁的经济"战争"，俄美公司联合钻探北极沿岸石油的项目并没有停顿，后来停顿，大约也会是油价暴跌下的休止符。

白令海峡之重要，不仅是航海线路图将要变化，东亚到波罗的海的贸易路线再次缩短，而且，白令海峡的天然水道的经济价值是人工开凿的苏伊士运河和巴拿马运河不可比拟的，贸易所要达到的资源互补配比效率更高，也会影响世界能源版图。从根本意义上讲，这是世界经济中心东移的目前能够看到的最高阶段。

从北极看世界，已经成为战略显学，也许有哪一位战略家会提出"北极控制论"，但愿不是背离马汉"海权论"精髓的新马汉主义者们，新马汉主义者是一批想发战争财的人，在全球化条件下，不应当有他们的市场。在比较正常的战略家看来，从北极看世界，亚、欧、非、美是一个断续连接的整体，被太平洋、印度洋、大西洋所围绕，分布着四个枢纽地区，包括加勒比海、地中海、南中国海三个次区域和北冰洋—白令海主区域，形成以北极为中心的内环区。在这个内环区里，分布着地球上五分之三的国家和全部的联合国安理会常任理事会成员，以及多数发达经济体与快速发展经济体。但一些研究者无疑是从北极加权于其传统战略区的重要性，终究还是出于传统"海权论"、"边缘地带论"的观点，并没有看到或者看到了却有意否认北极的真正经济地缘战略价值。但俄罗斯总统普京肯定看到了，他的经济战略东移是有地缘关系支撑的。普京甚至还提出将莫斯科部分部门东移克拉斯亚诺尔斯克的设想，这不是一种突发奇想。

最近，英国的媒体报道了一则"新闻"，马可·波罗比哥伦布更早发现美洲。其依据当然不是《马可·波罗游记》，是从一位19世纪从意大利移民到美国后捐给国会图书馆的14份羊皮纸资料中发现的。这些资料中有一份据说是马可·波罗的女儿所写，记叙了马可·波罗在堪察加半岛遇到一位叙利亚商人，并航行到400年后才从以白令命名的白令海峡去到阿拉斯加。放射性碳扫描结果表明，羊皮纸是15—16世纪的物品，意味着这至少是抄录件，因此可信性依然存疑。但是，当时的蒙古汗国是多部落的联盟概念的国家，势力范围或影响范围是可以到达白令海峡的，至少会有人向族人讲述过在那里打猎的故事，以马可·波罗强烈的求知欲和探险性格，去一趟或者更接近那里，也有可能，因为文档里收有十份地图，其中一份是关于阿拉斯加西海岸的阿留申群岛的。蕴含的新闻价值所在是地图绘制者比哥伦布更早发现美洲，但深究起来，既有解也无解，因为真正第一个发现美洲的肯定是从亚洲过去的印第安猎人，只是我们不知他们的名字罢了。

中俄经济合作前景

对于西伯利亚是不是北方丝绸之路的北缘，完全可以再继续研究。但现实中的经济合作更胜于一打子研究。无论是对中亚绿洲丝绸之路来讲，还是对北方草原丝绸之路经济带来说，2014 年"亚信会"是一个里程碑式的会议，亚信会在上海举行，有 24 个成员国出席，2 个国家申请加入，美日派出了观察员。在会上，东道主习近平阐述亚洲新兴安全观，即亚洲的安全首先应当也完全能够通过亚洲国家自身加强合作来实现，同时提出一个重要的经济战略观点，发展是解决安全问题的总钥匙。

"亚信会"前，中亚国家与中国提出，积极参加丝绸之路经济带建设，这是一个亮点。另一个亮点是被称为"世纪合同"的中俄天然气贸易协议。俄罗斯与中国签署了从 2018 年开始每年向中国供应 380 亿立方米天然气的协议，建设造价 500 亿元人民币的一条管道，西线供气框架协议也在稍后几个月签署，规划供气量也是 380 亿立方米。与东线协议一道签署的经贸合作文件有 43 个，包括联合研发干线飞机、天然橡胶项目、阿穆尔大桥项目、中国汽车制造厂在图拉州的哈佛汽车项目，以及扩大本币结算等。俄罗斯有意参与中国载人航天项目，有意将对华供气量增加到 600 亿立方米，进一步满足中国的进口需求。中国是俄罗斯第二大贸易伙伴，双边贸易额 900 亿美元，仅次于俄罗斯与欧盟的贸易额。中俄贸易额在 2015 年要达到 1000 亿美元，2020 达到 2000 美元。这是以中俄能源合作为重点的中俄经济的合作成果。由于中俄经济的天然互补性，未来的合作前景很广阔。

中俄能源贸易出现突破性进展，一方面是因为俄天然气丰富，具有出口优势，但优势也有优势的问题，既要从卖方市场角度考量风险平衡，也要从买方市场考量风险，出口转向东方或者东西兼顾，是极自然的事情。俄罗斯看好中国油气市场有道理，一是中国需求大，俄罗斯科学院能源研究所与俄罗斯政府分析中心编写的2040年前俄罗斯及全球能源发展预测报告提出，亚洲特别是中国将成为俄能源出口的关键市场。研究认为，2040年，中国GDP有可能超过美欧总和，中国占比28%，美国为14%，欧盟为1%，俄罗斯仅为2%，这有些夸大其词。但该报告认为，中国国内生产石油只能满足29%的需求，天然气为50%，因此需要大量进口。二是中国的市场稳定而且油气管道不经过第三方，安全合理。对俄罗斯来说，可以实现远东城市的天然气化，对中国来说，俄罗斯也是油气供应的最便捷的来源，至少在中国的页岩气和天然气水合物开发刚刚起步的时期，具有重大意义。此外，支付方式多样，2005年和2009年两国公司就达成过"石油换贷协议"，中国石油企业也可参与俄罗斯石油开采，俄罗斯西西伯利亚的天然气继续寻找向南出口中国的贸易路径，初步确定经由蒙古国西部即阿尔泰山西麓铺设管道，通向哈密。哈密地区是北方草原丝路与中亚绿洲丝路的一个交汇点，那里不仅有土哈油田和煤田，还是中亚国家在内的西气东输的重要中转点，哈密的发展将是北方草原丝绸之路贸易与经济合作的重要成果。

在石油出口方面，俄罗斯通过北方草原丝路对华出口也有潜力。2009—2038年共向中国供应6.65亿吨石油，每年是2400万吨，占中国石油进口的8.6%。上面提到的俄方报告提出，应当扩建东西伯利亚—太平洋管道，在2025年以后，可以提供18%的中国油气进口需求和12%的消费需求，2025年以后，俄罗斯在华市场份额才开始有所下降。

俄罗斯有丰富的能源和其他矿产资源，还有大量的未开垦的土地，中国企业进入有助于俄远东地区的农业发展。为了共同发展，俄罗斯拟建联合投资基金，这个基金得到俄罗斯直接投资私募基金支持，规模已达100亿美元。其中，卡塔尔主权基金将注入20亿美元。俄罗斯远东9个联邦区，面积620万平方公里，占其总面积的36%，加上西伯利亚，面积占74%，俄罗斯拟在远东地区建立12个经济开发区，要在符拉迪沃斯托克（海参崴）设立经济特区。

除了国家能源项目，中俄企业在草原丝绸之路经济带贸易、投资和经济合作，在基础设施、装备制造业、铁路、物流和现代农业方面都有互补性。亚信会议前后，俄方发布很多经贸合作消息，如除了钻石宝石类行业，在能源、农业、房地产业方面，俄罗斯都希望中国企业去投资。在丝路经济合作中，真正的主体是企业，特别是民营企业，这对身在草原丝路中心的东北企业如何建设新丝路经济带，是一个更重要的课题。

在草原丝路东端的东北亚地区，除了幅员广大的俄罗斯，还有隔日本海的日本、韩国、朝鲜与蒙古国。前两个国家经由海上丝路与中国发生经济联系，后者更多的是陆路贸易。蒙古国320万人口，其中100万在首都乌兰巴托，面积150多万平方公里，许多地区人烟稀少，矿产以煤、铜、铁为主，石油蕴藏量15亿吨，矿产出口占出口总量一半以上。发展外向型经济是必然的选择。蒙古国位于俄中之间，历史上就一直是日本等国的觊觎对象。日本对蒙贷款占蒙古国贷款的40%。蒙古国2011年担任"全球民主联盟"轮值主席，并在2012年以亚洲国家身份加入"欧安会"，成为其第57个成员国。但十多年来蒙古国并未真正找到发展的路径，也缺少直接的出海口。习近平主席走邻居式的访蒙，双方签署26项合作协议，中蒙成为全面战略伙伴。到2020年，双边贸易额将扩大到100亿美元。为了应对蒙古国外汇储备减少，两国还将货币互换规模扩大50%，达到150亿元人民币。

　　朝鲜在东北亚的地位重要，在地理上既具有开放性也具有一定的封闭性。朝鲜的核问题始终是个敏感问题，因此也是日、美关注地区，朝鲜的稳定决定着东北亚的稳定，这既是东北亚历史的一个结论，也是现实问题。朝鲜与中国一江之隔，也与俄罗斯毗邻，中国的改革开放和俄罗斯"向东"的经济走向，不可能不最终影响朝鲜。近年来朝鲜放开了"私人菜园"，预示着旧的"合作农场"体制开始发生变化。2012 年，中朝双边贸易额为 65 亿美元，主要由辽宁丹东口岸进行。

草原丝路重心在东北

从中国哈尔滨以南，进入草原丝绸之路经济带的第二个也是中间的层次。这是一个个工业城市集聚的城市群，内部外部有南北联系，也有更多的东西联系。这也是东北亚经济发展的一个核心区，吉、辽两省处在北方草原丝绸之路的最佳半径里，对它们来说，振兴东北老工业基地是一个历史责任，也是必需的发展走向。东北地区的开发发展和工业化，是不到近百年的事情，但产出巨大，投入不足。这个重要的东北亚的中心经济区块，自古以来就有许多民族，从这里走向草原丝绸之路或者走向中原，前有北魏、北齐、北周，后有辽、金和清。他们在崛起之前通过什么样的方式与南来北往、东来西去的商群进行经济交换，又在什么样的状态下进入整合的丝路贸易，人们也还知之甚少，研究得不多，但东北的历史民族与部族早期的历史经济生活的单一性决定了他们必须进行交换，或者进行各种形式的迁徙，这是东北地区和草原丝绸之路给予人们的远期记忆。

进入近代和现代，东北丰富的土地资源使其成为关内农民"闯关东"的乐土，丰富的矿产资源也成为发展工业的基础条件，并成为入侵者觊觎的对象。日本的侵华战争使东北经济受到掠夺性破坏，这是它在持续发展中存在的历史制约。日本侵华战争结束后，东北工业进入新的发展期，但付出的多，得到的少。加上长久的计划体制的影响，形成体制和自我发展的长期双重透支。近年来的老工业基地振兴，有大成绩，也面临各种困难，工业振兴离不开工业升级，这是需要首先解决的结构调整问题。老工业基地振兴是不是就工业论工业，是又一个问题。一是要在发展民营经济中建立共生经济系统，二是提高直接的经济外向度。长期以来，东北工业基地属于国内内向贡献型，对外的较大通道只有大连和营口等少数港口，而边贸只是消费品的集散地，外向发展受到地缘结构的影响。正像一些学者所言，中国东北虽然居于东北亚重要区位，但在地理上仍是一个"关中"，有一定的封闭性，必须在草原丝路的更大开放环境中实施振兴规划。俄罗斯也是经济转型中国家，两国存在相似的弊病，经济结构单一、民营企业发展不充分的问题也有类同。一方面要深化改革，更多地发挥人力资源优势与资金优势和俄罗斯的相对的技术优势，在合资合作中共同外向发展，另一方面，也要通过多条丝路经济合作，形成新的经济优势。

就草原丝绸之路经济发展带中间层次的东西方向来讲，中国东北地区也有两条横线：一条是内蒙古兴安盟到白城再到吉林、珲春的传统铁路线，是蒙古、内蒙古东部地区和吉、辽两省走向日本海方向的重要通道；另一条是连接辽东、辽西走向河北和内蒙古西部的传统线。前一条传统铁路线的东端是图们江入海口珲春，是一个设有国家开发试验区的重要地区。在 20 世纪 90 年代，这里引起联合国开发署的关注，珲春一度加大开发开放的力度，一时成为热点地区。终因各种原因，难于全面启动。在联合国开发署的专家看来，这里是东北亚大陆的经济地缘战略要冲，但至今仍在试验中。其中的原因，除了复杂的国际环境因素，也有令人闻之断肠的历史界桩"问题"造成的操作被动。

1992 年夏末，笔者曾经从"旅顺口"出发，向北到达正在进入发展准备期的珲春地区，顺便访问了唐代渤海国都所在的安宁地区，然后沿着已经废弃的"东边道铁路"初访绥芬河，本来计划北向黑龙江与乌苏里江交汇处，或西北向瑷珲，行而未竟。给笔者最大的震撼是在珲春，沿着羊肠小道般的堤坝，左侧就是图们江口，登上有些孤独感的边防哨所，心中五味杂陈，全然没有往昔登临哨卡的豪情。当地人告诉笔者，本来划界吃了大亏，但临海尚有国土，运界碑的颟顸小吏居然偷懒，把碑埋在半道上扬长而去。因此，到得海边，只有江口和滚滚而去的东逝水。这样的只有河口没有河岸的领土，大概是绝无仅有。除此之外，就是20世纪40年代的张鼓峰战役。张鼓峰在图们江口俄界一边，但日俄双方动用飞机大炮，兵力数万，日军败绩。从珲春一路向西的铁路两头连着长白山林区和大兴安岭林区，曾经的"伪满新京"和日本关东军司令部所在地的长春市，居于中间。在这条线上，张鼓峰战役不久，其西端又爆发了诺门坎战役，自然又以日军败绩为结局。由此可见这条通道的不寻常。但是，图们江的尴尬地理历史状态并不是无奈的。俄罗斯苏玛集团宣布，中俄共建扎鲁比诺港，2018年完工。扎鲁比诺港是距离中国边境18公里的老港口，设施老旧，但有铁路、公路同中国的珲春连通，拟扩建的扎鲁比诺港吞吐量6000万吨，将是东北亚的最大港口，既解决中国吉林省缺少出海口的问题，也为俄中粮食贸易和蒙古国东部贸易产品出海提供便利条件，甚至是未来北冰洋航线的母港。若珲春临近江口的盆地能够建设相应的河口配套港湾，也许是一个不错的设想。俄罗斯西伯利亚铁路的南延，也会有机会使这个战略要地变得有活力。图们江口地区的发展，制约于历史的被动，也制约于多边博弈造成了人工的一个"喉结"，打开这个"喉结"，还需要经济一体化的利器。

另一条连接辽东、辽西走向河北和内蒙古西部的传统线，既与草原丝绸之路的第二个层次相关，也与下面讲到的第三个更重要的层次有着紧密的关联。这里就不再列论。

东北地区与反 S "双核" 结构

　　草原丝绸之路经济带的第三个更重要的层次线，其实就是元代的大都线，即今天的以京津冀一体化为中心，包括了整个渤海湾并涉及山东半岛的北方草原丝绸之路经济带核心区。

　　如果去细看，在草原丝绸之路的东端，在中国境内，从东北到华北，呈现出半径大小不一、方向相反的两个弧，一是东北内陆弧，向内弯，一是连接京津冀的渤海湾，向外弯。这从总体上为草原丝路配置了一对反向的"双核"，形成了不规则的反 S。这在地缘经济中意味着什么呢？第一，历史的民族与部族的发展方向不是向西便是向南，具有历史的惯性。第二，在东北地区进入工业化之后，这个规律仍然没有被打破，依然要把广阔的内陆腹地作为最大的市场。在内陆腹地发展尚不充分的时候，东北工业表现为强势，在内陆地区发展以后，这种优势开始减弱或消失。第三，要打破这样一种惰性规律，必须要把东北地区的发展同环渤海湾的发展紧密地联系在一起，"双核"联动，形成经济能量传递辐射的新的共同对外与对内开放发展格局。

　　这个分析是有历史事实依据的。且不说历史上入主中原的东北民族地方政权都有接纳汉族先进工艺和人才的传统，在政治、经济、文化结构上具有明显的开放性，如果近代没有山东、河北等农民"闯关东"的历史浪潮，东北地区难以发展，也难以出现较大规模的工业化。目前，东北地区的发展，并不缺少劳动力，虽然这里的人口也正在不断流失。这是与俄罗斯远东地区完全不同的一个优势，但它在经济体量增大的过程中受外需市场不足与内需市场冲减效应的影响，这是东北振兴难以取得突破性进展的一个原因。

但是"双核"联动并不是想形成就能够形成的，主要看环渤海湾的一体发展。目前的情况是，京津冀一体化正在推动，这是一个好消息。如果京津冀经济一体化都不能实现，环渤海湾一体化不能取得成功，东北与环渤海湾地区的一体化也就无从实现。

京津冀经济发展的历史关系，人们是有本"账"的。就拿京津唐三大城市来讲，很长时间里基本是在背对背中发展自己，算成绩也都不小，但有许多方面是"零和效应"。天津滨海新区曹妃甸只有 28 公里，但产业结构基本雷同。2014 年 6 月 9 日，北京社科院发布北京蓝皮书，提出一个匪夷所思的建议，开凿长达 160 公里的"京津陆海运河"，即西起北京宋庄，东至天津滨海新区蔡家堡，中间经过北京附近的香河、天津的宝坻以及宁河的新运河，平均宽度 1 公里，通航 30 万吨级轮船。主要着眼于改善京、津资源环境，如海水淡化和改善大气环境等。此建议有没有可行性和首都的安全性考虑，暂且不说，天津的港口和环渤海湾的港口难道是外国的港口？有朋友说，北京人怎么还不如慈禧太后明白，她也会知道天津与北京是什么样的经济关系。这话可以玩笑听之，但不可以玩笑思之。

但这也同时提醒人们，京津冀一体化是抓在了点儿上。目前，京津冀一体化正在前所未有地向前推进。继编制功能一体规划，已经实行了通关、交通一体的新机制。2014 年 8 月，京津又签署了人们称之为"双城联动"的对接协议，在产业合作、交通互联、生态建设和医疗、教育、通信等公共服务方面继续推动一体化，促进环渤海湾联合发展。但是，在京津冀一体化的同时，也不可忘记一件更大的事情，那就是推进以京津为中心的北方草原丝绸之路经济带的建设。京津的发展不是孤立的，他们的出现与繁荣，是北方草原丝绸之路的赐予。至少要明白，在京津冀一体化协同发展的四大功能区编制里，有一个与优化调整区和制造业作业区相互叠加的滨海临港产业发展区，这不仅是三省市共有的，也是草原丝路向东链接海上丝绸之路的共同经济腹地、辐射扇面与贸易出口。环渤海湾怎么环都行，就是少不了草原丝路这根脐带。最近有信息，有关方面上报连接山东半岛和辽东半岛的跨海大桥项目，这是个世纪性建设规划，对连接两个半岛形成大沿海铁路通道有作用，对环渤海港口缺少更多深水港的制约也是一种地缘的调整，但它不是对环渤海的替代，而是延长和加强，因此，这个项目不能是一桥了之，应当有海陆基础设施的联动的长远计划。

其实，京津地区环渤海，也只是环了渤海湾的中段，在整个环渤海湾地区，北部有连接东北经济核心区的北扇面，即锦州至营口一线，南部则是山东半岛和其两侧海域海港组成的南扇面，如烟台、青岛、黄骅、石臼等。盘活环渤海湾，也就盘活了东北与华北，同时盘活了辽东半岛和山东半岛。辽东半岛与京津并不遥远，山东半岛与京津冀的关系同样是微妙的。山东半岛一方面属于华东经济片，特别是其南部地区，与苏北、黄淮海地区相连，是中亚绿洲丝绸之路的东出口，另一方面与京津存在历史与现实的经济联系。老北京有许多鲁商大字号，如老同仁堂、老瑞蚨祥等。老山东人除了"下关东"，就是"上北京"。因此，两地都在草原丝路经济带上，推动与他们直接关联的环渤海湾一体化，需要山东的经济能量。也因此，如何在京津冀一体化下处理好山东半岛这个经济较快发展地区的经济优势，这也是"双核战略"的成功要素。山东人能"闯关东"，也能"走西口"、"下南洋"。这是环渤海湾经济一体化的一支生力军。

草原丝路的当代核心层面

由于人们对草原丝路在概念上的陌生感，也由于长期以来发展的背对背，甚至同质竞争，要使有关各方对这种跨省跨大区发展的重要性有更清楚的认识，还需要从草原丝路形成的大历史背景再讲起。

宋元之后，草原丝路成为丝绸之路的主要路径，理由很清楚，因为从那以后的多数时间里，中国的政治、经济、文化中心向北移，这就如同中国东部后来连接南北经济带的京杭大运河一样，流通的主渠道向北，经济重心必然北移，跨国跨地区的贸易重心也移向北方。中国在南北朝之前，国内的政治、经济、文化交流与斗争，除了传说中的黄帝与蚩尤，基本是东西向的，从三国时代开始了南北向的权力博弈，到了南北朝以至于民国，都是这样的格局。南北格局替代东西格局，伴随发生过草原部族的连续南下与北退，但带来的是商业的繁荣与丝路中心的北移。由扬州西去的隋唐运河湮没了，丝绸、元青瓷器与粮食杂货随着南北漕运的发达流向北方或到南方。到了宋代，丝路贸易的主导权主要由辽、金、蒙政权掌握，他们在草原丝路上"轮流坐庄"，赵家天子只有向北纳贡的份儿，就是到了郑和"下西洋"的明代，在明成祖死后，草原丝路的主导权仍然掌握在北元手里。西京长安与东都洛阳几乎被"边缘化"，这是长安丧失丝绸之路贸易中心的开端，也是前后 600 多年西京长安丝路贸易中心不再的原因。但是，西安西向丝路贸易不再，不是说丝路贸易中断了，是转移了，中心转向了草原，转向了大都，也转向了元蒙时代的东南沿海，如泉州刺桐港。由于蒙古帝国和元朝幅员辽阔，大都、中都与上都，都处于帝国的中心位置，商业都市便与古老的草原丝路更直接地叠印在一起。在现在位于内蒙古正蓝旗的金莲川草原上的元上都，被弧形"闪电河"围绕着的忽必烈宫城里，不仅有着准"罗马式"的庞大宫殿遗址遗存，宫城西边的市场建筑面积更是宫城的十多倍。那位无人不晓的马可·波罗在这里住过，他的《马可·波罗游记》记录了北方草原丝路的繁华与盛极一时的上都与大都。在伊斯坦布尔老可汗旧宫廷的数百件大型的具有"苏麻里青"绘制风格的定制餐具藏品，也可以用来历数当年草原丝路与海上丝路的贸易风采。彼时的大都与上都不但是政治中心，也是最大的国际贸易的集散地。

到了清代，中国版图依然辽阔，草原丝路贸易依然繁荣，但西方的商船与炮舰渐次进入中国，贸易重心渐次被动地转入海路，以京津为中心的商务贸易转向海洋，草原丝路成为列强需要的工业原料的输出之路。著名的营口"牛庄贸易"也随之出现。为什么在清朝落幕之后出现名之为北洋的政府，清末的洋务运动又为什么在京津唐三角率先启动？为什么中国的第一条具有工商交通性质的铁路在开滦出现？为什么中国的第一条公路居然是张库（张家口至库伦，即今乌兰巴托）公路？为什么天津很快成为中国北方著名的港口大城市？因素很多，但地处草原丝路的要津，又是出海口，是最重要的原因。

在晚清，西方探险家陆续来中国"探险"，最著名的瑞典探险家斯文·赫定就是由北京到了当时草原丝路的水旱码头包头，雇佣了向导与驼队，然后经河套地区和阿拉善干草原地区，一路穿越居延海故城与"黑戈壁"、哈密到乌鲁木齐，辗转到了罗布泊地区，揭开了楼兰古国的惊世之谜。

草原丝路南线与中亚绿洲丝绸之路一样，也是纵横交错的网状结构，即以北京为中心，向东是天津港出海口，向西出张家口，走上通向二连浩特的"张库大道"进入蒙古国，直向俄罗斯赤塔州与贝加尔湖。从清末到民国，盛极一时的"旅蒙商"，是草原丝路上一个标记性的经济贸易商团，茶马（羊）互市是其主要的贸易形态，他们的生意一直做到今天俄、蒙边境的恰克图，即"买卖城"，从贸易做到"票号"，出现了近代的跨国金融业务。贸易发展与金融发展的正比例关系，由此可见一斑。

在这条草原丝绸之路的南北线上的蒙古国，在草原丝绸之路经济带的运作中是举足轻重的。蒙古民族发源于大兴安岭，强盛于蒙古高原中部。蒙古高原是诸多历史民族登台的地方，也是亚洲南北的中心区域。历史上的"苏武牧羊"，其实也是古代战乱时期的一个悲剧性的故事，他没有张骞的幸运，但使节的历史往来也说明了北方道路与中原地区的频繁直接的早期联通。北海是居延海还是贝加尔湖，姑置不论，但蒙古这个人口只有250万的内陆国，在草原丝路的区位依然十分重要。蒙古国2012年通过法律，限制外国企业在蒙古国矿业的持股比例，但2014年5月蒙古国家议会通过的《新投资法》，被外间视为蒙古招商引资的新纪元，基础设施建设和环保产业有望成为中蒙两国经济合作的新的操作点。近年来，蒙古经济发展速度快，2013年增速11.7%，据国际货币基金组织与世界银行最早预测，2014年有望达到12.9%。铁路、口岸和物流产业是其重要的关注点。在上海"亚信会"上，额勒贝格道尔吉总统表示，要在基础设施建设方面进一步加强与中国的合作，涉及港口过境运输。蒙古国面积156.6万平方公里，东部是高地，西部是阿尔泰山余脉湖盆山地，是通向俄罗斯亚欧铁路的重要地区，筹划中的俄中第二条天然气管线将从蒙古国西部过境进入中国新疆哈密。蒙古国是内陆国家，物流主要依靠俄罗斯的西伯利亚铁路和中国的铁路线，但蒙古产品的最佳出口是中国渤海湾的港口和未来的珲春附近的扎鲁比诺港。2014年，习近平首次"走亲戚"式地访问蒙古国，将中蒙关系提升为全面战略伙伴关系。

蒙方表示愿参与建设"丝绸之路经济带",北方草原丝绸之路经济带建设开始全面纳入"一带一路"发展战略构想。中蒙双边贸易额从1994年的1.2亿美元增加到2013年的60亿美元,中国连续10多年成为蒙古国最大贸易伙伴,也是最大投资来源国。中蒙签署26项合作文件,包括在交通、能源、矿业投资和蒙古转口贸易的"双向贸易",使中蒙关系站在了新的起点上。蒙古国也在努力实现经济伙伴多元化,这是可以理解的,但中蒙在丝绸之路上的最紧密的历史联系和现实的地缘经济关系,决定了中蒙经济合作关系的紧密性。

北京经宣化、大同"德胜口"进入蛮汉山和阴山南北、呼包二市,经阴山河套地区,可以直到居延海、新疆哈密。也可以从内蒙古的乌海市进入阿拉善定远营(今巴彦浩特镇),穿越腾格里沙漠到兰州,或者由银川到兰州,并由此进入河西走廊,踏上汉唐丝绸之路的旧路。这是草原丝路南线的西向线与中亚绿洲丝绸之路汇合的主轴线。20世纪50年代修建的包兰铁路是中国的第一条穿越流沙地区的铁路。现在,由后河套地区穿越乌兰布和沙漠走向居延海的铁路已修通,从居延海地区的策克口岸越过"黑戈壁"走向哈密的铁路已经开工,这意味着,草原丝路的南线和中亚绿洲丝绸之路交汇为时不远。这也是我们前面提到的莫斯科—北京高铁的最直接的合理走向。当年只有骆驼可以穿越但又是最近的进疆之路,不仅便捷了,而且会是北京直接连接中亚和欧洲心脏地带的重要路线。有朝一日,如果草原丝路也要申遗,恐怕要以阿尔泰山来定位,名录上要写:丝绸之路北京—阿尔泰山路网。因为,从哈密开始,草原丝路还有阿尔泰山北道,也就是从阿尔泰山北的蒙古国科布多市和唐努乌梁海地区直向乌拉尔山进入欧洲的传统路线。

哈密是中亚绿洲丝绸之路经济带与中国北方草原丝绸之路的交汇点,它不仅是未来中俄第二条天然气管道的转接点,也是煤电、风电、太阳能光热发电和大型输电枢纽的新型综合能源基地。但哈密人并不只靠能源工业"一条腿",更看重铁路联通扩能后的物流产业。它不仅拥有走向5个方向的营运和在建的7条铁路,尤其看重从居延海东来的草原铁路,因为,那意味着2017年以后,西到乌鲁木齐,东到京津渤海湾,草原丝路南缘线与中亚绿洲丝路也将连接在一起,而这其实同样也是一座"亚欧大陆桥"。新疆的有眼光的大陆桥货运集团已经捷足先登,把货运专线修进了哈密循环经济产业园,货场吞吐能力将达500万吨。2014年,中俄签署关于修建莫斯科至喀山再到北京的高铁备忘录,这是草原丝路的一项世纪工程,一般情况下要经过乌鲁木齐、吐鲁番、哈密和居延海东来的草原铁路,直达北京。2014年底,乌鲁木齐至哈密的高铁通车,北京到呼和浩特、包头的高铁也在修建,一路高铁,北京到莫斯科的路程可以从6天缩短到2天以内,项目投入资金总规模将在1.5万亿元人民币左右。

问题在于,人们对这条草原丝路高铁才刚刚开始认识,还来不及思考其中道路联通的涵义,倒是另一条起于苏州经满洲里出境,途径俄罗斯、白俄罗斯全境到达波兰的"苏满欧"国际列车,引起了人们的注意。这其实是中国大运河的替代与草原丝路的对接与延长,同样有丝绸之路经济带的物流价值。目前,京津冀正在忙于治理大气污染和编制京津冀协同步发展规划,这是不可或缺的。但在更高的地缘战略上制定更大的互联互通规划,是或迟或早的问题。问题还在于,北方草原丝路,国人似乎看得朦胧,外人却看得很清,昔日列强的"炮舰贸易"没有在东南沿海止,一直干到了中国北方。渤海湾星罗棋布的商港,无不对应着草原丝路的一条条通道,无不从东向西伸向中国的内陆腹地。因此,振兴中华,就要振兴建设包括北方草原丝绸之路在内的丝绸之路经济带。

历史更悠久的西南丝路

　　西南丝路的认定与较大规模的开发，与中亚沙漠绿洲丝绸之路基本是同时期，这当然与张骞二次出使带回邛杖、蜀布流转的信息有关。最重要的信史资料来自《史记·西南夷列传》。公元前122年，张骞出使位于今天阿富汗北部的大夏，于大夏市场见到蜀布和邛杖，便问何所来，得到的明确答复是，"从东南身毒（印度），可数千里，得蜀贾人市"。《史记·大宛列传》也记载："以骞度之，大夏去汉万二千里，居汉西南，今身毒国又居大夏东南数千里，有蜀物，此其去蜀不远矣。"这是西南丝绸之路正式开辟之始。这条丝路后来也被称之为"蜀身毒道"、"博南道"，或者民间所说的"茶马古道"。但从逻辑上判断，离大夏数千里之外的东南身毒（印度）有四川的产品，不仅提供了方位判别的依据，也有时间先后的问题。前面提到，地中海贸易发展为印度洋沿岸的"厄里特利亚海贸易"，即印度洋贸易，印度是转口贸易的主角，转口的对象不仅是地中海诸国，也有地处中亚的大夏。古大夏位于现今阿富汗北部，由此推断，西南丝路的发端或者要比中亚方向更早一些。

　　在西南丝路上，有两个因素极为重要。第一个因素是积极因素，秦汉以来，这里是中国东南和西北少数民族群体的迁徙通道，这不仅影响到西南地区民族交错分布的大分散小聚居的格局，也影响到印支半岛民族国家内外结构的复杂形态。在中国国内，这里的民族族别最繁多，形成自治区、自治州、自治县一直到自治乡不同行政级别的行政单元和各自的主流经济生活形态。这些单元在历史上曾经呈现出落差较大的经济差别，在横断山脉的曲折走向里形成大大小小的"坝子"和经济群落的垂直分布，因此，"坝子经济"、"山寨经济"成为主要的历史经济模式，唯一开放的经济元素是活跃在峡谷通道里的"马帮经济"，而这也是西南丝路据以存在千年不息的原动力和原生态。

在中国抗日战争中后期，这里既是前线也是大后方，在客观上出现了继洋务运动近代工业播种西北西南的第一次浪潮之后的第二次浪潮，特别是1937年和1938年，国民政府开始启动战区厂矿西迁。截至1940年底，内迁厂矿448家，技工12164人，其中机械制造155家，西南地区的交通、电力就是实施厂矿西迁开始出现的。20世纪60年代，中国"三线建设"集中在中国中部、西北和西南，展开能源、钢铁、机械、化工工业等相互配套的全面建设。以贵州省为例，据统计，到1975年贵州省共完成基本建设投资94.23亿元，其中工业建设投资58.89亿元，为1963年的7.25倍，最高的1970年，达到14.93倍，使得省内一些主要地区工业企业数量成倍增长。建国之后西南地区同其他地区一样，前后进入发展期与起飞期。四川盆地的重庆和成都以及云贵高原的昆明、贵阳和南宁已经在脱胎换骨中成为中国西南地区具有巨大的现代经济文化辐射力的都市型城市，基础设施比较完善，流通水平提高，科技创新能力增强，经济带动能力大幅提升。许多具有对外开放区位优势的经济节点城市，也在投资吸引力、产业影响力和市场品牌的知名度方面，出现了新的变化，特别是随着经济流、技术流、人才流和信息流的双向多向流动及民族政策、老少边穷地区脱贫致富政策的不断落实，以及国际国内旅游经济的发展，相对封闭落后的经济生活状态有了较大改变，为西南丝绸之路的振兴做出了经济准备和人才准备。

第二个因素同样也是积极因素。由于中国西南地区和中国与中南半岛地区的结合部是历史民族的迁徙通道，在中国国内是多民族聚居的格局，也影响到半岛地区现代民族国家形成过程，其部分成员同样与中国一些边疆民族有着远亲近邻的紧密关联，比如中国与缅甸，一直是共饮一江水的"胞波"。中国西南地区的跨境少数民族同胞，在历史上就有着紧密的贸易交换关系，有着难分难解的经济生活联系和某些人文层面的文化联系。在这个地区，除了具有悠久历史的原住民，还有大量的同中国羌语族和傣越语族有关联的现代民族国家及其成员，而这些文化的关联性也是西南丝路千年不废的重要因素。在一个时期里，由于西方国家的殖民统治及其留下的后遗症，地区不时处于不稳定状态，有的国家邦区林立，内部的行政、经济和文化关系错综复杂，但从大的层面和总体走向来看，民族、部族之间的矛盾逐步让位于社会矛盾。解决社会矛盾要靠发展，在发展中消除不均衡与不平衡，这就给出了一种发展的共识，给出了在全球经济一体化区域化格局下的经济开放和在跨国经济合作中不断寻求经济发展的强烈要求。

中国与东盟成员国家山水相连，一直是睦邻友好关系，特别是中国改革开放以来，中国在对外开放和全方位沿边开放的经济发展战略中，优先关注的就是与东盟国家的经济合作，这种合作势头至今不减。尽管也会有曲折，终究还是不废江河万古流，而这同样是由由来已久的以历史长远的丝绸之路为纽带的经济地缘决定的。

西南丝绸之路经济合作的方向很多，经济内涵也很丰富，但从历史和现实的经济合作走向来讲，是两个大的方向：一个是西南方向，也即南亚方向；另一个是东南亚方向，也即东盟国家方向。此外，还有内向再转向外向的走向。

第一个方向也就是历史最悠久的人文史家常讲的"博南路"。历史的"博南路"和"身毒道"，从四川盆地的东缘邛崃山开始，沿着乐山、昭通、昆明、大理、保山，或翻越高黎贡山在腾冲古城驻足，西去印度，或由保山穿越怒江出瑞丽直下缅甸北部重镇曼德勒。这条丝路也就是抗日战争中的远征军之路或著名的滇缅公路。滇缅公路有些段落修复改造，但大部分成了遗迹。这是最传统的西南丝路。这条路沿线也是最经常提到的中孟缅印经济走廊一线。

在这条西南丝路线上，中国与缅甸已经成为长久的十分重要的经济合作伙伴。2013年10月，新建的中缅天然气管道开始投入运营，这条管道全长2520公里，大部分位于中国境内，在缅甸有793公里。此项目2010年开工，起始于缅甸西海岸的皎漂，从中国瑞丽进入中国境内，直到广西贵港。对中国来讲，此项目结束了云贵高原没有管道天然气的历史，每年可替代煤炭3072万吨，减少二氧化碳排放5283万吨。中缅天然气管道与中国新疆气区、长庆气区和四川气区以及中土哈国际天然气管道系统相互勾通，使中国油气管网趋于形成。据新华社报道，中缅天然气管道年输气量120亿立方米，原油输入量设计年2200万吨。输气管道项目耗资25亿美元，带动中国沿线投资1000亿人民币。对缅甸来说，不仅收入大量外汇，也在多元经济合作中提升了贸易水平。2014年底，始于皎漂的石油管道也开始运营，年输油量为2000万吨。据缅甸政府统计，2010年，中国在缅甸投资83亿美元。2011年，中国成为缅甸的最大贸易伙伴。2013年，中国在缅甸的直接投资批准额有所下降，但在缅甸外国投资的占比依然高达32%。孟中印缅经济走廊建设是这条传统丝绸之路（即"博南道"）的历史延续和时代提升，也是西南丝绸之路经济带建设的第一个重要的内容。2014年，在东盟第十七次（10加1）和中日韩（10加3）领导人会议期间，中缅签署了20多项协议，涉及贸易、农业、金融和能源，共计80亿美元。缅甸是南亚和东南亚的结合部，是未来"泛亚铁路"覆盖西缘地区，也是孟中印缅经济走廊的一部分和核心过渡地区。在二战中，中国远征军在缅甸战区浴血奋战，滇缅公路成为重要的战略通道。中缅紧密保持经济合作，不仅有利于缅甸稳定发展，也为中孟缅印经济走廊建设奠定基础。

"蜀布、邛杖"的曲折流转，是中印经济交流源远流长的佳话，也是喜马拉雅山脉和横断山脉挡不住经济交往穿透力的一个绝好的例证。中印都是发展中大国，也是崛起中的经济大国，属于"金砖国家"的中坚。中印在贸易、投资和经济合作的进一步提升，将会更大更广泛地影响世界经济发展的格局与水平。近年来，由于西方金融危机的影响，印度经济发展的增速幅度也有些滑落，但总的走向是上升。印度新政府提出要把经济增速从目前的5%左右提升到7%~8%，并且为此开始进行大的改革。这为中印两国的贸易、投资和经济合作提供了新的空间。根据世界银行的数据，1980年，印度GDP1896亿美元，人均270美元，中国1894亿美元，人均220美元，印度在人均方面优于中国。但到2012年，中国是8.23万亿美元，人均5720美元，印度是1.84万亿美元，人均1580美元，两国的经济总量与人均差距分别是4.5：1和3.6：1。差距预示着有互补合作的余地和机遇。在印度新政府成立前，时任印度政府总理的曼莫汉·辛格已经看到，中国是资本、管理和部分技术的重要来源，对印度的长期发展并非没有意义。在莫迪出任总理之后，这个现实的经济关联因素再次凸显，进行较大幅度经济合作的可能将会进一步增加。莫迪在出任总理前四次访华，对中国的了解也比较多，他在担任古吉拉特邦首席部长时也大量吸收中国投资，有对华经济合作的实践和经验。习近平在金砖国家领导人第六次会晤中与莫迪会见，双方表达了对中缅孟印经济走廊建设的初步共识，习近平访印，进一步扩展经济合作半径。西南丝绸之路的重新启用和西南丝绸之路经济带的建设进入了新的阶段，成为中印经济合作史的历史新篇章。日印关系也密切，这是全球化中的多元经济联系现象，也有一些特殊的原因，莫迪访日，无非是为了寻求高端防务装备如US-2远程"两栖飞机"等，但莫迪提出技术转让，那倒考验了安倍是对印度真友好还是假友好。对中印关系，美联社有清醒的评论，一是"中印跨界合作比对峙更常见"，二是中印边境基本上"波澜不惊"，"两国的经济和金融关系明显改善"。

南亚地区加强与中国的经济关系。印孟是核心地区，巴基斯坦和缅甸是其重要邻邦。2014年6月，中国国家主席习近平会见出席在昆明举行的中国—南亚博览会的孟加拉国总理哈西娜。哈西娜深感南亚国家同中国合作的巨大潜力，赞同中方提出的"一带一路"重要倡议，也肯定了孟中印缅经济走廊建设对南亚地区经济发展具有重要意义。孟加拉国也是人口大国，具有丰富的劳动力资源，近年来，发展劳动密集型产业成果巨大，在轻纺工业方面已经形成了自己的一定的竞争力。

在历史上，西南丝路还有第二个走向，虽然这个走向对世界贸易格局不如前一个显著，但这一条被称为"茶马古道"的以普洱茶生产与流转为主的重要商道，同样有巨大影响。中国是茶的原产地，中国与英国的近代大宗直接贸易品是红茶，这种商品在当时不比美国的可口可乐影响小，甚至要大得多。茶叶贸易引起以白银计价的英国贸易的入超，这是后来英国东印度公司用害人的鸦片抵冲的经济因素之一，也是在印度引入茶叶发展红茶产业的原因。茶生产的输出，重要的路径是"茶马古道"，因此在近代以往，这是一条"茶叶之路"，对于这个同样影响巨大的贸易产品，以往估计过低。红茶是英国和西方国家的必需品，基于普洱茶发酵技术的砖茶，则是牧业民族的必需品，这就造成了西南丝路的另两个方向，或循着澜沧江的源头方向大致西北向，通过"跑马溜溜"的康定的川康道走向西藏地区，或与中国的小叶茶种合流，辗转走向北方草原。在中国北方，晋陕商帮把茶叶生意做到了中俄边境的"买卖城"（即恰克图）、伊尔库茨克、新西伯利亚一直到彼得堡，这条茶叶贸易路线被称为"万里茶道"，茶道沿线城市聚会武汉，也在酝酿北方草原茶丝之路的申遗问题。这条路其实是向闽、湘、赣延伸，也可以一直向南延伸，延向云贵。马帮自然也会辗转南下，与东南亚地区发生贸易联系。

这在中国作家沙汀的《南行记》里有出色的描写。彼时的澜沧江水路并没有开通，向南的道路曲折难通，因此没有形成规模化的贸易通道，偶有马帮来往，也是外向历史丝路的山间商径。因为纬度与气候和转口条件的缺少，澜沧江贸易更多的是日常用品，因此给人以较冷的感觉。然而，历史的丝路也会进化，在当前的世界经济一体化区域化发展和中国与东盟国家的经济合作的推动下，这里将一变而为当前和今后的丝路发展的新生长点和热点，成为再写西南丝路新篇章的地方。在这条将会发出具有世界级经济能量的新丝路上，西双版纳地区的景洪和磨憨是一些新的明星城市。

中国内地通向西南的铁路大致是四条：一是从四川盆地中心沿成昆线到昆明，循澜沧江转向景洪。二是按另一条古老的道路从成都过内江、自贡和中国秦代就开通了的"五尺道"和僰人悬棺处北边的宜宾，到昆明、大理，沿着澜沧江到达西双版纳的景洪出境。三是从重庆到贵阳，沿着另一条同样古老的西南线路，即"夜郎之路"入滇。第四条则伸得更远，也即从楚将庄蹻入滇的路线，即从湘楚长江支流沅江到湘西入黔到云南，横穿了贵州。现在，通向云南的现代丝路，其实已经远超以上有着古老丝路印记的"老四条"，从两广到贵州的高速铁路和古老的珠江西江新的水陆交通线和经济辐射带，都已经进入新西南丝路的大视野区，构成了新的西南新丝绸之路和西南丝绸之路经济带、经济网，形成了向东南亚地区辐射的同时也与中国西北中亚绿洲丝绸之路经济带对接的中国大西部地区的亚洲内陆的经济核心区，对亚洲对世界产生越来越大的经济影响。

特别需要提到的是新开通的贵广高铁，第一次把云贵与珠三角联系起来，这是"一带一路"对中国传统经济版图的一大突破。但是，这条西南新丝路的出现，是由小到大、由此及彼渐进的，甚至有些始料不及。但那也是机遇出现的一种时空规律，有着发展规律使然的必然性。这条新丝路经历了经济合作由低到高的探索与磨合，是人们常讲的"没有做不到的，只有想不到"的事与对机遇认识与实践互动的一个关乎未来的"故事"。

"故事"的第一回是澜沧江的开发开始。澜沧江发源于中国的青藏高原，进入横断山脉，出现了"三江并流"地理奇观，也形成了中国著名的发酵茶生产流通带，在西双版纳的热带丛里绕行，进入中、老、缅交界的所谓"金三角"地区。澜沧江也即湄公河，长达4880公里，在中国境内2161公里，长度占44%，流域面积81万平方公里，是流经中国、缅甸、老挝、泰国、柬埔寨和越南六国的最大国际河流。

澜沧江江水浩荡，水量很大，雨季时河面宽四十米到百米以上，深二三十米到七十多米。一般情况下，船行顺畅，下水而行水，时速可达36公里，上水而行16公里，年航运能力1100万吨，是航运业者眼里的黄金水道。但由于长期没有利用，江中石盘林立，加上20世纪中叶印支几国此起彼伏的战乱，中下游沿河一线经济发展落后，这条黄金水道一直闲置，任由江水空流。一直到1990年中，中老双方才开始对景洪至琅勃拉邦段进行联合试航。又过了11年，在2001年6月，中老缅泰四国有史以来第一次正式通航，这条新生的国际航道开始出现在世人面前。新航道运能大但运力低，航运效率也处于初始开发阶段，并发生过毒枭劫船恶性事件，但仅就河运物流，已经开始发挥作用。

湄公河航道有一定的比较优势，中国西南地区的消费商品，如以昆明为起点运至东南亚各国，运距要比绕道华南海港转运缩短3000公里，时间是其六分之一。中老泰缅四国联航之后，湄公河上的贸易往来呈显著增加，但潜力远未有发挥。一是贸易对象单一，双边贸易主要是在中泰之间，货船主要往来于中国的景洪、关累和泰国的清盛之间，中国与老挝、缅甸之间的贸易开发度低，这同老、缅边境地带经济不发达，缺少河港和道路对接设施有关系，品牌知名度不高，缺少经营手段，也是原因。二是货物品类也比较单一，中国向泰国出口的主要是梨、苹果、大蒜、瓜子以及少量百货，泰国向中国出口的则是桂圆、蔬菜等，工业产品不多，形不成更大气候。前几年在中国与东盟国家推动贸易便利化，中国对泰国一些农产品普遍实行零关税，分流了河运货源，许多客户重新改走海路，跨国民间贸易出现了曲折。但湄公河航运盘活了水陆并行的跨国旅游业。湄公河周边有丰富的旅游资源，包括自然风光和人文旅游，沿线名胜古迹众多，著名的就有老挝古都琅勃拉邦、阿努王女儿坟，缅甸的相腊温泉、万郎隆三月庙会，泰国的清盛、清孔等。这些旅游资源同中国云南丰富的旅游资源结合起来，北游丽江、大理，南下普洱、西双版纳，再赴老、泰、柬，这是一个颇有市场竞争力的热带亚热带陆上环游圈，产生的经济效益和新丝绸之路的名牌效应将是巨大的。

在有着丰富旅游资源的大河道上，旅游产品贸易要比一般商品贸易更要紧，中国国内的三峡游，就比货运更重要，也更有市场。旅游业是一种拉动力极强的综合产业，也是品牌效应和有市场人气效应最大化的先行开发产业，是丝路经济带建设的优先项目。

湄公河还有极为丰富的水电资源，湄公河的地形流向和超大的流量，是拥有较高水电开发技术的企业一展宏图的舞台。水电是比较清洁的可再生能源，水库又能调节季节水量，对于急于发展但能源不足的沿湄公河四国，是一种优先发展的产业。1995 年，中国的水电企业就在澜沧江上游修建了漫湾电站，装机容量 125 万千瓦，接着又修建大朝山电站和景洪电站等梯级水电设施，积累了在湄公河支流建设水电站的经验，与老挝和柬埔寨合作了水电建设项目。在中国境内的 7 个水电建设项目，主要是梯级模式，保证了下游的防洪与来水清洁，在老挝的 17 个都是支流电站，其中在柬埔寨湄公河的支流南欧江上建设的一座水电站，被柬方称为柬埔寨的三峡工程。据不完全统计，中国在湄公河参与建设的项目，包括已建在建和设计规划的总装机容量是 3600 万千瓦。水电建设在进入快速发展期的同时也进入矛盾多发期，水电建设在老挝、柬埔寨和泰国北部可能得天独厚，下游国家受利少，需要相互协调。

从黄金四角到"黄金 10 加 3"

西南新丝路从湄公河水运、旅游和水电开发始,但不会由此而终,对于沿江国家来讲,大湄公河是一条金腰带,先是围起下游老挝、泰国、柬埔寨、越南"黄金四角",但四角的发展有同一性而缺少互补性,必须扩大资源配置半径,必然地形成把上游的中国云南与同样拥有湄公河边界的缅甸吸收进来的新格局,从而形成湄公河"黄金六角"的整体走向。从"四角"到"六角",新丝绸之路经济带建设进入小高潮。湄公河的经济合作开启了新丝绸之路经济带建设的第一个阶段,初步盘活了沿湄公河地区的经济,也启动了更大的开发计划与经济合作计划。"黄金六角"的经济合作也就顺理成章地进入"黄金十角"和"黄金 10 加 1"以及"黄金 10 加 3",并由此诞生和推出了另一项世纪经济规划。这项规划超越了大湄公河本身的经济含金量,这就是引起世界关注的"泛亚铁路"规划。

"泛亚铁路"是真正的新的世界级的陆上丝绸之路,与此相对应的丝绸之路经济走廊也是世界级的丝绸之路经济发展带。它的经济容量之大和拉动效应之高,将会超出西南丝绸之路预想的段落性的经济容量和经济拉动半径,北与中亚绿洲丝绸之路经济带融合,与欧盟经济共同体连接,成为真正跨越亚欧的长度最长、经济影响最大的经济发展带。作为现代经济新丝路的物流通道和铁路基础设施,人们也可以把它称作是第三座亚欧大陆桥。

从水路到铁路，这是发展思维的一次飞跃，是世界经济一体化区域化的最伟大的尝试。人们甚至会想到，亚洲与欧洲曾经发生的建立在强权与枪炮上的历史纠葛的那种"一体化"在必然改变之后，又在新的嬗变里脱胎换骨，终归在平等合作的新的一体化进程中实现新的合作愿景，这是意想不到但完全合乎逻辑的事情。东盟国家或者已经想到，发展的东盟国家会在历史的某一天走向亚欧大陆经济发展的中心舞台，这是在地缘发展规律与市场发展规律的基础决定作用下发生的，也是经济合作巨大塑造力带来的深刻变化。

"泛亚铁路"规划与大湄公河次区域发展计划的实施推进分不开，与相关跨国经济合作组织的努力分不开，也与20世纪提出并开始实施的"黄金四角"、"黄金六角"经济合作计划分不开。

1956年，泰国、老挝、柬埔寨、越南就联合成立过湄公河下游协调委员会，负责筹划与国际开发，后来中南半岛上战火纷飞使其终陷停顿。20世纪80年代末开始，中南半岛的形势逐渐缓和，湄公河流域的合作再次提上日程。1992年，亚洲开发银行提出六国共同发起大湄公河次区域经济合作；1993年初，泰国正式提出"黄金四角"计划，即由泰国北部、中国西南部、缅甸东部和老挝西部组成"黄金四角"，利用该地区丰富的矿产资源、水利水力资源、劳动力资源和尚未开发的土地资源优势，推动区域经济合作。泰、中、缅、老在曼谷举行会议讨论了联合发展交通的计划，并在清莱举行旅游合作会议。旋即又在泰国成立"黄金四角"经济合作委员会，中、缅、老三国也分别制定了相应的开发计划。依照有关计划，四国优先发展交通合作，建设连接四国的公路，打通澜沧江—湄公河航道，然后在旅游、贸易投资、能源、水利资源、环境保护方面展开合作。当时的目标是要建设两条包括经过昔日"金三角"地区的公路，要清理打通从中国景洪到清莱到万象的湄公河航道，500吨的客货船可全年通航，使其成为"东方多瑙河"。在航空方面，开通昆明—曼谷、清莱—昆明、清莱—万象等航线。

"黄金四角"的计划得到了亚洲开发银行的支持，也得到了日本、韩国、澳大利亚等国的关注。1995年，泰、老、柬、越四国重新成立了新的"湄公河委员会"，协调湄公河的航运问题，中国、缅甸是观察员。泰、老、柬、越签署了《湄公河流域持续发展合作协议》，放宽了水利利用自主权，标志着湄公河利用在更大的半径中起步。不久中国、缅甸正式加入"湄公河委员会"，编制了流域发展计划，标志着湄公河开发由"黄金四角"进入"黄金六角"时期。1995年12月，在第五届东盟首脑会议上，七国首脑与老、柬、缅一致同意，在大湄公河流域进行合作开发，并在中国之外邀请日、韩等国加入，并表示协助老、柬、缅加入东盟自由贸易区协定。会议通过了湄公河开发的初步国际预算，为70亿美元；研究了亚洲开发银行提出的湄公河次区域经济合作计划，为在2000年前建设包括东南亚10国在内的大东盟和2003年形成东盟自由贸易区做准备。这是在湄公河流域地区进行更大半径经济合作的开始。在吉隆坡会议上，初步通过东盟湄公河流域开发合作基本框架，决定成立有关发展基金，开展基础设施建设、矿业林业、工业、旅游、人力资源、投资贸易、科技环保合作，其中特别强调"泛亚铁路"是优先项目。"泛亚铁路"有关规划由马来西亚负责研究，这是对"泛亚铁路"的正式确认，与此同时，新湄公河委员会建立了与国际组织的正式对话机制。2011年，亚洲开发银行牵头，在马尼拉举行由"黄金六角"参加的湄公河首次部长级会议。

"泛亚铁路"的未来

对"泛亚铁路"的走向，前后有各种方案，但以新加坡为南起点，是没有异议的。在这个定点共识的基础上，各国因为主导权而设计了不同的方案。但各个方案的实施最终要与投资相关，因此方案的选择或者谁先谁后，当时也还没有定论。据亚洲开发银行测算，按照最初的规划路线，总费用需要25亿美元。

最早也是最终极目标方案，是1996年3月亚洲论坛上提出来的。这个方案的框架是，由新加坡北经马来半岛西侧、曼谷、万象、昆明，同中国的铁路网对接，再与西伯利亚大铁路联通，转向欧洲。另一个设想则提出，由曼谷东向河内再由中国广西直到北京，转接西伯利亚大铁路走向伦敦。但既然是"泛亚铁路"，就要尽可能地加大多数东盟国家的覆盖面，这就最终形成了以新加坡为起点，以曼谷为半岛中心节点的东、中、西三个规划方案。方案框架里有三条线，即泰、柬、越及中国昆明的东线，泰、老及中国昆明的中线，泰、缅及中国昆明的西线。累计全长14110公里，在中国境内1577公里，总投资150亿美元。大湄公河次区域经济合作方案还有另一个三个半岛经济走廊并行的设想：一是越南岘港、老挝、泰国、缅甸毛淡绵的中南半岛东西经济走廊，二是越南南部、柬埔寨、泰国曼谷南部经济走廊，三是南北经济走廊。南北经济走廊又有三条线：西线是昆明、万象、曼谷，中线是昆明、河内、海防，东线是南宁、河内。南北经济走廊建设直接关联到中国国内的铁路对接。最早方案其实是最合理的方案，因为它不会也来不及带有后来关于主导权的斟酌。

"泛亚铁路"规划方案是由马来西亚进行协调的，中国的事情就是做好准备，办好国内的事情。昆明这个中转定位决定了，南向对接是最重要的，由昆明向北如何实现与欧洲的对接，是后来阶段的考量，中方要在南北经济走廊的三条线三个接点上，做好包括线路改造与新建路线勘察建设在内的各种准备，这些准备在2014年大体就绪。

早在2004年，中国《中长期铁路网规划》已经纳入了"泛亚铁路"中国部分线路计划，而且全面进行了对接准备。就南北经济走廊的东线讲，南宁—河内主要是线路提升改造。中线也即昆明—河内—海防线，主要问题是法国人1910年留下的米轨铁路。从昆明到海防的米轨铁路全长854公里，其中昆明至河口中国段100多公里，有的段落因为自然灾害于20世纪90年代停运，需要恢复并改成标轨，2014年底实现通车。关键是越南段，至今还未有大的动静。2014年9月21日，越南河内至老街的高速公路通车，耗资14.6亿美元，其中10亿美元利用亚行贷款，长达245公里。这是目前海防至昆明经济走廊的主要交通项目。从铁路线看，中线昆明至老挝至泰国曼谷最具实现性，而这条铁路线也就是伴随湄公河"黄金水道"最直接的距离最短的西南新丝绸之路。对于这条铁路，要是说始所未料也还不准确。因为，远在1939年中国抗日战争相持开始阶段，伴随工矿企业的大量西迁，从持久抗战的战略意图出发，当时的重庆政府在修筑滇缅公路前后，也有打通滇、缅战略后方的铁路计划，路线也是澜沧江方向，与目前的线路相近，只是更偏向耿马地区，与缅甸腊戍铁路对接，动用30万民工，日夜赶工，路基基本形成。但1942年日军占领缅甸，向滇西大举进攻，危及铁路施工，该计划也就陷入停顿。如今昔日路基已经湮没于丛林之中，个别遗迹尚存。目前的新线路更加偏向澜沧江一侧，从今天的铁路施工技术来讲，没有更多难以克服的障碍。

这条经景洪到老挝南下的铁路就是"泛亚铁路"的一段，是伴随湄公河"黄金水道"的黄金陆桥，通车以后 10 多个小时就到新加坡。2012 年，老挝国会通过了老挝向中国贷款 70 亿美元修建铁路的提案，老挝资金有了着落，开工准备就绪，工期预计为 5 年，万象段工程已经开始启动。"泛亚铁路"对人口超过 20 亿的东南亚地区无疑是最重要的经济生命线，是推动中国与东盟各国互联互通的最重要基础设施，也是构建新丝绸之路经济带的重要经济成果。铁路运输的运能是公路运输的 20 倍，成本又仅是后者的 1/20。目前，中国与东南亚国家贸易量以每年 30% 的速度增长，不仅需要水路运输，更需要这条伴随湄公河"黄金水道"的黄金陆桥。

另一条与"泛亚铁路"规划主框架有关的铁路干线，是大西线方案，即昆明到缅甸到泰国的方案，中国也在积极准备，这是与湄公河"黄金水道"项目相互补充的项目，也可以视为相互循环的"双线"，自然也是西南新丝路互联互通的重要基础设施。这条铁路线经大理、保山到瑞丽，连接仰光、曼谷再到新加坡。要在云南西部建设一条 30 公里长的隧道直通缅甸，其中的一些段落跨越怒江峡谷，与滇缅公路大体复合。大理—保山线已经动工，保山到腾冲的线路也在启动。这条新丝路的经济重要性还在于，既是"泛亚铁路"的一部分，又与孟中印缅经济走廊直接关联，其互联互通的意义不亚于前者。

雪域丝路与孟中印缅经济走廊

在中国西南地区，还有一条历史同样久远的雪域高原丝绸之路。这是藏传佛教向中国内地传播之路，也是藏族与内地居民的经济联系通道。这条通道分为青藏道与川藏道，后者是民间习称的"茶马古道"，那支为国际人士熟悉的"跑马溜溜的山上"的歌既有川人的民歌旋律又有藏人的音乐元素，是茶马古道的歌，也是丝绸之路上另类的天籁。青藏铁路通车与延伸使这条丝绸之路途程缩短，川藏公路的不断改造也保证了中国川藏地区的紧密连接。中国最后一个不通公路的县墨脱县——修建了新的公路，雪域高原的开放度得到提升。川藏之间需要铁路的梦，也已经实现。特别是环喜马拉雅经济合作带的提出，给中印、中尼的经济合作增添了新的亮色。

在中印、中尼之间，聂拉木口岸和亚东口岸一直是中印、中尼经济文化的交流孔道，也是西南丝绸之路的重要走向。这里不仅流通着历史的文化信息，承载着曾经由牦牛驮起的国际贸易，拉萨到日喀则的铁路也已经开通，正在向贸易口岸延伸，拉萨通向雅鲁藏布江大拐弯处的美丽的林芝铁路也已立项开工。中尼友好合作往来非常有前景。中国和印度是亚洲的两个古老的文明古国，在近代都受了同样的屈辱，都有复兴与发展的强烈愿望，都在努力地实现经济与社会的现代化，具有共同的感受和发展目标。亚洲经济的全面合作，中印发展是最重要的因素，决定着"亚洲世纪"能否真正成为"亚洲世纪"的关键的未来走向。

自 1990 年以来，亚洲一直是世界经济增长的引擎，年均增长 6%，但也面临发展中的挑战。一是克服中等收入陷阱。亚洲新兴市场超越中等收入阶段进入发达国家行列，必须转变经济增长模式。这在亚洲发展先行国家包括中国和印度，是共性问题。二是人口老龄化和发展不平衡问题。亚洲还有近 7 亿贫困人口，占世界的 65%，更好地减少贫困，也是中印合作的重点。印度的高科技发展在发展中国家里有一定的导向性优势，中国的经济结构调整和产业升级，都给亚洲其他发展中国家和地区提供了新的机会。在未来 20 年，亚洲经济有可能超过美国与欧盟之和，这个超过的过程能否顺利，中印的发展与中印之间的经济合作将起决定性作用。

国际上的一些学者在"一带一路"课题研究的同时，也对孟中印缅经济走廊给予高度关注。新加坡拉惹勒南国际研究院副教授普拉杜姆纳·拉纳在《澳大利亚人报》网站发表文章《建设 21 世纪丝绸之路》，对建设孟中印缅经济走廊和中国西南丝路以及中国驻印大使魏苇提出的"跨喜马拉雅经济增长区域"给出自己的学术见解。他的研究课题也是亚洲开发银行的课题，他认为大湄公河有 3 条经济走廊，中亚有 6 条，跨喜马拉雅经济增长区域也有 4 条。其起点是新德里和加尔各答，穿过尼泊尔到中国西藏，然后有两条线向东通向东南亚，另两条线西抵巴基斯坦、阿富汗和中亚地区。他认为，跨喜马拉雅经济增长区域将会形成"无缝对接的亚洲经济体"，建议孟中印缅经济走廊扩大范围，覆盖所有东南亚次区域合作国家，覆盖到尼泊尔和不丹，扩大中、印、尼边贸。他说，如果使用陆路运输，海路运大件，陆路运输供应链部件，印度主要城市与中国内地城市的距离比海路缩短一半路程。他和他的课题伙伴还向亚洲开发银行建议，要推广建设 4 条跨喜马拉雅经济增长区域走廊的理念，同金砖国家开发银行和正在筹备的亚洲基础设施建设银行一道承担角色。

各国领导人的共识和学者们的思考，显示了"一带一路"经济发展构想的巨大吸引力。

孟中印缅经济走廊可以有狭义、广义之分。就其目前的涵义来讲，与传统西南丝路和第二次世界大战中的滇缅公路走向相一致，并且也有网状特点，广义上也应当包括喜马拉雅山脉的两端与山脉中的多条贸易通道，因此，拉纳的研究有一定的价值。在中印久远的陆地贸易历史中，雪域高原丝绸之路的贸易孔道发挥过巨大的转手贸易功能，这是没有疑问的。有关环喜马拉雅经济合作带的提法也是完全有地缘根据的。

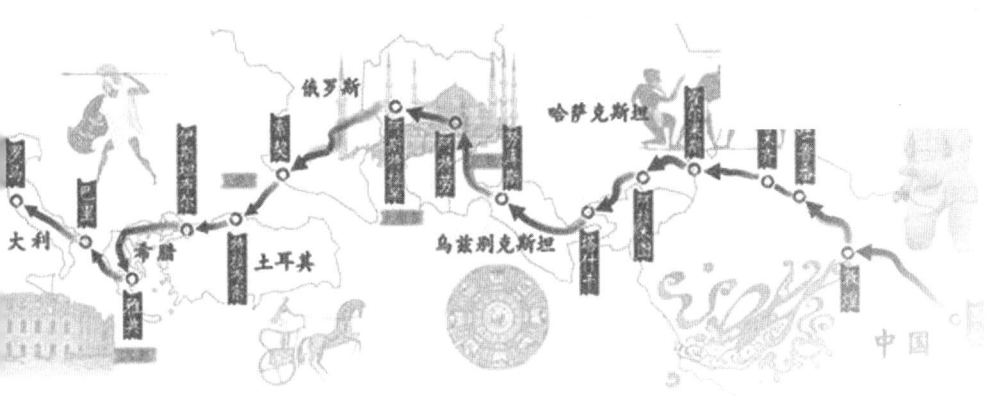

海上丝绸之路在延伸

海上丝绸之路的历史源流

　　海上丝绸之路源远流长。在宗教交流史上，隋代的法显是陆路去海路回，唐代的玄奘是陆路去陆路回，唐代还有个义净大师，是从广州出发，海路去海路回。一般认为，中国的大规模航海是从明成祖时的郑和开始，但海上丝路的开辟远早于这个时期。魏汲塚书中的《穆天子传》虽然不可考，但也传达了通西域的陆路交通早于秦汉的历史信息。同样，秦代的徐福出海，虽然附丽于寻求长生之药且无可考其下落，但带来的历史信息也是中国的规模航海活动在秦代已经在东北亚地区开始。翻开《史记》，更有"番禺，亦其一都会也，珠玑、犀、果、布之凑"的记载。据《汉书·地理志》载，公元前111年至公元前87年，汉武帝派遣专属于"黄门"近侍的"译者"，招聘"应募者"组成官方船队，带着"黄金杂缯"，从当时广东的徐闻、合浦三汉港和日南（在今越南中部）出海，沿着中南半岛，到泰国、马来西亚、缅甸，抵"黄支国"，最后抵达"己程不国"（今斯里兰卡）返程，全程有5000海里。这是亚洲内陆与海洋的经济文化交流有文字记载之始。在魏晋南北朝时期，广州已是繁华热闹的大港，《晋书》中有"广州包出大海，珍异所出，一箧之宝，可资数世"的叙述，《南齐书》有"南齐珍贵，莫此为先"的赞语，《新唐书·地理志》更有对当时最长的1.4万公里的航线"广州通海夷道"的详尽记录。唐代的海船从广州的南海神庙启程，经南海过新加坡海峡，横跨印度洋，直至波斯湾。每年经由这条航线到达广州的阿拉伯商船就有4000多艘。到了宋元明时期，广州依然是中国陶瓷产品与丝绸最大的吞吐港。在清代，"一口通商"和"天子南库"的垄断地位更使广州成为中国首屈一指的大国际贸易中心。

　　然而，中国海上丝路的历史起航点不只广州。在东南沿海地区以及其他靠海地区，至少还有8个海上丝路古代贸易中心。宁波（古明州）兼得江河湖海之利，贯穿南北大运河，使之获得了广阔的内陆腹地，"南则闽广，东则倭人，北则高句丽，商舶往来，物货丰衍"，这是上海未开阜前的中国东亚海上丝路的起始港。福州地处闽江下游，扼海峡而成为海上丝路的必经之地，在明清两代都被确定为内陆与琉球商品往来的最近港口和唯一合法口岸。公元14世纪，郑和下西洋，海上丝绸之路的南海航线贸易扩展达到顶峰，福州是其重要驻舶地。清康熙时在1684年设立的第一个海关是福州的"闽海关"，至今那里还有关于海上丝路的遗迹，如闽安歧东古渡、淮安窑古渡、淮安接官道等。通过福州，中国文化继续辐射到日本与东南亚。明代的漳州也是国际大港，从月港出发的商船东达日本，南通菲律宾、马六甲，与欧洲人开辟的马尼拉盖伦贸易航线连接，构成了当时比较完整的环球航路，漳州窑出口的陶瓷产品在东南亚和欧洲时有发现，证明这条海上丝路的确存在。历史上最著名的世界第一大港"刺桐港"——泉州是联合国教科文组织认定的海上丝绸之路的起点，在宋元时期与埃及亚历山大港齐名。"刺桐港"有当时世界上最先进的造船与航海技术，是全方位国际贸易港口，北连朝鲜半岛、日本，南通菲律宾、印度尼西亚，西抵印度洋、非洲东岸，在马可·波罗的眼里，"货物堆积如山"，"商店数目比世界上任何城市的商店都多"，"可以找到来自世界最遥远地方的商品"。北海与合浦则是从汉代就开始指定的官方贸易港口。

　　诚然，海上丝路有《史记》中秦始皇时代徐福在山东半岛渡海开始的记载，但记录较大规模的跨国远航的还是《汉书·地理志》。《汉书·地理志》记载的为中外学者所重视的信史资料表明，汉代的具体航海路线是从北部湾出发，穿马六甲海峡进入孟加拉湾，到达印度半岛南部的"黄支国"（即今日印度泰米尔纳德邦的康契普腊姆）。这条海路一直延续并不断延伸，在中国南北朝的刘宋时代，"海舶每岁数至"，"舟舶继路，商使交属"，"宝货所出山海珍怪，莫与为比"（见《宋书·蛮夷传》）。《隋书》也有主事常骏、王君政海上出使"赤土"，"其王遣婆罗门鸠摩罗以舶三十艘来迎"的记载。据专家考证，"赤土"在今马来西亚南部。自唐代以后，海上丝绸之路贸易达到鼎盛，造船业规模巨大，一年能造"浮海大船"500 艘，各港口来往的外国商船名号繁多，包括南海舶、番舶、昆仑舶、波斯舶、狮子国舶、婆罗门舶等，最大的可载 600 多人。

海上丝路的经济核心区不仅是沿海海港城市，还有内陆靠海的大工商城市给予的物流支撑。如隋唐时代的扬州，因运河漕运而兴，成为南北物资的集散地，陆上丝绸之路与海上丝绸之路在此交汇，成为"富甲天下"的国际贸易中心。唐代的扬州是双重城格局，即蜀冈上的"衙城"与蜀冈下的运河两岸的"罗城"形成行政与商业分开的城市格局，犹如今天的老行政区与开发区。扬州是当时中国最大的陶瓷集散地，来自全国不同窑口的陶瓷产品在扬州集散，转运他地或直销海外。1996 年在印尼勿里洞岛附近发现阿拉伯古代"黑石号"沉船，打捞出 6 万件中国瓷器，均来自 9 世纪中国各瓷器窑口。专家们普遍认为，这艘沉船从扬州解缆出发，目的地是波斯湾的古代东洋贸易港口席拉夫。扬州在阿拉伯古语里的称呼是"坎茨"。在中国的六朝时期，南京（即古建康）也成为海、陆丝路和从东海走向东北亚国家、从南海走向西方的贸易中枢。自中国三国时代的东吴开始，中国东南部造船业和航海业迅速发展，航线北通辽东与朝鲜半岛，南到中国台湾与南海诸国。及至明代，南京不仅是郑和下西洋的策源地、起点与终点，也是郑和航海事业的大本营和人生归属之地。永乐皇帝为了表彰他的功勋，在南京修建了天妃宫、净海寺，至今留有当时的官办造船厂——龙江宝船厂遗迹。

扬州和南京在海上丝绸之路的历史中心地位，不仅说明丝绸之路的陆路与海路本来就是一个多方位开放的内部与外部的循环圈，或者说是一种钳形贸易经济循环体系，同时也给人们以启示，即海上丝路最大的硬件设施是海港，但真正支撑其运转的是广阔的经济腹地与高效的物流系统。21世纪海上丝路是海港城市要做的大文章，但物流区位和流通的便捷形成的资源集聚效应，同样也是篇大文章。

历史上海上丝路也是一种多元网状结构，具有持久影响的还是广东。从上文讲到的雷州半岛的徐闻与北海市的合浦开始，广东的海上贸易一直没有中断，就丝绸和生丝而言，一直到近代的1929年世界经济危机发生，中国的生丝业出口才受到严重打击而开始衰落。广东是中国四大蚕茧产区之一，历史上的"广东锦"以精细著名，甚至有"粤纱，金陵苏杭皆不及"和"广纱甲天下，缎次之"的口碑。据记载，在清光绪年间，广东年生丝出口4万担，约占全国出口的40%，这一时期，桑市、蚕纸市、丝市、丝绸市产业细分，仅绸缎的年销量就达150万匹左右。20世纪30年代，中心产区的顺德织机近万台，历史上顺德桑田面积最大时达120万亩，全县90%的人口从事桑蚕生产。从丝绸生产与贸易可以看出，丝路贸易其实一直没有中断，主要的问题是贸易主导权与1930年的世界经济危机所致。

中国国家主席习近平在2013年10月访问印尼时，提出了建设21世纪海上丝绸之路的构想；2014年访问南亚三国，是海上丝路建设的又一次有力的推动。郑和航海以来600多年后的中国，终于在新的历史条件下更大规模地开启了世界经济一体化下的新的航海时代，这是实现海上"中国梦"的新的开端。整体来看，通向海上丝路的港口群有四个：一是渤海湾与辽东半岛港口群，二是大长三角港口群，三是闽粤港口群，一是北部湾港口群。中间的两个港口群人们熟知，渤海湾港口群与北部湾港口群都有海陆丝路直接相联的特征。山东揽黄抱蓝，"带桥结合，路点结合，海陆一体"构建东北亚商贸物流基地，打造通向中国内陆、俄蒙、中亚、西亚与欧洲的经贸通道。北部湾的北海、钦州、防城、湛江与海口是海上丝路的门户，同样具有海陆丝路直接相连的地缘特征。广西南宁"三边统筹"，向北通向贵阳、重庆、成都再到兰州，连接中亚方向丝绸之路经济带，向南通向东盟国家，建设中南半岛经济走廊。2013年北部湾港口货物吞吐量达到 1.87 亿吨，集装箱 100 万箱，2020 年将达 3 亿吨。2005 年 7 月 11 日中国设立航海日，"兴海强国"是主旋律。唤醒全民航海意识、海洋意识和海洋国土意识，是推动世界贸易、投资与经济合作的时代要求，也是中国人实现强国梦的必有的精神与意识。航海日的设立，至今已过 10 个年头，实现从海洋大国到海洋强国的转变，不仅需要"海陆统筹，综合开发"，培育壮大海洋战略性新兴产业，高度重视海洋生态保护，更要通过海上丝绸之路实现与世界各国相互贸易、投资与经济合作，在航海文化建设中增强中国的国际影响力。

海上丝绸之路到非洲

通过海上丝绸之路，中国已经连续 5 年成为非洲第一大贸易伙伴。对非投资存量超过 250 亿美元，投资非洲的中国企业也有 2500 家左右。目前，中非双边贸易额为 1200 亿美元，到 2020 年预期达到 4000 亿美元。2014 年，中国向非洲国家增加至少 120 亿美元的援助，包括 100 亿美元的贷款额度，这使得中国给非洲的贷款额度总额达到 300 亿美元。中国还为中非发展基金增资 20 亿美元，使其达到 50 亿美元的规模。中国与非洲进一步加强产业合作、金融合作、减贫合作、环保合作，打造中非合作"升级版"。中国将与尼日利亚等非洲国家合作修建投资 131 亿美元的铁路，包括连接非洲几个首都城市的高铁，进一步促进非洲地区的经济发展。2014 年 8 月，由中国企业承建的横贯安哥拉全境的全长 1344 公里的本格拉铁路全线竣工，年内通车。这是继 20 世纪中国援建坦赞铁路之后在非修建的最长的铁路。中国公司在非洲的铁路工程项目，还有造价 38 亿美元的东非铁路、总投资 40 亿美元的埃塞俄比亚至吉布提电气化铁路、建设造价 56 美元的乍得铁路、投资规模 120 亿美元的尼日利亚沿海铁路等。中非之间的产业合作前景广阔，方法也十分灵活，由于中国是世界上外汇储备最多的国家，中国在合作建设项目的同时也能提供用于支付项目费用的贷款。中非在经济文化方面全面合作的前景广阔，在中国明代也即公元 14 世纪的郑和航海中，中非实现了经济文化与贸易的一次历史大接触，在 20 世纪 50 年代又出现过一次合作高峰，现在开始进入超越历史的经济合作不断升级的新阶段。

非洲国家经济发展也很迅速，世界银行新发布的《全球经济展望》显示，2014 年，撒哈拉以南非洲国家 GDP 增速平均为 4.7%，预计 2015 年为 5.1%。随着坦桑尼亚发现海洋天然气和乌干达、肯尼亚油田引进外资扩大生产规模，撒哈拉以南非洲国家发展步伐还会加快。根据坦桑尼亚央行《金融稳定报告》，坦桑尼亚 2013 年同比增长 7%。预计 2015 年将达到 7.5%。

尼日利亚是西非经济发展的新亮点，中尼贸易额在 2013 年达到 136 亿美元。根据尼日利亚国家统计局公布的 2013 年数据，该国 GDP 总量为 80.22 万亿奈拉，约合 5099 亿美元，比上一年增长 7.41%。南非 2013 年 GDP 总量为 4021 亿美元，从数据上看，"西非雄鹰"已经超越了"南非大象"。尼日利亚改变了过去单一的"资源出口型"经济模式，服务业日益成为带动经济增长的火车头。以电信业为例，过去该国仅有一家电信运营商，目前则拥有十余家电信运营商，在网用户 1.69 亿。尼日利亚还拥有自己的电影产业基地"瑙莱坞"，年产电影超过 1000 部，成为继美国和印度之后的第三大电影生产基地，占据了西非大部分国家电影院的屏幕。作为非洲人口第一大国，其广阔的消费市场和良好的经济发展前景吸引着更多的外国企业。尼日利亚经济发展也面临着诸多问题，农产品尚不能自给，基础设施建设方面存在诸多"短板"，尤其是电力供应严重短缺、市政基础设施老化、机场与港口运力不足等问题长期困扰着该国的经济发展。这也是中尼经济互补的重要切口。油价的暴跌也给尼日利亚经济造成冲击，但也有海上丝绸之路带来的结构调整的新的机会。

在东非，埃塞俄比亚或将成为新的世界工厂，纺织和服装业成为经济发展的领头羊，从而使该国成为又一个由人口红利推动经济增长的非洲前哨国家。在埃塞俄比亚，工人每月工资为 50~60 欧元，远低于中国，也比肯尼亚、莱索托、加纳和卢旺达低。他们创造了全球最强劲的增长率之一，在 2004 年到 2011 年平均增长了 10.6%。虽然埃塞俄比亚纺织产品出口额目前只有 1 亿美元，而亚洲的另一个新兴的纺织服装大国孟加拉国出口已经超过 200 亿美元，但后来居上的势头不可小觑。

刚果共和国是中非重要资源丰富的国家，中刚在已经开展的"石油、电信工程一揽子合作"框架下，不断探讨合作新模式，推进铁港口建设和建立合资银行。

2011 年，非洲各国领导人决定建立非洲自贸区，推进区域经济一体化进程，实现区域内货物自由流通。非洲自贸区覆盖东南非共同市场、东非共同体和南非共同体 26 个成员国，惠及 6 亿人。根据规划，非洲自贸区将于 2016 年建成，2014 年底完成自贸谈判。南共体是 1992 年 8 月成立的地区性政府间合作组织，成员国面积占非洲的 33%，人口占 27%，GDP 占 36%，是资源富集地区，但长期以矿业和初级农产品为主产业，制造业在工业总产值中只占 11%。南共体制定了 2015—2020 年发展规划，把工业化、共同市场、基础设施建设和社会发展作为四大重点，发展跨国铁路、公路、港口、通信、电力，推动建设南共同体 8 国"南北经济发展走廊"。

通过 21 世纪海上丝绸之路，不仅使中非经济合作不断升级，整个亚洲与非洲的经济联系越走越近，印度、韩国、土耳其以及拉美的巴西都与非洲建立了紧密的经贸关系。在对非贸易方面，中国占 38.5%，印度为 14.1%，韩国为 7.2%，巴西为 7.1%，土耳其为 6.5%，其他国家为 26.7%。中国对非双边贸易额在 1200 亿美元以上，印度是 700 亿美元。印度目前已经超过美国成为尼日利亚石油的最大进口国。尼日利亚国家石油公司资料显示，2014 年上半年，美国在尼日利亚进口 20 万桶，印度达到 75 万桶。非洲国家也开始纷纷向东看，从 1990 年起，非洲对亚洲出口逐年递增 10.4%，远远超过对美出口的 4.6% 和对欧盟国家出口的 3.7%。美欧对非贸易的萎缩与亚洲对非洲的贸易发展形成了鲜明比照，这让奥巴马也有些坐不住了，匆忙之中开始访问非洲。

中阿共同的丝路精神

中东地区是世界重要经济地区，对于东亚国家同地中海国家以及南欧、中欧、北欧和西欧国家的经济合作，意义非同一般。中国同中东海湾国家、地中海国家以及欧洲的经济联系，一直是以传统的海路方式进行。

中国是阿拉伯国家的第二大贸易伙伴，阿拉伯国家也成为中国的第七大贸易伙伴。1996 年，中国与 22 个阿拉伯国家间的贸易额不足 60 亿美元，2004 年达到 367 亿美元，2010 年双方确立中阿战略伙伴关系，双边贸易额首次突破 1000 亿美元。即使在贸易保护主义抬头、贸易放缓的2012 年，中阿贸易也是逆势上扬，达到创纪录的 2224 亿美元。中阿经济互补性强，合作潜力巨大。阿拉伯世界地处国际交通要冲，油气资源丰富，已探明储量占全球的 60%，号称"世界加油站"。海湾 6 国合作委员会拥有"石油美元"的雄厚财力，其主权财富基金高达 2.5 万亿美元，亟须寻找投资方向。中国是阿方优势能源产品的稳定市场，阿方对中国的基础设施建设技术有较强的需求。中国西部特别是宁夏回族自治区，是阿拉伯国家投资贸易的关注地区，双方无论在共建海上丝绸之路还是陆上丝绸之路经济带，都有强烈的动因。重要的还有，中东地区也是商业人才特别是在航海贸易中一展身手的人才集聚的地区。阿拉伯商人群体是仅晚于地中海商人的商业群体，在世界名著《一千零一夜》里，记述了许多航海家和商人的故事，如水手辛伯达的形象在阿曼有原型，这个原型人物独驾单桅船，游商两年到达广州。就连中国的古老海港城市的方志记事里，也有像泉州大贾蒲寿臣这样的"富可敌国"的阿拉伯裔商业人物。泉州的灵山圣墓和清净寺也是昔日阿拉伯先哲的遗迹。泉州人至今还保留开早市的习惯，也与丝路繁荣的历史相关。

中阿是陆上丝绸之路与海上丝绸之路的最大历史建设力量，特别是在公元6世纪以后，是海陆贸易的连续不断的贸易主流与中坚，连中国最伟大的航海家郑和，也有来自云南的阿拉伯后裔的血统，说明中阿贸易的渊源非常深厚。中阿古代贸易图就是当时的世界贸易图，中阿历史上的直接贸易与转口贸易在近代衰落，与西方对近东地区进行的早期的"黎凡特"贸易有关，同近代中国被半殖民化也有关，同后来的中东的地缘政治变化和与之相应的阿拉伯国家石油贸易走向有着更直接的关联。现在，石油资源地图似乎在改变，中阿在新的世界经济一体化中再次机缘投合，中阿贸易投资也将出现新的局面。可以这样讲，中阿经济再次在海上和陆上的更紧密的握手，既是世界经济一体化的靓丽风景，也是丝绸之路全面复兴的一个标志。

中阿目前的合作还是可圈可点的。以阿拉伯半岛的阿曼、迪拜地区和沙特为例，石油出口在阿曼对中国的总出口中占近90%的份额，中国在阿曼的石化等行业也有互利共赢的投资，双边贸易额已达230亿美元。2014年一季度，中国已经成为迪拜头号贸易伙伴，双方贸易额达到105亿美元，比上年同期增长27%。2013年，沙特的GDP增幅3.8%，随着经济的高速增长，许多行业都有大的商机，交通、物流、能源服务、石化产品生产、电信和医疗卫生行业都需要全面开发。沙特在油价暴跌的情况下，国内设施建设依然全面开展，颇有市场定力。在投资环境方面，沙特排全球26位，是中东、北非排名靠前的国家。沙特为了促进外国投资增长，除零售、工程制造和咨询管理之外，其他所有行业都可以由外资百分之百控股。目前，沙特阿拉伯计划在沙漠里建设类似中国深圳一样的工业城——"国王经济城"，他们希望中国公司的投资占到总投资的20%。与此同时，位于亚欧8小时航空经济圈的阿联酋迪拜，计划投资320亿美元建设可与英国希思罗机场相比的世界最大的航空枢纽。

为了加强与中国的经济合作和贸易联系，中东各国领导人相继访华。2014年6月，中阿合作论坛在北京举行。会前，国家主席习近平会见科威特首相贾比尔。贾比尔明确表示，积极参与建设丝绸之路经济带和21世纪海上丝绸之路建设，提升双边贸易水平和双向投资水平，推进金融、基础设施建设、物流等领域合作，大力推动"海合会"与中国自贸区谈判。自贸协定谈判有国家与国家的双边模式，也有紧密经济共同体国家统一为一边的模式，这显然是一个包括"海合会"所有成员国的贸易新对接。由于石油贸易数量大，中国对中东国家存在贸易赤字，中国正在寻求更多元的商务联系，如核能、航空航天等项目合作作为能源贸易的补充与对冲，为经济合作与投资进一步创造新的空间。阿拉伯国家地区人口近3.5亿，GDP超过3万亿美元，是世界重要消费市场。在中国对海湾国家的出口中，消费品是大宗，但投资也在增加。中阿深度经济合作对丝绸之路经济带和海上丝路建设影响深远。

全球化背景下的中欧经济"双引擎"

目前，中国与欧洲的经济贸易同样借助于海上通道，尤其是 20 世纪进入地中海的黄金水道苏伊士运河凿通以后，海上丝路便成为直接联通亚欧经济文化的主渠道，在当时和现在都起到了经济贸易海上大动脉的作用。目前，中国与欧盟国家之间的经济技术交流越来越紧密，2013 年中欧双边贸易额达到 5591 亿美元，日均贸易额超过 10 亿欧元。欧盟已连续 10 年保持中国第一大贸易伙伴地位。中欧经济贸易与跨国旅游业迅速发展，尤其是跨国旅游业，为拉动欧洲市场复苏贡献颇大。

英国与中国在 10 年前就建立了全面经济战略伙伴关系，中国已经成为继美国、欧盟之后，英国最大的贸易伙伴。2013 年中英双边贸易额高达 504 亿英镑。在投资领域，2013 年英国在对华投资中排名第二，只2012 年底就累计直接投资 187.8 亿美元，2013 年中国对英国直接投资 89 亿美元。目前，有 400 多家中国公司进入英国。两国的经济关系越来越紧密。在欧洲，英国的经济发展比较好，2014 年 9 月英国公布对国民经济核算标准做出的大幅调整，根据调整后的新标准，英国经济衰退比之前认为的要轻微，目前的经济产出也超过衰退前的峰值。高盛公司对英国经济做了新的预测，认为 2015 年 GDP 增长速度可以达到 3%。英国的经济增长有一定的历史意义，不只是在本次危机后率先复苏，也被认为是从 100 年来最漫长的经济衰退中开始复苏。在 2008 年，始于金融部门的经济危机一度使英国经济增速下降 7.5%，目前的增长无异于出现反转的态势。在这种情况下，英国强化贸易与吸引外来投资，尤其是吸引对华贸易和投资。英国放宽了对中国访客的签证限制，可以一次性同时申请"申根签证"和英国签证，此举可以给英国带来 10 亿英镑的旅游收入。他们预测，到 2030 年，每 6 名国际旅客中就有 1 名中国人。根据英国旅游局的数据，2013 年，访英的中国游客平均每人次消费 2508 英镑，而一般游客是 640 英镑。这从一个侧面反映了中英经济全面合作的重要性。另一个侧面是，英国工业重镇曼彻斯特空港城在 2014 年派出商务代表团，到北京、天津、上海路演，希望中国高端制造业、再生能源、材料和生物技术企业前去投资。曼彻斯特空港城是英国在举办奥运会重建东伦敦之后的重要开发项目，开发价值高达 8 亿英镑，是商业中心，也是投资中心，目前是欧洲吸引外国投资最热的地方。2013 年，英国获得的投资项目占欧洲的五分之一，逼近其过去十年的最高点，超过居第二位的德国。在一些投资者看来，今后三年，英国是仅次于中国、美国、印度、巴西之后的最吸引外国投资国家的第五位。普华永道预测，英国2020 年将超过法国成为第五大经济体。2013 年，法国的 GDP 为 2.88 亿美元，英国是 2.28 亿美元。2007 年英国曾经超过法国。普华永道还预测，2013 年英国经济规模比德国落后 30%，到 2030 年英国的经济规模可能只比德国落后 12%。但 2030 年印度的经济规模将超过英国成为第 5 大经济体，届时英国将会退居世界第 6 位。目前，英国是中国在欧盟内仅次于德国与法国的第三大贸易伙伴，是第二大实际投资来源地和中国海外投资主要目的国。2013 年中英双边贸易额达 700 亿美元，但英国对华出口仅为 101 亿美元，德国与法国分别是 734 亿美元和 190 亿美元，有很大的对华出口空间。2014 年，双方深化务实合作，加强核电、高铁等基础设施建设合作，签署了 40 多项协议，涵盖金融、能源与教育，总价值 140 亿英镑，约为 235 亿美元。中英发表联合声明，2015 年双边贸易额要达到 1000 亿美元。为进一步提升中英共同增长包容发展的伙伴关系，英国欢迎中国企业继续在英投资交通、能源基础设施，尤其是核电、高铁、海上风电和光伏项目。同时双方在两国外汇市场开展人民币对英镑直接交易。双方还重申，根据《中欧合作 2020 年战略规划》，尽快就自贸协定开展联合可行性研究，维护加强以世界贸易组织为代表的多边贸易体制，建立开放型世界经济。

爱尔兰与中国的双边贸易从 2003 年到 2013 年增长 125%，达到 80 亿欧元。爱尔兰在软件开发、通信技术和生物技术方面有很高的水准，曾被评为最适宜经商的国家之一。目前，爱尔兰投资发展局在上海、北京、深圳设立办事处，华为、联想、中兴、腾讯等企业也落户爱尔兰。

在北欧和中欧，经济贸易合作同样活跃。中国与德国经济贸易规模较大。德国企业看到中国对环保、清洁能源建设等的巨大需求，对中国市场越来越关注。默克尔已经 6 次访华，有效地推动了中德两国经济关系发展，2014 年的第 7 次访华，是对习近平主席 3 月访华的回访，在那次访问中，两国发表联合声明，明确了发展互利的创新伙伴关系，经济合作和发展创新伙伴关系仍是主要议题，能源、电动汽车、环保、高科技领域是重点。默克尔特别希望德国的企业拓展中国西部市场，要把双方需求契合的领域，如节能、能效、城镇化、低碳发展、可再生能源的合作整合到 2015 "中国创新合作年"之中。中德关系正像德国驻中国大使柯慕贤所言，"中德并非战略对手，相反，两国经济有互补性，战略上也有匹配之处"。目前，德国正在实施"工业 4.0 战略"，也就是继机械化、电气化和信息化技术之后，把物联网与互联网引入制造业，进入第四次工业革命。其一是"智能工厂"，主要是智能化生产流程。其二是"智能生产"，物流生产管理人机互动。通过"工业 4.0 战略"，德国 6 个行业产值预计到 2025 年增长 780 亿欧元，平均每个行业年增长 1.7%。由于欧盟与俄罗斯之间的制裁与反制裁，德国经济受到影响，欧洲央行的量化宽松货币政策的实施，影响也未可估量。德国 30 多年来一直是中国在欧洲的最大贸易伙伴。中德贸易额一直占中欧贸易的近三分之一，相当于中国与英、法、意的总和。欧盟对华出口的一半来自德国，自华进口的四分之一流向德国。中国从欧盟引进技术的四成也来自德国，德国对华投资也占欧盟的四分之一。2013 年中德双边贸易额达到了 1404 亿美元。中国与德国贸易在 29 年里增长 11 倍。中国总理与德国总理两年三次互访与会面，使中德进一步结成"创新合作伙伴"，实现了德国经济界两年前就呼吁的建议，他们认为，德国企业凭借先进科技可以在中国市场获得大的商机，但很多技术也需要在中国研发，德国企业必须及早同中国企业展开研发合作，切实进入中国方兴未艾的环保和医疗市场。德国的经济发展水平是欧盟国家的代表，目前的人均 GDP 是欧盟平均水平的 124%。奥地利人均 GDP 是欧盟平均水平的 129%，位列欧盟第二。瑞典、荷兰是 127%，爱尔兰是 126%，丹麦是 125%。卢森堡为第一，是欧盟平均水平的 264%。

在西欧，中国与法国贸易稳定。2013 年，中法双边贸易额达 522.7 亿美元。法国对中国贸易逆差为 131.2 亿美元。中国是法国第八大进口来源国和第八大进口市场。在法国与亚洲贸易的层面上，中国是法国第一大出口市场。中国输法产品主要是机电产品、化工产品、运输设备等，法国输华产品主要是机电产品、纺织品、家具、玩具等。法国与其他欧盟国家一样，对美或在欧盟内部贸易比较发达，如德国、比利时、意大利、荷兰、美国、英国、西班牙是法国的前七大进口来源国，意大利、英国、西班牙、美国、荷兰等是其前七大出口目的国。中国与欧盟国家是世界的两大经济体，中国与欧盟国家的多边经济合作比较持久。在历史上就是丝绸之路两端的经济技术交流的最终目的地和受惠者，未来会有更大的发展前景。2014 年 9 月，中欧高级别人文交流对话机制第二次会议在北京举行。习近平和欧洲理事会主席范龙佩、欧盟委员会主席巴罗佐都发了贺信。中欧高级别人文交流对话，对打造中欧和平、增长、改革、文明四大伙伴关系具有重要意义，中欧关系的战略性不断提升，越来越具有全球影响。

中国与欧盟各国的经济合作潜力无限，这在目前的贸易势头里就可以得到明确的答案。2014 年 6 月，中国海关发布的数据显示，中国外贸在经历多半年的负增长之后，5 月的增速开始转正，当月顺差扩大七成，这不仅是外贸结构优化的结果，在很大程度上来自今年以来欧美等重要经济体经济的回暖。前 5 个月，除对中国香港贸易下降外，中国对欧盟、美国、东盟和日本进出口，都保持增长，其中，中欧双边贸易总值 1.48 万亿人民币，增长 9.4%。

在南欧和地中海，中国与意大利再次相逢。意大利是古代丝绸贸易的直接终点，是罗马文明的发祥地，不论东罗马还是西罗马，其都城与中国的长安都是名重一时的国际大城市。这两个大城市的市场容量巨大，同时也是当时的奢侈品消费中心。这是古代丝绸之路兴盛的两大动力源。意大利是中国人熟悉的马可·波罗的故乡。在元朝建立以后，马可·波罗这样的商人与准商人来到元上都、中都与大都，还游访和了解了诸如扬州这样的商业大城市。《马可·波罗游记》从总体上反映了陆上丝绸之路与海上丝绸之路的贸易盛况。意大利是欧洲的一个发达的现代制造业技术中心和商业中心、文化中心，与中国有着持续的经济联系。2014 年，在长期经济合作的基础上，中意企业家共同成立中意企业家委员会，意大利总理伦齐与中国总理李克强共同出席了大会，伦齐在与习近平的会见中提出，意大利将拿出比马可·波罗和利玛窦更大的胆识和远见推动意中全面战略伙伴关系发展。意大利是欧盟轮值主席国，2014 年亚欧会议也在意大利开幕，2015 年世界博览会将在米兰举行。中意还发表了《中意关于加强经济合作三年行动计划》，要在两国经贸、旅游、农业、食品、科技、人文等领域扩大合作。在基础设施建设、航空航天、新型城镇化方面促成一些重大项目。意大利也是欧盟创始成员国，在积极推动中欧加快投资协定谈判和启动中欧自贸区可行性研究，起着重要作用。据欧盟统计局数据，2013 年，中国与意大利双边贸易额为 437.3 亿美元，意方逆差 176.6 亿美元。中国是意大利的第 10 大出口市场和第三大进口来源地。意大利对华出口，机电产品占 40%，其余为化工产品和纺织品原料等。意大利从中国进口也以机电产品和纺织品为大宗。

希腊是古代丝路的另一个著名的目的地，张骞的副使虽然没有登上希腊的土地，在地中海的东岸驻足，但丝绸已经飘然过海，进入希腊文明的故土。有人说，希腊的女神雕像衣理飘逸，丝毫未现粗纤维衣料的质感，恐怕是丝绸的缘故，或许很有些道理。因为丝绸进入欧洲，应当早于张骞通西域，这就像他在西域发现"蜀布"，认知总是要落后于实际的。希腊是地中海最早的海洋强国，是蓝色文明的源头，中希举办海洋合作论坛是一个海上丝绸之路的标志性会议，也是蓝色文明与黄色文明的一次融合。在新丝路构想提出不到一年的 2014 年，中希经济关系早于它国进入快车道。这并非机缘凑巧，而是世界经济一体化带来的风云际会。中希在物流航运、再生能源、船舶制造、建材、葡萄酒、橄榄油等多个领域签署合作协议，价值 46 亿美元。2009 年中国中远集团就在希腊第一大海港比雷埃夫斯港运营拥有 35 年特许经营权的两座集装箱码头，去年吞吐了 250 万个标准集装箱，连续 3 年成为全世界集装箱吞吐量增长最快的码头。这个合作项目是希腊国内最大的外来投资项目，是中希乃至中欧务实合作的一个范例。

希腊是欧洲南部海上进入陆地的重要门户，由中国经苏伊士运河、地中海到比港的航线比传统航线缩短近 10 天，由比港北上的铁路可以与纳入规划的"匈塞高铁"连接，经由中欧直接进入北欧与西欧，海陆空联运纵贯欧洲东西南北，这无疑是中国到欧洲的最短的海陆兼程的距离。海陆并举，环节少，效率更高。因此，中希在比雷埃夫斯港的合作，其成果其意义已经远远超过一般的海运合作，意味着亚洲包括中国的商品，从这里再启程，也可以走向欧洲的波罗的海，将会再次正面影响到亚欧的贸易、投资与经济合作。至少现在可以这样讲，中国到波罗的海，一是按照传统路线，绕过非洲好望角北上东去，二是通过西伯利亚亚欧"大陆桥"到达欧洲，三是从中亚丝绸之路"大陆桥"走向欧洲，四是未来条件具备，也可以经过白令海峡从北冰洋到达彼岸，再就是从地中海进入希腊与南欧地区，直上东欧、中欧、北欧、西欧。

对希腊来讲，它拥有欧洲和世界上最具竞争力的港口，拥有世界上规模最大的商业船队，是海洋文化传统使然，也是地中海地理区位使然，更是希腊未来发展的必然。统计显示，希腊有 4984 艘商船，运力达 1.64 亿吨，承担 15% 的国际贸易，80% 的中欧贸易，而中国 60% 的原油进口和一半外贸商品由希腊船队承运。这个有着航海贸易古老传统与罗马并称欧洲文明源头的国家，其物流航运业是主导产业，目前占其 GDP 的 12%，未来还会提升。航运业的繁荣与复兴对海上与陆上丝路发展的重要性，是不言而喻的。近年来，希腊发生了比较严重的经济危机，目前正在好转，中国通过对希直接的丝路经济合作和增购希腊国债，进一步帮助这个国家从经济危机缠身中摆脱出来。这一切都为两国全面战略伙伴关系注入了新活力。历史似乎总是在经历轮回，但又在螺旋中上升，古希腊凭借其独特的海洋文明影响和培育了西方世界，现在又在海上丝绸之路东西相遇中再次影响欧洲与中国。欧盟专家预计，欧洲在 2020 年将有 75% 的人口住在沿海地带，欧洲的发展取决于更好地利用海洋资源包括航海资源。中国通过地中海上的新丝路，不仅可以实现与欧洲大陆更直接更有效的联通，也为中国走向蓝海经济翻开了新的一页。

欧盟国家目前的经济处于关键时期，特别是对俄制裁与反制裁的影响，以及欧盟央行的量宽货币政策的长远影响和走向，还要细化估量。2014 年 9 月 5 日，欧盟央行不管德国央行的反对宣布降息，贷款利率下调 0.10~0.05 个百分点，欧元应声贬值，带领英镑全线暴跌。在 2014 年后 4 个月里，人民币对欧元即期汇率累计已升值 10%，这增加了中国对欧出口的压力。美元对欧元和人民币的强势也将继续。中欧贸易的发展还有一些新的但不会影响大走向的"变量"。因为从中欧道路联通的情况看，除了传统的海运，还有陆上更为便捷的通道。德国的媒体注意到，铁路已经成为中欧货运的新选择，铁路把集装箱从中国运到德国最多需要 19 天，而海运需要多一倍的时间，还不讲海洋天气变化造成的延误。即便铁路运输成本比后者高 50%，但机会成本大大降低。德国铁路公司目前经营着 3 条通往中国的集装箱运输路线，它的子公司经营着杜伊斯堡到中国重庆和莱比锡到沈阳的货运路线。

中欧互通不仅在于交通，同时也在于资本与金融合作。中国资本正在流入债务危机后经济增长乏力的欧洲，据德意志银行统计，中国对欧盟区域的直接投资存量在 2010 年底是 61 亿欧元，2012 年底增长到 268 亿欧元。中国对饱受债务危机之苦的南欧国家投资力度更大。密切中欧关系新动力的主要来源是创新合作，这是"一带一路"建设的新特征。中欧关系不是简单的贸易关系，更不是谁赢谁输的零和游戏，推动中欧多领域创新合作特别是开放式创新合作，是中欧共谋发展之举。"一带一路"的"五通"对接"和平、增长、改革、文明"四座"桥梁"，巩固战略互信，深化务实合作，谋求共同发展，是中欧发展的一个大趋势。

2014 年，国家经济竞争力排名第一的瑞士位居欧洲腹地，是非欧盟成员国家，瑞士也是最早与中国建交的西方国家之一和欧洲第一个签署对华自贸协定的国家。另一个非欧盟国家冰岛也同中国签署了自贸协定，并在 2014 年 7 月正式生效。中瑞自贸协定谈判持续了两年 9 轮，2013 年正式签署，2013 年 1 月和 2014 年 3 月由瑞士联邦议会下院、上院分别通过。这是中国与欧洲大陆国家也是同世界经济 20 强国家之间签署的首个自贸协定。从 2014 年 7 月 1 日起，中国对约 84.2% 的瑞士产品进口减免海关税，瑞士对 99.7% 的中国进口产品实行零关税。如果加上降税部分，是 99.99% 和 96.5%，大大超过一般自贸协定 90% 的降税水平。显而易见，中瑞自贸协定是两国共同反对贸易保护主义的一个行动，高度互补也是其中的明显特征。中瑞自贸协定对中国与欧洲其他国家商品贸易、服务贸易、投资等方面有辐射带动作用，瑞士可以成为中国与其他欧洲国家贸易投资的"转接口"。2015 年初，瑞士宣布成立人民币清算行，有助于人民币走向国际化。瑞士中小企业多，约 30 万家，自贸协定有益于中小企业，双方在投资、机械制造、能源、水处理、食品加工等方面的合作会有进一步进展。目前，瑞士是中国在欧洲的第五大贸易伙伴和第六大外资来源地。2013 年，中瑞双边贸易额达 595 亿美元，增长 126%。2014 年前 5 个月，瑞士在华投资同比增长 30%。

最早"海上丝路"——东海与南海

从中国来讲，最早的海上丝路方向是东北亚与东南亚，而东北亚与东南亚国家的对外经济交流对象也是中国。这种分不开割不断的历史经济关系是无需多讲的，甚至可以说，在近代列强一再"平衡"亚太以前，东亚国家已经形成了"一衣带水"或者"胞波"的紧密关联。美国的跨太平洋"再平衡"政策，使得东海、南海风波乍起，引出诸多矛盾。但"不废江河万古流"的海上丝路并不会从此沉寂，在21世纪海上丝绸之路强劲的延伸里，进一步形成经济一体化的潮流，无论是在东北亚还是东南亚，贸易、投资与经济合作依然是主旋律。

韩国是中国的重要邻国，中韩建交22年，双方建立了战略伙伴关系，在许多领域成为重要合作伙伴。中国是韩国最大的贸易伙伴和出口市场，最大的海外投资对象国，近年超越日本成为第一大进口来源国。韩国是中国第三大贸易投资伙伴，第五大外资来源国，双方互为最大海外旅行目的地国、最大留学生来源国。两国双边贸易额超过了韩美与韩日的总额，在2013年达到2742亿美元，是中韩建交之初的55倍。当前，中韩都处在大发展的关键阶段，双方对深化战略合作伙伴关系都有高度共识。国家主席习近平在2014年对韩国的访问，进一步丰富了中韩战略伙伴关系的内涵，并就经贸、金融、环境等领域签署一系列合作文件。中韩两国人文交流活跃，2013年人员往来达到创纪录的820万人次，在对方国家留学的均有 6 万人，两国友好城市已达 154 对。2014 年，中韩贸易合作区在中国青岛启动，总占地面积 20 平方公里。截至 2014 年，韩国在青岛累计投入项目 11531 个，实际引资 149 亿美元，青岛与韩国贸易额突破 85 亿美元。2014 年 APEC 领导人非正式会议期间，中韩举行了两国领导人峰会。

日本历史上是中国海上丝绸之路的重要国家，丝路一直延续未曾断绝。近年来中日关系因为安倍政府对二战侵华战争罪行事实的否定，对中国钓鱼岛主权的侵占，使两国关系降到建交以来的冰点，但正常的经济贸易仍在进行。日本是中国的第五大贸易伙伴。2013 年，中日双边贸易额为 3125.5 亿美元，下降了 5.1%。中国对日出口下降 0.9%，对日进口下降 8.7%。日本从中国的进口额以日元计算约为 18 万亿日元，在其整个进口中占比为 21.7%。据中国商务部统计，全球对华投资曲线基本走平但日本对华直接投资从 2011 年的高峰一路下跌。日本刻意压低日元汇率，中国也开始抛售持有的日本国债，两国经济关系继续走低。但离开中国的多为日本小企业，70%的日本大企业还继续投资。2014 年上半年，日本车对华出口增长 49.2%，同时有不少日本服务企业进入中国。但总的去看，上半年日本对华直接投资减少 48.8%，为 24 亿美元，与中国对日投资形成鲜明对比。

在海上丝绸之路上，中国与东盟国家和东南亚地区的经济贸易更频繁，经济文化往来也更密切。且不说明清以来中国与东南亚地区国家有着怎样密切的"马尼拉—盖普贸易"，又怎样共同遭受西方殖民主义的经济欺凌，从而发生了经济全面衰落的历史逆转；也不说中国晚清以后濒临破产的大量华人背井离乡"下南洋"，为东南亚地区的经济延续发展做出了筚路蓝缕的贡献，至今还有大量华侨在为中国与东南亚国家的经济发展在不断努力。即以目前形成的拥有 19 亿人口的中国—东盟自由贸易区来讲，亚洲国家之间的多边贸易已经达到 4.5 万亿的规模。尽管有个别地区出现复杂因素，但最终消除和解决的途径依然是贸易、投资与经济的互补合作。换句话说，南海问题的最终解决，要靠经济，要靠海上丝绸之路的发展和陆上丝绸之路的再次复兴。

越南政府统计数据显示，中越双边贸易额在 2010 年为 273 亿美元，2013 年增长到 502 亿美元，远高于美越 287 亿美元的贸易规模。越南对华出口占到总出口的 42%。近年来中国的许多制造加工企业转移到越南，有些合作形式类似于当年中国东南沿海地区的"三来一补"，供应链在中国，加工链在越南，越南北部的电力供应也来自中国。

中国与东盟国家贸易、投资与经济合作得地缘优势之先。中泰、中柬、中老经济关系稳定紧密。2013 年，中泰双边贸易额达 644.4 亿美元，中国成为泰国第一大出口市场和第二大进口国，超过日本成为泰国第一大贸易伙伴。中柬双边贸易额达 37.7 亿美元，同比增长 29.1%。中老在 2013 年 1 月到 11 月贸易额达 20.3 亿美元，同比增长 29.62%，是中老经济合作有重大发展的一年。据老方统计，中国在老挝投资 50.85 亿美元，是老挝的最大投资国。

2014 年 5 月底，马来西亚总理纳吉布访问中国，共同提出不断深化中马全面战略伙伴关系，提升双边贸易和投资水平，扩大双边本币结算规模。马来西亚欢迎中国企业参与马来西亚经济发展。中马双方目前贸易额为 1000 亿美元，从 2009 年起中国就成为马来西亚最大的贸易伙伴，主要贸易商品是电子、棕榈油、石油化工和机械产品，中国企业投资领域有金融、房地产。目前，中国企业在东盟国家投资增多，2013 年在马来西亚投资较上年增长 193.3%，增幅在东盟 10 国里居第一，马来西亚希望引进更多的高科技产业投资。马来西亚也是世界穆斯林食用品认证与制造中心，中马清真产业互补性强，中马企业已在巴生港自贸区建立展示加工中心，这是中国清真食用品走向世界的第一站。

中国与新加坡贸易量更大。据新加坡统计，中新双边贸易额达到

914.3 亿美元, 比上年增长 11%, 占新加坡对外贸易额的 11.8%。中国在 2013 年成为新加坡最大贸易伙伴, 占新加坡对外贸易额的 11.6%。新加坡是中国第 11 大贸易伙伴。2013 年, 新加坡对华投资 73.3 亿美元。20 世纪 90 年代建立的中新苏州工业园取得成功, 又复制于江苏南通、宿迁和安徽的滁州及新疆的霍尔果斯, 并合作启动"天津生态城"以及"新中广州知识城"、"新中吉林食品区"。中新两国 2008 年签署的中新自由贸易协定, 为双方进一步建立"区域全面经济伙伴关系协定"和中国—东盟自贸协定谈判奠定了基础。2013 年, 新加坡成为"大中华"首个离岸人民币清算中心。2014 年, 新加坡与中国开始探讨"第三次合作", 将在中国西部城市建立新的工业园区。中新经济合作是中国—东盟国家合作典范, 合作深度和区域分布越来越深广。

菲律宾是海上丝绸之路的传统节点, 特别是明清以来的"马尼拉—盖普贸易", 是东西方贸易的重要转口国家与地区。建设海上丝绸之路, 缺少了这个环节, 将是不完美的。中菲在黄岩岛存在主权争议, 中国的立场是鲜明的, 但从长远来讲, 并不妨碍海上丝路的建设。在第 22 次 APEC 会议举行期间, 中国国家主席习近平与菲律宾总统阿基诺三世会面, 这是两国经济贸易关系转向正常的机会, 在经济全球化的背景下, 海上丝路贸易合作是化解争端的重要途径。

2013 年, 中国与印尼双边贸易额达 524.7 亿美元, 中国成为印尼第一大进口市场和第二大出口市场。印尼对华出口产品主要是煤炭、矿产品、橡胶制品、动植物油、木浆纸浆五大类, 中国对印尼出口主要是机械电子产品、钢材、有机化学品等。印尼是一个 90% 以上居民是穆斯林的国家, 但也是多元宗教共处的国家, 拥有 300 多个民族, 2.5 亿人口。发展潜力巨大, 被喻为第二个中国。印尼总统佐科木匠出身, 是 1998 年以来首个与苏哈托独裁政权无关的新领导人。作为东盟的"领头羊", 印尼将把建立东盟共同体、推进区域全面经济伙伴关系协定作为主要课题,同时要全面推动经济改革，优先发展基础设施建设，建设"贯穿印尼东西部的海上走廊"和 10 个"世界级枢纽港"，大力发展造船业和海运业，建设多个由爪哇岛通往全国的工业走廊，改变过度依赖初级产品资源出口的经济结构短板，推动制造业升级。印尼新政府的发展方略与中国的"一带一路"战略有更多的契合之处。

从 2003 年起，中国与东盟建立"面向和平与繁荣的战略伙伴关系"，双边贸易额从 2003 年的 728 亿美元增至 2012 年的 4436 亿美元，双向投资额累计超过 1200 亿美元。2013 年，中国与东盟经济合作持续稳定，已经成为东亚地区合作的先行地区。在 2014 年举行的中国—东盟（10 加 1）会议上，中国再次明确建设中国—东盟命运共同体和构建 21 世纪海上丝绸之路，实施"2 加 7"合作框架，"2"即是政治安全与经济发展，"7"即是在政治、经贸、互联互通、金融、海上合作、安全及人文科技环保等 7 大领域加强合作。这是中国与东盟双方未来的发展方向。目前，中国—东盟自贸区升级版谈判已达成共识并举行谈判。中国与东盟 10 国都是亚投行的创始成员，将为"一带一路"创造更好的条件，中国丝路基金的建立同样将有效推动丝路基础设施的建设。虽然中国与个别国家之间存在南海争议，但不会影响南海整体稳定。中国提出处理南海问题的"双轨思路"，同时强调推进海上务实合作。中国与东盟及日韩（10 加 3）是东亚国家与东盟之间的更大的经济合作圈，在过去 10 年里，亚洲地区贸易规模从 1 万亿美元扩大到 3 万亿美元，建立开放公平的贸易环境是大势所趋。"中日韩投资协定"取得进展，区域全面经济伙伴关系协定谈判也将在 2015 年底完成，中韩自贸协定结束谈判，为"10 加 3"国家的经济融合提供了必要条件，将会有力地推动东亚经济一体化进程。东盟是仅次于欧盟和美国的对华第三大贸易伙伴。但对东盟来讲，中国是其第一大贸易伙伴。贸易活动不仅在东盟国家和中国东部沿海港口城市展开，与中国的内地同样密切。2014 年，在中国被誉为"九省通衢"

的武汉也开通了经由长江"黄金水道"的海上丝路，经由中国台湾基隆驶向越、柬、泰、老，并开通了直航班轮。武汉—东盟航线还将向新加坡、马来西亚、印度尼西亚延伸。2013年，武汉对越南出口4.08亿美元，对泰国出口3.27亿美元。东盟国家已是武汉的第二大贸易伙伴。近一两年，由于欧盟经济低迷，再加上各国自贸谈判都在交叉磨合，世界贸易处于盘整状态，中国对东盟国家出口由两位数增长降为个位数，但仍然处在高位。如中国与越南双边贸易在2014年前8个月增长22.4%，比2013年全年的增速29.8%只降了7个百分点。目前，东盟正在规划2015年前建立东盟经济共同体，提出内部成员关税自由化，减免不必要的通关手续，推进贸易便利化。目前，包括印度尼西亚、新加坡、文莱、泰国、马来西亚和菲律宾在内的东盟6国已实现99.56%的产品零关税，柬埔寨、老挝、缅甸、越南4国98.86%的产品关税税率降至5%以下。东盟经济一体化的加深，为东盟国家吸引外资创造了条件。第46届东盟经济部长会议宣布，东盟与中国将加快中国—东盟自贸区升级版谈判，进一步推进基础设施、金融和海洋等方面的合作。在第11届中国东盟博览会和投资峰会上，中国提出进一步扩大合作的6点建议和设想，即深化政治互信，推进21世纪海上丝绸之路建设优先领域，推动贸易投资便利化，开放市场，降低关税，开展新一轮服务贸易谈判，努力实现2015年双边贸易额达到5000亿美元和2020年达到10000亿美元的目标。中国与东盟加快互联互通建设，着力构建海运水运网、高速公路网、高速铁路网、航空网、通信光缆网、港口城市合作网和物流信息公共平台，扩大双边本币互换和人民币跨境贸易结算，建设人民币同东盟国家货币市场交易中心等。2015年是"中国—东盟海洋合作年"，双方将会进一步推进海洋经济、海洋环境、海上安全、海上联通和海洋人文等方面的合作。

"双丝路"交汇的南亚

海上丝路贸易对于南亚地区，具有更重要的历史意义和现实意义。从历史上讲，南亚次大陆是陆上西南丝绸之路与海上丝绸之路更重要的交汇点和丝路贸易中转地区，是古代厄立特里亚海上贸易的主要枢纽，是中国汉唐航海贸易的半径所在，郑和航海的"目的地"之一。中印文化交流之密切，特别是佛教文化的传播效应之大，盖过了马帮商队的山间铃声，甚至在客观上"掩盖"了更为久远的丝路贸易的史实。中印贸易可以追溯得更远，远在张骞时代之前。喜马拉雅山脉两端的交通贸易走廊和山间的多条贸易孔道就是中印经济交流剪不断的脐带。从这个意义上讲，中印、中巴、中孟、中缅、中尼、中斯、中马是"经济血亲"。南亚地区与中国山水相隔但也山水相连，中印之间的贸易、投资和经济合作具有特别的地缘半径，有着全方位合作的巨大潜能。随着"一带一路"基础设施建设的完善，中国与南亚经济区的经济合作将会唤起更多的历史记忆，而现实的经济全球化的内生应力，也将在区域经济共同发展中重构亚洲一体经济合作的愿景。

中国是印度的最大贸易伙伴，两国双边贸易额接近 700 亿元，但印方的数据显示，印度对中国的贸易赤字已从 2001 年前的 10 亿美元升至 2014 年的近 400 亿美元。降低贸易赤字，主要靠从中国市场寻找更多的出口机会，在印度建立中国企业工业园也是一个办法。2015 年，中印双方的双边贸易额目标定为 1000 亿美元。亚洲开发银行政策分析认为，中印两国签署自贸区协定，将为两国经济发展提供更多的机会，将使印度制药业和 IT 业极大受益。中国号称"世界工厂"，印度号称"世界办公室"，经济互补性很强，中印同为"金砖国家"，是大的发展中经济体，在发展理念和经济一体化主张上有很多共识。在互联互通方面，孟中印缅四国经济走廊建设正在迎来历史机遇。按照有关初步设想，孟中印缅经济走廊途径印度东北部，有较高的边际效应，是中国与印度和南亚各国"海陆并进"共同建设"一带一路"的重大经济工程。

在 2014 年金砖国家领导人第 6 次会晤中，中国国家主席习近平会见印度总理莫迪，莫迪认为，深化印中友好合作关系对印度很重要。印中都是文明古国，两国文化交流源远流长，要共同弘扬和平、包容的精神，携手应对全球性问题和挑战。中印两国也是当今世界发展最快的新兴经济体，尽管有边界问题，但并不妨碍两国在现实和平气氛中加强经济合作、相互理解、友谊和互信。值得注意的是，2014 年 6 月 28 日，印度副总统哈米德·安萨里、缅甸总统吴登盛与中国国家主席习近平在北京共同出席和平共处五项原则发表 60 周年纪念会。会议对丝绸之路经济带建设与 21 世纪海上丝绸之路建设在南亚的定位有重大意义。在纪念会上，习近平提出，坚持主权平等、坚持共同安全、坚持共同发展、坚持合作共赢、坚持包容互鉴、坚持公平正义。这是和平共处五项原则的新发展。和平共处五项原则是 1954 年中国周恩来总理与印度尼赫鲁总理在中印有关中国西藏地区协定中首次提出，后在万隆召开的亚非会议上公之于世。从那时起，互相尊重主权和领土完整、互不侵犯、互不干涉内政、平等互利与和平共处五项原则，成为指导国家间关系的基本准则。对和平共处五项原则的共同纪念为现代丝路建设铺设了历久弥新的国家关系的永久背景。一些希望看到中印关系紧张的人，一厢情愿地忽略了中印极为长远的"一带一路"的经济文化联系，即便在最早的地中海贸易有关的厄立特里亚海贸易中和陆上丝路贸易中，中印就是长期的贸易伙伴。他们也一厢情愿地忽略了中印之间相似的发展主张和共同的发展利益。目前，印度启动了"莫迪经济模式"，要在短期内把速度重新提到 7%～8% 的水平。"莫迪经济模式"的特点，一是"大行政小政府"治理模式；二是在国有资产中引进私营资本，并放宽军工与保险领域的外资限制，私人经济控股上限从 26% 提高到 49%；三是更多关注民生，推出有关城市化、全民计划住房、恒河清洁计划、新能源计划、旅游振兴计划、开放东北各邦计划、农村基础设施计划、土壤改造计划等 12 项利民工程。莫迪总理重视印日、印美关系，但更重视中印关系，相对等距离平衡，是由其一贯的不结盟政策传统所决定的。事实上，莫迪政府实行的是全方位外交。莫迪在访美之前和访美之中，多次提出"东望"、"西联"。"东望"政策 20 世纪 90 年代就已提出，致力于东亚及东南亚国家的合作；"西联"则包括对中东各种力量及美国的政策动态的关注，莫迪访美时与以色列总理会见，也是因为不结盟政策的底气使然。莫迪在访日时讲到他的血管里流着商人的血，一个恪守不结盟和重视商业的国家领导人，重视经济发展胜于其他。至于印度油气公司与越南之间的油气勘探项目，或许会随着油气暴跌自然变化，一些细节问题需要且走且看。

习近平访印进一步夯实了双方共同发展的基础，中国企业计划投资建立中企工业园并参与印度铁路更新改造及建设高速铁路的双边合作，以及在通信和核能领域，在多边论坛方面加强合作。印度提出加入上合组织的申请。更加紧密的发展伙伴、引领增长的合作伙伴、战略协作的全球伙伴，这是中印关系的底色。中印双方将通过中印战略经济对话探讨新的经济合作领域，包括产业投资、基础设施建设、节能环保、高新技术、清洁能源、可持续城镇化和建设"智慧城市"项目，加强印度 IT 企业与中国企业的联系，促进旅游、电影、医疗保健、IT 和物流的服务产业贸易。中印签署了《经贸合作五年发展规划》，签署了铁路合作备忘录。印度有一个"半高铁"计划，列车时速由 130 公里提到 160 公里。中国合作启动的是金奈到班加罗尔、迈索尔的线路，印度计划在此外的 8 个经济走廊开通"半高铁"。中印双方达成对推进孟中印缅经济走廊取得的进展的共识，还对推动世界多极化、经济全球化、文化多样化、社会信息化等重大的全球性议题，达成了认识上的高度一致，其影响远远超过了中印之间的双边关系。

美国《国家利益》双月刊 2014 年 10 月发表了一篇《美日印三边合作时代到来》的文章，认为"将它们连接在一起的印度洋太平洋战略架构彰显了它们的地理联系与交叉重叠"，但作者也明白，"无论怎样趋同，美国、日本和印度是三个截然不同的国家，它们处于不同的经济发展阶段，在某些问题上战略定位不同，因此有时候它们的利益必定背道而驰"。"印度非常重视保护自己的主权和独立，绝不会参与有可能危及其外交政策自主性的行动。中国和印度是金砖国家的创始成员，都谋求一个在国际管理方面给予新兴国家更大发言权的多极世界。中印是邻国，谋求良好的对华关系将是任何一届政府的外交支柱。"

西方还推出一本编出来的《中国想象中的印度》，对印中传统友谊提出质疑，认为中印文化在历史上不很紧密。编者说，中国和印度在 20 世纪前并非作为连贯或独立的国家存在，甚至连中国人熟知的达摩祖师都来自阿富汗或巴控克什米尔地区。且不说"连贯"说如何不通，美国作为独立现代国家也不过是 200 年的事情，但谁又能把美洲原住民的历史一笔抹杀呢？稍具近代殖民历史与印巴分治历史常识的人，都不会把这样的无知当发明。他如果看不懂唐玄奘的《大唐西域记》，也可以看看更适合某种智商水平的《西游记》，或者沉下心来研究丝绸之路，那里不仅有中印文化交流的证明，还能找到或许是与他有关的祖先的对华文化交流的线索。与此相对照的是，中印两国首度合作编辑百科全书，记录了两国 2000 年来的文化交流。

斯里兰卡有关史料记载的"狮子国"，是海上丝绸之路的必经之地。中斯合作是建设海上丝路的关键一环。中斯经贸合作始于 1952 年的"米胶贸易"，已经经历了半个世纪。21 世纪海上丝绸之路建设为中斯贸易、投资与经济合作升级提供了新机遇。2013 年 8 月，由中国招商局融资并建设的斯里兰卡科伦坡南港集装箱码头正式开港，这是一项标志性合作项目。在印度洋地区，中国还与相关国家合作建设和维修港口设施，如巴基斯坦的瓜德尔港、孟加拉国的吉大港、计划中的马来西亚的关丹港升级改造等，海上丝绸之路基础设施的完善，将会进一步提升南亚海上丝路经济贸易的效率。这与某些国家恢复或建立军事港口与基地，形成了鲜明对比。目前，中斯两国在基础设施建设方面的合作进展扎实，中国企业参与建设的港口由承建开始转为投资，探索了投资合作的新模式。除了西岸科伦坡集装箱码头之外，科伦坡海港城的三分之一由中企合作开发，斯里兰卡南部海港汉班托特港第二期工程也在进行。中国与斯里兰卡共同建立中斯经贸联络委员会，斯方认为，斯里兰卡的劳动成本低于中国，中国企业应当积极投资。中斯自由贸易协定正在商定，双边在经贸、能源、农业、卫生医疗等领域合作步伐加快。

马尔代夫也是古代海上丝绸之路的必经之地。中马两国不断扩大旅游、贸易和基础设施领域合作。马尔代夫与斯里兰卡都表示积极参与 21 世纪海上丝绸之路建设。在 2020 年，中国和南亚国家双边贸易额有望提升到 1500 亿美元，中国对南亚投资提升到 300 亿美元。

海上丝路也是中国与大洋洲国家之间必要和唯一的贸易通道。目前，中国与澳大利亚已经达成自贸协议共识，澳大利亚希望中国投资"澳大利亚史上规模最大的基础设施项目"，改变了以往对外国投资的消极态度。澳商界看好中国带来的发展机遇。尽管澳大利亚在国际关系中尽力取得平衡，但中澳贸易、投资与经济合作的势头是不会衰减的。澳中理事会主席沃里克·史密斯说："大家都争相想要在东南亚，尤其是在中国占据先机，这是一场极具竞争性的全球竞赛。"澳大利亚国库部秘书长马丁·帕金森在香港举行的对华贸易投资论坛上说，"按价值来算，中国占世界贸易额的11%，但占全球海外资产及债务总持有量的比重只有3%，这意味着中国投资的洪流刚刚开始"。从2005年到现在不到10年，中国对澳大利亚投资增长10多倍，但这个规模与未来将获得的相比，是"小巫见大巫"。澳大利亚是个移民国家，居民来源复杂，政见也不尽一致。在历史上曾经推行的"白澳政策"，受到过日本等国的抨击，为了缓和对日关系，在一战结束后，澳大利亚曾经罔顾中国是一战战胜国的事实，跟着英美等国把德国在华的殖民地青岛"转让"给日本，引起中国反对"21条"的反帝运动。因此，它也是历史上对华关系的"欠账者"之一。但当时也有站在中国一边的正义之士，如一度担任外国媒体驻华首席记者的莫理循，从主张和动员中国北洋政府参加一战，到参加巴黎和会，相对维护了中国的利益，由此出现历史上曾将北京王府井大街改称"莫理循大街"的一幕。澳大利亚是中澳贸易的最大的获益者，这是一个基本的事实。在一段时间里，澳大利亚政府有些首鼠两端，连其一些媒体都看不过去，批评政府政策患上了"中国综合征"和"六度分隔"症。所谓"中国综合征"其实是当年"白澳政策"的心理后遗症，用文章作者的话讲，是对"出于对亚洲的恐惧——一小撮白人定居在近乎地球的底部，北方还有一大群黄种人的不安全感"，但"中国是罕见的没有领土扩张记录的大国。希望别国尊重自己，但无意支配邻国。从历史上看，澳大利亚对中国的误读一直是我们国际观最大的缺陷"。所谓"六度分隔"，是指按"六度分隔"的人际联系，终要找到并不可靠的恐惧来源。这种批评虽然有些尖锐，但说明进一步加强人文交流与互信是十分重要的。据澳方统计局数据，2013年中澳双边货物贸易额为1417.64亿澳元，同比增长20.72%，澳方顺差472.82亿澳元。中澳经贸务实合作成果巨大。澳大利亚是中国的第七大贸易伙伴，中国是澳大利亚最大的贸易伙伴，第一大出口市场和第一大进口来源地。中国每进口 100 吨铁矿石，就有 54 吨来自澳大利亚。澳大利亚出口每收入 3 澳元，就有 1 澳元来自中国。中国还是澳大利亚第一大旅游收入来源国。2013 年，中澳两国人员往来达 150 万人次。中澳建交 42 年，中澳双边贸易规模扩大了惊人的1500 倍。因此，中澳经济合作前景也是光明的。

新西兰与中国的贸易关系久远且平稳，在 6 年前就与中国签订了自贸协议，促进了新西兰农产品对中国的出口。新西兰统计局统计，2013年中新双边贸易额达 182.19 亿新元，中国首次成为新西兰第一大贸易伙伴，并取代澳大利亚从 1989 年连续保持 23 年对新第一大出口市场的地位。中新建交 42 年，双方创造了与发达国家共同发展的多个第一，第一个完成中国入世的双边谈判，第一个承认中国的市场经济地位，第一个与中国完成了自贸区谈判，第一个与中国达成自贸协定。中新自贸协定签署 6 年来，双边贸易额增幅年均 20%，2015 年贸易目标为 200 亿美元。新西兰也是全球第六个与人民币直接兑换货币的国家。

中拉经济合作的新丝路通道

　　海洋占地球面积的 70%，海洋的每个角落，都应当是海上丝路延伸的地方。郑和航海是古代中国和世界上最早的单次规模最大的贸易活动，最远到达东非和红海海角。他为什么没有到达地中海与欧洲呢？不是因为航海技术，而是别有原因。一是地理因素，那时并没有出现苏伊士运河，船队不可能直接通过，二是阿拉伯国家分裂的客观形势。14 世纪中叶正是阿拉伯国家内部分裂为什叶派和逊尼派的相对混乱期，也是应付十字军东征的艰难时期。郑和是中国的回族，有阿拉伯商业移民的血统，郑和航海"轻车熟路"，不仅是因为船队里有阿拉伯水手，也会有航海贸易的"家学"渊源，他循着中阿贸易的路线也即厄里特里亚贸易路线航行，不仅到过霍尔木兹，到过亚丁（那时被称作阿单），还到过穆斯林的圣地麦加，郑和对当时阿拉伯世界发生的一切不可能不了解。如果他的航海再早几十年，也就很难说会不会进入地中海。就郑和来讲，他已经达到当时航海贸易的最高成就，他的成熟的航海贸易知识，是西方探险家望尘莫及的。后来的达·迦马、麦哲伦以及哥伦布也有他们发现新大陆及环绕太平洋的成就等，但探险与贸易毕竟不是一回事情。

　　哥伦布发现新大陆的直接动机是西班牙、葡萄牙殖民帝国对东方财富的追求，要寻找印度，寻找"支那"，这在后来的探险家们一路命名中留下的印度支那、印度尼西亚地名与国名里可以得到印证。但我们还是要把他们并列为与郑和齐名的航海家。他们的活动开阔了人们的海陆视野，并直接导致了跨洋贸易，这种几乎遍及世界的跨洋贸易，伴随着资本和技术资源的扩散，既为人类社会工业化打开了历史的大门，也为后来的全球经济一体化和贸易自由化开辟了曲折演化的另一个起点。环球贸易使世界上最发达的城市分布在沿海，最活跃的经济活动集中在沿海，形成了沿海与内地发展的不平衡，也形成了"海权"、"陆权"国家的划分。海上贸易也就成为全球贸易的主要通道，在曲折发展中走向了今天。

中国与拉美国家虽然距离遥远，却是经济联系不断发展的命运共同体。近10年来，中拉双边贸易从1990年的100亿美元猛增到2010年的2000亿美元。对于整个拉美地区而言，中国已经成为金融和贸易的重要替代来源，特别是金砖国家领导人第六次会晤之后，中国国家主席习近平顺访巴西、阿根廷、委内瑞拉、古巴，并与巴西、秘鲁就扩大南美洲交通基础设施建设、"两洋铁路建设"可行性基础研究合作达成共同声明。习近平参加"中国—拉美和加勒比国家共同体论坛"正式成立有关活动，与拉美国家共同体和加勒比"四架马车"领导人会晤，为建立平等互利共同发展的中拉区域全面合作关系揭开了新的一页。

习近平在与"中国—拉美和加勒比"国家领导人会晤中提出"1加3加6"的中拉合作新框架。1就是"1个规划"，即以实现包容性增长和可持续发展为目标制定《中国与拉美和加勒比国家合作规划》，实现各自发展战略对接。3是"3大引擎"，即以贸易、投资、金融合作为动力，推动中拉务实合作全面发展。促进拉美国家传统优势产品和高附加值产品对华出口，力争实现10年内中拉贸易规模达到5000亿美元和对拉美投资存量达到2500亿美元，在金融方面推动扩大双边贸易本币结算和货币互换。6是"6大领域"，即在能源、基础设施建设、农业、制造业、科技创新、信息技术重点领域，推进产业对接。中方正式实施基础设施专项贷款，并将额度增至200亿美元。中方还向拉美和加勒比国家提供100

亿美元优惠贷款，全面启动中拉合作基金，主要用于能源、农业、制造业、高新技术、可持续发展领域的合作。设立"中拉科技伙伴计划"和"中拉青年科学家交流计划"，推进人才培训和教育交流计划等。

中国与拉美合作是一种双赢合作。拉美国家不仅有丰富的资源，有巨大的市场，也拥有先进的科学技术，是中国企业"走出去"的可选之地。拉美国家需要完善基础设施，需要资金和多种合作项目，平等互惠的合作是中拉贸易、投资和经济合作关系深化的基础。中拉经济合作是海上丝绸之路的重要一程，海上丝路跨越了三大洋，联通了西半球。

巴西是"金砖五国"之一，也是拉美最大的经济体。中国连续5年是巴西的第一大贸易伙伴和重要投资目的地。巴西虽然是一个对外出口只占GDP13%的以内需为主的国家，但中国是他的最大贸易伙伴，2013年中巴贸易额达到902.8亿美元。中巴建交40年，双边贸易额从30亿美元提升至902亿美元，这对巴西来讲是个特例。巴西面积850多万平方公里，人口近两亿，许多矿产储量均居世界前茅，巴西油田储量也使它进入世界十大石油国之列。丰富的资源一方面使它相对不依赖于外部交换，也是其经济快速增长的原因，因此有"上帝眷顾巴西"一说。从2003年开始，巴西经济增长加快，2006年GDP达到1万亿美元，超过韩国成为世界第十大经济体。2007年经济增长率为5.4%，外汇储备达2000亿美元。巴西与中国最早建立经济战略伙伴关系，2012年又升级为全面战略伙伴关系，目前是21世纪海上丝绸之路重要的全球发展伙伴。2014年，中国与巴西签署了56项协议，并在基础设施建设、制造业、服务贸易、电子商务等领域扩大合作。中国天津航空公司同巴西签署了价值28亿美元的飞机销售协议。巴西希望中国企业加大对巴西的基础交通设施、农业、信息、物流、科技创新的投资。中国商品在巴西有一定的影响，2014年在巴西举办的世界杯足球赛，是中巴贸易来往的一个缩影。大到中国协建的地铁设施、国家体育场、潘塔纳尔体育场以及12个场馆中的

9 个场馆的安检设备，小到足球、吉祥物、记分板、"大力神杯"纪念品、参赛国国旗，都有中国企业参与制造。

阿根廷是仅次于墨西哥的拉美第三大经济体，是中国在南美的第二大贸易合作伙伴。过去 10 年来，中阿从农产品贸易起步，双边贸易额达到 148 亿美元。随着中阿关系提升为全面战略伙伴关系，双边贸易还会继续提升。根据中阿两国的协议，2014 年后，中国将向阿根廷提供 75 亿美元的贷款，其中 47 亿美元用来修建两座水电站。中国国家开发银行提供 21 亿美元贷款，修筑一条从产粮平原区到出海港口的铁路。阿根廷央行同中国央行签署了 110 亿美元的中阿货币互换协议。此外则是关于阿根廷修建重水反应堆的合作备忘录。中国与阿根廷的能源合作早已进行，中海油在阿根廷布里达斯能源集团拥有 50% 的股份，"中海油"很可能成为阿根廷新发现的蕴藏量为 228 亿桶的世界第一大页岩油气田开发的参与者。阿根廷 2002 年发生债务违约问题，政府卷入与"秃鹫基金"的法律诉讼，一直被排除在资本市场之外，在经济上面临严峻局面，亟须外国投资，阿根廷也因为近 3 年来外汇储备流失将近一半，亟须增加其央行的外汇储备，中国与阿根廷达成的 110 亿美元的中阿货币互换协议，数目相当于阿根廷目前外汇储备的三分之一，这无疑是雪中送炭。在"金砖国家"领导人会晤期间，习近平还会见了秘鲁总统，就秘、巴、中三国开展连接大西洋和太平洋的"两洋铁路"合作共同发表了声明。

中国与委内瑞拉由传统的经济伙伴关系提升为全面战略伙伴关系。委内瑞拉目前是中国石油第二大进口国，占到中国目前石油进口的 6%。中委历年签署的合作协议已有 480 多项，促成了 143 个不同领域的重大项目。2007 年设立了中委联合融资基金，通过该基金，中国向委内瑞拉提供的资金也超过了 400 亿美元。从 1974 年到 2013 年，中委双边贸易从 140 万美元增长到 2013 年的 192 亿美元。2014 年，为促进委内瑞拉工业、农业、矿业、能源、食品、住房等方面发展，中委双方签署了一批新协议。

　　智利与中国互为经济战略伙伴，正在启动政府间常设委员会，制定共同行动计划，建设中智自贸区。南美洲的厄瓜多尔，面积略大于圭亚那和法属圭亚那，厄瓜多尔总统柯雷亚在与习近平会见时说，中方尊重厄方，为厄瓜多尔提供了许多项目支持，厄瓜多尔坚定致力于同中国发展密切的友好关系，欢迎中国企业投资，并对两国关系充满期待。

　　在中美洲，还有一个足以影响全球海上贸易格局的大事件，这就是中国香港的企业家香港尼加拉瓜运河开发投资公司董事长王靖，与尼加拉瓜政府共同宣布尼加拉瓜跨洋运河的具体线路图。2013年6月14日，修建跨洋大运河的框架协议正式签订，开发经营期限50年，还可再延长50年。这条连接加勒比海和太平洋的运河投资400亿美元，预计在2014年底开工。尼加拉瓜运河是巴拿马运河的替代选择，比巴拿马运河更宽，还包括一条铁路、两个深水港、两个机场、输油管道和保税区，有可能成为中美洲最大的自贸区。尼加拉瓜运河的开通将是海上丝路的最大手笔，再次将太平洋与大西洋连接在一起。这是亚洲经济体在海上丝绸之路上浓墨重彩的一笔。西方媒体评论说，尼加拉瓜跨洋运河的建造将改变世界贸易版图，因为每年90亿吨商品经由不同的贸易路线运往全球，如果能缩短距离，节省的成本是巨大的。目前，许多大型船特别是运输铁矿石的船被禁止通过巴拿马运河，因为后者的人工航道还是太狭窄。尼加拉瓜跨洋运河为资源产业带来了便利，也提高了运输效率。

　　2014年6月，"77国集团加中国峰会"在玻利维亚举行，这是中国与拉美进一步发展经济合作贸易往来的又一个新的契机。77国集团是1964年由77个国家成立的，旨在通过南南合作促进经济发展，现有130个成员国。目前，中国在峰会东道国玻利维亚建设20亿美元的工业与基础设施项目，商务人士估计，未来10年，玻利维亚在这方面就需要投资420亿美元。玻利维亚希望同中方拓展基础设施建设、卫星合作，加强融资安排，进一步加强两国经济关系。

然而，对海上丝绸之路具有重大影响的事件还是金砖国家领导人第六次会晤后成立金砖国家银行的决定。金砖国家拥有 43% 的世界人口，30% 的世界陆地面积，面积近 4000 万平方公里，GDP 占世界的 21%，外汇储备占世界的 36%。目前，金砖国家整体经济增速仍高于全球平均水平，是发达经济体的 2 倍，过去 10 年里对全球经济增长的贡献率超过 50%。金砖国家内部在经济上、外交目标上和体制上都有一定差异，但发展的共识高度一致。

金砖 5 国是中国、巴西、俄罗斯、印度和南非，南非是 2010 年加入的。金砖概念来自高盛公司首席经济学家奥尼尔，他在 2001 年发表的题为《全球需要更好的经济"金砖"》的文章中首次提出"金砖"概念。2009 年，金砖国家领导人在俄罗斯首次会晤，金砖国家由学术概念转向对话机制，先后发表了许多重要的声明和宣言。5 年的时间里，金砖国家合作机制实现"华丽转身"，在金砖国家领导人第六次会晤中确立向"一体化大市场、多层次大流通、陆海空大联通、文化大交流"的目标迈进，其理念、目标和内容就是"一带一路"的发展理念、目标和内容。

在金砖国家领导人第六次会晤后，习近平对巴西、阿根廷、委内瑞拉、古巴进行国事访问并出席中拉领导人会晤。这是继 2013 年访问加勒比海地区国家之后的又一次中拉经济战略沟通。2013 年，中拉双边贸易额达 2615.7 亿美元，是 2000 年 126 亿美元的 21 倍，与拉美国家的贸易占中国外贸总额的份额由 2000 年的 2.7% 上升至 6.3%。中国对拉美投资增长较快，根据中国商务部统计，2013 年中国对拉美非金融类直接投资 151.6 亿美元，同比增长 42.9%，连续 4 年超 100 亿美元。投资领域从能源、矿业向制造业、电力、农业延伸。2014 年初，中国国家电网公司中标巴西美丽山水电站特高压直流输电项目，标的 50 亿美元，线路长达 2200 公里，这是中国特高压电网走向世界的标志工程。拉美是中国工程承包和劳务合作的重要市场，截至 2013 年，中国在拉美累计新签工程承包合同 946 亿美元，主要涉及天然气管道、电站、公路、港口、通信设施。下一步将扩大直接双向投资，新能源、新材料、节能环保、生物产业和光伏产业、大型成套设备方面将是重点。目前，中拉关系以双边关系为主，随着中拉关系内涵的不断丰富，搭建整体合作平台成为双方共同合作的愿景。2011 年底，拉美 33 国成立"拉美和加勒比国家共同体"，2013 年由中方倡议建立"中国—拉美和加勒比国家共同体论坛"，2014 年初，拉美和加勒比国家共同体首脑峰会通过《关于支持建立中国—拉共同体论坛的特别声明》，中国与拉美的关系进入了新纪元。

对于中拉的经济合作，《大趋势》的作者奈斯比特的新著《大变革》提出了"南环经济带"正在形成的观点。他认为，世界经济重心，不仅向东移，也同时向南移，从东亚地区开始，经过印度、南非，环起了一个新的经济圈。在这个经济环圈里，金砖五国是主要的发展国家。这无疑在跨大区域经济发展的版图上投下重要的观察视角。中拉的合作，是"南环经济带"合作的必然结果，而"南环经济带"也是 21 世纪海上丝绸之路连接起来的一条新的全球性经济带。

从北美自贸区再到亚太自贸区

北美经济区由加、墨、美三国组成。美国作为全球第一大经济体，是北美经济区的主导力量。加拿大是北美自贸区重要成员，也是APEC的成员，同时还是TPP和TTIP的谈判成员，在相互重叠的多边谈判中角色微妙。由于加拿大是美国主导的北美自贸区成员，在自贸谈判和对经济全球化与区域经济一体化的基本理念和贸易自由化的思维相近，因此也是观察美国自贸谈判意向的参照系。美国与欧盟的TTIP谈判几经波折，很长时间没有达成，加拿大与欧盟的TTIP谈判却达成了。人们普遍认为，这是美国与欧盟达成TTIP谈判的先兆，美国将参照加拿大对欧盟的TTIP谈判推动与欧盟的TTIP谈判。但把这种探路模式搬到TPP谈判中未必灵验，因为TPP谈判目前还不是一个经过整合的经济体，其中的利益关系更复杂。但加拿大对APEC提出的亚太自贸区构想路线图表示赞同，说明他们更重视与亚太国家的务实合作。加拿大在交通和能源方面也亟须国外直接投资，但限制外来资本对能源开发的投资。美国与加拿大各有各的能源优势，美国是页岩气，加拿大是油砂。美加经济结构有相似的一面，但加拿大人口少，美加经济互补性并不是很强。墨西哥则不然。墨西哥是人口较多的重要发展中国家，不仅与美国有经济互补性，与其他国家也有经济互补性。墨西哥在20世纪末发展"客户经济"，曾经取得了长足的经济发展。墨西哥与中国在产业结构上一度也相近，也曾存在某些贸易摩擦，但随着发展水平不断拉开，产业结构特点分化开始明显，中墨经济互补性加强，合作的领域不断增大，发展理念基本相近，但在合作中也受到各种因素的影响，发生了中国企业与墨西哥企业联合体中标墨西哥高铁项目被撤销的波折，但波折影响不了中墨长远的合作走向。

加拿大是幅员辽阔的发达的贸易国家，接受中国移民较多，2014年开始收紧。2013年，中加双边贸易总额达711.1亿美元，同比增长1.41%。加拿大与中国展开了自贸区谈判，有可能是北美区与中国首先建立自贸协定的国家。加拿大议会批准中国对加企业投资保护有关协定，是两国经贸关系向前推进的一个积极走向。中国是墨西哥仅次于美国的第二进口大国。据中国海关统计，中国与墨西哥2013年双边贸易额为392.17亿美元，同比增长8.2%。但墨西哥国家统计局统计为677.89亿美元，墨对华贸易逆差高达548亿美元，这里有报关与到岸的时间差问题，或另有原因，但主要是墨对华出口矿产品、运输设备、纺织原料，中国对墨出口机电产品占其进口总额的67.5%，贸易结构不平衡。但在平等互利的丝路贸易里不断地沟通磋商，一切贸易问题都会得到解决。从趋向上看，中墨经济合作关系会不断加深。2014年，两国签署涉及金融、投资、能源和科技的多项合作文件，并设立一项24亿美元的双边投资基金。

中国在北美区最重要的还是中美关系特别是中美经济合作关系。对中国这个第二大经济体，美国一向心态复杂，要遏制，又不能不合作。除了中国是安理会常任理事国，许多问题还需要中国配合解决，还因为中美经济关系还真是"一损俱损，一荣俱荣"的特殊关系。中国是美国国债的最大债权人，规模达1.2万亿美元。美中贸易额在2013年创下新高，达到5620亿美元。美国是中国的重要市场，除了出口美国需要的产品，中国企业在美国的投资已经从2000年的5800万美元上升至2013年的140亿美元。中国也是美国的重要市场，美国公司2013年在华赢利

100亿美元。美国通用汽车公司在中国卖出的汽车比在美国还要多。美国也是全球最大的资本市场，阿里巴巴轰动一时的上市，便是在美国资本市场完成的。这种经济贸易关系决定两国尽管有涉及中国核心利益的分歧，但业已形成的经济贸易关系难以受损。中美贸易不时发生摩擦，但有时候摩擦也能使两国经贸关系拉得更近。

美国和中国是最重要的现实与潜在的全面经济伙伴，这在2008年美国金融危机发生后，看得很清楚。别说中国不会去落井下石，就是当时中国政府毅然出手的"四万亿"，也对美国经济压力舒缓不少。在历史上，中美基本没有直接交恶，倒是在冷战时期关系提前解冻，这就是尼克松秘密访华与中美建交的大事件。中美40余年的经济关系还算正常，美国的遏华思维一直不断，颇有历史渊源，战略东移剑指中国，在经济贸易中抛出"跨太平洋战略全面合作关系"，关键在于缺乏战略互信。更深层的原因还是那个"修昔底德陷阱"。澳大利亚媒体曾经用解释人际关系的"六度分隔"评论某些政客扭曲的对华态度，说只要有"六度分隔"，总能曲折地找到与自己无碍却又是威胁到自己的"敌人"。这种"敌人"其实就是所谓的假想敌，而假想敌又是习惯于在沙盘上推演地缘政治的战略家们的拿手戏。

中美经济关系与中美国家关系是相互影响的。在经济领域，中美双边投资谈判动作缓慢，但中国投资美国的前景和美国需要中国的投资，是明摆着的。奥巴马总统在参加第22届APEC会议时宣布，对中国人赴美签证时限放宽，这确乎是人员来往自由的小举措，但结果还是拉动了美国的旅游业。洛杉矶经济发展公司2014年发布的一份报告显示，中国赴洛杉矶的游客人数从2009年的15.8万人次增长到2013年的57万人次，翻了3倍。该公司预测，到2020年时，中国每年赴洛杉矶的游客人数将达到200万人次。几年前，中国还不在南加州十大海外游客来源地之列，但现已成为第一大来源地。中国近一半的赴美游客会在加州停留，而这些人中近四分之三会前往洛杉矶。洛杉矶经济发展公司的报告还认为，中国人在南加州的投资机会增多了，尤其是在房地产、环保科技和电子商务这样的领域。旅游部门的数据还显示，中国游客在洛杉矶的消费额从 2011 年的 4.5 亿美元增长到 2012 年的 6.55 亿美元。与其他外国游客人均 1095 美元的消费额相比，中国游客的人均消费额达到 1392 美元。6 年来，洛杉矶的中资企业数量翻了一番，达到 254 家，其中有许多是贸易、运输或仓储公司，像国泰航空公司、中国电信、比亚迪汽车公司和中国银行这样的大企业也在洛杉矶开展业务。另据报道，全球主要港口之一的洛杉矶长滩港 60% 的货物来自或运往中国。洛杉矶 2013 年从中国进口的商品和服务总额约为 1860 亿美元。洛杉矶关税区 2013 年的贸易额达到创纪录的 4145 亿美元，其中与中国的贸易额为 2214 亿美元。美国的制造商也把寻找投资的目光投向中国。计划在 2016 年推出自己的创意产品"飞行汽车"的美国特拉富贾公司，就在中国寻求可以作为战略伙伴的股权投资者。

比起上面的例子，中美经济合作未来潜力更为巨大，这种潜力一旦爆发，能量将是其他国家经济关系不可相比的。目前中美两国贸易不平衡是事实，主要的症结是美国对对华商品出口种类的限制，也同贸易投资、经济合作的瓶颈过窄有关。美国前财长亨利·保尔森说，在经济层面上，两个国家间最持久的经济关系是直接投资。中国在美直接投资与中国的国际投资组合相比，显得微不足道，但在增长。2013 年，中国企业投资 140 亿美元收购美国公司和在美设立公司，2014 年速度加快，第一季度就达到 70 亿美元，如果按此水平，全年也许会翻一番。美国的工商界也普遍认为，中国经济发展对美国是好事，需要明智地允许中国投资进入，共同繁荣发展。

不管怎么说，在东亚地区空气高度紧张的情况下，中美战略经济第六轮对话也还在如期有序地举行。这种对话每年一次。第六轮对话两国参加部门最多，讨论的问题也最广泛，带有对两国关系进行中期评估前的对话性质。第六轮对话达成 300 多项成果，其中涉及经济的有 90 多项。对第六轮对话，媒体的普遍评价是，进展与分歧皆有之。进展是明显的，至少有 4 个突破。一是始于 2008 年并已经举行 12 轮谈判的中美双边投资协定（BIT）第 13 轮谈判取得阶段性重要进展，将争取在 2014 年完成文本谈判，并在 2015 年初启动负面清单谈判，争取早日达成一个平衡、共赢、高水平的协定。但双方如何避免贸易摩擦，消除诸如风力发电机、水处理等"绿色产品"的贸易分歧等，是必须解决的问题。二是在气候变化合作方面取得进一步共识。中美是世界上最大的两个碳排放国，2013 年两国成立气候变化工作组，工作组启动具体碳捕获、利用、封存项目和智能电网项目。双方还同意采用更严格的机车燃效和排放标准等把占全球排放四分之一的陆源排放纳入合作，中国华能集团与美国顶峰集团同意共享洁净煤发电技术。三是对美联储量化宽松退出路线透明度与人民币更趋市场化的要求达成积极谅解。四是美国承诺放开民用技术对华出口和中国同意进一步向外国投资者开放包括金融业在内的服务业领域。其他领域的共识也比较广泛，但在网络安全和亚洲海洋问题上分歧依旧。后者涉及国家领土主权。明智的选择，还是中国海峡两岸都主张的"搁置争议，共同开发"，也让美国的"不选边站"有一定的回旋余地。在中美经济第六轮对话之后，习近平与奥巴马通话，奥巴马说，对话富有成果，取得了成功，又重申美方致力于同中方一道，加强务实合作，建设性管控分歧，使合作成为两国关系的主流，并希望两国继续推进在经贸、能源、气候变化等领域以及有关地区热点问题上的合作。

下一步，与中美投资协定谈判负面清单有关的技术贸易问题将是焦点，美方的观点是，如果双方不能打破年均 2 万亿美元的高科技产品特别是信息技术贸易"自由化"的僵局，可能危及投资协定甚至其他全球性谈判。但美国的信息技术是不是"特洛伊木马"，这是个要害。中国目前是较大的信息技术产品出口国，但还不完全具备与发达市场同业竞争的能力。中美贸易也存在美对中的较大逆差，这是中美贸易摩擦的一个重要因素。美国准备放开对华民用高技术产品的限制，这是改变中美贸易逆差的主要办法。中美经济关系本应走得更近，市场互补性更强，但在合作中遏制，又在遏制中合作，这也是未来中美经济关系的一种底色。中国也许要适应这样一种常态，美国更要适应谈判沟通的常态，尽力增大互信尤其是经济合作互信的公倍数，降低摩擦的公约数。

然而，中美经济关系在海上丝绸之路的地缘经济里，同样也有一个与"南环经济带"对应的"北环经济带"的相关的路线大结点，这就是亚太自贸区的发展前景。从西向东的亚太自贸区联着北美自贸区，联结着拉美；从东向西的亚太自贸区也联结着丝绸之路经济带。因此，世界经济的一体化在大区域结构中绕不过去的关键区位是亚太。在亚太自贸区建设的合作中，中美有着对全球化进程起着决定性作用的互动效应，其结果是正数还是负数，这要看美国的认知。这其实也是中美合作带给世界的相向而行的机会，人们希望对接能够成功。

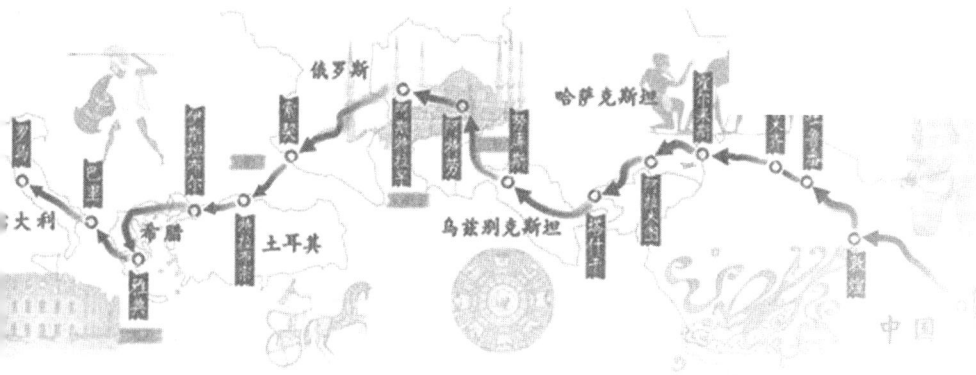

国内区域经济融合与"微丝路"

国内经济板块"一体化"

推动经济全球化和区域经济一体化，必然关联到中国自身发展的市场经济的成熟度，关联到中国国内区域经济发展良性互动关系的另一个重要层面。在这个连接层面上，丝绸之路经济带与21世纪海上丝路建设不仅是中国与亚欧经济体和世界其他经济体与经济区合作发展的相互开放的平台，回过头来也是推动中国国内各个经济板块相互整合的重要力量。换句话说，丝绸之路经济带与21世纪海上丝路既然是与世界经济发展包括亚欧经济发展的紧密纽带，就不能只靠中国哪个单独区域的经济能量去对接，必须把中国东、中、西部的经济能量整合起来，凝聚起来，进行全方位的能量整合。这对于已经习惯于各自"招商"各自发展的东、中、西部各省份来讲，是一个现实的挑战。

各个经济板块区如何主动地实现经济能量最大限度的整合，又如何在不同经济合作地域方向、重点和路径上形成既分工又合作的一致行动？答案只有一个：中国国内各个经济区块必须率先实现经济一体化。

为什么这样说呢？难道说中国经济发展的内部从来就没有过经济区块一体发展吗？当然有过，比如东南沿海地区就有成功的先例。经济发展带，有"长三角"、"珠三角"，还有过"苏锡常"，还有在中部地区的郑汴一体化，有"长株潭"等。在这些经济协作网里，有的是省内组合，如"珠三角"，有的是跨省合作，如"长三角"，还有并没有环起来的

"环渤海"。对它们的联合程度或者说经济一体化程度，既不能估计过低，更不能估计过高。至于东、中、西部的划分乃至"东北老工业基地"、"老少边穷"、"集中连片"等，与其说是区域经济的划分，莫如说是地理加行政再加经济发展水平的划分，既有经济的含义，但更多地反映了一种经济状态和对发展的相近要求，并不完全是经济合作意义上的区域、次区域经济关联度的划分。这种划分有几个非理性市场的显著特点，一是行政力大于市场力，出现"合而不和"、貌合神离的现象；二是各行其是，埋头本地区发展；三是同质竞争，各自追求发展速度的排名。

这些非理性市场的特点，显然与市场经济条件下区域经济的形成与发展不是一回事情，与丝绸之路经济带和海上丝绸之路的开放性经济合作大目标也不相容。中国国内不同的经济区块的经济关联性与契合度，与"一带一路"共同发展的目标，在合作体制与便利机制上必须有大体上的一致性。中国国内的各个经济板块必须破除行政力量对经济运行地域结构过多过细的干预，真正让市场配置资源包括区域市场配置资源的基础作用充分发挥出来，既形成明确的地缘经济分工，又相互合作，互为犄角，形成良性互动，这是必须全面解决的重要问题。用一个老的说法，就是不能再搞"诸侯经济"。

丝绸之路经济带与21世纪海上丝绸之路，其亚洲的重要起点分别在中国西部内陆和东部沿海。中亚方向的古丝绸之路在中国境内4800多公里，但不等于丝绸之路就在这一段路径里。市场并没有清晰的"楚河汉界"，只有上游和下游。所谓起点，是对有形市场的集中和集散而言。即便在古代，丝路也是东西南北辐射的。谁也不能想象，大长安是一个产供销为一体的古代超级经济体，长安只是一个超级大市场。从中国古代诗歌集《诗经》的"国风"里，人们已可推断古代的蚕丝业和农产品加工业，远至齐鲁，近至卫郑，都在同一种男耕女织的分工模式里组织生产活动。汉乐府的《陌上桑》和唐代新乐府中的《秦妇吟》，更是道出了蚕丝绢绸的生产遍及中原与东海之内的大部分地区。蚕丝绢绸的生产不仅在中原地区形成规模，在四川盆地、吴越地区和珠江三角洲也先后形成规模。这些丝绸织品多数作为农民的赋税与贡品上交朝廷，朝廷又以"赏赐"等形式与中亚商人团队进行实物交换。在这种特别的贸易形式和物流走向中，我们看到了彼时的中原丝绸贸易的波及范围，不只从长安始，也正如人们普遍推测的不只在东、西罗马终。

如果按照我们对具有历史兴衰沧桑感的丝路的具体走向去看，由长安直接西向的中亚绿洲丝路在隋唐盛世之后就日渐式微，处于时通时闭的状态，但这未必是事实。这在历史学者与小说家金庸的武侠小说《天龙八部》反映的地方割据的历史背景隐射中可以约略看出。从唐末到五代十国再到宋代，无论是北宋还是南宋，对边缘地区的控制能力是最弱的——《天龙八部》讲的是四面八方的武侠争霸中原，但其中先后出场的"功夫人"分别来自当时的宋、辽、金、蒙古、西夏、大理、新疆天山与西藏的"密宗"高手，小说的第一主角不是宋人，而是与蒙古可汗有关联的契丹英雄。有意思的是，至今俄罗斯仍以契丹称呼中国，连忽必烈入主大都，都要从《易经》中找依据，以"一元之始"的"元"字命名新朝。再早的南北朝，北魏孝文帝迁都洛阳，皇朝国姓都改作了元姓。大家都要代表中国，大家都是中国，由此也可见中国文明的凝聚力。别看是割据，但只有一个中国，历来是共识——这不能不让人佩服金庸先生的大历史眼光——在那前后，西南丝路与北方草原丝路没有中断，反而强化了。只是，西南丝路的主导者是皮逻阁的大理六诏和后来的段氏大理及前藏后藏的地方政权；北方草原丝路则由契丹、金和蒙古部落联盟轮流主导。彼时的主流商品丝绸或已被"茶马互市"所替代，或者同时并行，但这并不影响丝绸及丝绸之路是中国古代各族同胞的共同的经济地缘资产与财富的结论，也不影响后来的命名。

于是人们又看到，历史的经济地理地缘走向早已定格，市场贸易的中心市场在中国不同时期的不同政治、经济、文化中心发展出几条不同的发育方向，并铺设了古代的经济带与经济区划的核心单元。那就是北方经济单元，包括东北地区、华北地区和环渤海圈；西部经济单元，主要是西北和整个地理上的西部；西南经济单元，包括了现在的云、贵、川和西藏以及青海南部；南部经济单元则包括广东全省与广西一部；东部沿海经济单元则是如今的沪、苏、浙、闽、台与齐鲁一部。南部与东部的两个经济单元，在历史上就是航海贸易地区，现在更是中国的航海贸易重心。最中间的一个经济单元就是人们如今常说的中部6省。

这种经济地理版图并没有以直线位序展开，而是分成不规则的五块和六块，其原因，自然是与山河走向以及经济走廊或"微丝路"有关。在古代，最便捷的交通与物流主要仰仗于水运，水旱码头就成了最早的城市与繁华之地。黄河、长江、珠江和淮河，必然影响到经济单元的划分。唯其如此，古人也要开凿运河，形成人造的经济走廊，连接东西或南北，并把大运河看作是堪比长城的另一条经济生命线。

今天丝路的经济内涵和经济带辐射半径远比古丝路复杂丰富、长远阔大，今日的交通技术也让河运速度早已让位于重载列车、高铁和各种超长的跨江跨海的隧道、桥梁。大河大江已经丧失了区别经济单元的绝对能力，但历史的经济脉络以及江河支流造成的自然道路走向和现实的经济成本比较以及经济信息接收的习惯便利性，还是让这种经济流布的区域通道格局保留下来，不会轻易改变。而这也是人们在考虑经济带规划走向必须要注意到的历史经济因素。

于是，人们在进入21世纪第二个十年的时候，看到的是从古代走来的既熟悉又陌生的现代经济板块，并从眼前的时间空间节点去透视这些经济板块和区块是在什么样的经济联系状态下汇入波澜壮阔的丝绸之路经济带与海上丝绸之路，又如何通过"一带一路"融入亚欧与世界的贸易、投资和经济合作的一幅全景图。

经济区块画面的重要细节

　　为了更清楚地去看世界贸易、投资与经济合作的全景图和丝绸之路经济带与海上丝绸之路的中国经济画面，以及画面上的重要细节，不妨先说尽人皆知的中国北部经济区划和它们在亚欧大板块中的对应位置。

　　在北方的草原丝绸之路上，有包括中国东北、华北沿渤海湾和山东半岛腋部形成的经济"吸盘"，这个经济"吸盘"恰与欧洲波罗的海沿岸经济区域"吸盘"东西相对应，从而形成草原丝绸之路经济带的轮廓。在中亚走向的绿洲丝绸之路上，同样也有包括以上海港为中心的中国东海沿岸系列港口的经济"吸盘"，也与欧洲波罗的海沿岸港口的经济"吸盘"东西相对应，从而形成中亚绿洲丝绸之路经济带的轮廓。在西南丝绸之路上，则是将始于新加坡等东盟国家和由更多港口形成的经济"吸盘"，通过未来的"泛亚铁路"与波罗的海沿岸港口相呼应，从而形成西南丝绸之路经济带的轮廓。这三组大体双向的经济"吸盘"，要盘活的是亚欧经济合作往来的新格局，这种陆上往来的新格局，与历史的老格局殊途同归，通道数量增加，相互辐射的范围也数倍于后者，在新的贸易便利化条件下相互竞争、共同发展，贸易、投资和经济合作水平都将得到提升。

　　在这里，在新的丝绸之路经济带上，除了中间的一条丝路经济带依然带有古代经济地缘的一些旧痕，另外两条，则似乎是旧时丝绸贸易的开创者做梦也不会想到的一种扩大与延伸。或者说，你可能已经约略感到草原丝路的历史存在，但没想到它会成为包括俄罗斯在内的"宽带"，你可能从中国两汉史中知道西南丝路的印缅走向，但也没想到从中南半岛的陆路上同样可以"下南洋"。不仅"下南洋"，还可以通过未来的"泛亚铁路"与兰新铁路对接西欧。到那时，历史上名噪一时的"东方快车"也就名至实归了。

现在则可以把中国古人约略认识而联合国专家在新世纪初明确定名的草原丝路，与中国的华北、东北、环渤海湾以及整个东北亚地区联系起来，反复地度量这个经济带有多宽，经济辐射扇面有多大，将要产生的经济文章又有多长。

中国的渤海湾是一个难得的黄金海湾，虽然那里海水深度有限，还有黄河三角洲年复一年在冲击中的不断长大，但向内环曲的犬牙交错的港湾如营口，不仅在18世纪初"迎接"过最早的英国商人主导的"牛庄贸易"，还造就了东方的旅顺良港、天津大港和包括秦皇岛、烟台以及位于山东半岛西南侧的青岛、日照、黄骅系列港口。渤海湾的北边是中国东北老工业基地，对它的振兴，人们梦寐以求。渤海湾的西边就是"八国联军"曾经攻入的天津，那是它的一段屈辱历史。渤海湾的海岸线形状与"珠三角"、"长三角"截然相反，是凹进来，而不是凸出去。假使在30多年前这里也设有特区的话，这个黄金海湾和紧临海湾的老工业基地，也许早已经成为中国近海经济增长的第三极，但目前这个潜在的第三极还没有完全释放出应当释放的能量，这不能不使人感到遗憾。但对于当时百废待兴的中国，一个"深圳速度"已经令世界为之动容。连上海浦东新区都是后发地区，北方的青岛、天津与大连，在沿海开放城市的格局中得发展风气之先，已是了不起的体制创新。但是，沿海开放城市的经济吸附能力毕竟抵不过特区，虽发育得很不错，但还是稍晚了一步。加上那时首都、首府城市与"门户城市"之间的"非一体化"各自发展，多少错过了共同发展的最佳时期。前不久彭博新闻社有篇《中国"曼哈顿"构建陷入困境》的文章，说天津于家堡金融区以纽约曼哈顿为参照，正在建设之中，但在它的海河对面的响螺湾，看不出大都市的忙碌景象，这对于家堡金融区不是好兆头。但又说，"这未必说明它一定会失败，上海浦东就曾在上世纪90年代中期克服困难，成为全国金融中心"。这篇欲言又止的文章想说的是中国的房地产业遇到了新问题，但对天津的发展区域格局还是有点微词。文章未能看到北方草原丝路的更大地缘发展大背景，否则也不至于生出中国"曼哈顿"的连它自己也说不准的"困境"疑问。

居于渤海湾中心位置的天津，不仅是天津的天津，既属于中国华北也属于中国东北。那么，让这个中国经济发展的潜在的第三极释放出更大的经济能量，让东北老工业基地在振兴中"凤凰涅槃"，让京津唐和京津冀经济再次复兴，并不是梦，但最终要取决于草原丝路的再次畅通。如果人们追溯昔日天津的发展史，这座城市的发达，一个不可忽视的因素是借助草原航路的段落性经济的拉动力量——这股力量曾被"列强"扭曲，当时的"列强"为了自身的纺织工业寻求原料而寻求中国的北方港口，没有草原丝路和海上丝路的这种交汇，就难有天津港与天津，自然也不会有"京张铁路"，不会有通向蒙古的"张库大道"。那么，对彼时天津发展的感情复杂的记忆，又会给出一种什么样的启示？如果人们还能看到，俄罗斯也要振兴远东，想要让草原丝路北缘的西伯利亚大铁路沿着日本海西岸，走向朝鲜半岛的釜山，环渤海的中国东北与华北和渤海湾中段的天津，又会面临着什么样的共同机会？从俄罗斯远东到朝鲜半岛到日本，整个东北亚地区都在草原丝路辐射范围之内，海上丝路与陆上丝路在东北亚交织交汇，朝鲜半岛和辽东半岛、山东半岛这三个大小不等的半岛，对丝路经济发展的影响自然是不可低估的。

2014年底，出现京冀6加1、津冀4加1合作框架的新突破。中关村分园落户秦皇岛，京冀共建曹妃甸现代产业试验区，天津港口集团与河北港口集团共建天津东疆保税港区，都是一体化的新成果。在道路联通方面，京津之间规划第二高铁，津石之间也要用铁路联接。京津冀在推动一体化，在京津冀一体化的基础上实施大渤海经济圈的经济一体化，共同走上草原丝绸之路和 21 世纪海上丝绸之路，经济舞台顿时变得更大，似乎可以看到东北工业基地的更快振兴，可以看到环渤海经济圈的超常规发展，更可以看到东北亚经济的未来。这是历史地缘经济早已设计好的规定动作，谁不做，谁丢分，这就是地缘经济赛场上的逻辑。这种逻辑和设想在 20 世纪 80 年代中期就浮出过水面，只是冒了一下头，因为机遇之神尚在东南沿海，实在有些分身乏术，只能等待这一个 30年。现在，东北振兴露出曙光，环渤海的港口城市经济活力也开始再现。现在要做的不是 1+n 等于 1+n，而是 1+n 远远大于 1+n。这个 1 就是环渤海湾。

三条丝路在兰州交汇

　　在中国的经济版图上，新崛起的经济区块或次区块并不少。除了中部六省从经济"洼地"转为经济"隆起"，京津两地和山东也在经济位次上分别居于前列。成渝地区则已经成为西南地区发展的大亮点。从经济实力的比较来看，整个四川盆地已经成了新的经济"高地"。他们现在只属于地理意义上的西部，而不是经济意义上的西部，或者说是西部的"东部"。关中地区即大西安也是这样。他们在各自的丝绸之路经济带上，完全可以独当一面，更可以联起手来，在草原丝路、沙漠丝路和西南丝路上发挥与中国东南沿海地区经济功能不同但又是殊途同归的作用。

　　中亚丝路和西南丝路都有自己明确的辐射区位，他们在不同的区位上迎接新丝路上的经济列车。需要指出的是，北方的草原丝路不仅连着东北亚，也还走向西部的胡杨树环生的居延海，走向新疆的哈密与金色的阿尔泰山。2014年，国家决定新建14条铁路，最让人眼睛为之一亮的是京沈复线和从河套的临河伸向居延海的策克口岸的延长线，这条延长线一直走向哈密，使草原丝路和中亚丝路在哈密交汇，再走向中亚走向欧洲。到那时，北京与欧洲的联通，不只是隐喻中的联通，而是明确的直接的道路联通。与这条还未引起人们密切关注的铁路同样重要的是后面将要提到的甘肃的甘南与陇南通道，铁路正在兰州与成都、兰州与重庆之间动工，用不了几年，西南丝路也将通过兰州先后与中亚绿洲丝路、北方草原丝路交汇。这个三线交汇意味着新丝绸之路的新网状结构开始形成，意味着整个中国内地将置身于丝绸之路经济带的覆盖之中。从兰州四望，什么是未来经济地理中国，什么是中国的大区域经济，一望便知。

兰州过去就是东屏关中，西托古凉州，通向西域地区的咽喉之地，现在的经济区位位置更重要，这是中国西部大开发和多条丝路组成的丝绸之路经济带的交通中枢和物流核心区，在跨省交通和经济一体化中居于中心位置。这里除了甘肃省内的河西走廊经济带和与青海西宁连接的高铁沿线旅游经济带，还有正在修建的兰宝高铁和银兰高铁。兰宝高铁的贯通，不只意味着要与郑西在建高铁连接，最终实现陇海西兰新这座"亚欧第二大陆桥"全程高速化，进一步拉近东亚、中亚、西亚与欧洲的距离，从兰州这个交通物流中枢和中国国内跨省经济一体化布局来讲，至少还有两件事情。一是东向连接天水或平凉、宝鸡、西安经济带，让这段最知名的古老的丝路在真正的跨省经济一体化新条件下，再次放出新光彩。二是北向与银川、青铜峡、吴忠、中卫跨省区连接，并与草原丝路"联手"，共建绿洲丝绸之路与草原丝绸之路经济带。在这种跨省连接中，最重要的是找准自身的区位、定位与角色，搞好互联互通，抓好主要基础设施、特色优势产业、民生环保工程、扶贫开发项目，调动社会民间资本，发挥企业主体作用还要提升产业发展层次与水平，划定环境保护红线，绿色发展，循环低碳发展。

兰州是丝路经济带向东向西中一连串大小十字路口中最有经济战略价值的十字路口。兰州位于大陆版图的几何中心，是古丝路商埠重镇，有持续的商贸传统，全市商品市场258个，市场集散和辐射面达4亿人，同时也是全国9大综合性交通枢纽之一，黄河上游最大的水电中心。可以预见，随着丝路经济的发展，兰州将是丝绸之路经济带上的重要铁路集装箱物流中心和中国西部的一个金融中心、经济信息中心。兰州都市圈如何重新定位，兰州的城市重心是否需要更多地向刘家峡方向偏移，这一切都应当在考虑与规划之中。

　　青海是南通西藏、西去新疆和中亚地区的重要经济区域，"新西兰"高铁客运线的贯通，突显了西宁与兰州"姊妹城"的枢纽地位，它的更大的发展前景还在几年以后，但已经引起国际关注的"环喜马拉雅经济合作带"者的关注。青海将是兰州最重要的经济支撑。青海的重要城市除了西宁，格尔木也在向综合工商城市发展，这是连接雪域高原国际合作经济带和走向西部边疆的一个重要的新节点。

"珠三角"与"长三角"的历史承担

　　无论从历史发展的传统优势，还是未来的发展趋势，都需要把发展的指南针明确无误地指向海上丝绸之路。这是中国东部沿海经济带包括"珠三角"、"长三角"的历史承担。这种历史承担与他们对中西部的经济互动并不相悖，丝绸之路的网状结构已经决定它们既是海上丝绸之路的主力，也是陆上丝路的中锋与后卫。

　　广州的一则经济新闻讲，仅仅是广州一个市，2013 年对美双边贸易就达到 1180.88 亿美元，占同期中美贸易总额的 22.8%，而美国在广东的累计投资是 80 亿美元，虽然数额不大，但预示着潜力和空间。广州市社科院发布蓝皮书说，2007 年到 2013 年，广州对外贸易平均增速为9.98%，广东为 11.59%。2013 年，广州外贸增速有所回落，但广东为10.95%，高于全国平均增速 3 个百分点。货物贸易之外，服务贸易成为新增长点。2013 年，广州服务外包合同额 62 亿美元，增长 25%。值得注意的是，在外需缓慢恢复的过程中，广州进出口产品出现逆向调整，农产品、机电产品比重出现下降，劳动密集型产品有所上升。这再次说明，"珠三角"仍是劳动密集产业的重要基地，并非一些研究者所讲的完全呈现转移趋势和反升级趋势。对于这种"逆向调整现象"，2014 年在东莞举办的"中国加工贸易产品博览会"可以印证。这个创办于 2009 年的"加博会"，前两届就表现不俗，累计达成商贸项目 13000 个，合同额 1450亿元。2014 年又有 6300 多家国内外采购商和 16000 名专业买手赴会。劳动密集型未必是简单劳动型，机器人的运用和工业原创设计服务业的发展，使所谓劳动密集型产业也在转型升级。得益于加工贸易的转型升级，2014 年东莞外贸出口额达到 474.3 亿美元。这同时也说明，不论是哪个层次的贸易，广东"珠三角"还是海上丝路的一支劲旅。广东是中国海上丝路最早的策源地，这只要看看从广州到粤西的古代沉船中打捞的大量瓷器，就可以一目了然。这种外贸的区位优势和几千年形成的商业传统和商业人才优势，别人无法取代，不管是加工贸易还是转口贸易，不管是高科技产品还是紧随国内外市场变化的所谓"劳动密集"产品，都是海上丝路川流不息的贸易内容。目前，广州的外向型经济正朝多元化发展，广州前五大贸易伙伴及占比分别为：美国 14.5%、欧盟 13.2%、东盟 13.2%、日本 10.8%、中国香港 11.8%。

与"珠三角"毗邻的老牌自由港香港特别行政区作为一个经济体，是广东的特别转口贸易伙伴，即便是广东不设"自贸区"，也会有世界上最大的"自贸区"与之配套，21 世纪初许多学者提出的港粤经济一体化，正是港粤发展与共赢的真正出路。中国大陆和香港是两个经济体，但这两个经济体存在着同一主权下的特区关系，一荣俱荣，一损俱损，在紧密的联系里共走海上丝绸之路，这既是经济发展方向，也是真正的繁荣之路。

广东与广西的经济一体化也令人瞩目。两广在历史上就是一个区域，粤西地区既是其中的过渡带，也是历史丝路的经济核心带。这只要到阳江海陵岛的海丝博物馆去看馆内陈列的载有古瓷器的沉船，就可以一目了然。阳江、湛江和广西合浦、北海是海上丝路的重要港口，著名的南珠产在合浦，重要的海港遗迹也出现在那里。现在，北部湾经济带、珠江西江经济带和广南、广贵两条高铁沿线经济带正在成为跨省经济带，两陆两水齐头并进，成为连接海上丝路与陆上西南丝路的重要经济地理坐标，将对东南亚地区的经济合作发挥不可替代的作用。为了加强生态保护与建设，两省合作加强九洲江环境综合治理；为了推动产业合作，也加快了粤桂合作特别试验区和粤桂湛江—北海跨省经济区建设。随着福州与广州之间高铁的通车，闽粤之间包括漳州、厦门、潮汕在内的跨省经济合作也将进入新的活跃期。对于珠江、西江经济带发展规划，中央政府强调坚持基础设施建设先行，打造综合交通大通道，建设生态走廊，构建现代产业体系，坚持开放引领，使其成为中国西南、中南的新经济增长极。粤桂合作是中国东部发达地区与西部地区合作的重大案例，是"一带一路"区域经济协作连接的重要行动。但更重要的案例是上文讲到的广贵高铁带以及广贵高铁经济带向昆明的延伸。

其实，台湾和澳门特别行政区与闽粤的经济关系也是一样，都是海上丝路重要的辐射集群的重要组成部分，在大陆海峡西区与台湾的经济直接互动中，在珠海、中山与澳门的交通一体化和横琴岛的开发中，同走海上丝路，也是题中应有之义。因此，许多学者在研究海峡两岸共建自贸区，比如建设"金厦自贸区"或者福州"平潭自贸区"，这是很有眼光的。

上海，这个中国乃至亚洲最重要的经济中心、金融中心、贸易中心和航运中心，已经设立了中国第一个自贸试验区，自贸区的经济担当很明确，经济发展的方位指向也很明确，要在自由贸易试验区建设中，探索准入前国民待遇加负面清单管理模式，为中外投资者提供公平竞争的营销环境。精明的上海人同时也在研究打造第二个浦东。第一个浦东还在发展，第二个浦东就提了出来，这是为什么？恐怕不只是因为上海建设用地紧张，而是要迎接海上丝路来去的超大巨轮化发展趋势。浦东的外高桥航道水深只有12.5米，新的洋山港也只有16.5米，难以适应船只大型化的发展趋势。他们要把目光投入崇明岛外的横沙岛，这是走向海上丝路的一个超前设计。

为了走上海上丝绸之路，东部沿海开放城市争相申报自贸试验区，但"龙多不下雨"，也还不能一哄而上。但中国太大，需要超前发展的地方多，特别在北方沿海东北亚地区，比如青岛或者天津，倒有可能先走一步。目前天津已经捷足先登，因为它居于渤海湾的"龙口"位置，是草原丝路的最大最直接出海口。2014年6月，为了推进山东半岛蓝色经济区建设，青岛设立青岛西海岸新区，以发展海洋经济为主题，统筹海洋经济与陆域经济。青岛西海岸新区位于胶州湾西岸，陆域面积2096平方公里，海域面积5000平方公里。在充分发挥区位优势的同时，他们也在谋划如何融入丝绸之路国家战略，要"面向韩、日，辐射东南亚，路连中亚、欧"。为了这个目标，需要整合海陆要素资源，加快海陆双向衔接，加快门户机场建设，促进海上丝绸之路向中西部地区拓展，"实施国际货物贸易提升发展，国内外贸易融合发展，电子商务引领发展"。为了加快海陆双向衔接，青岛加强与西部地区口岸合作，与西安、郑州、成都、兰州、乌鲁木齐等20个腹地城市开展海铁联运和多式联运，推进跨国货运。2012年，青岛至霍尔果斯集装箱运开通，2013年运送集装箱5万标箱。青岛要面向东北亚，辐射东南亚，连接中亚、欧，融入丝绸之路战略，海陆贸易双向兼顾。这也是许多海港城市的选项。比如"珠三角"，除了通过西江与粤西和广西发生紧密经济联系，也在广黔高铁和未来的黔滇高铁贯通中海陆双向兼顾，也会在海上丝路的再发展中走向东南亚的西部地区甚至南亚海陆贯通双向兼顾。在海上丝路的主航道外，由陆路通向东南亚和南亚，从而形成陆上、海上丝路的回环与循环，提升丝路经济效益。

可以看出，中国业已形成的经济板块，都希望在丝路经济带的建设中发挥海陆兼程的作用。西部城市要到东部举办推荐会，东部要到西部城市签合同。就连铁路部门也闻风而动，在同一条干线上开出多列"欧洲号"货运列车。但丝绸之路经济带建设不是"运动"，而是各自建立在区域紧密经济合作基础上的可持续开发发展。如果人们还记得20世纪末一段时间里的"商品大战"，就应当避免同质竞争。

　　然而问题还不止于商业上的同质竞争，最应当引起严重注意的还是上面提到的，行政体制改革尚未到位对于经济板块市场运动的长期扭曲。经济板块之所以成为经济板块，是由其内部市场力量决定的，行政力量只能锦上添花。不论出于什么动机，强势干预都是一种反向操作。往日计划经济的失败和扭曲，正是那样一种结果。行政力量对经济板块内部外部联系的干涉是徒劳和有害的。尤其是在经济区域之间的合作中，市场是最好的天平，即使一时出现失衡，自会提醒你应该在哪头添加砝码，在经济运行的杠杆化中取得新的平衡。这个过程只能因势利导。这个过程，除了市场商业规律使然，还有经济地缘规律在起作用。谁也不能巴望，经济活动会频繁地发生在珠穆朗玛峰的山顶上；谁也不能巴望，同一块庄稼地里会同时长出五六茬庄稼。

　　经济板块或区域经济的发展，在初期也许需要行政的"接生婆"，后来则主要仰仗规则与规矩，但规矩多了，也会抑制市场规律的运行，因此就要改革和减少最低限度之外的审批与准入"政策"。但"政策"减了，"运动"思维不减，同样会"添乱"。这样去搞丝绸之路经济带建设，只能适得其反。因此，最重要的是按市场经济规律与地缘规律办事，要在合作分工中找到行政的正确位置。

　　合作分工，说来易，办来难。最终的途径与办法还是经济区块的一体化运作和一体化运作中的区域经济发展。所谓经济区块一体化运作，就是横向的市场联系加强，自由、自愿、便利、共赢地进行经济、技术、物流与贸易的合作，就是打破残存的计划思维，让生产要素自由流动，合理配置，就是打破行政壁垒，取消市场分割，就是取消在国家统一财政、总体产业政策之外的一切"土规定"、"土政策"，使便利化、市场化成为一体化的最重要的一种基础设施。国内经济区块一体化是世界经济一体化区域化的"缩微版"，市场的事情用市场的办法办，一体化的事情用地缘规律支配下的市场一体化办法去办。

京津冀经济一体化走向

　　一个正在推进的正面例子是京津冀一体化发展。京津冀一体化发展从 2014 年开始启动，先是规划功能区，但真正的一体化动作从外贸通关开始，从物流开始。京津冀三地的企业产品，无论在京津冀的任何空运、海运港口进出境，均可自由选择申报、纳税、放行地点，顺畅通关。京津冀三地有 43 个关口，现在是 43 个关口如同 1 关。京津冀三地有许多保税区、综合保税区、保税港区、出口加工区、保税物流园区，也在一体化通关中一并改革，它们具有的转口、仓储、保税、服务功能都得到集成发挥。2013 年，京津冀进出口贸易总额为 6125 亿美元，在全国占比 14.7%。在通关一体化下，运费节省 30%，这不是小数字。随着一体化的进程扩展到经济生活的方方面面，一体化之于区域经济的良性发展和市场经济的去行政化，将会发生越来越多的正面影响。去行政化不是不要宏观调控和产业调控，一是调控工具只掌握在中央而不是地方，二是工具化而不是指令化或示意化。10 年前，"中观调控"的说法是个基本不通的"理论"，那是被戏称为"诸侯经济"对抗市场一体化的最后一条"斑马线"。

　　事实上，"一体化"的提法很早就出现了，"长三角"、"珠三角"就有"一体化"的意味，此后又出现了粤港经济一体化，出现了苏锡常一体化、长株潭一体化、郑汴一体化、西咸一体化、兰永榆白一体化、黄淮海一体化；在东北地区，还有长图吉一体化、哈大黑一体化、辽东辽西一体化；等等。为了说明他们是一体，往往套用各种金三角的名称。但他们不是松散表面的联合，就是如"长三角"、"珠三角"一样，更多的是经济辐射的代名词，而不是制度安排和市场打通经济相互融入实质意义上的一体化。京津冀进出口贸易通关一体化的改革，特别提出了可复制、可推广，要推广到"长三角"、"珠三角"周边。2015 年初，国务院又提出 2020 年实现全国大通关体制与机制，但这个时间表有些晚，需要加快。但不管怎样，一体化意味着中国国内的各个经济区域也要真正地逐步地实现真的经济融合，而不是口头上的一体化。这是改变国内经济区域形式大于内容，生产要素依然被行政力分割垄断的非市场机制配置资源的弊病的唯一出路。

为了打破对经济生活的行政分割，中国在经济特区实验的基础上，先后建立发展新区，目前有上海浦东新区、天津滨海新区、重庆两江新区、浙江舟山群岛新区、甘肃兰州新区、广东南沙新区、陕西咸阳新区、贵州贵安新区、青岛西海岸新区、大连金普新区，共 10 个。这些新区都有引领带动一方经济发展的功能，在一定意义上也是强化市场机制，弱化行政力量对市场的过多过细干预的办法，但由于制度特别是顶层制度设计的缺失，除了壮大地区经济，在更大的超行政范围里，他们起到的市场导向作用是有限的。

京津冀经济一体化的一个重要方面是打破省界、市界和县界。可以想见，在不久以后，将会出现更多的跨省一体化经济区，比如齐鲁豫郑淮经济一体化、陕甘宁青新经济一体化、云贵川经济一体化、湘赣桂粤经济一体化、环渤海湾经济一体化等，都是可以设想的。更多的情况是，沿着丝绸之路经济带的不同位势，构造不同经济交流走向的经济区域，在相互支撑中共建丝绸之路经济带和海上丝绸之路。从这个角度去观察，京津冀经济一体化的目标不仅是治理雾霾与环境保护，更是走上丝路经济的先期准备。

在市场规律和地缘规律中重构经济区块，可以避免重复建设，形成市场经济锻造出来的经济合力与经济能量，在有序的市场竞争中与世界经济一体化区域化对接，形成丝绸之路经济带与海上丝绸之路建设的可持续发展。建立诸如自贸区这样的经济特区形式，在主权国家之间都会出现某一些经济主权的协商让渡，使之成为不同经济"电压"的安全转换器。事权与财权合理统一的财税制度改革当然是个重要因素，但社会经济生活最终的行动指向也只有市场经济规律和地缘自然规律的有机统一。这种统一，用国人的传统语言来讲，是天、地、人的合一。天即是社会发展规律，地即是地缘规律，人就是按照市场经济的规律去配置资源意愿与行动。这种天、地、人的合一，体现在丝路经济的发展中，既要有经济流向的势差意识，又要有价值洼地效应，还要有经济流的"大流域"观，注重"经济水系"的疏通是区域经济板块一体发展的重要概念。

历史定格中的长安—天山路网

　　流通便利的首要条件是商路通畅，把这些商路放大了，就是沟通和强化区域经济板块内部外部经济联系的经济孔道与经济走廊，我们也可以名之为"微丝路"。这种经济孔道和经济走廊犹如人体的经络与血脉，运送着经济躯体各个部位各个器官必需的市场生产要素。

　　经济孔道和经济走廊，不是要想形成就会形成的。首先与自然地理的形成过程有关。太古远的大陆板块漂移形成地球陆地与海洋相对位置不说，从上亿年前的燕山造山运动和更早的喜马拉雅造山运动开始，我们今天所在的大陆就开始形成目前山河纵横的地形结构。燕山造山运动和更早的喜马拉雅造山运动，一个是南北纵向运动，一个是东西横向运动，结果是山脉走向有东西也有南北。在中国，前者如燕山山脉、阴山山脉、秦岭山脉、祁连山山脉、昆仑山脉等，后者如大兴安岭山脉、太行山、甚至地震频繁的龙门山等。纵横走向的山脉在宏观地理中形成陆地板块的挤压破碎，既为江河在对山体沟谷的切割中"规定"了总体流向，也为后来人类迁徙和经济活动迁延留下了寻找落脚点的孔道与走廊。这些孔道有宽有窄，有大有小，串起了盆地与平原，串起了最早的居民点与后来的城市、乡村，并在经济开发中形成越来越大的经济区域与次区域。一般来说，河谷地带是人类进入文明的较早地区，而舟船的发明与较大半径的使用，让河流与河谷两岸成为人类经济社会的原始"高速路"，也为诸如西南丝路的开拓串起了无数的"坝子经济"，让绿洲丝路的开拓串出了"绿洲经济"。

在或大或小的经济区块的共同生活共同发展中，人们互通有无的要求愈强烈，道路就伸得愈远愈长。在这种从古至今就开始的经济追求和经济竞走的长河里，人们不断地发现和建设赖以沟通经济生活的区域间的交通走廊、商业走廊与多种经济功能的市场走廊。今天，这些交通走廊、商业走廊和经济走廊，不仅依然发挥着巨大的作用，成为是商品流通的集散流转通道和市场信息的交换节点，同时也成为区域经济板块之间最敏感的经络和最有传导辐射功能的经济神经束。这其实也是经济一体化下的微观经济地缘结构，是人们区域经济发展中必须重视的一种线型与带型的微观经济区域或者次区域。在这些线型带型的区域里，出现了许多沿线、沿路、沿江、沿山、沿海的长长短短的经济发展带，连接着重要的城市、重要的港口、重要的核心经济区域，形成了区域经济战略的整体的棋盘。

有些"微丝路"居于经济区块连通的要津，本身就是主干丝路的一部分，而且是不可或缺的重要部分。有的则处于旁枝末梢但有相对独立的经济商业功能。有一些是以内向市场为主，有一些则是外向经济发展的必经之地，特别是陆地边贸口岸和沿海的港口，常常是经济战略要地。

从中亚绿洲丝绸之路方向看，世界遗产申遗大会已经定格的长安—天山路网，无疑是最重要的。无论是从东向西，还是从西向东，它都是丝绸之路的主轴线。这条主轴线可以分割成几个"标段"，在中国国内目前最重要的是"陇海经济走廊"，包括"关天走廊"、"河西经济走廊"、"天山南经济走廊"、"天山北经济走廊"。

陇海经济走廊经过苏豫陕甘四省，是在 20 世纪中已经出现的陇海铁路及其延长线上，这是中国西部开发的历史先声，也是 20 世纪 90 年代建设"第二座亚欧大陆桥"的东段落。目前，"第二座亚欧大陆桥"的东段落正在分别"高铁化"，主要是郑州到西安、西安到宝鸡、宝鸡到兰州。2014 年底"兰西新"高铁开通，"第二座亚欧大陆桥"东段落正在迎来高铁时代。

　　由于近现代交通技术的演化，"陇海经济走廊"的古代结点与现代结点是不完全一样的，在隋唐时期，必然是以长安与"东都"洛阳为中心，以古凉州（武威）、古扬州为两翼。现在则是以西安、兰州为中心，以哈密与郑州、徐州为两翼。隋唐时期，"旌旗十万家"的古凉州，同另一个核心城市也即"烟花三月"中的古扬州，一居西一居东，既是唐代诗人必游必吟之地，也是那时处于陆上丝路交通和海上丝路交通的两端，以及相对应的内陆开放和临海开放的主要国际贸易城市。这条东向西太平洋西通地中海的丝路主轴线，其实是今日"陇海兰新"陆路走向变化的古代版。隋唐运河以东西向为主，扬州既是运河的枢纽城市，也同长江与东海相邻，是无可替代的东部经济中心，随着东西运河的湮没，南北大运河延伸发育，加上近代经济中心向海岸一线移动，扬州也就成为北向元大都，南接苏、杭的另一座功能不减但作用不同的以漕运盐运为主的重要城市，这也使它与草原丝路发生了新的联系。水陆交通格局的变化，同时成就了陇海一线西向西安、兰州的主干线地位，而兰州的区位之所以又在今天进一步凸显，不仅是缘于"陇海经济走廊"包括"关天走廊"与"河西经济走廊"在兰州相连接，更重要的是历史丝绸之路的三条干线已经和即将交汇于此：向北，经由银川或阿拉善草原通向北方草原丝路；向南，通过甘南走廊和陇南走廊分别连接成都和重庆，继而通向西南丝绸之路。哈密和吐鲁番一线位于东天山末梢，既是北方草原丝绸之路与中亚绿洲丝绸之路的交叉点，也是"天山南经济走廊"和"天山北经济走廊"的"分路标"，当然也会是未来"泛亚铁路"北上西行最便捷的又一个中转点，即"泛亚铁路"经由正在修建的兰成线与兰渝线在兰州交汇，有可能出现"第四座亚欧大陆桥"。在郑州、徐州则通过京广、京九、京沪铁路连接大江南北，覆盖了华北、华中、华南和华东地区，形成了东西南北联通一气的现代陆上丝路网和东部的多条海上丝路线。

"关天走廊"是"陇海走廊"的一部分，但又有特殊的经济战略意义。这里不仅有汉唐著名的丝路中心长安，也是现代丝路主要的客流"航空城"试验区，有欧亚经济论坛的永久会址，是著名的国际旅游目的地。关天一线也是长安—天山路网的重要丝路文化遗产，具有包括国际旅游、国际物流在内的多种经济价值。

人们记得，20世纪80年代中期就有沿大陆桥发展的呼声，中国改革开放30多年里，呼声变为现实。物流系统纵横交错，三条丝路殊途同归。在中亚绿洲丝路主干线东部沿线，交通和经济同步变化：黄淮海经济带在隆起，中原经济在崛起，西安古都在复兴，兰州进入了经济发展能量的集聚辐射期，乌鲁木齐这座古老又年轻的城市在起飞。这些已经进入"万亿大省"发展行列的省区，加上河南全部，山东、江苏、安徽的一部，总面积大于欧洲，人口多于欧洲，经济总量也接近于欧洲，其所散发的能量应当有多大，已经不是一般经济走廊的概念所能概括，丝绸之路经济带也就应运而生，成为更为准确的称呼与命名。

但是，正像长江的上游叫金沙江，下游叫扬子江，这样一条跨省跨国的超级经济带，所经地区的历史文化传承不同，经济形态也各不相同，地理和气候形态也不一样，因此分成相互连接的走廊和地理段落去讲述，或者会更清晰。比如著名的河西走廊，东接"陇海"，但有独立的经济文化意义。河西走廊从隋唐起就有"陇右富庶之地"之称，从武威、张掖、酒泉到敦煌，长达近千公里，加上八百里秦川，是中国汉唐时期仅次于中原经济文化核心区的第二核心区域。按历史的重要性讲，古凉州武威是金，与它相距250公里的张掖是银，为什么会有"金张掖，银武威"的说法？这与武威在历史战乱中渐渐衰落有关系，也与环境变化与水资源不足有关系。武威北临巴丹吉林沙漠，生态原本脆弱，历史上"旌旗十万家"的人口载荷和石羊河系水资源有限，是其持续发展的软肋，武威的民勤县，素来是人与沙漠抗争，甚至现在仍有"不能让民勤成为第二个罗布泊"的危机感，这是个典型的例子。张掖的生态条件就好了许多，发源于祁连山的中国第二大内陆河黑河也即古弱水贯穿其地，南有祁连山，北有龙首山、合黎山，沃野百里，几无流沙，是"河西走廊"的黄金地区。早在公元7世纪初，隋炀帝根据大臣裴矩的建议，于大业4年经略西域，在燕支山也即山丹大会西域高昌、伊吾等27国国王与使臣，"武威、张掖士女盛饰纵观"，"骑乘填咽，周亘数十里"，誉为一时盛观。这位有争议的隋炀帝虽然在回程中遭遇"扁都口"的暴风雪，士卒伤亡近半，后来又因为开凿运河，为史家所诟病，但平心而论，丝路在盛唐全面再次开通，这位隋炀帝其实也是有功之人，至少是为后者做了铺垫。

河西走廊大体呈绿色，间或有干旱的荒野，多半是无水区域，面积并不很大，而且有许多荒野建设了大面积的光伏发电场站，是"天生我材必有用"。由于光热资源丰富，河西走廊的农作物与水果不仅品质好，也是中国少有的大面积的优良种业基地。这里的旅游资源也很丰富，虽然没有一步一景的更多的自然景观，却有一步一奇的震撼。特别是张掖的五彩丹霞地貌，被评为世界七大地质奇观，更别说以敦煌石窟为代表的佛教文化价值和艺术价值。因此，说张掖是金张掖，敦煌是金敦煌，甚至说河西走廊是金走廊，也是名至实归的。

河西走廊其实是双走廊，甚至廊中还有廊。从兰州附近的刘家峡上溯炳灵寺石窟，是长安—天山路网的重要遗址，当年文成公主进藏的第一座黄河大桥虽然成为遗址，但汉客胡商行走的路径仍在。现在，2014年正式开通的"兰西新"高铁从附近穿过，经过传说中"大禹导河于积石"的积石峡以及华夏文明最早的发源地之一的河湟地区，由青海西宁沿着祁连山南麓的大通河谷一路西去，并从隋炀帝遇阻的那个"扁都口"奔向张掖，继续西行进入新疆。这条高铁线长达1776公里，总投资1435

亿元，穿越黄土高原、青藏高原，临近帕米尔高原，也是一个世纪工程。丝路之旅与华夏文明寻根之旅在这里重叠，并非巧合，丝路不言但也许有着更远古的记忆。这一条河西走廊的姊妹廊也可称之为"积石走廊"或祁连山南走廊，虽然与祁连山北部的风光不同，但同样是丝路主廊道。值得一提的是，"积石走廊"或祁连山南走廊，不仅是古丝路，还密藏着不为世人多知的世界第三大峡谷，这条峡谷长866公里、深4200米，名为"祁连天境"。

河西走廊廊中还有廊，这个廊中廊就是从张掖、临泽、高台沿着弱水北行，直达自古有名的居延海的瀚海胡杨之路。胡杨林带笔直如线，伴水而行，弱水中途分为东河与西河，东河注入名为苏泊诺尔的居延东海，西河注入名为顺嘎诺尔的西海。由此北去，可以从中蒙边境的策克口岸走向阿尔泰山东麓，也可以向西翻越"黑戈壁"到达哈密。这条瀚海胡杨之路是河西走廊连接草原丝路最近的廊道。西海南边是西夏王朝建立的"黑城"城堡遗址，在元代亦称为也集乃路，是草原丝路重镇。近代沙俄探险者盗掘的西夏文书与"字典"，不仅揭开了西夏文之谜，也揭示了居延海瀚海胡杨之路在古代丝绸之路中的重要地位。20世纪60年代，由于上游截水弱水断流，居延海几近干涸，胡杨大量死亡，生态急剧恶化，近年来上游开始节水，居延东海重新碧波荡漾，胡杨树林的面积也开始扩大。但是，曾经拥有3000平方公里湖面的西海依然干涸，水量不足仍然困扰着居延海。水，生命之水，是丝绸之路能否恢复旧时面貌最大的生态制约因素。但干旱气候又是难以改变的，能变化的是节水意识和节水的科技手段。尽管弱水是中国第二大内陆河，水量相对丰沛，但经不起大水漫灌，因此节水农业最终决定了河西走廊、居延走廊乃至丝绸之路可持续发展的愿景与前景。目前，由于东风航天城和策克口岸的建设发展，公路、铁路与航空设备已具规模，沿水胡杨林面积持续扩大，下一步的发展，关键还在一个"水"字。

天山南北经济走廊

　　天山南北经济走廊是汉代以来开辟的相互联系但方向不同的两条主丝路。从天山北走廊可以西去哈萨克干草原和南俄草原，穿越汉代史书所记载的乌孙、奄蔡故地，是亚洲游牧民族通向欧洲的一望无际的草原之路，也是17世纪土尔扈特蒙古万里长征回归故国的道路。归国的土尔扈特蒙古后代，一部在巴音郭楞蒙古自治州，一部在居延海的额济纳旗。天山南经济走廊由巴音郭楞蒙古自治州的库尔勒、铁门关西去库车、喀什。或者经由帕米尔十二帕（山谷）众多的山口和口岸与吉尔吉斯斯坦、塔吉克斯坦连接，或者经由瓦罕走廊走向阿富汗，这里是汉代古大夏、古月氏和古安息所在的方向和盛极一时的贵霜王朝的腹地。通过著名的红其拉甫口岸走向中巴经济走廊等印度河中上游地区，是古丝路大南道的最重要路线，也是历史上中国与西亚和南亚诸国文化与贸易交流最为密集的地区，是东方文化、希腊文化、伊斯兰文化交汇之地。佛教东传和西方古代宗教东来也循着这条道路。

　　天山南北经济走廊也是面向中亚、南亚和西亚的姊妹廊道，无疑是今日丝绸之路经济带最重要的核心区域。天山南北经济走廊也有跨越天山南北的"微丝路"，一条是伊犁、昭苏至阿克苏，另一条是伊犁经由著名高山草原景区那拉提和巴音布鲁克"天鹅湖"到库车的天山之路，由此构成了天山南北经济走廊的内部循环。天山北经济走廊建设发展，是从 20 世纪 50 年带开始的，建设发展的启动力首先来自新疆建设兵团，也来自当地各民族居民和支援新疆建设的内地项目和企业。建设进程可以分为三个大的阶段，一是中央政府沿袭从汉代就开始的历经 2000 年的屯垦戍边传统，成立新疆建设兵团，筚路蓝缕以启荒漠，一步一步地改变了新疆经济发展的停滞状态，使北疆地区较早脱离了原始的"转场游牧"和小规模农业生产的单一经济形态。1962 年，在伊犁、博尔塔拉、塔城、阿勒泰、哈密地区建立长达 2000 公里的边境团场发展带，为日后的沿边开放奠定了发展基础。1966 年底，新疆建设兵团团场达到 158 个，屯垦人口 148.54 万人。截至 2013 年，建设兵团拥有 14 个师 176 个团场，耕地面积 1244.77 千公顷，人口 270.14 万人，占全疆人口的 11.9%，其中包括 37 个少数民族聚居团场的少数民族人口 37.54 万人。这 37 个少数民族聚居团场发展得更迅速，2012 年总产值实现 111 亿元。建设兵团不仅在戈壁荒漠开荒造田，也初步建设起涵盖食品加工、轻工纺织、钢铁、煤炭、建材、电力、机械、化工等基础工业体系。二是改革开放初期，市场经济取向的改革进一步解放生产力，乌鲁木齐从一座边城变成了包括中亚五国在内所有城市中规模最大、市场最活跃的国际城市。新疆包括天山南北经济走廊的发展水平进一步提升，绿洲经济模式的城镇化建设进入新的发展阶段，除了哈密、吐鲁番、伊犁、喀什、和田、库车、库尔勒等传统节点城市和克拉玛依、奎屯等新兴工业城市持续发展，更多的绿洲新城镇出现了。与此同时，建设兵团依照"师市合一、团镇合一"的规划思路，前后建立阿拉尔、铁门关、石河子、双河、北屯、五家渠、图木舒克等 7 个市和 5 个建制镇。石河子市在 2000 年被联合国评为人类居住环境改善良好范例城市。兵团的城镇化建设是新疆新型城镇化的缩影。三是推动天山北经济走廊发生脱胎换骨的根本性变化的西部大开发阶段。在这个阶段里，铁路建设、公路建设、天然气管道建设、电网建设、生态建设等基础设施建设联动，为天山南北经济走廊建设的现代化做出了居功至伟的贡献，也为丝绸之路经济带的国际合作建设拉开了大幕。现代工业、现代农业、现代国际物流、能源供给、国际旅游的发展大格局形成，生态环境也在改善。尤其是阿拉山口与霍尔果斯的国际铁路、公路口岸的前后开通，使它们成为新的丝路贸易重镇。在西部大开发的推动下，天山南经济走廊也在加快发展，那里有西部第一大淡水湖博斯腾湖，有塔里木河中上游相对丰沛的水资源，有古老的龟兹文化和喀什的大巴扎，在南疆铁路系统加快完善之后，将会迎来丝路西去的又一条超级经济走廊。天山南北经济发展带是"微丝路"，也是主丝路，是丝绸之路经济带的经济战略核心区域，内涵能量无限。

当然，在关注天山南北经济走廊的同时，谁也不会忘却古丝路的大南道。在汉代，首先开通的是古丝路的大南道，这条大南道在隋唐时代依然畅行无阻，甚至在草原丝绸之路大行其道的元代，同样是重要的国际贸易通道。马可·波罗与其父亲、叔叔三人从威尼斯到元上都与元大都，走的就是大南道。他们从地中海西岸登陆，沿波斯湾南下到霍尔木兹海峡再次登陆，经过古安息国所在的呼罗珊地区，到达今阿富汗的巴达克山也即临近瓦罕走廊的地区，修整一时，翻越了空气稀薄的"大勃律"、"小勃律"，也即中国史料中称呼的"大头疼"、"小头疼"地区，到达于阗。然后穿越罗布沙漠和哈密，进入古沙州敦煌和甘州张掖，经由今天兰州北部的景泰地区，沿着腾格里沙漠的东缘北去，他们跨越了乌兰布和沙漠，从阴山北麓一路东行到达上都（内蒙古蓝旗），觐见忽必烈汗之后，再到大都北京。马可·波罗的旅程线是精确无误的，这本身也说明《马可·波罗游记》的真实性。也许，那时塔里木盆地南缘的生态环境要比后来好，但即使目前人们看到的是尼雅遗址一类的满目沧桑，并不意味着南大道已经消失。沙漠化并非不可逆，关键在于持之以恒地去补救去改变。汉武帝时期张骞前后两次出使西域，南道和北道都走过，但回程多选大南道，选择路线的主要参考因素是规避匈奴游骑，但他终究还是没有躲过去，两次被掳后逃脱，辗转回到长安。500 多年后的法显、玄奘走的是同一条大南道，说明生态环境并没有太大的变化。法显记录了路途中的白骨，这其实在干旱的沙漠中是寻常可见的，如果你到过已经成为游人如织的居延海黑城景点，在残存的城墙下，同样可以发现 500 多年前战死者的许多白骨，你可以发幽古之思情，但不会有恐怖之感，何况在地处塔克拉玛干大沙漠边缘的大南道上。大南道的东入口就是著名的楼兰古国遗址，一路向西就是若羌和且末、尼雅（今民丰）、于阗（和田）等古代丝路重镇，古楼兰就是南北道的分路点。对楼兰对这条大南道丝路，若羌人并没有释怀，他们虽然并非楼兰的后人，但楼兰是他们的地理文化遗产，他们要打造楼兰文化、若羌红枣、黄色和田玉三张名片，还想为自己的产品争取保税政策，再现古楼兰的风貌。这里有 515、218 两条国道，支线机场也正在修建。换个视角看若羌，离敦煌与青海柴达木盆地也就都是 600 多公里距离，在青藏铁路和兰西新高铁开通的时代，这点距离算不了什么。楼兰不遥远，若羌不遥远，和田同样不遥远。若羌这个古色古香的地名，会让你联想起大月氏西迁，小月氏余部留居"南山"的历史记载，小月氏余部与古羌人融合，若羌而非羌，这是若羌的来历。绝世独立的楼兰古迹、米兰古城、小河墓地遗址、野骆驼保护区和阿尔金山"动植物王国"，至少构成了一条旅游经济长廊的全部要素。已经有规划从成都向西修建格尔木到若羌和库尔勒的铁路，丝路南大道的再次通畅，同样不会令人惊奇。

黄河"金三角"与甘南、陇南道

在西部的东半部地区，还有沿黄河北上南下东西相望的两条地理交通走廊，这是两个著名的"黄河曲"。一个上文已经讲到，是刘家峡里已被确认的丝路故道，另一个是隋唐前后繁荣一时的北上三晋的蒲州风陵渡，由风陵渡东去，便是三门峡，这里都有铁路连通。位势重要，市场流通发达，现在都成为经济发展的"金三角"。其实，在黄河"金三角"的市场景深里，往往有着来自丝路走向的大背景。风陵渡交通孔道的延长线就是中亚绿洲丝绸之路与北方草原丝绸之路的一条南北连接线。风陵渡与三门峡一渡一峡连三省，河西有司马迁韩城故里、西岳华山，河东有众多的春秋战国遗存甚至是考古学家正在苦苦追寻的夏王朝的故地。水声惊天的壶口瀑布则是他们共同的旅游资源。现在，陕、晋、豫三省的渭南、临汾、三门峡和韩城已打破了行政分割，联合建立"黄河金三角经济区"，主打特色农业全加工产业链、国内黄河旅游链和黄河金三角物流产业链。这个"金三角"历史含金量高，现代经济发展的含金量也高。隋唐以前，这里就是关中与华北、中原的交通要津，甚至是华夏先民迁徙开拓的主要通道，是华夏文明形成的舞台。就连那部不可考的《穆天子传》中穆天子巡游西域，都要经由此道北上辗转入西。同样难以考定的是黄帝如何纵横在后来的两条丝路之间，从山陕到冀豫，相关记载虽可姑妄听之，但不可姑妄弃之，它至少披露史前年代人们的地理认知和黄河"金三角"的交通价值。

这个黄河"金三角经济区"的内陆物流港建设项目建成，货运交易量可达 2000 万吨，年交易额 500 亿元。"黄河金三角"是苹果种植区，种植面积和产量分别占全国的 20% 与 30%，每年果汁加工能力 90 万吨。无独有偶，在黄河大河曲中与此形成对角线的内蒙古乌海市、鄂尔多斯市与阿拉善盟，也联合建立了一个"黄河金三角经济区"，这个"金三角"的前生是"煤三角"，含碳量高，但持续发展的含金量并不高。现在以高新技术产业和农畜加工为主产业，对重化工产业实行低碳化改造，沿黄建设了 22 个产业集中区，"煤三角"开始向"金三角"转变。但这个"金三角"应当是"金四角"，与乌海市、鄂尔多斯市与阿拉善盟隔河相望的宁夏石嘴山市也是一座大型的煤城，同处一个产业经济带上，跨区域经济融合与联合，既要打破县与县、市与市的行政界限，也要打破省区的行政界限。

九曲黄河中最大的一曲，一个更大的黄河"金三角"，其实是包括陕甘宁老区和鄂尔多斯草原在内的"大河套"地区。在这个"大河套"地区，潜在的跨省区并同丝路干线密切相关的"金三角"至少还有三个，一个是晋陕蒙交界的河曲地区，一个是宁陕蒙晋，一个是延安、庆阳、平凉或宁夏固原一线。第一个"三角"拥有包括榆林市和鄂尔多斯市、包头市、呼和浩特市、集宁市、大同市等众多地区核心城市，是草原丝路经济带的重要支撑区域，需要建立紧密型的经济合作关系。第二个"金三角"是由银青高速公路和新开通的银川、延安到太原的铁路连接，是中亚绿洲丝绸之路经济带的辐射区、支撑区。从一定意义上讲，在这条横向铁路上，东来的列车可以转由银川、中卫、武威的沙漠铁路直达河西走廊，与"第二座亚欧大陆桥"紧密相关，也可以视之为草原丝路的必要组成部分。特别是宁夏黄河东岸的灵武与陕北"三边"、横山一线同样是能源富集区，低硫、低灰煤探明储量近千亿吨，与神府煤田堪称

"大河套"双璧，石油天然气蕴藏丰富，湖盐和岩盐储量大，拥有风速每秒 52 米的风能和太阳能光热发电的巨大资源，是传统能源与可再生能源同步发展的不可多得的独立单元，而不仅仅是一个能源接续地区。第三个"金三角"则是陕北与甘肃陇东、平凉，宁夏固原与兰州之间的经济协作的地缘联系。就陕西彬县、长武与甘肃平凉地区来讲，历史上就是秦陇交通要冲，丝路必经之地，优质化石能源资源丰富，是"关天经济走廊"之外的另一条重要经济走廊。特别是平凉，绾三省、连六地，是兰州以东丝路古道西进甘新、北上宁蒙的重镇，目前有宝中铁路、天平铁路、西平铁路和银武高速相连，是新丝路建设中的重要枢纽。从陇东的庆阳市和宁夏的固原市来看，同样是能源与农业资源富集地区。庆阳市是《禹贡》所记的雍州之地，历史悠久。在拥有"天下第一塬"之称的"董志塬"的周边还有环县、华池等，是长庆油田的主产区和接续区。使人感到遗憾的是，延安与庆阳、固原之间的省际道路尚未进一步提速，这是一个大的制约因素。延安南部的洛川、富县原本就是陕北的"五路咽喉"，境内有洛河与葫芦河水系，道路联通是延安连接并融入"大陕甘宁金三角"，进而融入丝绸之路经济带不可或缺的措施，也是延安老区走上新丝路建设的重要思路。

在丝路经济的大棋局里，黄河"大河套"和九曲黄河的多个"金三角"并非是陪衬与配角，"大河套"里不仅仅是黄土高坡，还是一块西联中亚绿洲丝路北去草原丝路的重要的经济战略高地。在人们为长江黄金水道规划兴奋不已的时候，也应当把目光更多地投向九曲黄河。

甘南、陇南走廊是中国西北与西南的分界线，也是南方与北方的经济界线，白龙江就是经济界河，美丽的九寨沟是它们的公共花园。甘南、陇南走廊历史上就是中国西北向西南的民族移民大通道，与中原向东南方向的客家移民通道齐名。甘南、陇南应当是西南丝路的北源。为什么四川话属于中国北方方言区？为什么在古代东越部落部族曲折迁回向西南迁徙的同时，有许多羌、氐部落和部族来到西南，沿着横断山脉一路走向了高黎贡山？为什么在甘南、陇南与四川省交界处至今还有"白马羌"、"党项羌"以及已经在族属认定消失了的氐族的后裔？在羌族集聚的汶川、北川，有着关于大禹的出生地的传说，在离黄河、大夏河、洮河交汇的"三河口"地区有大禹活动的传说，就连那令人不知其源的"三星堆"文化，似乎也需要从更早的丝路交通里寻找新的答案。

汉代张骞在西域千里之外发现了西南的"蜀布邛杖"，判断中国西南还有一条商路。远在长安的人们知道"蜀布邛杖"，可见甘南、陇南早已是连接北方商业中心与南方四川商业中心的重要经济通道。在陇南与甘南交界处素有旱码头之称的岷县，自古就是"西控青海，南通巴蜀，东去三秦"的咽喉之地，秦汉以前，兰州地区还是西域之一部。岷县离兰州不远，最早的秦长城就在临洮、岷县一线。离岷县北边几十公里的漳县与武山就坐落在中亚绿洲丝绸之路的大路口上。这条西去的大路，东接天水地区，西到渭源、临洮，一直通向刘家峡水库边的永靖，这里不仅是黄河上游的中国第一条"梯级水电走廊"，又被称为"黄河三峡"。"黄河三峡"被第38届世界遗产大会列入"丝绸之路长安—天山廊道路网"世界遗产名录。在炳灵寺石窟附近，至今还有西秦符坚时代架设的"天下第一桥"遗址。文成公主、张骞、法显、玄奘、弘化公主、金城公主以及《水经注》的作者郦道元都从桥上走过。这一切都指向一个推论：这个离兰州只有几十公里的地方，确乎是中亚绿洲丝路与雪域高原丝路和西南丝路无可替代的交汇点。

成都经甘南、合作、临夏、永靖到兰州的铁路正在施工，兰州向甘南的沿黄河公路也在赶工，而与甘南通道并列的陇南铁路通道，即通向嘉陵江长江水系的兰渝铁路也正在秦巴山脉的隧道里穿越。可见这里不再是古老马帮穿行的山间小道，将是现代化的铁路动脉。如果加上还要迟早到来的"泛亚铁路"有极大的可能从这里向中国西北延伸，在这里对接，甘南、陇南走廊的丝路新角色也就在意料之中。

中国的著名记者范长江在抗战初期考察西北，走的就是从甘南通道与陇南通道，由此进入兰州，进入西北的旅行路线。他由内江出发到成都，进入九寨沟地区，辗转宕昌、岷县、临夏、永靖、兰州一线，在河西走廊、湟水、大通河流域、宁夏黄河峡谷、陇东地区和关中地区穿插采访。他关心时局更关注民生与经济。他从成都进西北，不能完全归因于家乡在四川。在抗战初期，国府迁都重庆已几成定论，中国西北部与西南部如何形成犄角之势同赴抗战，必是一个重要的思考切入点。那么，在丝路复兴的今天，如何接续这种思考，不仅是交通对接和民俗旅游的发展，需要更多地思考甘南与陇南经济走廊的发育和丝绸之路经济带建设的非同一般的关系。

实在说，蜀道的西支"金牛道"原本从甘南、陇南走廊擦过，有时干脆就是前者的一部分或者替代线。从这里可以由广元沿嘉陵江直下阆中古城到达重庆，也可以随魏将邓艾"偷渡阴平"，直下剑门关。在成都与重庆，成昆与渝滇铁路和公路干线，或者按照秦代开凿的"五尺道"南去，或者伴随"蜀布邛杖"流转的"博南道"一路南行，形成了西南丝路的基本架构。成昆与渝滇铁路都是20世纪50年代修筑的，但在抗战初期，当时的国民政府已经开始了滇缅铁路项目工程建设，1938年4月成立"滇缅铁路工程处"，由主持过浙赣铁路、湘桂铁路的著名铁路专家杜镇远领衔，动用了数十万民工，修建由临沧、耿马出境的铁路，与缅甸境内腊戍的铁路相接。但路基方成，日寇攻入滇西，铁路工程被迫停工。现在，计划中长达860公里的"滇缅铁路"已经路基难寻，但另一条沿澜沧江到万象的铁路即"泛亚铁路"中段已经开始进入程序，一俟"泛亚铁路"建成，从四川成都和重庆北顾甘南、陇南经济走廊，甘南、陇南经济走廊的地缘经济价值也就突现出来了。

"塞上江南"的丝路地位

从兰州在丝路发展中的核心区位，也引出了一个重要的问题，那就是原来被认为是既不靠边又不靠海的内陆省份，特别是西部地区的腹地省区，在"一带一路"的发展格局中又会是怎样的状况？换言之，中部6省的位势是明确的，四川与重庆和陕西的西安，其发展水平也如上文所说是"西部的东部"，有自身明显的经济优势，但西北地区的一些腹地省区如青海、宁夏和西南地区的贵州，却有被丝路相对"边缘化"的担忧。即便是在四川盆地和陕西关中地区，真正发展快的都是较大的都市，四川的川西、川南、川北，陕西的陕北、陕南，甘肃的定西和陇东以及重庆的石彭酉秀地区，依然处于不发达状态和经济辐射的末梢。解决他们的问题，同样需要仰仗"微丝路"的发展。

宁夏其实不算是"微丝路"，而是丝路主干道的一个分支。宁夏地处黄河中游，是自古流传的"黄河百害唯利一套"说法中最大的"一套"，银川平原所在地被称为"前套"，内蒙古西部的黄河回水湾是"后套"。银川平原在唐代就有"塞北江南"的盛名。安史之乱后，唐肃宗在灵武即位，说明这里不是等闲之地。北宋时李元昊在此建立西夏王朝，也不是仅仅因为这里农业资源雄厚，主要是因为银川平原在丝路贸易中的重要地位。这里四围多沙漠的自然地理形态，对于以驼队运输方式为主的陆上丝路贸易，是长项而非短项。这样一种丝路优势也给彼时西夏立国带来可攻可守的战略优势。西夏最盛时，北到居延，西到敦煌，东临中原，川西则是其先祖曾经居住的故乡。传说中川西丹巴"美人谷"是西夏与成吉思汗战前安顿后宫人等的地方，恐怕也非空穴来风。西夏的灭亡，与控制丝路贸易有着密切的关系，至少是成吉思汗进攻西夏的真正原因。当时的西夏确乎掌控了通向中亚绿洲丝路和北方草原丝路所有的重要道路。

近代以来，宁夏的行政区划一度属甘肃，也有丝路地理的某种考量。1958年宁夏建区，成为以回族为主体民族的重要自治区。从一般行政地理的角度看，宁夏似乎是一个与丝路干线相邻的省区，并非核心区域。但从丝绸之路发达的系统和宁夏独特的经济通道功能来看，不仅不会被丝路经济"边缘化"，相反使丝路交通具有了更多的选择。第一，宁夏连接着北方草原丝路，同时也连接着中亚绿洲丝路。第二，宁夏与临近甘南走廊的临夏的少数民族的经济文化的天然联系是一种无可替代的人文资源，这种人文资源使宁夏与中亚、西亚的伊斯兰国家的市场联系与产业联系极为契合，与东南亚、南亚的一些国家如马来西亚、印度尼西亚、孟加拉国也有着必然的经济文化沟通。马来西亚是世界穆斯林食品用品认证转口中心，丝绸之路经济带的宽展性与互联互通的网络便利性，给予了宁夏发展丝路经济的巨大回旋空间和独特的优势。第三，宁夏的银川在铁路运输上颇具有兰州物流副中心的潜能，不仅是距离近，还因为拥有直接进入"河西走廊"的独立铁路系统，就是由腾格里沙漠南缘直向武威的沙漠铁路。这条铁路如果提高运能，能缓解兰州的物流压力，也能使武威重新找回自己在丝路经济中的地位。因此，包兰线的高铁化和沙漠铁路的高铁化是一件刻不容缓的事情。

宁夏区位的这种潜在优势也说明，尽管区位资源有绝对性，但丝路的网状结构也给出了一种相对中的绝对。2014年，宁夏银川至山西太原的铁路贯通，也使宁夏多了一个优势，可以直通东部与中部地区，与兰州出现了合理的物流分工。

宁夏在丝绸之路经济带的潜在优势，也给出了一个重要的"微丝路"的考察点，那就是原来被认为是几不靠的内陆省份，特别是西部地区的腹地省区，在"一带一路"的发展格局中同样重要。事实上，从北方草原丝路和中亚绿洲丝路的区位互动关系看，犹如中国的"四横四纵"的道路格局一样，它们之间有着明显的历史形成的东西南北的经济连接线。它们虽然都具有"微丝路"的形态，但都与横向的丝绸之路经济带有着高度的关联性。

贵州在西南的位势与宁夏在西北的位势相近。贵州是云贵高原的一部分，处于西南丝路带通向内地的十字路口。甚至可以说，没有贵州就没有七彩云南的开发与发展。战国后期的庄蹻入滇以及汉代的汉使出使夜郎，前者由长江水系的沅江、清江一线进入，后者由川入黔，这是古代西南丝路上历史形成的湘黔经济带的延伸与辗转。这些古老的"微丝路"现在依然活跃。连接两广的西江经济带辐射到黔东南，虽然略有末梢之感，但从陆路连接了黔东南商业重镇都匀，都匀南面的独山居然成为日军最后由桂向北侵入中国的最后"通道"，而日军最早的受降仪式也在此举行。贵州的地理特点是"地无三尺平"，道路联通是贵州沿丝路发展的关键。目前，时速可达 380 公里的广贵高铁开始贯通，与连接两广与云南的高速并称"两高"以及"两高经济带"，加上贵州西部"贵安新区"的建设，不仅使古老丝路多民族的人文与自然旅游资源得到有效盘活，也使贵州直接融入西南丝绸之路经济带的建设中。贵州还处于渝黔高铁经济带上，北上可以通过高铁辗转通向兰州，是同时面向西南丝路与西北丝路的重要支撑扇面。贵州还有风景如画的乌江旅游经济走廊，融合了重庆与贵州旅游经济互补的天然优势。贵州与云南更是一对弟兄，人文相连，物流相连，滇北的发展也要靠贵州的经济拉动。

丝路水道：三江并流

在西南高原河谷丝路上，除了上文提到的成昆铁路与"成昆经济走廊"、滇渝铁路与"滇渝经济走廊"，其实还有上文提到的来自中国海上丝路的南起点广州的"西江经济走廊"和与荆楚相连的"湘沅走廊"，后者是楚将庄蹻入滇的路线。古人交通能力有限，后勤能力也有限，必须要走用时最短而补给来源较多的线路，著名的"夜郎"虽然居于多山的云贵，但那时也不乏经济支撑。这些古老的通道是有2500多年历史的古老走廊和"微丝路"，需要在现代区域经济发展中得到新的提升。

在西南丝路上，目前处于前沿的最重要的经济走廊是下面三条：澜沧江（湄公河）经济走廊，也就是"湄公河次区域"水陆通道。怒江走廊即孟中印缅通道，这条通道分为保山—瑞丽线即抗战时期的滇缅公路走向，和保山—腾冲—中缅印孟第二走向。此外就是十分重要的川藏茶马道与正在发生新变化的川藏线经济带。这三条线路或有传统性，或是新的开发亮点，都有不可估量的新丝路发展价值，尤其是澜沧江（湄公河）经济走廊，是目前最有希望和最有国际经济和贸易投资合作巨大价值的新的丝路走廊经济带。在滇西的横断山区，有一个人所共知的"三江并流"。"三江并流"的中游河道其实就是与西南丝绸之路相伴相随的河流背景，高峡深谷中曲折的路径在其中蜿蜒而去，勾勒出西南丝路的原型。所谓的"博南道"就是怒江道，"茶马道"也就是澜沧道，而金沙江作为长江的上游，为长江的航运注入了主要的能量。

长江三峡经济带已经成为中国最大的沿江经济发展带。建设综合立体交通走廊，打造长江经济带已经成为国家战略，是连接海上丝绸之路与陆上丝绸之路经济带无可替代的黄金发展带。长江流经 11 个省区市，占国土面积的五分之一，人口 6 亿，发达地区与贫困地区一江系之。以重庆万州为大型内河港以下的长江中下游是黄金水道，目前正在加快实施航道疏浚整治，扩大三峡枢纽通过能力和干线过江能力。建设综合立体交通走廊，打造长江经济带，事关东西部物流效率。沿江铁路通达，高速公路网、航空网络逐步完善。水陆和航空并进的长江立体交通走廊，本身就穿越了东、中部的几个比较发达的次区域经济带，如今又通过重庆这个西部经济的"陪都"转输能量，不仅对西南丝路产生直接影响，也会通过陇南走廊与中亚绿洲丝路连接，形成南接未来的"泛亚铁路"，东连上海港，北上兰新的经济"三江口"。如果还要算上从陕南汉中、安康到襄樊与武汉的汉水"微丝路"通道，又会有多少经济能量汇入长江经济带？

长江经济带是以物流为龙头的典型经济带，以河流和流域地理为载体，以沿海海上丝路为龙头，以西部腹地为重心，东西干流联动，南北支流综合，有利于产业转移，又能促进生产要素充分流动。水运、空运、铁路、公路、管道运输各种优势形成联运网络，能够发挥的作用将是十分巨大的。在《关于依托黄金水道推动长江经济带发展的指导意见》中，它的地位是明确的：这是一条具有全球影响的内河经济带、东中西互动的协调发展带、沿海沿江沿边全面推进对内对外开放带和生态文明建设的先行示范带。在这里，具有全球影响的经济定位，说明了它与"一带一路"的高度关联，东中西互动的协调发展则显示着它在打破资源和要素配置中长期存在的条块分割的重要作用。与这个意见配套的还有《长江经济带综合立体交通走廊规划（2014—2020)》，优化交通运输结构，强化各种交通方式衔接，提高综合运输能力。横贯东西且便捷高效的长江经济带、综合立体交通走廊要在 2020 年成型，其中包括强化铁路运输网络，优化公路运输网络，拓展航空运输网络，完善油气管道布局，建设综合交通枢纽、建设国际运输通道，并通过江海联运、干支线直达和铁水、空铁、公水多式联运提高整个经济带的运输能力。完全可以讲，丝绸之路经济带与长江经济带是血脉相通的"母子带"，21 世纪海上丝绸之路与长江经济带也是沟通南北、通江达海的"母子带"。

"三江并流"中的怒江和澜沧江沿线，则各有自己的丝路分工和定位，前者是孟中印缅经济走廊的流域走向，后者是"泛亚铁路"连接昆明的必经地域，"三江并流"流出古老的丝绸之路，也将流出新的贸易、投资与国际经济合作发展带。

运河"微丝路"与北方草原丝路

在这里，京杭大运河的过去与未来，不能不提起。中国的大运河经过历史演变，已经定型为如今的京杭大运河，演变的轨迹是由大体东西向变为南北向，这同中国隋唐以后政治经济文化中心向北转移的轨迹是一致的。从历史上看，大运河不是"微丝路"，而是主丝路，是中国历史上最大最重要的经济发展带，但随着运河的近代物流功能的减弱，运河的经济地位下降。运河功能的衰落，并不完全是一些运河段落已经不连续，而是用进废退使然。近代海运的发展使他失去了南北物流大动脉的地位，铁路的兴起，也逐步减弱了它盛极一时的运输功能。尽管目前在江浙地区的运河段落还在发挥作用，但更多地成为活体文化遗产。运河能否再次"活起来"，有争论，争论还会继续。但从运河功能的多元发展中，似乎是不能把它同"植物人"等同的。运河部分的物流功能和文化旅游经济的发展，使之成为一种特别形态的"微丝路"，需要引起更多的关注。现在，沿运河城市有不少已经在经济转型中获得新生，但也有不少丧失了活力。这些城市大多是运河旅游经济发展得好的，主要靠旅游业和文化产业去拉动，但运河旅游又能做成什么样的气候？环顾全世界的老运河及运河城市，又有哪些启发呢？不妨研究一下美国的伊利运河。

美国纽约的兴起与伊利运河有关，伊利运河主要连接哈德逊河与伊利湖，全长 584 公里，比中国的京杭大运河短些。伊利运河 1817 年兴建，花费了 700 万美元，与美国购买阿拉斯加等值。伊利运河的效益巨大，运河经济的发展使其十年里就偿还了建设成本。运河经济拉动纽约发展，使纽约一举超越费城、波士顿成为美国东部最大的城市，而经济的繁荣又确立了它的金融中心地位。伊利运河对美国东部的发展功不可没，但后来也遭遇现代铁路交通的挑战，航运功能式微而灌溉、供水、发电功能得到开发。美国也把伊利运河列入了"国家遗产"，进行合理的保护与开发。这种保护与开发使它从另一面获得了新的经济生命。据统计，伊利运河系统旅游业产值达到 3.8 亿美元，同时支持了 60 亿美元的经济活动。为了发展运河旅游业，纽约还把目光投向中国，希望中国游客去观光，这实在是令人深思的。一条只有 200 年历史的近代运河，作起了新的经济文章，而拥有近 800 年辉煌历史并且是中国古代水上丝路干线的中国大运河，却只能在段落开发中等待"申遗"，并且为了"申遗"才去关注才去经营，这无疑是低估了大运河的价值。大运河是中国古代丝绸之路的国内中枢，现在也是一条不小的"微丝路"，它纵然没有长江立体经济交通走廊那么重要，但对运河沿线尤其是北部地区沿线城乡，还有一定的经济分量。诚然，中国大运河与美国的伊利运河不同，后者有伊利湖的丰富水源和由北向南的位势流向，在综合利用中条件独厚，但大运河的"断头河"主要在京津冀，如果在"一体化"中把"断头河"化开了，未必就不会出现新的景象。打破北部城市围河造湖的"运河割据"，让它从残疾状态转为更健康完整的状态，并不是太难的事情。

大运河申遗的价值其实是丝路价值，它的旅游业价值也同丝路旅游价值同等。为什么古代扬州会成为海上丝路的内港与彼时的"物流基地"，也还要从古代的"一带一路"着眼。京杭大运河的开通，其实是与北方草原丝路有直接关系的。京杭大运河的漕运主要是南粮北运，但对海陆丝路贸易的盘活与贯通，更是功德无量。元代设置上都与大都，虽然有多种考虑，但从经济角度讲，上都更偏重陆上丝路贸易而大都要与海上贸易间接联通，这个格局也还是十分明显的。近代以来，陆上的草原"微丝路"主要是原为"张库大道"，现在是"张二（二连浩特）交通走廊"和"山海关交通走廊"，"大运河走廊"则是河海走廊。

离开大运河，向西向北也就进入了草原丝路。"张库大道"是20世纪20年代中国最早出现公路的地方，也是"走西口"的方向，要种地的去河套，要经商的上库伦。一直向西，经过阿拉善草原直达著名的居延海，既是上都的西延线，也是大都的西延线，更是草原丝路的重要轨迹线。

伴随大运河，山东半岛也是海陆逢源的经济宝地，清代大运河的衙门设置在山东的济宁与此不无关系。在现代丝路的版图里，山东半岛的沿海港口，既可经由中原走向中亚，更可以直接走上草原丝绸之路。如果未来连接山东半岛与辽东半岛的跨渤海湾大桥能够建成，半岛通向草原丝路的区位优势更会进一步得到充分发挥。

2014年，大同到西安的新高铁开通了。这是晋北地区联通中亚绿洲丝路的线路，但大同市从区位上讲属于草原丝路带。大同是北魏王朝的故都平城，著名的云冈石窟在那里。中国的石窟分布得很有规律，沿丝路分布，也是昔日丝路走向的路标。毕竟，没有"供养人"的供养和商业来源，规模化的石窟是建不起来的。大西高铁开通，使草原丝路与中亚绿洲丝路多了一条连接快线。2014年，又有14条铁路开工建设，其中对草原丝路至关重要的，不仅有东北地区的高铁，还有居延海、策克口岸铁路向哈密的延伸。乌鲁木齐至哈密的高铁已经通车，北京至乌鲁木齐高铁的开通也不会是很久以后的事情。

中部地区是"微丝路"的重要分布区域。中部六省是古代中原的扩大版，也是现代陆上丝路与海上丝路的经济地理支撑。中部对于西部的支撑前面已经谈到，如河南的西进和黄河小"金三角"融入丝绸之路经济带等。这都是市场规律和地缘规律在起作用。如果把正在崛起的中部看成是经济区划的分水岭，中部地区对东部发展的支撑同样不可小觑。首先是为东部发展提供了比较充足的劳动力，其次是国内市场需求。20世纪80年代"广货北上"，重要接收地是中部地区。再次，东部沿海的部分产业转移也以中部为优先目的地。现在，发展了的中部不仅继续在上述几个方面为东部的可持续发展做出贡献，也还产生了自身的经济辐射能量，在支撑西部的同时为东部地区海上丝路的外向性经济增添能量。这种能量的输出，同样是通过经济走廊和"微丝路"来完成的。这些"微丝路"和经济走廊也同样是按照从古到今的地缘经济规律排列的，主要有三条：一是京广经济带，一是京九经济带，一是新出现的沿海经济带。

前不久，考古专家们在广东清远进行田野考察，认为连州南天门顺头岭古道，是早期南北交通的重要干线，并与陆海丝路一起，构成了岭南与中原、长江流域的对内联系。这条古道的最大特点是水陆联运，直达广州。他们将其命名为"荆楚走廊"，属于中国汉代"西京古道"的骨干分支。他们还对古代产业的岭南传递做了分析，比如汉代南越国的玻璃制造来自楚地等。"西京古道"又是什么？自然是从长安出发南下汉中的汉水经济走廊。汉水从秦巴山脉西部发源，一路经过安康、襄樊直下汉口，古老的长江经济带与汉水经济带在这里交汇，再向珠江水系流去，形成了广州海上丝路源头的内陆支撑。从长安也可以东出洛阳，由南阳盆地转入汉水，路径大体一致。现在，这条古道早已被京广铁路所替代，而且在近代经济能量的几次爆发中造就了乡村一夜变城市的奇迹，也把连州这样的古城市打回到乡镇。但不论怎样变，京广沿线的经济发展还是遵循着历史展示的地缘规律，出现了一连串新的经济节点城市。值得一提的是"长株潭"城市群，在融入"珠三角"中得到了较大的发展，同时也支撑了前者的发展。

京九经济带是改革开放之后逐步形成的，但在历史开发的古老背景里，分明写有客家人的迁徙历史。客家人大规模的迁徙有五次，两晋时期"衣冠南渡",还有唐末、两宋、明末清初和太平天国时期的迁徙。太平天国的主要成分是客家人,太平天国的失败又使他们漂流海外,与屡次下南洋的"猪仔"合流成为海外华人的先驱。国内客家人主要分布在京九线南段,北段则是冀鲁豫交界地区和九江、南昌。在这条经济带上,也有"昌九工业走廊"的早期发展,这都是区域经济和丝路经济的研究对象。

沿海经济带"微丝路",是随着沿海公路、铁路基础设施的逐步完善发展起来的。尤其是厦门至深圳高铁的开通,形成了联动开放效应,并将"长三角"、"珠三角"两个最重要的经济区连接起来。可以预见,随着环渤海湾经济的发展和中国东北地区的振兴,中国北部沿海经济带与东部沿海发展带进一步连接起来,从而形成更完整更具开放性的超大沿海经济带,在海上丝路的建设中全方位地发挥作用。

"微丝路"的功能主要在于物流,也即"商道功能",市场布局和产业布局是随之而来的"衍生"功能。因此,建设"微丝路"和发展跨省市的经济发展带,首先要把物流搞活,要打破行政界限,打通流通经脉。有了互联互通的物流系统,才有有形市场和合理产业的布局。

中国的物流设施大体上是完善的,海陆空骨干系统已经形成,有世界级的空运海运港口,有总长10万公里的高速公路,有基本贯通覆盖的铁路与高铁线路,也有比较完整的天然气管道体系,有西电东送的特变电高压电网,还有一些重要的江海陆空立体联运系统,但物流市场的主体即物流企业不强,规模小,能力散,缺少大的物流企业特别是跨国物流企业,号称有70万户物流经营商,95%以上是"个体户",即便是排在前20的物流企业规模也不大,只占有2%的市场份额。物流仓储业也跟不上去,设备老旧,容量有限,既谈不上规模经营,更谈不到"智能化"和电子网络经营。因此,建设"微丝路",不仅要从组建大型物流仓储企业入手,也要从物流设施一体化和合理区域化入手。此外市场行政分割严重,道路收费关卡太多,呈现出典型的"诸侯经济"特征。中国的物流成本支出相当于 GDP 的 15%～18%，约为发达国家的 2 倍，印度与南非也有同类问题，约为其 GDP 的 13%，比中国还好一点。山东临沂市是物流产业发育相对较充裕的地区，那里有 21 个物流园区，有 2000 条国内配载线路，每天发往各地的货车超过 2 万辆，运输车辆来往不空载，物流价格比全国平均低两三成。临沂综合保税区成立后开通了国际物流铁路专线，直达俄罗斯与东欧国家。制造业企业纷纷在临沂建设和租用仓库，阿里巴巴的区域物流中心也选在了临沂。2013 年，临沂实现物流总额 21000 亿元，物流增加值达到 420 亿元。临沂离丝路核心区域并不近，甚至处在几不靠的区位上，但在历史上已经形成了物流集散优势，出现了高效益低成本的物流洼地效应，这应当是丝路经济中的"奇兵"，也是"微丝路"发育的新生长点。

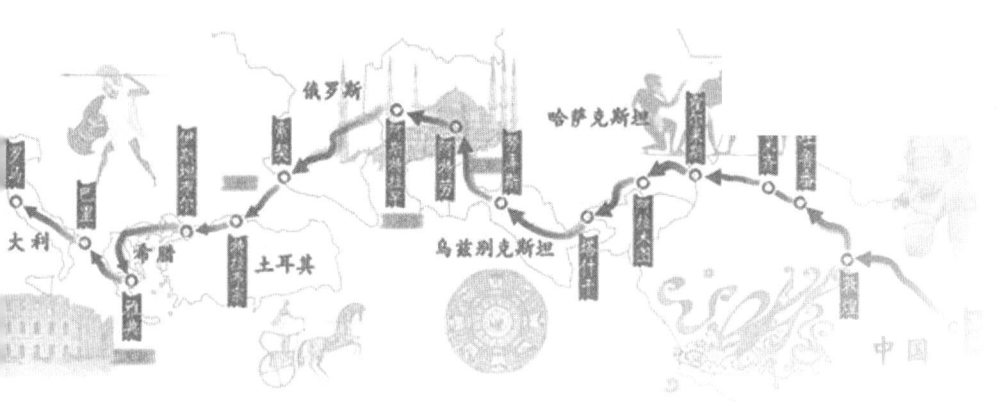

丝路经济建设软件

○自由贸易区建设

○陆上会有自贸区吗？

○人民币国际化的进程加快

○丝路旅游与跨国丝路旅游

○推进西部绿色城镇化

自由贸易区建设

　　在丝绸之路经济带和海上丝绸之路的建设中，除了继续完善重要基础设施，加强生态建设，搞好国内经济区块一体化和设施联通，不断整合深化与国外各个国家地区包括丝路沿线各节点城市的务实合作，还要在操作层次上不断链接高效便利的贸易、投资与经济合作的重要接口。这些重要接口也可以视之为丝路经济的"软件"建设。从中国国内来看，这些"软件"建设包括自贸区建设、国内国际丝路旅游线建设和丝路人才培训等。从国际上来看，主要是推动人民币国际化进程、加快自由贸易协定谈判、加快跨国金融机构组建步伐和加快"丝网工程"建设等。

　　自贸区是自由贸易区的简称，是由早期的自由贸易港演化而来。世界上的自由贸易港不算少，但自贸区搞得最成功的是新加坡。早在1819年，新加坡已被辟为自由港，新加坡独立之后继续以自由贸易港立国，并依靠优良深水港优势，借助先进的基础设施、高效的物流系统、便利化的贸易环境和开放的外汇市场，设立了多个自由贸易区。第一个自贸区是1969年设立的裕廊码头自贸区，成立之初，通过了《自由贸易区法案》，对自贸区的定位、管理体制、运作机制和优惠政策做了全面的规定。政府主要负责招商和规划，开发运营职能由公司机构担当。因为新加坡转口贸易占比高，自贸区设在码头和机场附近。新加坡自贸区除酒类、石油产品、烟草制品和机动车辆，其他货物都可免税自由过境，如果产品投入新加坡市场，则要征收 7% 的消费税。新加坡依靠自贸区成功地成为国际仓储和物流中心，而且依赖转口贸易，发展了炼化、船舶修造、电子电器等优势产业。新加坡与世界 120 多个国家的逾 600 多个港口建立了业务联系，2013 年集装箱吞吐量达到 3260 万标箱，货运吞吐量达到 5.575 亿吨。新加坡自贸区的运作方便高效，审批通关简单，电子数据系统使原本 2～7 个工作日的通关时段缩短为 1 分钟。另一个特点是逐步放宽外汇管制，从 1968 年起用了 10 年时间全面取消外汇管制，并建立了多边结算体系，提高了出口企业创汇的积极性。第三个特点是自贸区的工业园公共设施共享，节约经营成本，利润率很高。第四个特点，由物流中心跃升为区域金融中心，2013 年超越日本成为仅次于伦敦和纽约的全球第三大外汇交易中心。

自贸区模式在国际上是相对成熟的，但在中国还处在试验阶段，这个自贸试验区当仁不让地落在中国最大的航运中心、物流中心和金融中心上海。上海自贸区 2013 年 9 月启动，占地 29 平方公里，涵盖了港口、保税仓库。它的一个较长期目标是人民币自由兑换和利率自由化。2014年 7 月，上海自贸区海关首先推出企业注册登记纳入自贸区准入"单一窗口"，A 类以上报关企业可以在全国任意海关申报等四项改革。与此同时，上海自贸区减少了对外商的限制，将原来的 190 条限制措施减到 139条。向外企开放的行业包括石油精炼、纺织、化工、药品以及铁路货运等。在金融管制方面，放开银行外币存款利率，放宽跨境现金转移限制，未放开的主要是金融、房地产与娱乐，但允许对自贸区内的银行投资。同月，国家税务总局也发布了《关于支持中国（上海）自由贸易试验区创新税收服务的通知》，提出"办税一网通"，即自动赋码、网上发票应用、网上区域通办、自主网上审批备案、网上资格认定、网上非贸管理、网上按季申报、网上服务体验等。自动赋码意味着免审核。上海人大常委会通过中国首部地方性法规《中国（上海）自由贸易试验区条例》，从

2014 年 8 月 1 日实施。上海还出台"33 条",逐步放宽合资证券公司业务范围,支持商品交易所建设交割仓库,促进资本市场发展。自上海自贸区设立的近一年里,已出台 23 项改革措施,还建设了 4 个复制推广示范区,海关监管 14 项创新制度也在全国开始推广,包括"集中汇总纳税"、"先入区后报关"等等。广东则是"七关如一关",省内海关"执法互认"。自贸区通关时间总体上减少 40%左右。东北三省与京津冀也实现了"大通关"。设立自贸区是个复杂的工作,像新加坡这样的老自由港自贸区,也还在谨慎地防范风险,启动自贸区试验不久的中国当然不会等闲视之。对自贸区的探索,还有一层意思是稳扎稳打出细活,让上海的试验能对整体外贸具有示范性和可复制性。未来两年,自贸区内将建立石油天然气、铁矿石、棉花、液体化工品、白银、大宗商品和有色金属等 8 个国际交易平台。

负面清单管理模式在中国是个新概念、新尝试。负面清单是根据国内经济部门的敏感度和经济开放要求全面平衡后,由政府规定的哪些经济领域不开放或暂不开放的单式列出,具有一目了然的透明度,也具有经济法规效应。非单内列入的行业、领域和经济活动即被视为合法,因此又具有法律的"法无禁止皆可为"的许可明确性。负面清单也必须列明对外部投资者不给予"国民待遇"、"最惠国待遇"的管理要求,未列入的视同给予。2013 年,上海自贸区提出第一个负面清单有 190 条。2014 年 7 月减少到 139 条,较第一个清单减少 51 条。制定负面清单的过程也是进行经济与产业的"压力测试"过程,对国内进行投资管理体制改革有积极意义。条例从法规上再次明确企业准入单一窗口工作机制和金融服务便利化措施,标志着自贸区试验的正式启动。目前上海自贸区吸引了包括亚马逊在内的外资巨头。在过去一年里,企业数量已由 8000 家激增到 2 万家。

对这个负面清单,美国财政部长雅格布·卢表示失望,但欧盟商会副会长斯蒂芬·赛克认为，清单瘦身迈出了鼓舞人心的一步，"巩固了欧企对中国有关上海自贸区承诺的信心"。上海自贸区实行的是"准入前国民待遇加负面清单"，准入前国民待遇将对内资外资的待遇扩大到准入，是自由的模式，与过去采用投资协定的控制模式已经完全不同。与此同时，商事登记简化了，企业纳税简单了，同时负面清单制度已经在四川、海南、河北等地复制，全面推动外贸体制改革。相信负面清单还会随着改革深化不断修改，会出现 2015 年版和 2016 年版。

上海自贸区的推出，引起了其他沿海港口城市的关心，并开始研究本地区建设自贸区的可行性。2014 年 12 月，国务院决定在福建、天津、广东新设三个自由贸易园区，标志着我国自贸区建设步入新阶段。3 月 24 日，中央政治局会议审议通过了广东、天津、福建自由贸易试验区总体方案，以及进一步深化上海自由贸易试验区改革开放方案。上海自贸在推进投资管理、贸易便利化、金融创新、事中事后监管四重点先行试验。其余三个各有地域功能分工：广东着重于港澳经济一体化、中国东盟经济合作升级版以及加工贸易转型升级，福建则在打造海上丝路贸易合作核心港区的同时，注重与台湾的融合发展，天津则更注重京津冀一体化协同发展。

陆上会有自贸区吗？

　　自贸区一般设在具有优良深水港的港口城市，在中国东部，具备硬件条件的港口城市很多。但上海目前还是试验区，即便像新加坡有多个自贸区，也是经历半个世纪才始称完善，因此，在先行试验中多处复制，是一个当前较合适的选择。事实上，以自贸区为操作龙头的中国经济的开放度越来越大，特别是在服务业领域，在医疗服务开放之后，快递业也对外资放开，并推动与电子商务、制造业联动发展。UPS 在 2014 年 5月在北京设立全新的合同物流仓储中心，提供 4 小时配送服务，6 月又开通中欧铁路货运，使中国到欧洲的货运速度提高了 50%，比航运成本低70%，加快了业内的整合与服务升级。

　　那么，陆上应不应该设立自贸区？这似乎先例不多。如果从历史和多数经济体的一般规律来看，自贸区一般设在海港城市是因为近百年来海上贸易占有统治地位，大宗贸易来自海上，海上贸易的便利化和自由化催生了自由港和自贸区。但从自贸区的基本功能和贸易投资的自由化目标来讲，只要有需求有规模，在逻辑上也应当不是问题。更重要的是，在"一带一路"里，丝绸之路经济带是横跨亚欧的线路既长环节也多的陆路贸易，也即"大陆桥"贸易，这种有创意有实践的"大陆桥"贸易，已经从边贸的低级简单形态向高级形态发展，其未来的规模和效应之大，必然会提出陆上自贸区的可能性与必要性的课题。因此也需要做一些提前的研究。设若出现陆路自贸区，从选择上讲，必须有三个硬性条件：

一是具有物流中心地位，是连接多点多线的非常发达的交通枢纽；二是具有金融中心和信息中心的经济战略地位；三是具有无可替代的区位条件。在中国西部包括西北、西南、东北地区，这样的贸易中心还没有完全形成。但是，丝绸之路经济带的三条既相联系又有各自辐射和吸附功能的丝绸之路，都有自身的贸易、投资与经济合作半径，前景巨大。从地缘逻辑上讲，未来设置相应的陆上自贸区，并非画蛇添足。

中国是个海、陆权并举的大国，贸易、投资与经济合作也会是海陆并举，因此，分析其中的可能性和一些城市的发展条件，也是一件有趣的事情。有些不具备的条件可以加速培育，但位势难改，因此这是目前分析的唯一的参考与参照。如果选择陆上自贸区的可能的所在，无非有两个选项，一是在中国境内丝路所必经的口岸里选择，二是在具有丝路联通纵深腹地的较发达的内陆城市里选择。口岸城市中，如新疆南北经济带新设市的"百年口岸"霍尔果斯和喀什市，位势不同凡响。霍尔果斯不仅是中亚绿洲丝绸之路的国际铁路与公路交集的第一通道，还有包括与新加坡合作的经济开发园区和中国国内第一个颇有自贸区特征的中哈国际边境合作中心。连霍高速公路早已贯通，铁路口岸通车运营，随着伊宁机场建设，霍尔果斯公、铁、航空、管道四路连通，将是通向中亚和欧洲的国际综合交通枢纽，也会是一个巨大的物流中心。即以公路交通而论，2014年第二季度过境58万人次，车辆3.9万辆，而与霍尔果斯直接相连的连云港是中亚五国最看好的出海口。喀什目前是享有特区经济政策的"准特区"，发展迅速，既是规划建设中通向西亚和中亚的铁路交通枢纽，也是通向中巴经济走廊的重要经济节点，具有同霍尔果斯同样重要的经济门户作用。西南丝路特别是未来"泛亚铁路"和大湄公河的水陆交通枢纽景洪、东北地区的珲春等，都是不同丝路方向的贸易、投资与经济合作的枢纽重镇。如果在西部腹地城市选择，兰州、乌鲁木齐和昆明等皆有可能。但如果是这种格局下的几选一，"河西雄郡，金城为最"，因为这是三条丝路的交汇点。但这应当是后来的事情，更要看他们在物流与金融方面的发展前景。当然，自贸区也可"一顶帽子"几家戴，新加坡的自贸区说是多家，主要是管理机构有区分，业务也有侧重，其实还是一家。因为自贸区的许多便利化政策涉及某些方面的"主权让渡"，自贸协定中的"负面清单"也具有法律效应，不是随意设置的。从创新的角度讲，自贸区的内容也可以多维发展，现今的自贸区是以货物贸易、服务贸易为主，拉动产业投资，诸如国际旅游贸易这样的涉及人流、信息流的产业，有专门的海关平台，但涉及文化产品的产业也需要建立相关的文化、旅游服务的平台，这可以包括在服务贸易中，也可以有行政管理部门之外的交流合作机构。因此，古丝路的中心西安也未必只有历史的辉煌。

与自贸问题直接联系自由贸易协定（FTA）谈判是更重要的一环。2014 年上半年，中国与欧洲的非欧盟国家瑞士与冰岛首先达成自由贸易协定，接着在 11 月先后与韩国、澳大利亚达成自贸协定。中韩自贸区谈判于 2012 年 5 月启动，是中国迄今为止对外商谈的覆盖领域最广、涉及国别贸易额最大的自贸区协定。这个协定涵盖了货物贸易、服务贸易、投资和规则等 17 个领域，包含了电子商务、政府采购、环境、竞争规则等 21 世纪经贸议题，双方货物贸易自由化比例将在 20 年里超过税目的 90% 和贸易额的 85%，也就是说取消了 90% 以上的进出口关税。中韩自贸协定在 2015 年 2 月完成确认。在长达 20 年的过渡期里，中方零关税产品将达 91%，韩方零关税产品将达 92%。据研究，5 年内可使韩国 GDP 提升 1.25%，中国 GDP 可提升 0.4%～0.6%。中韩自贸协定利益大体平衡、全面与高水平，为其他贸易谈判提供范本。特别是对亚太自贸区路线的推进，既是第一个，也有示范作用。中澳自贸协定在 20 国领导人峰会举行期间确认达成也具有重要意义。澳大利亚输华货物最终零关税，中国输澳大利亚货物零关税，并在多个相互投资领域放宽。两国也建立了全面战略合作关系。澳大利亚与美国的"跨太平洋战略经济伙伴协议"

要在 2015 年上半年才能完成，提前与中国达成协议符合澳大利亚政府预定的时间表。6 年前，中国与新西兰已经签订了一项自由贸易协定，促进了新西兰对中国的农产品贸易出口。中国自贸区谈判在 2014 年取得了突破性的成果。目前，中美和中欧投资协定谈判也正在进行。中美第 5 次战略与经济对话中双方决定，在 2014 年底完成框架协议之后，2015 年进入负面清单的谈判。如果中美投资协定达成，将对中国投资管理体制产生重大影响，因为它是以准入前国民待遇加负面清单作为谈判模式的，这意味着投资体制会有重大改变。那么，从这个角度讲，自贸谈判或投资谈判也是"倒逼"对外经济体制改革的一个过程。

2014 年，中国国家主席习近平访韩，双方决定在年底前签订自由贸易协定并于 2015 年生效。台湾地区有关机构认为，中韩 FTA 生效后，台湾输往大陆的工业产品的 31% 会受到影响，台湾地区与韩国出口品类有大约七成重叠，因此加快推进两岸之间第九次货物贸易谈判，尽力取得"比韩国更好的待遇"，是必然的反应。两岸"服务贸易协定"横遭某些势力阻隔，2013 年签订好的两岸服贸协议"空转了一年还没有开始审议"，这除了说明新旧"台独"势力不仅心中没有台湾的发展，也是背经济一体化潮流逆动的，所以台湾舆论痛批某些势力"断送台湾经济生机"。但大陆不会置同胞的经济利益于等闲，也会看到台湾地区与韩国输出产品各有强项，原本在 2014 年底完成的两岸货物贸易协议，将使台湾产品销往大陆更具竞争力，两岸除了加快深化贸易关系的步伐，联办自贸区未必不是好的选择。但是，台湾民进党主席蔡英文却提出先与其他经济体洽签自贸协定再与大陆进行服贸与货贸谈判，被台湾媒体讽刺为"真唬人还是真迷思"。

此外，2008 年全球金融危机以来出现的贸易保护主义仍是大问题，世界银行在 2014 年 6 月公布"临时贸易壁垒"数据库年度新版显示，中国和其他新兴经济体受影响的比例更高，到 2013 年底，6.4% 的中国商品遭遇 20 国集团设立的反倾销措施和其他贸易壁垒，是美国这一比例的 5倍。这种现象似乎有历史习惯性，因为 20 世纪 80 年代，美国与欧洲就把新兴的经济体日本与韩国作为对象。但数据也说明，新兴经济体之间的竞争也导致此类问题发生。世界银行经济学家警告说，世界经济进入关键期，2008 年由于金融危机出现的临时反倾销措施已经到点了，是延续还是改变作法，是个问题。但真正解决这个问题，要靠多边自贸谈判。为了加快这个进程，美国、欧盟、中国和其他 11 个国家在 2014 年 1 月世界经济论坛年会期间宣布，将大力推动绿色产品贸易协定谈判，应对全球气候变化。这也是推动自由贸易的突破口。降低绿色产品贸易壁垒，曾是停止多年的多哈回合贸易谈判的初始目标，但由于绿色产品相对数量来自发达国家，印度等国对由美国主导的小部分 WTO 成员参加的行业谈判持悲观看法。在达沃斯签署倡议的国家承诺，扩大亚太经合组织在2012 年提出的 54 个产品品类清单，并认为是推动贸易自由化的一项首要任务。但如何落实，也还是谈判的焦点。各方希望看到更严格的绿色产品清单。参与谈判的国家在全球贸易中占比达 85%，加拿大等国已向亚太经合组织提出对清单上的 97% 的商品给予本国市场的零关税待遇，中国也对清单中的 28 类商品给予零关税待遇。如果谈判达成，其他国家取消有关非关税壁垒，减少中国企业经常成为反倾销目标的情况，谈判将会更顺利地进行。

世界贸易组织对中国第五次贸易政策审议的结果，正面肯定了中国在促进贸易便利化方面的努力，以及中国作为全球最大的货物贸易国对多边贸易体制所做的贡献。中国以实际行动推动"南南合作"，给予最不发达国家"零关税"待遇，也得到了肯定。中国执行世界贸易规则，符合中国的利益也有利于世界贸易发展。双边自贸协定谈判或投资协定谈判，在本质上是世界经济一体化区域化的双边贸易或投资的规制化，与WTO 或联合国和其他经济组织进行的有关多边谈判一道，成为协商世界贸易投资的基本规则和特别规则的重要机制。

人民币国际化的进程加快

　　与自贸区直接相关的另一个问题是以清算服务推动人民币国际化。人民币国际化是全球金融稳定的一个选择，人们知道，二战之后，在1961年到1971年仅仅维持了10年的布雷顿森林体系的崩溃表明，黄金汇兑本位制带来的是通货紧缩和经济衰退，但此后形成的单一美元货币为主导的国际货币体系同样也不稳定。特别是2008年美国发生金融危机，不同程度地拖累了各国的经济，货币多元化成为多数国家的呼声。人民币国际化也是中国作为世界最大贸易国的一种现实走向。中国在2013年货物进出口额已经达到4.16万亿美元，对外投资额901亿美元，未来5年进出口额很可能超过10万亿美元，对外投资每年约为1000亿美元。在这种情况下，提升人民币在跨境贸易中的计价地位，进一步完善全球人民币清算网络，让人民币更多地成为各离岸金融市场的交易货币以及培育人民币的合理定价机制，是顺理成章的事情。人民币目前已经成为全球第七大支付货币和第九大交易货币，但在全球支付清算中使用的份额仅为1.4%，金融地位不仅与贸易规模不对称，迟迟不能走向国际化也会给中国对外贸易带来潜在的风险。因此，从建立人民币离岸中心网络开始，人民币国际化迈出了第一步。中国香港是人民币的第一个也是最大的离岸中心，接着在台湾地区，在新加坡、德国、英国、卢森堡、法国、韩国、澳大利亚、加拿大和中国澳门地区相继成立了新的离岸中心，并向亚洲、欧洲、北美与拉美其他国家不断拓展。2014 年 9 月底，中国央行宣布，继近年来先后与日元、澳元和英镑开展直接交易之后，人民币与欧元开展直接交易，这是人民币国际化过程中迈出的重要一步。10 月上旬，中国央行与欧洲央行签署规模为 3500 亿元人民币对 450 亿欧元的中欧双边本币互换协议，此前英国政府也成功发行人民币计价的债券，并将发行债券的收入作为英格兰银行的外汇储备。这是中欧、中英推动人民币国际化的重大举措。环球银行金融电信协会（SWIFT）发布的报告说，在过去两年里，全球范围内人民币付款价值实现两倍的增长，目前全球已有超过三分之一的金融机构在用人民币作为中国的付款货币。这表明，人民币国际化已经取得阶段性进展，越来越接近成为世界各地正式交易中普遍使用的货币单位。国际金融界已经开始谈论中国加入国际货币基金组织特别提款权货币篮子的可能。一种货币通过特别提款权审核的主要条件是在国际贸易中普遍使用，在国际支付和资产管理中"自由使用"，不仅门槛很高，也是货币国际化最终要走的一步。诚然，发展中经济体对世界性融资机构的融资预期，也同美国实施量化宽松金融政策以来利率走低，资金价格便宜有一定关系。在美联储表明要在 2014 年底以前退出第三轮"量宽"，甚至可能提前加息，加紧吸引全球资金向美国回流，在关紧货币供给的"闸门"的变化中，也将加剧美国之外的资金国际流动性紧张的局面，进而冲击新兴市场乃至全球金融市场的稳定。在这种情况下，新兴经济体与发展中国家将面临发展资金更为短缺的状况，发展中经济体吸引投资与争取融资就成为更重要的问题。这种资金紧张的局面也许很快就会出现。也就是说，随着美元加紧回流美国，美元在国际贸易中的相对短缺成为贸易投资的制约因素，在这种情况下，各个国家在贸易投资中的货币互换与本币结算，就成为解决资金相对紧张的替代方法。中国作为资金相对宽裕的国家，在丝路经济的运转中，需要进一步发挥作用，加快人民币的国际化进程。当前，人民币的国际市场认可度越来越高，人民币国际化的步伐不断加快。2014年3月，德国央行与中国签署有关谅解备忘录，为建立一家人民币清算行迈出了第一步。不久，英格兰银行也紧随其后。欧洲各国将之视为推动欧中企业贸易的途径，有益于中国进行海外投资，也有益于缓解资金紧张。2014年5月，俄罗斯也在寻求人民币替代美元交易，扩大中国的主要支付系统银联卡在俄的使用。银联卡在世界的发行量超过30亿。俄罗斯正在研究中国银联卡如何在俄普及，甚至研究在旅游方面使用银联卡价格"打折"问题，以此吸引中国游客到俄罗斯旅游。2014年6月，中国与瑞士决定研究瑞士参与人民币境外机构投资者的可能性，不到一个月，这个以国际金融中心著称的国家的央行已经与中国央行达成互换规模为1500亿人民币（约合210亿瑞士法郎）的本币互换协议，向瑞士人民币离岸交易中心目标前进了一大步。在人民币实现对英镑直接交易的同时，人民币清算中心"落子"巴黎和卢森堡。2014年7月韩国建立人民币清算业务安排，中韩在韩设立韩元兑美元直接交易市场，进一步刺激双边贸易并加速人民币国际化，预计未来需要3~4个大型人民币离岸中心，各有不同的投融资服务定位。2014年11月，中国与加拿大也达成规模为320亿美元的伙伴互换协议。根据彭博社报道，多伦多商界领袖认为，设立人民币交易中心需要加拿大政府支持，加拿大财政部长也就在北美设立人民币交易中心与中国方面进行讨论。彭博社还称，2013年，人民币在全球交易中超过欧元，成为仅次于美元的最广泛使用的货币。2014年8月，莫斯科人民币交易所交易额激增，为43亿人民币，比7月增加26%，是上年同期的8倍。有专家说，半年里还会增一倍。从2010年起，与人民币直接交易的国家货币有马来西亚令吉、俄罗斯卢布、日元、澳元、新西兰元、英镑、欧元、新加坡元，韩元也在2014年底启动韩中货币直接交易，并提出将人民币结算额占对华贸易额的比例从目前的1.2%提高到20%，而之前韩国对外贸易额的85%是以美元来结算的。对于人民币的国际化势头和市场强势表现，就连国际货币基金组织的总裁克里斯蒂娜·拉加德在英国伦敦经济政治学院演讲时也曾不无认真地说："随着形势的变化，如果有朝一日 IMF 总部设在北京，我不会吃惊。"

毋庸讳言，全球"去美元化"的呼声不断。2014 年 7 月，华盛顿以涉嫌违反美国对苏丹、伊朗、叙利亚的金融制裁为由，对法国巴黎银行处以 89 亿美元的罚款，并被禁止在一年内用美元从事石油和天然气交易。此事引起法国财长的"质问"，为什么欧洲国家间的"飞机买卖只能用美元而不能用欧元结算"。他呼吁对全球结算货币"再平衡"，为了改善全球平衡，欧洲各国应当考虑如何推动在国际结算中更多地使用欧元。俄罗斯、伊朗、委内瑞拉也都在探讨弃用美元结算的问题。当然，在石油交易领域，美元仍是相对稳定的货币，全球央行 60% 的外汇储备还是美元，但相对的"去美元化"的呼声还会越来越高，多元化清算体制将成为新的选择。

美元形成独大独霸的气候，有一个历史过程，"门罗主义"时期的美国并没有如今这样强大，总体上开发度较低。许多近现代史家认为，一战中美国躲在幕后发了"战争财"，这是美国取代英国霸主地位的开始，二战后才真正取代英国而成为超级大国。但以美元为世界货币的布雷顿森林体系的形成以及布雷顿森林体系动摇后的美元的霸权地位，才是美国霸权的真正来源。在美元独大的格局下，国际贸易成了美国的掌中物和美国利益的代名词，我要发展，你就是我的"上马镫"，我要"危机"了，你就要被"被挣扎"。从屡试不爽的历史经验来看，或者从目前的货币动静来看，前一段人民币升值水平的合理性和继续要求升值的谬误，从一度的香港离岸人民币抛售中，已经露出端倪。最有可能的是人民币被高估了，而不是低估。这些经验也是中国选择区域全面经济伙伴关系来界定经济合作性质的重要理由。

从目前来看，人民币国际化的步伐是稳健积极的，显示了这样三个进展特点，一是从边贸、边境旅游和民间贸易开始，逐步走向跨境贸易人民币结算和建立人民币离岸中心及国家间的货币互换。据中国央行的数据，仅 2014 年 8 月，跨境贸易人民币结算规模 4.8 万亿元，人民币直接投资 587 亿元。人民币已经成为中国第二大跨境支付货币，截至 2014 年 8 月，人民币跨境结算占全部本外币结算的比重已由 2010 年的 1.7% 提高到 24.6%。货物贸易的人民币结算比重超过 15%，与中国发生跨境人民币收付的国家达到 174 个。中国人民银行的跨境人民币结算业务同比增加 98.7%，达到 112 万亿元。从 2009 年中国正式开展人民币结算试点，一直到伦敦、悉尼、法兰克福、巴黎等竞相建立人民币离岸中心，国际间对人民币的信心和需求不断上升。二是从周边国家地区走向亚太国家地区，进入欧洲和全球其他地区。2009 年以来，中国人民银行先后与 26 个境外央行签署了双边本币互换协议，总额度将近 2.9 万亿元，人民币与美元、欧元、日元和英镑实现了直接交易。三是人民币由一般支付货币发展为以人民币为计价单位的投资品，并受到国际市场的欢迎。香港、伦敦、新加坡、法兰克福等金融中心拓展人民币金融产品，境外一些央行开始增持人民币，为当地市场提供流动性，同时也开始了人民币向国际储备货币发展的过程。

跨境人民币业务的发展正在与人民币跨境使用规模形成互动。"沪港通"、境外机构投资中国国内银行间债券市场试点和 RQFII 试点在扩大，新加坡交易所首推人民币期货合约交易，人民币回流机制也在完善，进一步提高了人民币金融资产的吸引力。人民币直接投资、境外放款和对外担保，人民币在大宗商品贸易中计价结算，以及境外投资者使用人民币在中国境内设立、并购和参股金融机构，将进一步开拓人民币在资本项目下跨境使用的空间。

诚然，人民币与全球主要储备货币仍有较大的距离。美元依然是全球外汇最大储备货币，占全球储备货币的 60.7%。欧元占 24.2%，日元、加元、英镑分别占 4%、3.9% 和 2.0%，人民币尚不足 2%。从境外人民币流动规模上讲，离岸人民币投资渠道尚少，需要增大规模与流动空间。从美元来看，离岸美元占其美元全部资产的比例是 25%。因此，让人民币成为储备货币，并不是什么"挑战美元"、"替代美元"，而且也不可能替代。

对人民币国际化要有耐心。人民币国际化同其他国家货币国际化一样，需要较长的时间，美元的国际化就经历了半个世纪。美国的 GDP 在19 世纪末就超过了英国，但过了 50 多年后美元才取代英镑的地位。德国的马克保持强势地位并进入欧元的国际化过程也很长，当时德国出口形成大量顺差，外汇储备不断增加，其工业制造水平领先程度和金融机构的市场化程度以及资本市场的开放程度，都相对优于现在的中国，但也用了一个世纪的时间才实现货币国际化。目前，中国签署货币互换协议总规模达 2.9 万亿元人民币，人民币国际债券和票据达 719.45 亿美元，但这个数量还远不足以达到真正意义上的国际化水准，只是回归人民币的实际价值，进一步促进中国国际贸易投资的发展和世界经济的发展。从 2012 年开始，中国人民大学提出和公布了一项人民币国际化指数 RII，2012 年是 0.92，2013 年底是 1.69，相比而言，美元是 52.96，欧元是30.53，远远领先于人民币。英镑指数温和上升，为 4.30。日元略有下降，是 4.27。据有关研究者保守估计，2014 年底，人民币 RII 预测值可望升至 2.40，最多到 3，还是低于英镑与日元的国际化水平。有些预测则比较乐观一些，认为三五年后，人民币会超过英镑和日元成为第三大货币，即便如此，与第一大货币美元与第二大货币欧元的距离依然很大，完全谈不到对美元、欧元构成威胁。人民币国际化水平的提升，归根结底是它作为贸易大国地位的反映和开放型经济发展的内在需求。中国作为全球第二大经济体，也理应对国际金融流动性承担责任，成为"最后贷款人"之一，即便做不到美国以全球 20%的经济总量承担全球 52%的国际货币供给的国际金融流动性，也会是一个重要的有益的补充。据有关资料，2012 年用人民币结算的外贸额占外贸总额的比例是 3%，2013 年上升到 18%，2014 年超过瑞士法郎跃居全球最常用来支付货币中的第七位。预计在 2015 年将有 30%的外贸额用人民币来结算，按照这种增速，实现人民币可兑换为期不会很远。

丝路旅游与跨国丝路旅游

　　丝路旅游与丝路跨国旅游也是建设丝绸之路经济带和海上丝路的重要选项。国内丝路旅游和国际丝路旅游是丝路建设的先行产业，需要统一规划和设计不同市场需求的精品旅游产品。从过往经验看，丝路旅游"碎片化"严重，随着高铁设施的完善与贯通，中国的国内、国际丝路旅游亮点和热点明显，但国际丝路旅游是高档旅游，是较长时段的文化观光旅游。既吸引国内游客，又吸引国际游客，既可从空中与海上出入境，又可以从高速"陆桥"来去，因此，交通部门与丝路沿线要统一规划，彻底打破地区分割，形成统一品牌下的丝路旅游的系列产品。特别要看到，尽管旅游方向和项目呈多元化、多模式特点，但丝路经济的发展，再一次为中国旅游业提供了机遇也提出了挑战，无论从产业提升本身还是促进丝路经济全面发展和品牌提升，怎么估计都不会过高。它会像当年的丝绸一样，引起世界性的轰动与热情，但也事关丝路经济的品牌，是中国旅游业升级的关键抓手。因此，这也同自贸区建设一样，要有秩序，要有章法，决不能争抢资源，各行其是。丝路旅游也将使中国成为全球最大的商务旅游市场。据全球商旅协会发布的报告，2014 年全球商旅支出达 1.18 万亿美元，2015 年将达 1.28 万亿美元。2013 年，美国的支出规模为 2740 亿美元，中国达到 2250 亿美元。

　　目前，丝路国际旅游尤其是国内丝路旅游，在两个方面初具条件，一是丝绸之路"长安—天山廊道路网"文化申遗项目成功。2014 年，由中国、哈萨克斯坦、吉尔吉斯斯坦三国申报的提案，在卡塔尔多哈举行的第 38 届世界遗产大会上列入《世界文化遗产名录》，长达 8700 公里，有 33 处文化遗址。哈萨克斯坦境内 8 处，吉尔吉斯斯坦境内 3 处，22 处在中国国内，分布在天山南北、甘肃河西走廊、兰州到西安一线，河南 4 处、陕西 7 处、甘肃 5 处、新疆 6 处，有著名的四大石窟，有距今 5000 年历史的先民遗址，还有汉唐丝路城镇遗迹等，见证了丝路贸易与东西文化的历史交流。二是现代沿丝路高速铁路正在贯通，从郑西到西宝到宝兰再到"新西兰"高铁，在 2014 年到 2015 年可以交付使用。高铁不只是催生旅游业跨省发展的媒介，也是打破地区经济分割的市场手段。例如，湖南的衡阳、永州和广西桂林、南宁 7 城市在广西高铁开通前就开始旅游经济"结盟"，丝路沿线的西安、天水、张掖 6 城市也进行了有效的联合推荐丝路旅游产品合作。此外还有一点是，2014 年 6 月国家民航局与河南省签署合作备忘录，共推郑州航空港经济综合实验区建设，建立中原地区的航空货运枢纽和国内客运中转中心，后一个中心与丝路旅游业有关。与此同时，民航局明确表示支持西安航空城实验区建设，建立丝绸之路航空枢纽与内陆空港城市示范区。西安航空城实验区的意义具有独特性，郑州实验区是"港口"，而西安整个城市都是"临空经济区"。根据西安的规划，航空城将连通国内外 160 个城市，拥有 280 条航线，年航空旅客 6700 万人次，货邮吞吐量 70 万吨左右。在货邮吞吐方面，从 2013 年到 2014 年 4 月，120 余架次全货运航班来往西安与韩国的首尔之间，保证三星公司闪存芯片项目投产，同时航空旅客数量之大，显然是国内最大的内陆旅游集散枢纽。按照他们"丝路连通，洲际突破"的发展思路，主要是开通欧洲、澳洲、中亚的直航航线。

高铁与航空是现代旅游业发展的两翼。这样一个高速交通与旅游文化观光考察走向的高度契合，已经奠定了丝路旅游经济带的发展基础，在这种情况下，如何划分国家旅游带与地区"微丝路"旅游线的资源组合利用，如何在管理体制与经营体上适应具有井喷前景的丝路旅游业的大发展，同样是个大课题，必须从经营体制改革上解决市场秩序问题。旅游资源国家拥有，国家级就是国家办，委托地方办就是地方办。国家旅游局也应当像铁路部门一样，分解规划管理与经营职能，把事关国家重要旅游资源的经营责任担当起来，打造保有丝路品牌的世界级旅游集团。

西安在丝路文化与丝路旅游的核心区，这不仅因为它是中国的十三朝古都，是古代丝路的东入口和西起点，也是因为那里留有秦朝以来无数的文化宝藏。西安是国外游客的必游之地，这就像北京长城是外国游人定要登临的地方。在西安，尽管还有明显的制造业和现代农业优势，但在它的诸种发展资源里，文化旅游资源还是第一资源。这是一个超级旅游经济区，也是发展的最大动力源所在。曾经有跳出"十三朝古都"看西安的争论，主要是担心西安被时代的车轮甩在丝绸古道上。其实，西安的现代化不仅体现在它的大工业大农业以及大的高科技产业与信息产业中，也体现在它的无与伦比的文化遗产上。历史文化资源也是不可再生不可复制的资源，是稀缺中的稀缺。现代旅游业不是吃老本的附属产业，这就如同现代制造业还要倚重服务业特别是生产性服务业的发展而发展。在丝路旅游经济的发展中，兰州与乌鲁木齐同样是重要的游客集散中心，"新西兰"高铁的开通使他们同时具有了开发中国丝路西段旅游的转接功能。兰州是丝路东段旅游的起点，又是西段旅游的起点和终点，同时也是华夏文明寻根游的中心区域，具有国内、国际旅游的巨大深度游价值。

乌鲁木齐是东、西、南、北与中天山的中心，是地域辽阔、河山壮美的新疆大旅游业发展的核心市场。新疆与8个国家接壤，有17个一类口岸和发达的交通，既可以与周边国家旅游协作，又可以沿着丝路沿线国家深度开发旅游市场。尤其是南疆，丝路文化发达，风情独特，是一个重要的丝路旅游目的地。目前，乌鲁木齐在乌兹别克斯坦首都塔什干建立了旅游营销中心，推动国际旅游经济合作发展。2013 年，新疆旅游收入 673 亿元，接待中外游客 5206 万人次，同比分别增长 17% 和 7%。新疆正在加快旅游业规划编制，加快建设伊犁国际旅游谷建设，加快阿勒泰旅游区建设，还实施了包括乌鲁木齐天山大峡谷、博斯腾湖景区在内的国家 5A 级景区倍增计划。乌鲁木齐已经成为大中亚地区的中心城市。一位西方记者的文章里说，"中亚跳动的心脏，孕育了旧丝绸之路地区的商业中心，既不是《一千零一夜》中的撒马尔罕，也不是布哈拉。事实上，该地区的中心甚至并非真的在中亚，而是在中国"，在中国的乌鲁木齐。乌鲁木齐的人均 GDP 达 8600 美元，超过了全国平均水平。它是中国西连中亚五国进入西亚和欧洲的又一个大的枢纽。它的经济辐射的多方位性和文化发展的多样性，使它成为中国西部当之无愧的经济开放城市。乌鲁木齐主办的中国—亚欧博览会，不仅是从中亚国家和巴基斯坦、土耳其到南亚的马尔代夫企业的交易平台，也有辗转而来的欧洲客商。青海在强力推进旅游基础设施建设，2014 年上半年的旅游业总投资就达 60.3 亿元，目前已有 75 家 3A 级景区完成准备。全省有 14 个镇成为特色旅游名镇。甘肃推动华夏文明传承创新区建设，在高台骆驼城推出姑师、高昌、楼兰古城邦旅游影视基地项目产业群，年接待能力 100 万人以上。宁夏是西部旅游的先行者，也在道路联通与提升层次上做出了创新努力。

现代旅游业是一个远高于当今房地产业和物流业拉动效应的综合服务业，也是直接针对人的直接服务产业，需要更高的人才素质，更高的管理能力，更高的心理素质。它拉动的不只是钢材、建材业，还拉动了所有的基础设施建设部门，拉动城市改造，推动新型城镇化，甚至拉动外空间产业发展，甚至也是对政府公共服务能力进行考验的一所大学校。

旅游业有高低之分，恰如制造业有高低之分，但它是高富民也是间接高税利产业，是未来永不落的可再生可持续的产业。

跨国旅游经济发展也是世界不少地区经济项目选择的重点。连英国这样的老牌发达国家都乐此不疲，制定了跨国旅游新政策。在短期旅游免签互签制度上放开了手脚，在长期居留制度上也会有新的调整。跨国旅游业的发展水平已经开始成为一国政治、经济、文化发展的温度计。比如中日韩之间，2010 年访韩日本游客为 303 万人次，2011 年是 352 万人次，2013 年减少到 275 万人次。2012 年访韩的中国游客为 352 万人次，2013 年飙升至 433 万人次。旅游专家预测，到 2020 年，中国到韩国的旅游人数将突破 1000 万。2013 年，来韩旅游的中国游客人均消费 236 万韩元，比美国人、日本人高 1.5 倍和 2 倍。在发展跨国旅游业方面，俄罗斯也在不断推出新措施。俄罗斯准备像申根旅游国家一样，对去国外旅行的俄游客实行强制保险制度，特别是去中国，在游客购买平均每天 1 美元的保险以后，俄罗斯游客可以在中国任何城市享受免费医疗。这在俄罗斯是首次。2013 年中国赴俄游客首次超过 100 万，已经开始超过了德国。

在中国，丝路旅游发展空间很大，丝路经济的发展和丝路文化的品牌提升，将使丝路旅游的半径和专题内容成倍数扩大，出现了深度游和投资贸易的商业考察游、文化观光游，甚至中亚探险游、自驾游和野外活动团体游等等。特别是探险游，在中国需要发展，在丝路上更需要发展。中国缺少旅行探险的旅游品种，这无论从文化研究、科学研究还是对大众旅游事业发展的新产品开发来说，都是一种不完整。比如，人们已经熟知了长安—天山廊道的西天山、东天山和中天山，但对帕米尔高原，也即中国古代的葱岭，只在地理和历史课本中知道，对于帕米尔一共有 12 帕，也即 12 个山坳，中国国内也只占 1.5 个帕，而有名的塔什库尔干以及喀喇昆仑山又是怎么样的，知焉不详。至于玄奘走的是哪个帕，谁也说不清。

丝路旅游也应当把同时成功申遗的总长1011公里的"大运河"包括进来。大运河虽然以南北向的京杭运河为主，但也包括了隋唐时期的东西向运河，因此也在古丝绸之路的辐射范围里。在中国，汉唐时期的政治、经济、文化走向是东西向的，宋以后却是南北向的，这是研究中国丝路经济变化的一个十分重要的历史坐标，也是人们需要把丝路经济包括丝路旅游扩展开来的历史与现实的理由。因此，"大运河"是丝路的南北延长线，在运河上，不仅实实在在地流过巨量的丝绸，更流过丝绸符号代表着的众多的贸易商品。

丝路旅游也应当有"一带一路"相互连接的概念。世界文化遗产大会在丝绸之路之下分冠以"长安—天山廊道路网"的立项，这无疑会是当前丝路旅游的最大热点，但这并不意味着丝绸之路只有这一段是精华，更不意味着这是丝路旅游的全部内容。从申遗来讲，东南西北还有接续的文章，从全丝路概念来说，需要开阔视野、拓宽空间，不仅把西南丝路廊道和北方草原丝路廊道纳入旅游线，也要把"一带一路"连接起来。比如说马可·波罗之路就是极具吸引力的项目，完全可以全程和分段开发出来。中国造船业在2014年首次提出制造"豪华邮轮"，要去摘取造船业的这顶皇冠。这当然很提气，但旅游业也有自己的皇冠，那就是马可·波罗的海陆行。搞好了，也许有益于中国旅游服务水平的提升，有益于国际旅游业的联合，有益于国内外旅游贸易赤字的平衡。

推进西部绿色城镇化

"一带一路"建设特别是丝绸之路经济带建设，西部的绿色发展至关重要。西部面临着比东部更大的挑战。除了按照"一带一路"发展方略积极调整产业结构，加强生态建设，同时也要处理好西部城镇化问题。从历史上看，丝绸之路的城镇布局受生态环境制约，并具有几个明显特征，一是绿洲经济，二是小集中大分散，三是流动性强，有一种历史"驿站"的惯性。

先说绿洲特点。西部的许多地方特别是西北地区，绿洲是西北居民的生产生活空间，而西南的许多地方，坝子又是西南居民惯常的生产生活经济地理载体。无论是绿洲还是坝子，都有一定的空间距离但又相互连接，与外部发生频繁的联系。绿洲或坝子里，有农业，有牧业，有起码的手工业和商业，也有一定的流动人口。大一点的还有从加工业演变来的一般制造业，但农业形态是主流形态。从西南再看北方草原，则是经济形态大体类似的有一定定居特征的"浩特经济"，以区别于传统的"游牧经济"。在边境地区，则是与边贸规模相适应的口岸城镇和"口岸经济"。此外便是交通要道十字路口的大小集镇。它们是丝路经济中地理载体的原生经济细胞，有着相同和相似的经济基因。有的因为区位重要，或者经济规模增大，变成重要节点城市，但必须具备一定的资源和生态条件。这在中国西部包括西南、北部和东北边缘地区以及与他们连接的中亚、西亚和东南亚地区，概莫能外。

古代绿洲的经济特征和生态特征与现代绿洲又有什么样的异同？规模与资源环境承载力相适应是不会改变的。在古代中亚绿洲丝绸之路方向上，楼兰历经繁华而后消亡，战乱动荡并非主因，生态变化引起的罗布泊水系的变化与资源超载，是第一位的。诸如交河古城和尼雅等有名的地方，莫不如此。第二是有一定的商业交换功能，有市场，还有种植业的基础与相关的加工业和水准不一的服务业。第三，一般也要有比较发达的交通，有的干脆在交通线和商业十字路口上，或者由它而规定了交通走向和商旅的交通节奏。第四，要有相对充足的水资源，这是决定绿洲规模大小的主要因素。一句话，居民不论有多少，都不是单一的农业和别的单一产业，而是茫茫大漠或群山四围相对独立又很开放的小的综合经济体。明乎此，也就明白昔日丝路的经济载体是一种相对的城邦式结构，明白为什么那时的西域 36 国，大者三四万人口，小者只有数千，而名重一时的楼兰也不过两万人，一俟环境变化，这两万人也得四散迁离，再去其他绿洲继续同一种生活。现代绿洲其实与古代的上述四个经济特征并无两样，不同的是开发资源的能力加强了，人口容量大了，产业结构更丰富，甚至出现了工业绿洲，产业分化度明显。但也出现了资源透支、人口超载、经济结构重化、生态日趋恶化等不可持续的发展压力。

现代人比古人抗环境变化的能力强，但面对大的环境制约，还是难以抗衡的。城镇规模还是不能太大，要与环境承载能力相适应，要有更便利的交通，要在支柱产业之外具有比较发达的服务业，要有自己稳定的水资源来源与水资源利用的有效循环系统。这些历史基因都不会发生大的变化。要说变化，主要是科技转换能力的变化，交通与物流能力的变化，信息传播与接收能力的变化，经济与产业结构不断调整升级能力的变化，生产生活方式转变能力的变化。这是现代绿洲经济和现代绿洲与古代绿洲的区别。换言之，要保护与提升绿洲、坝子经济或别的什么居民集聚区的生存常态，必须运用现代高新生态技术成果打造现代绿洲经济，因地制宜发展现代特色农业、林草业，发展有特色的工业加工业，更要重视物流业和物流业配套以及包括旅游业、信息业、文化产业在内的各种服务业，主要依靠"大分工、大交换、大配置"来进行。西部地区要不要特大城市，那要看它的生态条件，如四川盆地天府之国与大江码头，如西省省份的政治、经济、文化中心与战略物流枢纽地区，都有大的或较大的城市发育，但多数地方要控制人口密度，不能像东部和中部一样，盲目发展都市圈与城市群。

再说"小集中大分散"，这与西部资源分布结构承载能力有直接关系。人们把城镇化看作是发展的最大潜力，甚至计算出每提高城镇化度1个百分点，就可增加0.7个百分点经济增速的公式。但问题不在于这种计算能否经得起推敲，西部的基本区情决定了西部的城镇化道路与东部并不完全一样。是不是一定要达到70%乃至80%的水平？此其一。其二，在"一带一路"建设中，特别是在广袤的西部经济发展带建设中，要不要与东部一样齐头并进？中国目前城镇化名义水平刚过50%，按户籍计算是35%左右，明显低于发达国家80%的水平，按户籍改革最新方案，取消农与非农身份，统一登记为居民户口，预计在2020年1亿人将落户城镇。届时城镇化率名义水平增加7.69个百分点，城镇化率名义水平刚达到60%左右，仍然低于许多同等发展阶段国家的水平。城镇化的确会提升市场的集聚效应，带来消费的增加，但西部人口"小集中大分散"的特点，同样提示了西部城镇化的特异性。

人员流动性强是西部城镇的固有特点。古丝路城镇除了终端市场，多具有"驿站"功能。人员的流动性强，在居住、交通、环境和其他资源配置方面，都会明显地呈现出商业相对发达的一面。原中国国家计生委2012年发布的《中国流动人口发展报告》称，2011年中国流动人口总量 2.3 亿，占全国总人口的 17%。流动人口平均年龄 28 岁，"80 后"新生代占劳动年龄流动人口的近一半，其中主要是农村户籍人口。他们多数在城市里成长，基本上不可能逆向回流返乡务农。这批人大部分来自中西部，因此西部人口"迁出率"大于"迁入率"。特别要看到，城镇化的主力是年轻劳动者，在一定意义上也可以说是"80 后"、"90 后"的城镇化，农村与西部地区常住人口提前"老龄化"与"人口空心化"，则是人口脱离西部的明确的征候。西部人口减少还有各种原因造成的双重统计原因，西部常住人口减少的绝对数量比人们想象的要严重。西部人口流动性强，主要是旅游、商务和工程项目人员流动，"脉冲"特征明显，西部急需的高素质人力资源，更多地要在西部开发企业投资发展中和科技服务的强化中得到补充。

据了解，2003 年至今，共青团中央和教育部实施大学生志愿服务西部计划，前后有 17 万人次的青年才俊到西部，虽然具有轮换特点，毕竟是人才人口流动的一种努力。中国科学院也有 12 家分院、100 家直属研究机构、100 多个国家级重点实验室和工程中心以及数百个野外观测台站网络的 5 万余科研人员在西部工作，分布在诸如吐鲁番沙漠植物园、古尔班通古特沙漠的生态研究监测点、敦煌雅丹国家地质公园研究站以及其他机构里。此外则是通过全国各地各行业的企业进入西部经济新区和工业园区的西部开发生力军。因此，西部城镇化可以不求户籍，但求所用。

城镇化是发展的潜力所在，城镇化过程也有明显的两面性，一面是人口集聚，有利于形成规模市场，较快拉动发展，是促进西部社会经济持续发展的动力；另一面又会形成人口规模对资源结构的挑战，市场消费上去了，能源消耗和社会管理成本也上去了。有研究结论表明，城镇化基本实现以后，人均能源消耗是之前的 10 倍，这并非完全夸大。能源消费增长，不只是发生在生产环节，社会能源消费将是一个"大头"。虽然西部能源相对丰富，但生态系统比较脆弱。因此，西部的城镇化率不能与东部的城镇化率盲目攀比。这就恰如中国的城镇化与新加坡百分之百的城市化率不可比较一样。拉美一些国家在城市化问题上教训很深。拉美地区城市化经历了多半个世纪，80%以上的人口居住在城市里，城市化率甚至超过了许多发达国家，但伴随城市人口的集中，公共设施建设严重滞后，社会保障覆盖率很低，出现了"城市贫困化"现象。拉美地区生态条件和资源条件得天独厚，尚有后忧，在中国广袤的西部地区更要从实际出发，推进西部的绿色城镇化。这就要尊重自然规律和历史规律，建立西部自己的城镇化标准。

2013 年发布的《2013 中国中小城市绿皮书》指出，按照新的中小城镇划分标准，中国共有中小城市 2816 个，其所创造的经济总量占全国总量的 84.5%，但其直接影响区域的城镇化率远低于全国平均水平，仅为 35%。经济总量占比大而对城镇化率贡献小，这是很值得深思的。大企业不一定都在大城市里，大企业倒可能带起一个小城镇，中国的许多工业城镇常是由企业而兴，这是西部城镇发展的一个规律。在丝绸之路经济带的建设中，将会有工业、交通与商贸服务的新的节点城市出现，这些城市应当是小城市和小城镇。丝路经济带建设的地理与生态环境的规定性给出了西部城镇化的路径和特点，小而强，小而绿，小而有持续发展力。也就是说，西部小城镇建设，不求星罗棋布，只求小城镇有大经济能量。在能源利用方面，是绿色的、低碳的、生态的，是资源循环利用的，不能因为西部能源相对富集就放松城镇发展的低碳要求，相反更要利用可再生能源的优势，在太阳能、风能、地热能和水电能等方面成为新能源利用的先行者。

西部城镇也应当具有高科技含量。不论是物流型、出口加工型、丝路旅游型、文化保护型、生态农业型或者电子商务型，都要尽可能地向"智慧"城镇的方向发展。互联网改变了商业模式，也会改变丝绸之路的老状态。在丝绸之路经济带上，"网上丝绸之路"作为基础设施建设，已经进入了初级阶段。中国海关总署同意西安开展试点，打造具有世界影响力的国际交易平台。在陕西省，总部设在宝鸡的"关天之窗"是全国首家丝绸之路商业门户网站，设有中文版、英文版和俄文版，致力于工业品电商交易平台建设和可视化数据中心建设，目前注册的中外企业用户已超过 4 万家。

电子商务正在改变消费者的消费生活和生产营销者的商业生活，也会改变丝绸之路的经济活动方式。从 1993 年开始，中国的"三金工程"有力地推动了信息化建设，193 个智慧城镇试点展开，物联网工程也在上海起步，在云计算、大数据、物联网三大信息技术领域都有进展。这一切都与智慧城市的建设密切相关，也应当与丝路建设密切相关，更与西部城镇化发展水平密切相关。

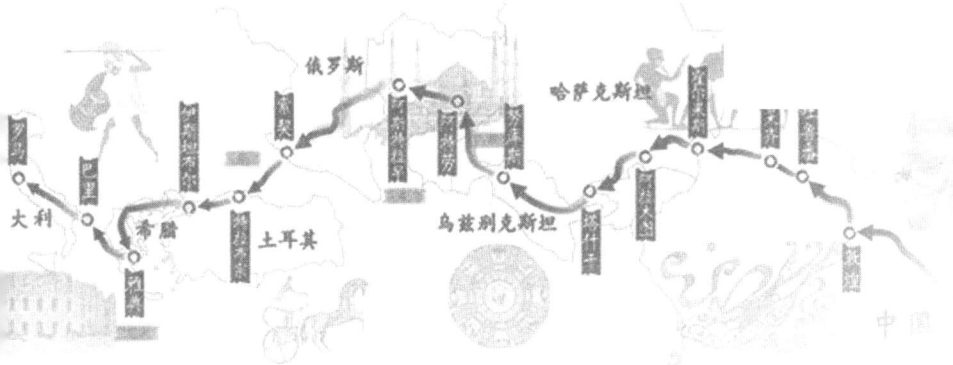

新丝路瞭望

互联互通 "多维图像"

　　对于中亚绿洲丝绸之路经济带建设来讲，互联互通是目前的第一要义，以铁路、公路交通为核心的基础设施建设依然是打通交通瓶颈的关键。在遥远的古代，骆驼是丝路交通的硬件，被人称为沙漠之舟，现在则要加快"大陆桥"的建设进程，成倍地增加人流物流的运能和运量。驼队运输对丝路贸易功不可没。据美国《纽约时报》网站报道，考古学家利用放射性碳测技术，查明以色列已知最早驯养骆驼出现在公元前10世纪最后30年，把骆驼纳入近东经济运输体系是这以后的事情。几百年后，骆驼商队出现在西亚、中亚，为丝绸之路奠定了古代运输技术基础，这也是机遇巧合之事，但也说明，长途运输技术对丝绸之路的出现是多么重要的事情。为什么后来海上国际运输压倒了陆路运输，原因很多，但陆上运输的效率相对落后是一个原因。现在，铁路技术日新月异，特别是高速铁路技术的出现，使得"大陆桥"成为一种真正的可能，也成为跨国物流的高效工具，这是新丝路和新的丝路经济带发展的重要条件。

　　丝路经济带的发展理念，来自产业，更来自快速的交通。中亚丝路贸易和丝路经济面临的最大技术难题是地貌复杂地理阻隔，庞大的帕米尔山结以及两边几大沙漠盆地，使古丝路成为天下险途，但铁路建设技术的提升突破了自然险途，连同高速公路、石油天然气管道、电网和电信设施，一道丰满了"大陆桥"的内涵。尽管我们仍然可以把铁路叫作

"大陆桥"，但它未来的含义更加全面。因此，我们还得首先强调丝绸之路经济带已经运营的铁路。

1992 年 12 月投入运营的连接哈萨克斯坦和俄罗斯土西铁路与中国阿拉山口的铁路，就是 20 世纪常讲的第二条亚欧大陆桥，其基本走向是由中国江苏连云港到阿拉山口，以哈萨克斯坦的阿克斗卡为转结点，或直接进入俄罗斯、波兰边境的布列斯特，再经柏林到荷兰的鹿特丹。全长 10900 公里，中国段为 4131 公里，比西伯利亚铁路运程减少 3000 公里，比海路缩短 1 万公里。2012 年，中国伊犁的霍尔果斯口岸至哈萨克斯坦的阿腾科里铁路正式通车。这是经由阿拉木图的又一条通道，有走向上的更大灵活性，可以南下哈萨克南部大城市西姆肯特，连接其他中亚国家以及里海地区，或者经由乌兹别克斯坦走向阿富汗与西亚，即顺着土哈中天然气管道的大致路线经过史上有名的马雷地区，与西亚及地中海相连，也可以北上俄罗斯与欧洲地区对接。哈萨克斯坦特别看重这条"大陆桥"，在中国连云港租借货运码头，把陇海兰新铁路作为出海通道。这是古丝绸之路的一种历史走向，也是具有明显前景的中欧铁路走向。许多货物经由这条中欧铁路从路上进入了欧洲。

2014 年的 3 月，中国国家主席习近平在访问德国杜伊斯堡时，特意与德中经济代表团的成员一起迎接从中国到达的"渝新欧"列车。杜伊斯堡是德国的内河港，位于著名的鲁尔区。"渝新欧"列车每周约为 3 列，是可运载 51 个集装箱的货车，与中国西南地区的重庆相联通，全程 16 天，比海路快 1 倍，运费是空运的一半，路程为 1.1 万公里。这并不是象征性的"新丝绸之路"，而是实实在在的丝绸之路，尽管还有双向货运量的磨合，但已经在市场上找到一席之地。"中欧快铁"并非只有"渝新欧"列车，从 2011 年 7 月"渝新欧"列车开行，"汉新欧"、"青新欧"、"蓉新欧"、"郑新欧"、"西新欧"、"苏满欧"等班列陆续运行。据中国海关统计，2014 年上半年，211 批次货运专列，运货量近 8

万吨，货值 42.83 亿美元。这些班列都有自身以外的出口货物吸引区和物流辐射区，一般都以德国杜伊斯堡为目的地中转至西欧大部分地区。"苏满欧"则通过"第一座亚欧大陆桥"将中国华东、东北同俄罗斯、德国工业带连接起来。2014 年 8 月，开通 3 年的"渝新欧"列车从杜伊斯堡开出首次出口中国的原装整车汽车班列。"渝新欧"列车的货物集结点和分拨点有杜伊斯堡、法兰克福、科伦、安特卫普、莫斯科、切尔克斯克、马拉舍维奇、库特诺、布列斯特、阿拉木图，还有斯图加特和慕尼黑。2014 年底，"义新欧"纳入中欧班列序列，义乌的小商品市场也在"互联互通"中走向西班牙的马德里，全程 13052 公里，途径哈萨克斯坦、俄罗斯、白俄罗斯、波兰、德国、法国，是所有中欧班列中最长的一条。

更有意思的是，就在中亚铁路网进入重新规划之时传出消息，兰新铁路继第二复线之后的第三复线，也即从兰州经青海西宁开往乌鲁木齐的高铁将在年内通车。北京至乌鲁木齐 40 个小时的行程将缩短为 10 个小时，全程 1776 公里，朝发夕至，这无疑为构建丝绸之路经济带奠定了更坚实更有效率的交通基础。较长远的设想，高铁也会向西延伸，可以与哈萨克斯坦通向俄罗斯的铁路对接，也可以经由乌兹别克斯坦、土库曼斯坦、伊朗、土耳其直至保加利亚。不必有更多的想象，未来搭乘亚欧高铁的真正的东方列车将会是怎样的一种"酷"游！

对丝路经济带建设更具象征和实际意义的，还有中国总理李克强访俄时签署的"莫斯科—喀山高铁备忘录"，这是用高铁联通俄中首都的先导工程，最终由俄罗斯的莫斯科、喀山经哈萨克斯坦到中国的北京，全长 7000 公里，这是新丝绸之路的第一项具有远景的高速铁路工程，是未来的"亚欧高速运输通道"，也将是我们已经提到的第三座"亚欧大陆桥"。

第四座"亚欧大陆桥"上文已经提到，连接东盟的"泛亚铁路"越来越走近人们的视线。随着老挝政府启动万象通向中老边境的铁路工程项目，泰国政府正式通过从曼谷到泰老交界的廊开府的准高铁项目，新加坡与吉隆坡的高铁项目也在加速推进，"泛亚铁路"初型正在展现，一个联结亚欧东南西北的互联互通的铁路网络开始形成。完全可以清晰地预言，从中国西部国门向各个方向望去，由北向南，依次列出的主要经济发展带有：经由中国西部口岸的中哈俄欧经济发展带，中哈、里海进入东欧的经济发展带，中吉乌至西亚、土耳其经济发展带，中巴经济走廊发展带和连接东盟的"泛亚铁路"经济发展带。

现在，经由中亚的中欧货车铁路班列已经有了一定的运营气候，陆路贸易贯通已经成为新的常态。主要有以下四条铁路运输物流线：重庆至德国杜伊斯堡，成都至罗兹，郑州至汉堡，武汉至捷克与波兰。由阿拉山口出境，经过哈、俄、白到波、德，全程从 9900 公里到 11000 公里不等，需时 14 天到 15 天。还有一个设想是经由哈萨克斯坦、土库曼斯坦走向伊朗连接土耳其，计划耗资 43 亿美元，这与前面提到的霍尔果斯口岸有关系。但正在协调的中吉乌铁路也许更快更直接，吉尔吉斯斯坦迫切希望这条中吉乌铁路开工，因为每年有 2 亿美元可观的过境费收入，他们在 2013 年已经开工了安格连到吉尔吉斯斯坦帕普的中吉乌合作的"样板"电气化铁路，即长达 122 公里的安帕铁路。因为项目是乌兹别克斯坦总统直接签署、政府总理直接负责的，因此也被称为"总统工程"。工程最大的难题是穿越库拉米山 19.3 公里长的隧道，乌方邀请中铁隧道公司合作修建，要在 2016 年 9 月完工。安帕铁路贯通后，不仅会大大缩短乌兹别克斯坦与吉尔吉斯斯坦的运距，也打通了中国经乌兹别克斯坦、土库曼斯坦甚至阿富汗、伊朗到海湾的铁路通道。到那时，汉代张骞2000 多年前经过的地方，也即古代丝绸之路的第一个直接目的地，将会再次险路变通途。

西向的公路其实是同铁路走向基本一致的，不同的是先修与后修。目前已经在建设和规划的，一是把中国与法国连在一起的国际高速公路干线，这最有可能成为亚欧高速公路的初型或者主干，在哈萨克境内的一段中国参与建造，预计 2015 年前后完工。这就是哈方说的"双四公路"，这条公路东起点在何处，是不是直接连通北京，这不是什么问题，但前面提到的哈萨克斯坦南部的希姆肯特，这个人口超过 100 万距阿拉木图 700 公里的重要节点城市，无疑会有很大的国际知名度。二是中吉乌方向，沿天山南路西去，这就是与中国的吐尔尕特口岸相连接的道路，这条公路与正在协商规划的铁路在大的方向应当一致。三是中巴经济走廊上的喀喇昆仑公路二期改造。由有名的红其拉甫口岸经巴控克什米尔地区直抵伊斯兰堡。现在可以更清晰地说，基于地缘规律的互联互通正在不断实现，虽然还有些细节需要清晰，有些合作项目需要论证，有些框架需要丰满，但大体格局与取向是十分明朗的。

输油管线也是互联互通的重要内容。中国国内原有西气东输 A 线是国内气源，A 线西起新疆轮南东至上海，全长 3843.5 公里。B 线、C 线气源来自中亚。B 线是从土库曼斯坦经乌兹别克斯坦、哈萨克斯坦经由霍尔果斯进入中国国内，来自中亚进口天然气，年输气量 300 亿立方米，南抵广州、香港，中国国内全长 8704 公里。C 线气源也来自土、乌、哈三国天然气，设计年输气量也是 300 亿立方米，中国国内经过 10 个省区，全长 7378 公里。三线长度加上中亚部分，超过 1 万公里。D 线管道的开通，将使中国与中亚国家的能源合作提升到新的水平。

海运基础设施建设与互联互通同样是推进海上丝绸之路建设的重要内容。加快船队运力建设，与世界港口城市密切合作，全面推进海运强国战略，是持续发展海上贸易的基础。船舶数量质量、港口和海运服务业的发达程度是成为海运强国的三要素，其中服务业又是一个不可忽视的因素。港口设施则是海上运输最重要的硬件，必须从硬件抓起，加强软件建设。目前，中国海运船队运力规模 1.42 亿载重吨，占世界的 8%，居世界第四位，港口货物吞吐量 118 亿吨，集装箱吞吐量 1.9 亿标箱，百万标箱港口 22 个，亿吨大港 29 个，在世界排名中分列第六与第七。但是大而不强，海运企业运量总体份额偏低，"五星红旗船队"规模偏小，海运服务贸易处于逆差状态，在国际海运公约、规则与技术标准制定上话语权较弱。这种状况亟须改变。中国科学院预测科学研究中心发布《2014 年全球 TOP20 集装箱港口预测报告》，也对 2020 年全球 20 大港口吞吐量及排名进行了预测和分析。报告认为，在 2020 年，世界"20 大港"里中国将占 10 个，在前 10 名里，中国占 7 个，其中宁波—舟山港将首次超过韩国的釜山港，成为全球第五大集装箱运输港。应当说，如何从海运大国向海运强国转变，中国还有一段路要走，但随着 21 世纪海上丝绸之路建设的不断推进，这个目标一定能够较早地实现。

第 22 次 APEC 领导人会议通过了亚太互联互通建设蓝图，进一步丰富了互联互通硬件、软件与人员交流的内涵，将会把"互联互通"推向更高水平，为"一带一路"建设奠定更广泛、更坚实的基础。

中国的能源安全线

在古丝绸之路上，各种消费品和稀缺物资的交换，其持续的时间之长和交换规模之大都是前所未有的，而持续时间最长、规模最大的又当属丝绸。但这种属于自然垄断的超级产品和彼时的高技术虽然给中国带来唯一原产地的声誉，却没有给它带来直接的巨大收益。有研究说，由于古代丝绸输入的最大终端国是东罗马帝国，朝野上下趋之若鹜，连奥古斯都都要当朝炫耀丝绸衣袍，丝绸消费成为潮流，致使罗马国库空虚，大量的黄金流向东方。这甚至成为一些史家探寻罗马帝国最终消亡的经济原因。但是，正如上文所言，这大量的黄金并没有流入当时的汉唐，多数被参加丝绸交易接力赛的中亚商人和后来的阿拉伯商团拿到手里。这也怨不得别人，当时中国的经济是典型的农耕经济，男耕女织，自给自足，农民把丝绸当作赋税交给官方，以朝贡制度为核心的贸易形态，丝绸流转商自然要大得其利。所以，说中国向来有制造业大国的传统，但缺少贸易大国的历史基因，也不全是一种笑谈。但这从另一个侧面说明中国商业文化的缺失，在很长一段时间里是不对称贸易，但也说明了，丝路贸易在中国，从一开始就不带有西方原始积累的贪婪与血腥。

现在，以满足当时人们最有品牌追求意味的丝绸贸易的一幕已经不再，进入人们视野的是一度被称为"石油美元"的石油和其他重要商品，这就是当今无可回避的也无可隐晦的能源贸易。在当今的丝绸之路和丝绸之路经济带上，最引人注目最有商品价值的资源，即除了宝贵的人力人才资源和稀缺的科技资源，当属以石油、天然气为代表的能源资源。早在 21 世纪初，有人已经注意到这种情况。2006 年底，英国《金融时报》在一篇题为《新丝绸之路》的报道中讲，在人们关注全球贸易和资本流动问题时，通常把目光聚焦在美国的外债规模上，但随着亚洲经济的发展，能源价格高企对中东的影响日益显现，新的贸易和资本流动正在形成。人们正在编织新的贸易图景，"使用的丝线是流向东方的石油、天然气、石化产品、水技术、石油美元和银行的专业知识。以及沿着古老的丝绸之路流向西方的廉价消费品、能源和交通的基础设施"。报道还说，自 2000 年以来，海湾国家和亚洲之间的贸易额增加一倍以上，达到2400 亿美元。海湾国家发行的投资债券达到 400 亿美元，"新丝绸之路很可能和老的丝绸之路那样，在商业上硕果累累"。

能源是工业甚至是经济机体生存的血液，被视为"过渡性能源"的石油、天然气贸易的影响不言而喻。至少从可见的时间里，这是堪比昔日丝绸的另一种超级商品，它曾被视为"石油美元"，搅动了世界经济，引发了大大小小的"石油战争"，这种石油战争在海湾战争时期达到顶峰，余波未消。由于石油和天然气作为新丝路贸易中目前不可或缺的重要商品，你也可以把这种贸易之路叫作"石油之路"，但是不能把新丝路经济带叫作石油经济带。因为，在新丝路的贸易中，尽管有石油、天然气这样的大宗资源，而且因为它的不可再生性、分布的不均衡性和供给的波动性以及市场敏感性，成为抢手的商品，但这不意味着别的商品没有强劲的市场竞争力。

能源是经济发展的物理学动力，不是发展的内在动力，在任何时候，发展动力都来自于生产力与生产关系的合理互动，因此必须调整，必须改革，必须考虑生产要素在内涵与外延结构中的合理配置。这是我们关心丝绸之路经济带大市场的原因。在目前，人们关注能源安全还因为新能源技术还没有出现根本性的突破，不得不把它视为不可缺少的重要自然资源。

在能源供求中要讨论的问题大体有三个：一是在可判断的 20 年里，全球能源需求有多大，围绕能源主要是化石能源又会出现什么样的问题；二是亚欧经济区域的能源需求与供给怎么样，能源的供给能不能平衡；三是中国的能源需求与供给怎么样，在能源供给与需求方面，丝绸之路经济带建设与发展起到怎么样的平衡作用。

据国际能源机构 2014 年 6 月 3 日在伦敦发表的报告称，随着现有能源技术的更新换代，新兴国家对能源的需求量不断扩大，世界各国在 2035 年前需要投入 48 万亿美元才能满足全球能源需求，投入分配结构是：7 万亿用于物流，10 万亿发电，23 万亿用于开采和石油冶炼。报告还说，随着欧佩克成员的石油资源逐步耗尽，石油投资将向中东地区转移，全球天然气价格会在投资潮的推动下趋向统一，但高昂的天然气运输成本不会特别降低天然气的价格。

报告没有特别提到中国，但对欧洲和印度的能源问题提出关注，认为在 2035 年前，欧洲要向能源领域投入 2 万亿美元，印度是 1.5 万亿美元。欧洲国家的化石能源自给率是不高的，特别是天然气，主要依靠俄罗斯供应。除此以外，能源输入的较大经济体就是中国和东北亚的日本与韩国等。欧佩克 2014 年发布的有关报告也加重了对石油需求的社会心理压力，他们预测，2015 年，石油需求增幅将从 2014 年的每天 110 万桶提高到 120 万桶。但也有另一份从储量供给角度提出的最新报告。英国石油公司 2014 年提出最新年度世界能源统计报告，对石油储量的估计比之前提高 1.1%，达到 16879 亿桶，按目前的生产速度，够全世界开采 53.3 年。英国石油公司的报告说，石油储量增长，很大一部分来自美国，美国拥有 442 亿桶储量，比之前的估测高出 26%，但美国自己的数字是 334 亿桶。石油储量的增加是因为页岩油的成藏组合，比如巴肯、伊格尔福德、二叠纪盆地地层含有大量页岩油，有可能比现在估计的数量还要高。而且，新的含油地层还在不断发现。该报告强调的是美国的油气繁荣景象，但推之世界其他地区，大概石油供给的情况还要乐观一些。普华永道会计事务所最近的一份报告说，2013年世界新发现的油气田有6个在非洲，莫桑比克和坦桑尼亚都发现了大型天然气田。2013年，非洲每天生产石油900万桶，目前主要生产国是尼日利亚、利比亚、阿尔及利亚、安哥拉与埃及，生产天然气总量1848亿立方米，也主要在上述国家。随着新油田、气田的投产，油气供应还会改善。如果把北极的资源算上，前景并不是那样令人紧张。

还有一个重要因素，就是油气供求平衡已经发生重大变化，这种变化甚至连中东地区发生灾难性冲突都抵消不了。这个变化也是史无前例的。在过去，中东发生战争，油价立刻飙升，但这一次伊拉克出现紧张局面，油价最低降至每桶80美元，为一年半来最低。这与新经济体的经济放缓有关，与美国油气自给有关，但油气供给平衡发生重大变化是一个不争的事实。油价不升反降的新特点也会带来新的判断，即石油产业已经开始渡过自然垄断期的黄金阶段，其价格将会在油气资源不断发现，能源结构得到改善的今天继续下行。

油价的这种戏剧性变化，对石油输出国显然是不利的，特别是经济结构偏于油气资源型的国家。比如俄罗斯，是以每桶100美元为盈亏平衡点的，伊朗则以135美元为盈亏线。石油价格如此下行，经济冲击之大是可以想见的。出口收入来自石油的委内瑞拉认为，这里有价格操纵，是对产油大国的一个"阴谋"，俄罗斯也不排除这种说法，认为持续"做低油价"会让全球经济崩盘。讲"做低油价"，是因为的确有过"石油战争"的先例。早在苏联解体前，里根政府支持沙特将每天的原油出口量由200万桶提至1000万桶，让国际油价由每桶32美元下跌至不到10美元，导致苏联每年损失200亿美元，经济陷入全面困境，这是苏联最终在 1991 年解体的经济原因之一。现在，俄罗斯财政的一半来自石油，伊朗六成来自石油，委内瑞拉收入的 95% 来自石油，会不会是美国与沙特联手而"一石三鸟"的一场新的"石油战争"呢？但也有另外几个对立的分析，一是沙特也在挑战美国的页岩气革命，让价格低廉的页岩气造成的繁荣不再，以自损而损美国，达到石油价格东山再起的目的。二是部分欧佩克成员不愿减产，产量占"欧佩克"三成的沙特提出"低油价可以接受"，是因为看到了全球经济在放缓，高油价是不现实的，必须以量取胜。三是美国的页岩气开发虽然受到石油降价的影响，但油价的下跌也会使之从另一面受益。美国花旗银行的研究人员计算，2013 年，美国每户人家平均汽油费用是 2900 美元，油价下跌相当于每户 600 美元的"减税"，购买力增强无异于美国在退出"量宽"后的再一轮超大规模"量化宽松"，继续支持经济回升。他们甚至计算出美国因为石油降价后每天的潜在收益是 16 亿美元，一年就是 6000 亿美元。因此，美国至少是乐观其事的。

是耶非耶，一时还看不清。但仅从商业上看，石油降价的表现还是市场供给过剩。石油、天然气输出方和输入方各有一本新账可算，如前者"薄利多销"，后者更倾向于石油贸易，对于自有资源的勘探开采也会有新考量。这一切也许会引出新的变化，或正或负影响到另一些经济和非经济的领域，甚至对"地缘政治"产生一些始料不及的微妙变化。但有一点似乎是清楚的，那就是石油规模贸易还要继续，石油价格还有可能继续下跌，而化石能源在一段时间里还是能源的主要角色，消费量进一步增加，更难退出历史舞台。此后最大的连锁反应就不仅是"石油战争"会不会发生，更重要的是新能源的发展和气候变暖问题如何应对？

对未来 20 年全球能源供应的前景，也有相反的看法。国际能源机构（IEA）2014 年发表一年一度的《世界能源展望》报告，认为短期供应充足不能掩盖长期的挑战，未来 20 年全球能源或供不应求。这个总部设在巴黎的国际能源研究和监管机构预测，全球能源到 2040 年将增长 37%。报告说，美国各页岩项目产量大幅增加导致从 2014 年以来油价累计下跌 25%，但只是暂时现象。目前石油供应主要依赖几个大的产油国，是一个问题。美国的页岩也存在长期问题。在 2020 年到 2029 年，美国的页岩油田将继续增长，但此后的不确定性会增加，甚至会一路下降。预计北美以外地区开采难度大，难以复制美国的页岩开采，其他来源成本也很高，供应来源很难扩大。天然气 2040 年需求将增长 50%，但天然气产业是资本密集产业，价格也会变化。抑制气候变暖制约煤炭产量，虽然核能将增长 60%，但只占全球发电量的 12%，只比目前增长一个百分点。IEA 的担忧有它的道理，不可再生能源毕竟会越用越少，因此从长远看是一个巨大的挑战。但能源供应的挑战、气候问题的挑战，也会在人们对传统化石能源的依赖中找到新的平衡，从而加快新能源的发展步伐。在第 22 届 APEC 会议中，"习奥会"达成应对气候变化的历史性减排协议，美国计划在 2025 年实现在 2005 年基础上减排 26%～28%的全经济范围的目标，中国计划在 2030 年左右二氧化碳排放达到峰值，并将非化石能源占一次能源消费比重提高到 20%左右。这将会深刻影响世界能源战略走向。在当前，一面要推进变化，一面则在过渡中把握能源供应的数量与结构的变化节奏。

化石能源价格与贸易格局的新变化，对中国有利也有弊。利在于可以较快地改变以煤炭为主的一次能源消费结构，在一定程度上减轻工业污染和抑制重煤化工的发展，也使一些在商业上不可行、在技术上暂时难以实施的化石能源项目减少上马的冲动，在效益成本上更能按照市场规律办事，有利于可持续发展。弊在于方兴未艾的新能源的发展也会出现新的市场阻力和摩擦力。无论如何，对新能源发展要有清醒的长远的认识。在未来一段时间里，中国会是一个大的石油特别是天然气进口国，也许还会是国际上一些人所讲的世界石油市场的平衡力量，但中国要有更长远的能源战略。化石能源价格与贸易格局的新变化，提供了难得的过渡与缓冲，要用好，但不能出现化石能源包括进口石油"依赖症"。

目前，在"一带一路"的建设中，中国已经开始形成能源国际贸易的五个通道和五个主要来源。这就是西伯利亚方向、中亚西亚方向、中巴经济走廊的波斯湾方向、通过海上丝绸之路实现的亚太方向，以及散布在非洲、拉丁美洲的产油国的油源。这种分散多元的布局，不仅最大限度地保证了中国的能源安全，也给丝绸之路经济带的其他石油输入国留下很大的回旋余地，使能源流转格局上达到相对平衡的状态。应当看到，由于管道投入大和海上运输成本高，这四个能源通道的机会成本是不一样的，一般情况下会选择成本低的贸易方案，但中国在成本上"高低搭配"多元进口，不能不说有着在丝绸之路经济带里进行平衡的长远考虑。

2013年，丝绸之路经济带相关国家共生产原油约11亿吨，超过世界总产量的四分之一，合计生产天然气10746亿立方米，约占世界总产量三分之一。能源产量显著增加，带动经济发展超过世界平均水平。2014年是中国企业进入中亚油气市场的第17年，也是中国企业广泛参与丝绸之路经济带国家能源合作的黄金时期。中国石油企业在中亚地区已经形成集勘探开发、管道运输、炼油化工和产品销售为一体的完整的石油产业链，这是在中国西北方向构筑的主要的能源战略通道。数据显示，2013年，丝绸之路经济带主要能源生产国家对华原油出口5867万吨，超过中国进口总量的四分之一，对华天然气出口274亿立方米，超过中国进口总量的一半，与其产出比重基本相一致。截至2014年11月，来自中亚的天然气累计达1000亿立方米，原油7000万吨。未来随着中国中亚天然气D线管道开工，A、B、C、D四条管道合计长度10738公里，将形成环里海的油气供应网线。原油管道基础设施的总输送能力每年3500万吨，2018年后中俄、中哈原油管道总输送能力将提高到每年5000万吨，中亚 D 线建成后天然气总输送能力将达到每年 850 亿立方米。有关人士说，到 2015 年底，中石油将在中亚建成 5000 万吨油气产能，到 2020 年，达到 9000 万吨，为保障中国能源安全打下基础。

诚然，外间也有一种担心，即中国经济发展迅速，已经成为全球第二大经济体，未来成为第一大经济体也只是时间长短问题，在这种情况下会不会对能源的需求进一步膨胀呢？英国的《金融时报》说，"任何人想了解世界能源市场未来 20 年将如何发展，他必须从中国开始"。为什么呢？因为"仅中国这一个国家就在每天的全球能源消耗中占 22%"，未来 20 年即使能源使用效率得到提高，石油需求"可能再次翻番，天然气消耗将增加一倍多"。他们的预测准不准，姑妄听之。这里至少应当包括他们也提到能源结构未来的变化，包括核能的创新技术与可再生能源的发展，但事实上，他们的预测并没有摆脱言必称油气而对新能源几乎忽略不计的传统视角。

《金融时报》分析的一个合理性是，中国显然处于增长阶段，但这不一定是拉动中国能源需求的主要力量，"中国在交通和家用方面的人均能源与欧美相比仍很低，这种情况开始发生转变"，也就是说，他们已经注意到人口大国的民用能源增长问题，而不仅仅是工业发展。显然，这种分析要比美国能源信息署在 2013 年 9 月公布的《2013 年国际能源展望》报告要客观一些。美国能源信息署的报告说，在过去十年里，中国的石油消耗量增长了 94%（注意：同时期中国经济规模也翻了一番），按中国目前能源消耗的增长势头，到 2040 年，中国的能源消耗量将接近美国的两倍（注意：是接近而非就是两倍），印度刚好是美国的一半，那么，根据他们对那时中国经济总量的计算，中国的经济规模又是美国的多少，印度又是美国的多少？

有一种假设性的预测还有些逻辑上的参考价值，说 25 年后中国对全球 GDP 的贡献率是 28%，欧盟由现在的 20% 下降到 11%，印度占不到

2%。按此推算，设若 2025 年后中美经济规模大体相等，再过 15 年也即 2040 年，中国的增长速度将维持在 5%左右或者更低一些，经济规模也会是美国的两倍左右，那么它的能源消耗理应也是美国的两倍。要说印度能耗是美国的一半，那无异说是前者的经济总量也是美国的一半。但这只是一道未必完全能够成立的算术题。

中国的国际能源需求包括石油和天然气，根据国际能源组织的预测，在 2025 年，中国的石油需求将升至每天 1420 万桶，其中 1090 万桶需要进口，占需求总量的 76%强。这应当是一个极值，而且很值得怀疑。因为中国的天然气用量在增加，天然气是比石油清洁的化石能源，是化石能源向非化石能源过渡的替代品。根据英国石油公司（BP）2013 年《BP世界能源统计年鉴》数据，2013 年，天然气占中国一次能源消费结构的比重，虽然比 10 年前翻了一番，才是 5.1%，而 2012 年世界天然气消费占一次能源消费结构的比重达到了 24.4%，是中国所占比重的近 5 倍。这就是说，中国目前还不是唯一的进口天然气的最大用户和买家。而且，如果中国一次能源消费结构一旦达到上述世界水平，在天然气在发电制暖等方面逐步代替石油，在中国增加天然气进口数量的同时，石油进口量会相应减少，因为同为化石能源，天然气对石油的替代是不可重复计算的。2012 年世界天然气、石油、煤炭和非化石能源在一次能源消费结构的比例是 24.4：33.8：30.5：11.3。目前，中国一次能源消费结构正在变化，根据 2013 年 9 月中国政府发布的《大气污染防治行动计划》，2014 年，不仅煤炭消费比重下降到 65%以下，非化石能源也优化到略高于世界水平的 10.7%，加上天然气消费占比 6.1%，石油消费才占 18.2%左右，是 2012 年世界石油消费水平的一半。据绿色和平组织有关能源分析数据，进入 2014 年，中国煤炭使用在前三个季度就已减少了将近 2%，与 21 世纪初年增 5%是不可同日而语的。就中国目前的天然气进口来说，总量也就是 1530 亿立方米，加上多元的液化天然气进口，还不到欧洲进口的 70%，没有理由夸大中国对国际能源需求的特异性。说中国对能源的进口需求影响到全球能源的紧张，更是有制造紧张空气之嫌。目前，中国能源结构发生新变化体现在投资结构中，2013 年中国非化石能源占能源总投资比重已升至 75.1%，比 2005 年提高 45.9 个百分点，煤电投资已降至 19.6%，预计还能进一步下降。根据中国电力企业联合会最新数据，中国非化石能源发电装机容量 2013 年占总量的 31.6%，比 2015 年提高 6.6 个百分点，其中并网风电占其 6.1%。预测到 2020 年，中国清洁能源发电量将达 2.6 万亿千瓦时，占全部发电量的 32%。到 2030 年将达 5 万亿千瓦时，占 42%，到 2050 年将达 8.1 万亿千瓦时，占 58%。这无疑对化石能源无论是煤炭还是石油的依赖都在大大减少。对中国来说，这几乎意味着，用不着十分担心石油只够用 50 年还是 60 年的问题，在未来几十年里，石油恐怕也很难再成为丝路上第一贵重的商品了。

对于中国目前对石油天然气需求相对数量较多，观察的视角不能只有一种，需要多方面去考察，也即除了在经济快速增长时期中付出的能源代价，也有自身经济增长方式粗放的原因，比如中国吨钢可比能耗高出世界水平 15%，火电是 20%，水泥是 23.6%。当然也有上面讲到的资源消费的转移替代因素。在中国发展的前 30 年里，一些高耗能、高资源消耗的产业转移到中国，相应加大了进口资源消耗总量，相关产品走向世界，这些不同程度加工过的资源再度出口，在这个生产流转的链条里，有一部分资源和能源的消耗是"替代消耗"。

最重要的是，目前国际上出现的中国能源需求问题，特别是炒作"中国能源威胁"的，都是基于某些人对中国经济不断发展造成的自我心理恐慌，而且他们的计算方法是根据发达经济体尤其是类似美国的能源消耗水平去计算的。在他们提出具有某种"轰动效应"的预测结果时，2014 年举行的中国能源国际论坛和《中国能源国际合作报告》给出的结论是：2013 年，中国能源自给率保持在 91.4% 的高位，中国能源对外依存度只有 8.6%。这个事实，别说在中国这样一个经历高速发展的大国，即便是发展不足的一般经济体，如此低的能源对外依存度到哪里去寻找？

中国并不是绝对缺少化石能源的国家。中国国土资源部发布消息，过去三年里，中国新增石油储量 39.47 亿吨、天然气 2.3 万亿立方米，分别是以往探明储量的 12.57%、25.3%，在鄂尔多斯、塔里木河、渤海湾盆地发现 8 个整装油田和 6 个千亿立方米的气田，在沁水盆地和鄂尔多斯盆地新增 2887 亿立方米的煤层气，比 2010 年探明量翻了一番。据《BP世界能源统计年鉴》，2013 年，中国天然气产量为 1171 亿立方米。2014年，中国在距海南岛 150 公里的琼东盆地陵水凹陷开发超深水气田，日产气 9400 桶油当量。南海油气在深海，近年来重大油气发现一半在海上。环海南岛的宝岛、陵水、乐东凹陷都是潜在的大气区。从长远来讲，中国国产化石能源短缺也是一个相对的概念。

当然，中国能源对外低依存度与中国目前煤炭占比高的能源结构现状有关。北美地区天然气发电已达到 50%，未来可能会达到 70%，随着中国页岩气的陆续开发与太阳能发电成本在近 10 年以内下降到与煤发电相当的水平，用不了多久，煤炭的一次能源占比也必然会进一步下降。担心中国发展造成世界化石能源紧张的说法是很难成立的。在中国能源问题上的炒作，其实是"中国威胁论"的"能源版"。

不管如何预测中国未来的能源需求总量，其实最重要的是三个问题：一是能源利用系数如何在发展节能型经济中进一步提高；二是如何优化能源结构，逐步改变对化石能源的过度依赖，特别是对煤炭的依赖；三是发展清洁能源和可再生能源要坚定不移。在这三个方面，中国的努力要比任何一个国家都大。

从总的趋势看，中国能源结构在改善，能效也是在不断提高的。2014 年，总部位于华盛顿的美国节能经济理事会对 16 个主要经济体进行研究，在全球能效排行榜上中国居第四位。德国第一，其 2020 年的目标是能耗水平比 2008 年减少 20%。意大利运输能效高居第二位，欧盟作为一个整体排在第三，中国与法国并列第四。英国与日本并列第六。澳大利亚因为该国废除了碳排放税，出现倒退，排在第十，美国的能效仅仅高于俄罗斯、巴西和墨西哥，排在第十三位。中国国家统计局数据显示，2009 年至 2013 年中国单位 GDP 能耗分别下降 2.2%、4.01%、3.63.7%，2014 年前三季度同比下降 4.2%。根据 5 月印发的《2014—2015 年节能减排低碳发展行动方案》，单位能耗分别逐年下降 3.9%。

　　还有一个因素，那就是从今后发展来看，中国的油气资源不足，虽美国出现页岩气革命，但中国页岩气埋藏深，页岩气的开采需要大量工业用水，还有对地下水污染问题，相信技术进步会解决这类问题。根据中国全国地质调查会议披露，截至 2013 年，中国页岩气产量已达 2 亿立方米，中石化在 2014 年 3 月宣布，到 2017 年，重庆有望建设成中国国内首个年产气 100 亿立方米的页岩气田，2015 年产量是 50 亿立方米。据全球管理咨询埃森哲公司的预测，全球页岩气、致密气、页岩油、致密油等非常规油气能源技术可开采量是可观的。中国技术可开采量是 1115 万亿立方英尺，阿根廷为 802 立方英尺，美国 665 万立方英尺。页岩油技术可开采量，俄罗斯 750 亿桶，美国 580 亿桶，中国 320 亿桶。页岩气革命重塑了美国能源版图，中国页岩气也迟早会重塑中国能源版图。尽管中国页岩气埋藏较深，地质条件复杂，用美国的水力压裂法还不足以完全顺利开采，而美国的页岩气也历经多年开发而不是如同泉水般冒出的。页岩气开发除了自然条件，还取决于财政、资源产业服务行业发育、管道网络等多种因素，不同能源阶段性的价格成本比较也是一个因素，但中国的页岩气蕴藏比美国高 70% 左右，到 2020 年也许如同中国能源局预测的年产 300 亿立方米而不是 600 亿立方米，尚难实现规模产出，这只是商业成本和其他机会成本大小和节奏把握的问题。

　　中国的核电发展迅速，2014 年中国核电有阳江 1 号、宁德 2 号、红沿河 2 号 3 个机组投入运营，海阳也有两个新机组投入建设。中国目前有 20 个核电机组运营，还有 28 个在建。另据报道，中国已经启动具有自主知识产权的四代核能系统，是用钍替代铀，既避免核扩散风险，同时资源丰富。有关专家说，如果按国际通用算法，未来 30 年核电规模是目前的 7 倍，铀 235 将在 40 年用尽，但地壳中探明的钍储量是前者的 3~4 倍。一块拳头大的钍能为伦敦供电一周。中国的钍探明储量仅次于印度，居世界第二位。包头的稀土专家计算，仅包头白云鄂博的资源就可以支撑中国核电需求 5000 年。中国科学院有关四代核能路线图提示，2040 年将实现商业化目标。

中国在可再生能源优势特别是太阳能发电，更是改变能源版图的最大变数。太阳能光热发电商业化运用出现在欧美国家，中国的光热发电产业已经历 10 个年头，由于电价成本居高不下，对产业化进程有所制约，但目前有可能很快进入爆发期。一是技术研究领域有突破，特别是熔融盐蓄热与传热关键技术获得突破，确保中国在太阳能光热发电产业上具有自主知识产权的制高点。二是太阳能光热发电的产业链初步形成，多个企业基本上可全部生产关键部件和重要设备。三是太阳能光热发电站在建设中可以大量消化钢材、铝材、玻璃、水泥等过剩产品，并可以拉动机电、电子和保温产品的升级转型，一经撬动，无疑是万亿级产业，甚至是中国又一个走上丝绸之路的高端能源与设备产业。按照中国政府此前的规划，到 2020 年实现 3 吉瓦光热发电装机容量的最低目标，以单位千瓦投资成本下降到 3 万元计算，其发电市场规模就超千亿。有关人士通过地理信息系统（GIS）分析，中国西北地区太阳能光热发电可装机潜力为 16000 兆瓦，与美国全国相当。以发电量来讲，中国潜在的太阳能光热发电量为 42000 兆千瓦时，是目前各类发电量 5000 兆千瓦时的 8 倍多。中国发电权威人士说，中国目前荒漠面积 330 万平方公里，取其三十三分之一，在 10 万平方公里里布局光热发电，就可以满足目前全国用电。前不久，笔者赴河西走廊，在绿洲之间的荒漠上，到处可见太阳能发电场，有的功率规模达到 100 万千瓦。

一些能源战略家们在中国的国际能源需求方面搞这样那样的测算，却并没有按能源结构变化的基本走向来进行。那么，不按能源结构的基本走向测算，就有可能按其他方式测算，或者说是走向了地缘政治的套路。2013 年 9 月 26 日《华尔街日报》网站发表的题为《为何中国应开始担忧中东的"石油武器"?》的文章说，中国对未来能源需求的增长至关重要，这些能源需求趋势预示着全球能源流动可能会发生巨大变化，这个问题具有重要的地缘政治意义。研究分析人员对中东的"石油武器"如此敏感，怕是吃过苦头的感慨，或者是美国能源开始出现自给，好不容易从中东石油输出地区抽出一点身来，同时又把打过石油交道的"伙伴"当成麻烦，给人造成一种"麻烦"东去的心理阴影。试想，如果石油贸易只是一种不带任何政治附加条件的经济交易，石油贸易也就回归到贸易的本质与原点。经济就是经济，买卖就是买卖，只是接受供求关系和市场规律的支配。如果还有其他什么，贸易问题还是主要靠贸易来摆平。也正是因为如此，也才有了在合作中共同发展的可能。

毋庸说，在目前的能源结构里，石油天然气仍然是珍贵的，从终极蕴藏量来讲，也会日见稀缺，但它又是最终可以被替代的，因此，拥有资源的一方要卖出去，尽量体现他的商品价值，寻求资源的一方要买进来，尽量做到物有所值。市场价格的波动未必就是武器，这就像金融杠杆一样，都会在各自的功能领域里发生影响。毕竟还是市场这只"看不见的手"在起作用，虽然看得见的手也不时地拿起油气"武器"，但毕竟也还不是武器。

一定要把能源当成暂时的武器来用，因为它是双面刃。一面是能源资源缺乏地区需要依赖能源产出国的输出，一面是能源资源产品过剩的国家和地区要在能源结构发生革命性的变化之前加紧输出能源，让"能源资本"迅速转化成金融投资的流动性资本，在产业结构的变化与提升中有效地推动发展。从本质上讲，贸易双方是一种依存关系，谁也离不开谁。买与卖是构成市场的亘古不变的行为，正常情况下会互利共赢，扭曲情况下却会变成"矛"与"盾"，而通常正常的地缘经济变成地缘政治，那一定是谁首先把地缘经济当成了地缘政治的武器，是所谓"醉翁之意不在酒"，是在能源平衡之外的另一种考量中。

2014年发生的俄罗斯天然气出口问题，引起了关于世界能源版图变化的争论，俄罗斯天然气东向出口中国的合同和进一步东向日韩的出口谈判计划，使得因为乌克兰问题向俄罗斯施加经济制裁的欧盟感到紧张。作为欧盟与俄罗斯制裁与反制裁的备手，包括要暂停经保加利亚和黑海海底向中南欧输送俄天然气的"南溪"计划，以此确保输欧天然气还要从乌克兰过境并得到供应的同时，也开始加紧去中亚寻求新的气源。但俄罗斯天然气已占欧洲市场近30%的份额，输气量近1600亿立方米。其中一半是通过乌克兰供应的，如果加上年供应量630亿立方米的"南溪"管道，俄罗斯输气量占比接近40%，是2230亿立方米。俄罗斯的这个数量级"武器"动起来，才是要命的。因此欧盟的对俄态度始终微妙。但是，俄罗斯的天然气储量丰富是事实，不仅可以供应欧洲，也可以供应中国和亚洲的其他国家。俄罗斯输华天然气主要来自新开气田的增量，每年380亿立方米再加上已经签署的框架协议的西线哈密管道的380亿立方米，也就是稍大于输欧"南溪"计划的规模，即使加上日本需要的从萨哈林新气田供应的每年200亿立方米或者最大值的700亿立方米，可预测的总量也就是960亿到1460亿立方米，两端最大量之比是6.5：3.5，还没有达到应有的平衡。因此，俄罗斯天然气东输的过程还远未结束，还谈不到改变全球能源版图。俄罗斯向亚洲输气在综合成本上是最合算的，因为他的远东城市也需要，但欧洲目前依然是最大用户。欧洲当然也可以转向美国液化天然气，那必须在大西洋两岸新建设施，这对于尚未摆脱经济危机的欧洲是不可想象的经济负担。目前，美国只向加拿大、墨西哥周边国家出口液化天然气，想用液化天然气作为欧盟减轻对俄天然气依赖的替代，还需时日，所以也没有马上就能操作的意义，把它作为支撑越来越收紧的经济制裁的工具，同样有些难矣哉。

说中国发展，能源需求导致未来的能源紧张趋势，也只是一种呆滞的刻舟求剑的分析，分析者忘了一种正在发生的变量，那就是中国的经济正在与国际经济加速融合，在国际经济合作中，在中国经济外向型比重越来越提升的情况下，能源"大搬家"的状态也会产生变化，能源需求的一国视野将从多国的特别是产业紧密合作的多国视野来考察和预测。从这个必然要发生的态势来看，丝路之路和丝绸之路经济带是经济合作者的天堂，也是丝路沿线各个国家和地区合理利用能源，改变能源利用率低、经济成本巨大、环节繁多、浪费严重、效益低下旧格局，走向在经济上更合理更有效率的新的机遇。在亚欧大陆地区，化石能源的分布是不平衡的，但在亚欧大陆地区，如果从东北亚堪察加半岛向西南巴基斯坦旁遮普省和阿拉伯半岛亚丁湾画条轴线，轴线以北是化石能源富集区，但不包括欧洲。离轴线越近，化石能源越富集。加上北极地区，情况更可观。那么，在亚欧大陆的丝绸之路经济带上，除了中国西北、南海和相关地区有油气前景，欧洲、南亚次大陆和中国的腹心地带，多是能源输入地区。在这种情况下，如何在经济合作中发挥西伯利亚、中亚、中东和阿拉伯地区这几个大的能源板块的相对平衡的供给，就成为丝绸之路经济带稳定发展的一个关键。

这条线的"划分"其实是受中国地理学家胡焕庸的启发，他在1935年发表的《中国人口之分布》一文中，编制了著名的中国第一张等值线人口密度图，以瑷珲—腾冲线把中国分为东南和西北两半壁，被称为"胡焕庸线"，对中国人口布局有直观参考价值。按当时人口总量，东南4.4亿，占总人口的96%，西部人口只有1800万。2000年，中国科学院国情小组的统计分析是，"胡焕庸线"的东南占国土面积43.18%，人口93.77%，GDP95.70%。2000年人口普查也显示，东南与西北人口之比仍为94比6。用这条基于统计学原理的"胡焕庸线"来比较亚欧的能源分布，新的能源分布划分就成了一支明显的"跷跷板"，或者把它当成两面提水的杠杆式吊桶，在七上八下中保证了亚欧大陆西北与东南的供给平衡。这个"跷跷板"或杠杆式吊桶的支点在中亚地区。这也是新丝绸之路经济带给亚欧两大洲带来的能源供给的平衡效应支点。在古丝绸之路里，那是成吉思汗和忽必烈的草原丝路贸易路线，即从西伯利亚向西南至海湾，丝路线的约略中点就在中亚五国这个曾经产生粟特商群的地方。当然，这条线还有海上辅助线，那属于具体物流构造问题，此处无需列论。当然，这条线也是一条基本还算规则的线与带，可以视之为丝绸之路经济带上的一条东北至西南向的地理轴线。如果还能看到，在交通上，未来另一条起始于新加坡的"泛亚铁路"也向西延伸，人流、物流、科技流甚至油气流交汇，交汇点也在中亚。因此"泛亚铁路"的北向对接，究竟是北上西伯利亚大铁路好，还是西向中国新疆直上欧洲，开通另一座亚欧大陆桥更好，这里有效应系数叠加的问题。在这种情况下，曾经被西方地缘战略家们看作是亚欧大陆心脏的中亚，不再是基于掠夺与战争的十字路口，而是基于能源流通和新丝绸之路建设的十字路口。

笔者对上述"跷跷板"线只是大概推测，但从目前传统的油气富集区而不包括诸如页岩气的新发现，也明显具有一种开采分布大集中小分散的规律。特别是化石能源市场流向是现实市场而非"远景市场"，至少还是一种"相对平衡"的参考价值。比如，在欧洲乌克兰问题引发俄罗斯天然气输欧危机中，欧洲首先想到的是到中亚里海周边寻求气源，而且很有成效。2014年，在里海的巴库举行了欧洲"南方天然气走廊跨安纳托利亚天然气管道"项目的开工奠基仪式，阿塞拜疆、保加利亚总统，希腊、格鲁吉亚、黑山的总理和土耳其、阿尔巴尼亚的能源部长以及英

国石油公司的执行总裁都出席了。通过这条管道，阿塞拜疆已探明储量
2.5 万亿立方米预测储量 4 万亿立方米的沙阿德尼兹气田的天然气，进入
格鲁吉亚、土耳其、保加利亚、意大利、希腊、阿尔巴尼亚，输往欧洲。
这个管道项目也被称为"世纪工程"，2018 年向土耳其输气，2019 年对
欧供气，预计每年向欧洲供气 160 亿到 200 亿立方米，共投资 450 亿美
元。虽然这个项目的输气量无法与俄罗斯天然气形成很大的竞争，但说
明能源"跷跷板"线起到了很大的平衡作用。

主角还是产业资本与金融资本

　　事实上，在丝绸之路经济带上，目前紧缺的商品和产品不只是石油、天然气，还有至少两样不会剧烈影响市场大幅波动的产品。其一是各国发展普遍需求的基础设施改造技术产品，其二是与此有关的高端装备制造业产品。这都是丝路经济发展亟须的。单一的基础设施改造技术产品好找，整合的打包的系列产品难寻。价格高昂用不起的多，适用而物有所值的少。中国在自身发展中大规模地加强完善了基础设施，形成了包括高速公路与高速铁路建设、轨道交通、重载列车技术、集装箱港口建设、水电建设等基础设施建设产业，具有较强的国际市场竞争力。这些基础设施建设产业形成了"集成块"甚至是"集装箱"式的完整的上下游产业链，不仅发展中国家需要，在设施已经老化的发达国家也需要。中国的高端装备制造业也在强手如林的国际市场竞争中脱颖而出，稳步走向世界。从船舶制造到地铁和电动车组，从重水堆核电到特高压变电输电网设备与施工，从电信到医疗器械，从航天航空到卫星通信，从可再生能源技术包括光热发电设备、风电设备以及现代农业技术产业，甚至建筑业和房地产业，都有不同程度的产业影响力，开始形成了整合的品牌影响。

　　以中国轨道交通装备制造商中国南车与中国北车为例，两家公司研制的拥有自主知识产权的并且在价格和技术上有明显优势的高速动车组，已经成为中国制造的新名片，目前已经向 20 多个国家出口了轨道交通装备产品。2013 年，中国南车接受了 22.3 亿美元的海外订单，2014 年又首次出口欧洲，与马其顿签署了高速动车合同。中国北车在巴西足球世界杯赛的一个月里，其所制造的地铁列车和电动车组，发车 1484 列，总运营里程 652075 公里，累计运送乘客 1100 万人次，效能稳定。在世界杯闭幕之际，又接到巴西的大批量订单。2014 年中，中国企业在土耳其实施的连接伊斯坦布尔到首都安卡拉的第一个电气化高速铁路通车，高铁全长 500 多公里，时速 230 多公里。这条高铁是中国铁总、中国机械进出口公司与两家土耳其公司共同承建的。高铁"走出去"是新丝路上开始出现的一大经济景观。中国高铁建设的两个重要技术机车技术和轨道建设已经成熟。具有自主知识产权的 CTCS-3 级"列控系统"成功研发，CRH380A 型高速动车组和无砟轨道板取得自主知识产权，性价比优势特别突出。世界银行驻中国代表处的一份报告指出，国际上高铁建设的成本多为每公里 3 亿元以上，中国高铁的加权平均单位成本是：时速 350公里项目每公里 1.29 亿元，时速 250 公里的项目每公里 0.87 亿元。相比之下，日本的新干线报价，每列高铁预计成本为 612 亿人民币，因此，在 2014 年 7 月召开的金砖国家第 6 次峰会上，巴西表示希望和中国合作建造巴西高铁。在泰国批准的连接中国与泰国的高铁，负责建设的可能还是中国企业。高铁已经成为"中国制造"新的代名词。据不完全统计，2014 年，中国北车签订的涉外高铁、城市轨道等项目总值 120 亿元，中国南车为 165 亿元。目前，世界高铁国家是中、日、法、德四个国家，从国内运营里程上看，分别是 1.1 万公里（不含在建的 1.2 万公里）、2600 公里、2037 公里和 3000 公里。从实际运营时速上看，200 公里是起点，中国达 380 公里，其余均为 300 公里至 350 公里。日本高铁的实际运营时速稍慢，法国价格高，德国的高铁技术一流，但有点"怕热"，有气候适应性问题。中国高铁的最大优势，一是性能适应性强，二是轨道、隧道技术更高，三是造价低。目前，法、德承建成功的典型项目在欧洲，如巴黎—马德里高铁、伦敦—维也纳高铁和摩洛哥高铁等，日本则是中国台湾高铁，中国的典型成功项目是土耳其的安卡拉—伊斯坦布尔高铁二期和沙特麦加—麦地那高铁。中国高铁锋芒初露，在西亚和非洲之外，中国北车长客公司在美国的马萨诸塞州地铁全球招标中胜出，采购量为284辆。美国是仅次于中国的第二大铁路市场，中国铁路包括轨道交通企业进入美国这样一个"顶级市场"，这不单纯是一种象征意义。2009年，奥巴马就任总统就提出建设横贯美国高铁的目标，并规划了10多条高铁路线，拨款100多亿美元，副总统拜登则宣布了一项喂奶期6年总投资530亿美元的全国高铁计划。这个计划遭到共和党的反对，认为对美国的人口密度和高汽车拥有率来讲，没有意义。这个计划也受到产业利益集团的阻挠。有一些州退回拨款，计划陷于停顿。但是，加州成为奥巴马的希望，规划中的连接美国西海岸的高铁将会贯通加州南北，项目如果完成，从好莱坞到硅谷只用3个小时。这个项目虽然因为各种原因迟迟没有动工，但中国企业表示了积极的兴趣。150年前，中国劳工就为美国西部开发中的东西跨洋铁路做出了历史贡献，奠定了现代美国发展的交通物流基础，这种历史合作并不是不可逆的。2014年底，中国北车与中国南车合并，合并后总销售额将达336亿美元，业务规模远超加拿大的庞巴迪和德国的西门子，成为世界最大的铁路车辆企业。

2014年初，中国国家电网公司成功中标美洲首个特高压电网工程，年中，中国核电企业又先后进入美洲阿根廷市场和欧洲罗马尼亚市场，这是中国高端装备产业在"一带一路"建设中的标志性工程。中国的特高压电网是继高铁之后竞争力较强的技术领域。总投资683亿元的"两交一直"特高压工程项目，包括淮南到上海、内蒙古到山东、宁夏到浙江，标志着特高压电网发展进入新阶段。这样新修的电网通道在中国国内有12条，建成后每年减少用煤2亿吨，减排二氧化硫近百万吨。特高压电网工程项目已在中亚和拉丁美洲国家落地，将会是所有应对气候变化国家所需要的工程技术。中国工信部 2014 年上半年统计数据显示，中国高技术制造业和装备制造业 2014 年上半年增加值的增速分别达到 12.4% 和 11.2%，快于工业整体增速将近 50%。这预示着，中国制造业的技术含量在迅速提升，将成为丝路经济合作的最大亮点。中国制造的亮点还很多，经常出现在人们尚不经意的时间段和领域里，比如，中国生产的价格只有 100 美元的智能手机，正在席卷部分世界市场。2014 年，在世界前 10 大智能手机生产商中，中企占到 6 家。第三、第五、第六位分别是联想、华为、小米。6 家公司在世界市场的份额是 28%，已开始逼近第一位三星的 31.4%。中国造船业再次崛起，由长期主导通用船向高端发展，据美国航运局估计，到 2020 年，全球需要新增 225 艘液化天然气油轮，其中 50 艘将是中国制造。

伴随着基础设施建设"集成块"的国际市场大量需求，中国的非金融类对外投资有了大幅度增长，2002 年只有区区 27 亿美元，2013 年增长到 902 亿美元，2014 年上半年，实现 433.4 亿美元，2014 年全年共实现全行业对外直接投资 1160 亿美元，同比增长 15.5%。

传统制造业产品其实也是丝绸之路经济带上的常规商品，是与新兴产业同为产业发展的"双发动机"。尽管部分产业开始向低成本国家与地区扩散，但中国在这些领域依然具有大的优势，产业链比较完整，智能化水平开始提升。这些产业产品不仅在一些发展中国家和多数发达国家有一定的份额，也是丝路建设中广泛需求的民生产品和投资合作中不可或缺的产业。中国著名的"东莞制造"推进"机器代人"和跨境电子商务，依然优势不减，仅在 2014 年上半年就实现地区产值 2600 亿元。从一定意义上讲，以丝绸贸易命名历史上的世界贸易，也是对当前发达经济体经济发展水平和商品质量水准的品牌肯定。丝绸这种代表古代独一无二的工艺技术的产品品牌，带动了当时世界商品体系的大流通、大交换。在今天，发展中的中国也在不断地创造革新自己的产品品牌，这是丝路贸易、丝路投资和丝路经济合作的新的运行特征。

在新的丝路贸易、丝路投资、丝路经济合作中，最重要的商品还是资金。要发展要建设，资本流动、资金流动是所有发展中经济体和发达经济体共同面临的问题。特别是在新兴市场，投资与融资是首要的市场行为。因此，拥有 1.2 万亿美元美国国债和 4 万亿美元外汇储备的中国，也就成为资金市场与资本市场的一种金融力量。这种力量与日益壮大的产业资本结合在一起，将会形成更大的市场合力，在丝绸之路经济带和海上丝绸之路的建设中进一步发挥中坚作用，推动全球经济一体化区域化发展。

英国《金融时报》报道，2014 年上半年，新兴市场国家和前沿市场国家从资本市场的贷款达到创纪录的水平。2014 年前 6 个月，新兴市场在全球发行的主权债券达到 694.7 亿美元，比 2013 年同期跃升了 54%。这个数据还没有包括没有面向全球市场发行债券的中国。但有关人士指出，与发达经济体相比，新兴市场国家发行债券的总规模仍然是低水平的。同期，发达经济体发行了 1576 亿美元的债券，是新兴市场国家的一倍还要多。

对资金的需求，各国的主权基金和主权性质的债券，只是世界投融资体系的一部分，大量的商业投资、融资规模是其几倍和十几倍。2013 年，全球外国直接投资规模达到 1.45 万亿美元，预计 2014 年将达到 1.6 万亿美元。未来几年还要以 10% 的速率增加，流向发展中经济体的占 56%，流向发达经济体的占 39%。2014 年全球外国直接投资的规模虽然略小于世界金融危机发生前的 1.49 万亿美元的水平，但已经显示了发展对资金与投资的巨大需求。据汤森路透公布的数据显示，2014 年开年以来，全球企业并购规模已达 2 万亿美元，最活跃的是长线消费品行业并购交易，总额达 5869 亿美元，同比增长 188.1%。2002 年，中国企业海外直接投资仅为 27 亿美元，2013 年达到 1080 亿美元，增长了 39 倍，

2014 年对外投资总额为 1500 亿美元左右，开始成为净资本输出国。

对资金的需求，也推动了新的国际金融机构的诞生。长期以来，大的国际金融机构，除了国际货币基金组织，主要是美日控股 25% 的世界银行和日本资本控制的亚洲开发银行以及欧洲银行等。世行的法定资本是 2200 亿美元，亚洲开发银行是 1750 亿美元，按金融杠杆放大 5～10 倍计算，可以分别撬动 11000 亿美元到 22000 亿美元和 8750 亿美元到 17500 亿美元的资金规模。但全球金融治理结构本身具有的缺陷和随之而来的垄断性金融话语权，使亚洲发展中经济体资金的合理需求并不能及时得到满足，特别是在新兴经济体要求改革、要求提高出资比例和相应话语权遭到否定后，也就只能反求诸己，建立新兴经济体自己说了算的新的金融机构。事实上，建立新的金融机构，虽然可能会像西方一些学者所言，是一个"分解和抵消西方影响的机制"，动摇了一直被西方垄断的金融话语权，弥补了全球金融治理结构缺陷，积极推动建立公平、公正、包容、有序的新型国际货币金融体系，但真正的意义还在于推动亚洲的基础设施建设，是利用更广泛的市场机制解决发展资金短缺的努力。据世界银行测算，发展中国家每年在基础设施建设方面的资金需求为 1 万亿美元。世界银行行长金墉说，仅南亚未来 10 年就需要 2500 亿美元的基础建设投资，而东亚一年的需求达 6000 亿美元。亚洲开发银行预测，仅亚太地区 2010 年到 2020 年就需要 8 万亿美元。结论基本一致，但世界银行也只能提供区区 600 亿美元的贷款，亚洲开发银行同样也满足不了如此庞大的资金需求。因此，在金砖国家银行筹备的同时，中国在 2013 年 10 月就提出了倡议，经过一年的时间，中国、印度等 21 国作为创始国签署成立亚洲基础设施投资银行（AIIB）备忘录。亚洲基础设施投资银行法定资本为 1000 亿美元，初始资本 500 亿美元，在新股东加入之前，中国出资比例先占 50%。亚洲基础设施投资银行是以投资准商业性基础设施建设项目为经营目标的专业银行，最终可以撬动 5000 亿美元到 10000 亿美元的资金规模，将有效地推动亚洲经济体的互联互通。亚洲基础设施投资银行拥有巨大的市场，以高铁建设为例，不仅新马泰和老挝等已经开工的相互连接的高铁项目，印度计划修建 7 条连接主要城市的高铁，印尼和越南也在为高铁计划的资金在多方筹措。促进亚太基础设施建设还有多种措施，如亚太经合组织贸易投资委员会专家举办基础设施投资论坛，也提出了通过公私合作制促进亚太基础设施投资。

亚洲基础设施投资银行的建立已经有 57 个创始成员国，预计还会有重要的经济体加入，使最终出资规模达到 1000 亿美元。中国与金砖国家发起成立"金砖国家银行"，五个成员国在 7 年内向该行投入 1000 亿美元。"金砖应急储备安排基金"由中国提供 410 亿美元，俄、巴、印各180 亿美元，南非 50 亿美元，也是 1000 亿美元的规模。在第 22 届 APEC北京会议前夕，中国还宣布将由中国出资 400 亿美元设立丝路基金。上合国家组织也在酝酿成立上合组织国家银行。这些新筹建的国际金融机构，与金砖国家、亚太国家和"一带一路"基础设施建设与经济贸易合作直接关联。成立金砖国家开发银行是金砖国家领导人 2012 年在新德里会晤时提出的，2013 年在南非德班峰会通过，2014 年 7 月在巴西第 6 次峰后开始启动。峰会还筹划签署了关于在出口贷款保险业的合作备忘录，以及金砖国家银行间的投资合作协议。俄罗斯还提议成立金砖国家能源联盟并建议在此框架下设立"金砖国家能源储备银行"，旨在保障金砖国家的能源安全。美国表面上是平静的，甚至认为，金砖国家银行和亚洲基础设施投资银行规模既小，也缺乏管理经验，能否成气候，是个问题，并对亚洲基础设施投资银行是否会有"过度开发的危险"颇有微词，但世界银行认为，世行与亚投行是互补和合作伙伴关系，认为它们会成为竞争对手的想法是愚蠢的，"因为仅靠世界银行提供的资金不能满足亚洲的庞大的基础设施建设需求"，因此亚投行的模式更容易被接受。

亚投行等新国际金融机构的筹备和建立意义重大，为金砖国家、

"一带一路"沿线国家和亚太经济区域国家提供了新的融资渠道，为丝路经济发展中互联互通基础设施建设提供了最紧缺的资金，在互联互通伙伴关系的打造中发挥"雪中送炭"的重要作用。这也是最终克服美国金融危机引起全球经济动荡后遗症的需要。自从布雷顿森林货币体系建立，几经变化，以单一美元贸易结算的国际金融模式一直居于统治地位，布雷顿森林货币体系弱化以后，相对多元的货币体制依然受到强大的美元贸易制约，形成"美元打喷嚏别人都要感冒"的关联效应。2008年发生的美国金融危机至今还未完全消除，后遗症还在不时发作。从根本上消除金融危机的山雨再来，必须开辟同美元、欧元与各个国际化货币和平共处的多条路径，让全球贸易、投资与经济合作在世界经济一体化区域化的新货币流通空间里，按照贸易便利化和更多推动本币结算的多元结构模式去进行，从而提高各地区经济合作的竞争效率，提高共同抵御金融风险的能力。建立多元金融结构并不是要取代美元主导的国际金融秩序，更不是什么取代美元的地位，这既不必要也不可能，因为美元目前还是世界上最强的货币，影响广泛，还没有一种货币能够取代美元的地位。但世界经济吊在美元一棵树上，这样的金融秩序带来的风险不仅巨大，而且发生风险后很难扭转，会使世界经济崩溃的几率上升。因此，在现有国际金融体制结构的基础上实施金融货币多元化变革，就为金融和经济风险发生的不确定性加上了保险器与减震器，既可以防患于未然，也有利于贸易、投资与经济合作自由化和便利化的实现，加快经济全球化和区域经济一体化的进程。但要实现这个目标，不仅需要建立新的更具多元化的关键货币体制和多元投资多国合作的新型国际金融机构，也要加快改革贸易投资体制，改革金融财政体制。改革不是抽象的理论展现，也没有预设的哪个国家的既定模式，与世界经济一体化区域化对接的操作目标就是当前改革的重要目标。丝绸之路经济带与海上丝绸之路发展方略在国际金融领域给出了经济全球化和区域经济一体化发展中的重要坐标，为丝绸之路经济带互联互通建设，为亚太自贸区伙伴合作，为世界各国经济的共同发展进行新的金融定位，具有长远影响。

经过 30 多年的发展，中国在资金和资本投入方面已经初具相对优势，从资本输入国转为既输入又输出的经济体，并且输出开始大于输入。中国商务部与贸发会议的报告均显示，中国对外直接投资流量已经连续两年名列世界第 3 位，对外直接投资存量超过 6600 亿美元，居世界第 11 位。从企业跨国并购来讲，有关机构统计，截至 2014 年 6 月底，美国、中国、英国、日本和加拿大，并购交易金额超过 2.4 万亿美元，占全球 3 万亿美元的 80%。其中中国并购交易数量 5270 起，交易金额 3370 亿美元，在全球仅次于美国，排名第二。中国外汇储备近 4 万亿美元，人民币国际化步伐加快，金砖国家银行和亚投行的筹备建立，将进一步促进对外投资水平提高。据有关估计，未来 5 年，中国对外投资增速将保持在 10%以上。中国对外投资呈加速状态，世界各国普遍看好中国的对外投资前景。

中国已经进入资本输出阶段，资本输出大势所趋。但是，中国目前只排在世界第三位，存量投资只占世界的 2.5%，因此也还处于起步阶段，对外投资数量还会继续扩大，对外投资质量也有待提升。按贸发会议衡量一国企业海外资产、海外收入、海外人员数量与资产和收入比重比较方法的"TNI"指标，能够超过最低 20%底线的中国跨国经营企业，为数很少。这是一个软肋。要在"一带一路"的总战略下，制定新的集群化、国家生产一体化的对外投资战略，整合国际资源，最终建立适应经济全球化的全球化生产体系和金融体系。

中国经济前瞻

丝绸之路经济带和 21 世纪海上丝绸之路发展构想与方略的提出，正当其时。

世界经济合作与发展组织在 2014 年发布《全球经济体展望和分析报告》，认为主要发达经济体和新兴经济体正处于温和复苏阶段，但增长并不均衡。不同区域的经济表现颇有"绿肥红瘦"之感。报告称，美国、英国和加拿大经济复苏向好，美国有望在今明两年实现 2.1% 和 3.1% 的增长。英国 2014 年预期为 3.1%，2015 年为 2.8%。加拿大预计为 2.3% 和 2.7%。日本 2014 年为 0.9%，2015 年为 1.1%。但对欧元区表示不乐观，预计为 0.8% 和 1.1%，其中德国将保持 1.5% 的较高幅度增长，法国为 0.4% 和 1%，意大利经济表现最差，为负 0.4% 和 0.1%。新兴经济体仍将保持在世界平均水平的"显著高位"，印度或将提速至 5.7% ~ 5.9%，但巴西或将只有 0.3% 和 1.4%。这个报告所讲，是近期与中期预测。国际货币基金组织从另一个方面给出世界经济走向"平庸"的预测。《全球经济体展望和分析报告》中提到中国，经济增速为 7.4% 或 7.3%，并特别强调中国的发展特征是"更加具有可持续性"，发展节奏"有序放缓"但总体增长水平仍"可观"。中国社科院发布的《中国经济形势分析与预测报告》与世界经济合作与发展组织的报告大体一致，预测为 7.3% 左右，并预测 2015 年增速将在 7% 左右。在当前世界经济增长不均衡，外需乏力而中国内需平稳的情况下，这个判断基本是合理的。即便 2014 年中国经济增速并没有达到 7.5% 的预定目标，20 国集团财长及央行行长华盛顿会议依然明确肯定，中国 2014 年对世界经济增长的贡献达到 27.8%，美国是 15.3%。出席会议的中国副财长朱光耀指出，中美是对世界经济增长方面贡献最大的两个国家，中国经济平稳、健康、持续发展，既有利于中国，也有利于世界。值得注意的是，20 国集团财长及央行行长华盛顿会议主要讨论如何促进电力、铁路等基础设施建设领域的民间投资，以推动全球经济增长。这正是提出以互联互通为基础设施建设目标的丝绸之路经济带建设的重要内容，因此，从经济发展后劲上讲，中国对世界经济增长的新的贡献，不仅在于中国国内经济的平稳增长，更在于丝路建设。

对于中国的经济增长和总量问题的议论与预测不下五六种，影响较大的是那个有些离谱的"购买力平价"计算。继 2013 年和 2014 年初国际货币基金组织连续提出在 2014 年底中国经济规模超过美国的测算，2014 年秋季再一次提出"最新数据"，说根据购买力平价计算，中国在世界 GDP 总值中所占比例为 16.479%，达到 17.632 万亿美元，美国则占 16.277%，总量为 17.416 万亿美元。但也指出，按汇率法计算，美国经济仍然比中国大三分之一左右，即相差 6.5 万亿美元。国际货币基金组织的计算未含中国香港与中国澳门特别行政区。两地相加也有 4500 亿美元。国际货币基金组织估计，按购买力平价计算，2019 年，中国经济总量将比美国高 20%。按汇率法即"名义 GDP"估计，40 年后中国经济总量比美国高 20%。有分析称，在 2024 年之前，中国不会在"名义 GDP"上超过美国，而且中国的人均 GDP 不到美国的四分之一。但著名的西方经济史家安格斯·麦迪逊认为，从长期历史角度看，这是中国在恢复原状的过程，1870 年以前，中国一直是世界最大的经济体。购买力平价是一种根据各国不同价格水平计算出来的货币价值之间的等值系数，与国际贸易中现行的汇率计算有很大的差距，因此并不是一种常规的科学的方法。

还有几种还算比较"正常"的算法。一是经济增长率的时间累加，即按目前中国经济年均7%左右的增幅计算，在10年以后与美国的GDP大体相当。但这里应当考虑美国经济复苏之后的经济增长，也要考虑中国发展速度在新常态中的变化。但不管怎么讲，中国的人均远低于美国，因此也不会以赶超的心态去做硬性的比较。还有一种预测，是美日近来常用的"全要素生产率"法（TFP），即检测一国总产出与全要素投入包括资本、劳动力等之比。他们认为，中国2001年到2007年的均值是3.3%，2007年到2012年是负0.9%，全要素贡献率减少，拖累中国经济增长，甚至要面临"中等收入陷阱"。这终归是又一种唱衰。新的一个唱衰是世界大型企业研究会的一份报告，说中国经济增长将在2015年到2019年降至5.5%，2020年到2025年降至3.9%，因为改革会放缓发展的势头。世界大型企业研究会的报告没有任何像样的论证依据，只是把"房地产投资无法再取得昔日的成果"和中国政府"不让市场发挥足够大的力量"作为部分原因，因此遭到认为"中国生产效率增长远未达到极限"的学者的反驳，甚至表示该研究"让人瞠目"。

购买力平价计算公布之后，也有2020年中国经济要占全球经济总量22%而美国经济只占全球经济总量20%的推论，但人们更愿意相信澳大利亚财政部官方网站在2013年公布的一份分析报告，中国在17年后也即2030年才有可能赶上美国。这项报告通过劳动生产率和人口增长的长期趋势来对世界六个主要国家和六个主要经济体的经济增长做出判断。该研究预测，中国的年平均经济增长率将从21世纪头10年的10.5%降至第二个10年的8%，继而将降至4.3%和2.4%，并在2040年至2050年降至2%。对印度的预测是从21世纪头10年的7.5%降至6.5%，随后降至6.1%、4.5%和3.3%。发达国家的年平均增长率则从2.1%降至1.6%，继而在2040年后稳定在1.7%。

预测从来就有多种方法与计算的角度，但并不代表事实本身的发生，因此只是一种参考。就说澳大利亚财政部官方网站公布的分析报告，也是基于一个经济体人口增长状况甚至人口红利的正比例关系的传统理论，并没有对生产要素特别是信息与技术的新的决定性要素全面地去考量。美国的人口只有中国的五分之一，但他的劳动生产率所造成的经济总量是中国的一倍，其关键是基于技术创新能力的持续性支撑，而这是预测能否反映和多大程度上反映未来事实的另一个关键。再说，一国经济规模基数增大，增速必然变小，中国目前进入中高速增长新常态，再过 5～10 年，还会有增速更低的新的常态出现。那是一般情况下的一种正常的变量变化，并非经济下滑的表现。明乎此，也就会有新常态下的一种新心态。

近年来唱衰中国的花样不少，但世界经济论坛发布的竞争力排名也是基于要素法的，美国在 6 年前排第一，现在是第七，第一位则是瑞士，第二位是新加坡，中国升至第 28 位，在新兴国家表现突出。不能说这都是"数字游戏"。还有一种计算法是全球行业数据和分析公司信息服务社（HIS）在 2014 年 9 月推出的，是基于消费开支数量增长的预测。HIS 发布新闻说，今后 10 年中国的消费开支年均增长 7.7%，成为全球消费需求的重要引擎，随着中国从投资引领增长转向消费推动增长，按目前价格水平，GDP 将从 2014 年的约 10 万亿美元，增长到 2024 年的 28.3 万亿美元，同一个时期，美国经济将从 17.4 万亿美元增加到 27.4 万亿美元。在中国 GDP 增长中，消费是大头，预计会增长两倍以上。到那时，中国在全球 GDP 所占份额将上升到 20%。比起前一种，这种预测有一定道理，但前提是要有效地启动消费和大幅度地提升第三次产业的比例，这种预测方法的合理性在于产业和市场更有发言权，由此我们也不妨进行一下基于产业结构调整前景的市场预测。

据中国科技部中国科学技术发展战略研究院中国重点产业科技竞争力与发展潜力研究课题组对中国 60 个行业、7 个新兴战略性产业以及美国等 6 个国家的经济发展趋势的初步研究，2013 年中国人均 GDP 相当于美国 40 年前的水平，第三产业占 GDP 的比重相当于美国 70 年前的水平，但中国第三产业拥有 20 万亿的市场潜力，这个"短板"必须补上。报告说，当前中美经济总量的差距在一定程度上主要是第三产业的差距。2013 年中国 GDP 是 91897.4 亿美元，是美国 167997 亿美元的 54.7%。一次产业增加值为 9201.5 亿美元，是美国 2691 亿美元的 3.42 倍，二次产业增加值为 403367 亿美元，是美国 34274 亿美元的 1.18 倍。三次产业增加值为 42359.3 亿美元，是美国 131033 亿美元的 32.3%。也就是说，美国 GDP 的近 70% 以上来自于三次产业。从人均 GDP 来看，中国是美国的 14.3%，第三次产业才是美国的 7.4%。因此补起这个 20 多万亿的大"短板"，才能够真正讲得上与美国比较。中国是 13 亿人口的大市场，三产的发育又与民生有关，这是中国经济实力的真来源。比如，中国的体育消费产业在 10 年后规模可达 5 万亿，如此一个一个领域预测，三产总市场规模恐怕要超过 20 万亿元。但是，中国的三产从 32.3% 的比率上升到 70%，至少是增加一倍，这不是三五年能做到的，必须有较长期的努力。特别还要看到，美国在重振制造业的同时，第三产业发展仍未停止，每年仍以 0.5% 的速率增长，因此，第三产业的发育决定着经济发展的未来。

发达经济体服务业 GDP 占比一般也是 70% 左右，具有普遍性。中国过去重生产轻消费，内需偏弱，这也是历史上实行计划经济国家的通病。伴随着向市场经济过渡，服务业的地位随之提升。从 2013 年开始，中国服务业比重就开始上升，当年占 GDP 的 46.1%，第一次超过第二产业，目前仍再继续提高，有一定程度的持续性。服务业短板加长，意味着中国的经济正由工业主导型向服务业和制造业共同主导转变，对中国的经济增长结构、对扩大就业将带来深刻影响。有人担心会不会出现一些国家地区出现的制造业"空心化"，这正是一段时间里一些论者对中国目前处于工业化中期还是已经接近后期，是否需要偏重服务业发展的争论所在。中国的工业化的确还在半路上，但服务业的发展不能等工业化完成之后再扩大，当然也不能为了扩大服务业冷落工业。工业和服务业本身就是生产与市场的关系，消费愈发达生产愈发展。而且，现代服务业的内涵已经发生大的变化，服务不只意味着消费，还意味着生产，因此，在生产性服务业持续加快发展中提升生产性服务业的比重和增加值，实现服务业自身升级，也是必由之路。服务业产业链相对较短，投资强度低于工业，劳动生产率也不如工业，在短期之内难以弥补工业增速下行减少的产值数量，但就业量大，消费增加了，不仅有利于经济增长的稳定性，也是内需拉动经济的极为重要的途径。

发达国家服务业比例高达70%，主要是把服务的内涵扩大了、提升了，扩大到以健康、信息、金融、物流配送、房地产、科技服务、旅游、养老、医疗、教育、体育、餐饮、设计创意以及大数据、物联网与互联网、智能系统等各个领域，提升到生产性服务业决定制造业竞争力的高度。过去数十年来，生产性服务业在美国经济中占据的份额逐步增大，贯穿在制造业的价值链之中，大规模扩张是在20世纪80年代和90年代。1980年以后，美国服务业增长24%，但其中生产性服务业增长了59%。2011年美国制造业25.3%的中间产品出自服务业，在计算机、电子行业里高达47.6%。即便是在制造业企业里，从事服务业务的员工也有三分之一。服务业形态的变化和服务形式的演变，大大提升了服务业的地位，比如电子商务就完全改变了传统商务，以致出现了如比尔·盖茨所言的"要么电子商务，要么无商可务"的颠覆性变化。电子商务在中国的发展还是比较超前的，这也是中国国内消费品销售总额依然保持增长的原因。中国的电商巨头阿里巴巴在美国上市，市值达到惊人的1680亿美元，也说明了现代三产的举足轻重。电商是一个亮点，阿里巴巴不是事情的结尾，只能说是开头。比如说，在中国丝路经济的发展中，出现了"网上丝路"的概念，已经引起各方面的重视，这是丝路经济发展的新的增长点。此外，以通信产业为基础的信息消费规模，仅在 2014 年前三个季度就达 1.9 万亿元。

三产的发展，不仅出自电子商务和信息消费这样的创新领域，也会出现在人们习以为常的服务业领域。国务院 2014 年印发的《关于促进旅游业改革发展的若干意见》提出，到 2020 年，中国境内总旅游收入额将达到 5.5 万亿元，城乡居民年人均出游 4.5 次，旅游增加值占 GDP 增速的比重超过 5%。国内旅游与跨国旅游都有井喷式的增长，每年跨境旅游人次就达 1 亿人次。如此规模的旅游产业显然不是低水平业者所能担负的，需要从管理到营销到服务水准都发生大的变化。值得注意的是，近年来中国出现高达 1000 亿美元的逆差，客观上平衡了外汇增长结构，但也要在诸如"奢侈品"等免税、减税市场和自贸政策上进行调整。

中国的三产有发展潜力，中国的二次产业也要升级。特别是提高高新技术产业的高附加值，同样是拉动内需与外需的主要抓手。中国的装备制造业发展迅速，许多领域竞争力的提升都意味着万亿市场的形成。以中国的大飞机产业而言，随着 C919 的分组装下线和总装的开始，目前已经开始形成千亿级市场规模。上海商飞公司对 2010 到 2029 年进行市场预测，全球需要 30230 架干线支线飞机，其中双通道 6916 架，单通道 19921 架，加上涡扇支线飞机 3396 架，总价值 3.4 万亿美元。同样是个 20 万亿元的大市场。中国的 C919 由成飞、洪都、西飞、沈飞、昌飞、哈飞等联合制造，拥有完整的产业链，在技术上是"三减"，减重 14%、减阻 5%、减噪音 10 个分贝，污染排放物减少 50%，油耗下降 12%～15%，具有"更安全、更经济、更舒适、更环保"的特点。未来很可能与空客、波音形成三足鼎立之势。中国是世界第二大客机市场，市场需要量为 3750 架，粗略计算是 4 千亿美元也即 2 万多亿人民币的国内市场规模。空客也发布报告说，未来 20 年有 31400 万架的客机货机需求，总价值 4.6 万亿美元，同时全球航空业每年的经济贡献也达到 2.4 万亿美元，而中国在未来十年内则是全球最大的航空市场，大型飞机是主要的飞行器产品。

再比如太阳能光热发电，几经市场的起伏，进入上升周期。2014年上半年多晶硅产量6万多吨，同比增长100%，产值开始超过1500亿，下半年很可能出现跳跃式增长。光伏产品的外贸形势也在回升，全球太阳能板8年来首现短缺。原因很简单，是新能源的需求在拉动市场，不论是分布式光伏产品还是光热发电，相信会成为万亿元级市场。这样的有广阔市场前景的产业在中国还有许多，有的已经成为现实的国内国际市场竞争力，有的则蓄势待发。中国的核电、智能电网、造船、大型精密机床以及其他新能源技术行业等，都是上千亿上万亿市场规模的潜在力量。就连已经发展比较充分的国内铁路建设，2014年也要完成8000亿元的投资量。中国海上风力发电刚起步，已经开始具有先发的竞争力，截至2013年底，中国海上风能资源储量和分布基本摸清，海上风电建设项目已投产39万千瓦，居世界第五位。海上风电是世界风电开发的最前沿产业，中国海上风力发电建设取得突破性进展，不仅为常规能源缺乏的中国东南沿海带来新的能源结构变化，也会成为海上丝路经济合作的重要市场项目。目前世界风电已占总电力的4%，其所带来的经济效益和对经济的拉动，同样不可小觑。再如工业机器人行业，目前世界的平均密度是每万名员工55台，中国是23台，而且性能偏低，但中国市场对工业机器人的需求粗略估计，在未来10年里将形成7200亿到18000亿的市场。瑞士、日本和德国工业机器人企业纷纷进入中国，目前已占中国市场的70%。如何在创新中掌握核心技术，是一个必须解决的问题。

绿色产业也是中国企业发展最有潜力、最有市场前景的产业，是丝路经济发展中继基础设施产业之后最有后发优势的产业。中国的清洁能源技术还有一个发展过程，但中国的可再生能源技术的广泛运用程度不让发达国家，在丝绸之路经济带建设中，更是"天生我材必有用"。从某个角度讲，举凡有差距但在全力提升发展的制造业领域，都有未来的市场爆发力。即便是传统产业，也会在智能化中获得市场新生。发挥旧有优势，不断产生新的优势，中国的经济发展就有可持续性。

目前，中国经过30多年的高速发展，进入了结构调整经济转型的发展"三叠期"，进入了经济发展由高速转向中高速为主的新常态。"三叠期"是转型阵痛期、结构调整期和处理落后过剩产能期的交集，是数量与质量交替并存、相互消长的发展过程。需要在内需与外需连通发展中寻找新的平衡点。经济转型也是发展的一个规律，是由低到高的上升过程。在创新驱动中实现经济结构调整和产业升级，并且在丝路经济发展的大背景、大平台上不断地去努力，让产业发展走上可持续发展之路，让企业找到更大的创业舞台，前景将会更明朗。

中国经济增长的新常态，并不就是经济陆续放缓的同义语，是经济增长一般规律和经济结构调整及外部环境相互作用的一种发展结果，具有正常性。从结构调整来讲，从2013年开始，制造业的产出占经济总量的比重就开始下降，而服务业的比重开始上升，但还没有上升到足以抵消和超过制造业产出下降的水平，中国服务业的发展空间至少有占总量15%以上的空间，一旦爆发能量很大。与此相关，中国的收入分配占国民收入的比重也会大幅上升。现今"要素评价"比较流行，如人口结构已经成为预测的重要因素，认为中国的人口峰值自2010年达到顶峰以来，劳动人口从72%的人口总比例开始下滑，这意味着中国的经济发展速度也会下滑，甚至在未来10年里会下滑到6%～7%。且不说这个10年后的6%～7%是否依然是一个更大经济体量下的中高速度，劳动人口对产出的贡献是否依然表现为劳动密集型下的贡献，中国未来的教育红利、科技创新红利和人口政策红利对产出的贡献会有多大，中国可观的人口总量是不是已经在过去30年的不完全"城镇化"中用光用尽，再也没有后备大军可以投入等，这样一些"刻舟求剑"的预测方法，本身就不是一个聪明的方法。总的看来，正像一些不带偏见的经济学家指出的，未来10年里，中国的潜在增长率极有可能达到7.27%的年平均值，这种常态"仍将是世界其他国家所羡慕的对象"。但是，对中国经济存在的问题也不能低估，主要的问题是限制和降低地方政府债务、遏制影子银行活动、解决落后产能过剩和减轻环境污染。对于中国经济新常态，中国国家主席习近平在第22届APEC会议期间做了全面深刻的论述。他说，中国经济出现新常态，有几个主要特点：一是从高速增长状态转为中高速增长；二是经济结构不断优化升级，第三产业、消费需求逐步成为主体，城乡区域差距逐步缩小，居民收入占比上升，发展成果惠及更广大民众；三是从要素驱动、投资驱动转向创新驱动。新常态将给中国带来新的发展机遇。

在新常态下，中国经济虽然放缓，但实际增量依然可观，即7%的增速，无论是速度还是体量，在全球都名列前茅。每年的增长相当于一个中等国家的经济体量。新常态下，经济增长更趋平稳，增长动力更为多元。中国经济的强韧性是防范风险的最有力支撑。新常态下，中国经济结构正在发生深刻变化，发展质量更好，结构更优。2014年前3个季度，中国最终消费对经济增长贡献率为48.5%，超过投资。服务业增加值占比46.7%，继续超过第二产业。高新技术产业和装备制造业增速分别为12.3%和11.1%，明显高于工业平均增速，单位能耗下降4.6%。新常态下中国政府简政放权，市场活力进一步释放。这是中国经济发展看好的根本依据。

中国的外贸走向

2013 年，中国进出口总值居世界第一。2014 年上半年进出口总值
2.02 万亿美元，同比增长 1.2%，增幅不大，但呈前低后高的曲线变化。
海关总署公布的数据显示，进入第三个季度，中国外贸基本延续了此前
回暖的态势，2014 年全年的结果大于预期，进出口总额达 4.3 万亿美元，
增长 6.1%，其中出口增长 8.7%，进口下降，主要是因为原油等大宗商品
价格全线下跌，拉低了进口值，在进口数量上并没有多少减少。2014 年
外贸比预计好，但比高峰期低，这主要是因为全球经济开始了不均衡的
复苏，一方面对欧盟、美国、东盟和日本进出口保持了增长，同时出现
新的贸易业态如跨境电子商务，但中国劳动密集型企业向东南亚转移，
部分发达国家制造业回流，形成新的冲击。从总体看，外贸增速放慢是
个不可否认的事实，其原因也是显而易见的。由于欧美的经济危机和危
机后效应，中国出口增长从 2001 年至 2008 年年均增长 29% 的井喷时期
降到欧美经济危机后的 10% 以下，2014 年上半年外贸对 GDP 的贡献值是
负的 0.2 个百分点。在吸引外资方面，中国从 2012 年开始有所下降，
2013 年实现反弹，达到 1175.9 亿美元，2014 年上半年同比增长 2.2%，
达到 633.3 亿美元，商务部预测，全年可能达到 1200 亿美元，超过 2013
年。对华投资增长幅度大的是韩国、英国，下降的是美、日和东盟。虽
然中国对外直接投资暂时下降，但对美国、东盟、欧盟、俄罗斯和日本

投资增长，对后三个增长幅度都超过百分之百。

要从总体上彻底扭转这个局面，渡过外贸和吸引外资的盘整期，必须依靠"一带一路"贸易多元化调整带来的后劲，即在通过海上丝路贸易为东南沿海国家一度占出口总量85%的出口态势输入新能量的同时，增添陆路贸易优势。应当看到，"一带一路"是有效扩大贸易的主要战略途径。一是继续巩固传统出口产品的数量规模，尽管一些发达国家制造业在回流，但产业垂直分工的格局不会发生完全性的变化，即便制造业领域发生智能革命，搞惯了"虚拟经济"和高端制造业的欧美国家依然要输入大量的消费品，中国传统产品质量的提升和性价比在较长时期里仍然有竞争力。二是适应于"一带一路"建设需求量极大的基础设施整合产品，有效改变了出口结构。三是服务贸易提升有较大余地。四是中国金融竞争力的提升助力进出口。这种新的变化决定了中国的外向性经济不会发生更多的疲软。2014年11月，中国国务院发布《关于加强进口的若干意见》，提出鼓励先进建设设备和关键零部件进口，稳定资源性产品进口，大力发展服务贸易进口以及提高进口贸易便利化。与此同时，也取消了外商投资的许多限制，涉及电子商务、铁路运输等，对外商独资限制的产业从79个减少到35个。

国际市场与国内市场是连通的，国内产业结构的问题必然反映在国际贸易上。前面讲到的三次产业发育滞后问题，也会反映在外贸上。内需市场需要三产和服务业，外需市场同样需要。中国服务贸易进出口总额突破了5000亿美元，但服务业产品出口是弱项，这同样是国内三次产业发展滞后的反映。近年来发达国家在自贸谈判中十分看重服务贸易，在对外投资方面不断加大了对中国服务业投资的分量，也说明服务业服务贸易的重要性。2013年，中国服务业实际使用外资增长14.5%，在实际使用外资总量中首次过半。2014年前5个月，服务业使用外资同比增长19.5%，同期制造业使用外资却同比下降16.5%。据中国商务部数据，

中国服务贸易的短板在改善，2014 年前 7 个月，服务贸易进出口总额为
3357 亿美元，同比增长 14.3%，其中高附加值服务贸易增长最快，金融
服务同比增长 42.4%。

目前，欧洲央行意外降息，叠加对美联储加息预期，将会引发新一
轮人民币对多币种的实际有效汇率被动升值，同时造成对欧出口压力和
对美进口压力，需要多方应对。在未来一段时间里，人民币会不会发生
贬值，外界又开始议论，他们一方面认为这是"符合逻辑的一步棋"，同
时担忧出现各国货币竞相贬值的情况。从美国经济危机开始，人民币已
经升值 11%。人民币其实还是被高估了。人民币的高估对中国海外企业
并购有利，贬值对出口有利但也会助长通胀的输入，这是一把多刃剑。

外贸波动，有多种原因，一是规模比较大，在通常的贸易结构里，
增长是有一定极限的。二是外贸环境影响。全球经济刚刚复苏，乍暖还
寒，经济危机中有所固化的贸易保护主义还未过去，不大不小的"去全
球化"思潮袭来，美国则要重塑制造业，回流资本与资金。三是各国经
济复苏步伐不一，货币政策不一，政策走向也不一，从而带来许多新的
不确定性。特别是美国提前退出"量宽"，对后市的影响，还要看其操作
的时机与力度。最有可能的是引发新兴经济体资本外流，并波及外贸，
如果被动地观望等待，虽然不尽然是"随波逐流"，但不断发生波动则是
几率更大的事情。在这种情况下，主动地在"一带一路"建设中开拓出
一片新天地，无疑是上上选。因此，中国外向型经济的未来，完全系于
"一带一路"战略构想的具体实施，同时也系于与"一带一路"战略构想
紧密关联的自贸谈判。

另一个问题是改革开放的力度。新一轮改革力度前所未有，特别是
外贸体制改革和区域经济一体联动发展取得显著进展，从外贸投资的通
关便利化，到打破区划阻隔的京津冀一体化，都是以市场为坐标以区域
经济一体化为参照系的重要改革。改革的深度和开放的力度将在"一带

一路"总体战略取向中得到充分的体现与释放。2014 年，中国继续深入实施区域发展总体战略，优先推进西部开发、东北振兴，促进中部继续崛起，支持东部经济率先转型升级，并先后推进建设长江经济带、珠江西江经济带发展等，先后批复建设兰州新区、西咸新区、贵安新区、青岛西海岸新区、大连金普新区。沿边开放的边贸口岸也在"一带一路"的战略取向里发生了脱胎换骨的新变化。

边贸是个外贸次概念，一般作为"大贸"的补充，但在世界经济一体化和区域化中，它不再是原来的自己。"小边贸"大前景。中国"上青天"的发展历史和深圳的发展都证明了这一点。从经济地缘的大视野去考察，边贸不边，边贸连着"大贸"。边贸口岸一般都具有地域地缘的关键节点性，是重要的经济战略孔道，新疆的"百年老口岸"霍尔果斯是这样，未来的喀什、聂拉木、亚东、腾冲、瑞丽、景洪、河口、凭祥、东兴也是这样。在内蒙古与俄、蒙接壤的边境线上，珍珠般分布着从策克到二连浩特到满洲里等 19 个对外开放口岸，吞吐着中蒙之间 95% 的陆地运输货物和将近一半的中俄贸易货物。满洲里开通"长三角"地区的"满欧铁路班列"。2012 年内蒙古全自治区口岸过货量达到 6729 万吨，提前实现了 2015 年口岸过货 6000 万吨的目标。黑龙江省的口岸更多，一类口岸就有 25 个，其中 15 个是对俄边境口岸，是仅次于广东的口岸大省。黑龙江也是难得的国际黄金水道，目前还处于待开发状态。为了开发远东地区，2014 年 4 月，俄罗斯启动 10 万亿卢布的远东开发计划，中俄蒙的"龙江三角"国际经济合作区域终将形成，黑龙江两岸也会出现如同"长江三峡"的黄金立体交通走廊。黑龙江具有国际旅游走廊的潜质，两岸奇峰竞起，长峡胜水不断，龙江峡游至今空白，这是一个遗憾。中俄蒙"龙江三角"总体上还是"未开发的处女地"，需要在草原丝绸之路经济带的建设中迎来明天。

由此也带来一个问题，即从丝路经济带建设和沿边口岸的发展前景来说，重点口岸城镇的发展需要提前规划布局。一些枢纽口岸需要按其发展丝路经济的功能及容量与辐射力的大小，进行陆上"经济特区"甚至陆上"自贸区"概念里的升级与布局。涉及的问题当然很多，比如地理交通条件和水资源等，但最重要的还是区位。现在还说不准哪里有生长陆上"经济特区"或者"自贸区"的最佳土壤，哪里是最核心的区位，但北疆的霍尔果斯、南疆的喀什、云南的瑞丽与景洪、黑龙江的黑河或三江平原的顶端可以一试。

对全球贸易的走势，WTO 在 2014 年 9 月末做出了低于预期的预测下调，下调的原因是世界主要经济体表现欠佳。WTO 预计 2014 年全年和 2015 年贸易增长分别为 3.1%和 4%，低于年初的 4.7%和 5.3%。按地区出口分，亚洲为 5%，北美为 3.7%，进口方面，亚洲为 4%，北美为 3.9%。总体看，中国目前的进出口情况还是不错的。

随着世界经济一体化发展不断加速，中国迎来提高对外开放水平和强化贸易、投资与经济合作的最好时机。联合国贸易和发展会议在 2014 年 6 月 24 日发布了《2014 年世界投资报告》，认为尽管有一些新兴市场具有一定的脆弱性和政策不确定性，2013 年全球外国直接投资（FDI）重现增长，流入量增长 9%。FDI 增至 1.45 万亿美元，虽然略低于金融危机前 1.49 万亿美元的平均水平，外国投资已是峰回路转。预计在 2014 年、2015 年、2016 年，全球外国直接投资将分别达到 1.6 万亿美元、1.75 万亿美元和 1.85 万亿美元。2013 年，流向发达国家的 FDI 增长 9%，达到 5660 亿美元，占全球总流量的 39%，而流向发展中经济体的再创历史新高，达到 7780 亿美元，占总量的 54%，1080 亿美元流向转型经济体。在全球吸引 FDI 最多的 20 个经济体中，发展中经济体和转型经济体占到了一半。

资本流出的最大规模地区是北美洲，其对外投资规模达 3810 亿美元。亚洲紧跟其后，仅中国 2013 年的对外直接投资就达 1010 亿美元，预计在三年后超过流入，成为净资本输出国。从地区看，亚洲继续保持FDI资本流入全球第一，远远超过传统上居第一的欧盟。但其他地区FDI也在增长，如非洲增长4%，拉美和加勒比地区增长6%。2013年，从发展中经济体流出的FDI也达到历史新高，来自发展中经济体的跨国公司越来越多地收购发达国家设在发展中经济体的子公司。发展中经济体和转型经济体对外投资量达到5530亿美元，占全球流出量的39%。在21世纪初，这个比例只有12%。

报告还说，投资自由化成为国际市场主流。2013年世界各国出台的外资政策大多数支持投资自由化，鼓励外国投资，涉及投资鼓励措施的有一半多。有的国家对撤资显示关心，有的国家希望推动本国跨国公司将海外投资重新转回本国。尽管有这样的现象，多数国家制定投资政策的导向是鼓励外国投资的。倡导投资自由化的主要是亚洲经济体，而且大多数与能源、电信有关。投资条约的制定、两极化缔结双边投资条约最活跃的是科威特、土耳其、阿拉伯联合酋长国、日本、毛里求斯和坦桑尼亚。当然也有一些亚非拉国家脱离了国际投资协定体系。

由此可见，全球资本投资自由化已是一种不可逆转的浪潮。你中有我、我中有你的经济深度合作已经成为普遍状况。联合国一直提倡可持续发展目标。在这方面，发达国家和发展中国家都需要有巨大投入，仅是发展中国家每年需要的投入就在3.3万亿美元和4.5万亿美元之间。按照目前可持续目标相关部门的投资水平，只能满足0.8万亿美元至2万亿美元，还有2.5万亿美元的巨大缺口，如何解决资金问题就成为关键的问题。

世界经济发展的种种需求显然是发展中国家和发达国家共同的挑战，同时也是世界经济一体化与区域化发展提供的最大机遇。换句话说，这对一贯提倡在世贸规则的基础上，秉持开放、包容、透明原则，积极推动亚洲、欧洲特别是亚洲区域经济一体化发展的中国来讲，不仅是机遇，更是发展贸易、投资和经济合作的最好的机会与最大的操作空间，是天时不假我待。

亚洲区域经济一体化的深入发展，推动亚洲地区外国直接投资快速增长，这也是一个大的不可逆转的趋势。中国自贸谈判取得预期进展，中国与东盟自贸区升级版在不断推进，亚太自贸区路线图明晰，"一带一路"发展战略取得很大成功。发展了的中国扮演着推动世界经济发展的不可替代的角色，在和平崛起中起到与世界各国共同发展的巨大作用。

亚洲是全球经济最有活力的地区，人口有 40 多亿，劳动力供给充足，后发优势明显，经济规模已占全球的三分之一。金砖国家和其他发展中国家发展总势头依然不减。即以购买力平价计算，金砖国家 2013 年的 GDP 总计为 30.1 万亿美元，与七国集团的 33.2 亿美元只差 3.1 万亿美元，由于增长率不同，2014 年差距将缩小到 2 万亿美元。英国《金融时报》说，在 2013 年至 2017 年发达国家经济增长仅为 4%，而崛起中的经济体增长率为 37%，比前者快 8 倍多。

发展中经济体的发展和区域经济一体化已经是各国和地区的共同利益所在。亚洲后发展的历史，正是通过不断促进贸易自由化和投资便利化，不断提升区域和次区域内经济合作水平创造的。过去 10 多年里，亚洲区内贸易规模已经从 1 万亿美元扩大到 3 万亿美元，占区域内各国和地区贸易总量的比例也由 30% 上升到 50%，也就是说，亚洲内贸易有一半是区域内合作实现的，另一半才是亚洲之外的全球贸易所占份额。在亚洲广大发展中国家里，特别是低收入国家里，基础设施薄弱一直是发展的瓶颈和吸引外国直接投资和推动产业发展的主要障碍，通过几年的合作努力，区域和区域内互联互通关系加强，带动区域内外国投资明显增加，进而有望进一步加快当地的铁路、公路、航空、水运等基础设施建设发展。《世界投资报告》指出，2013 年，参加"区域全面经济伙伴关系协定"谈判的 16 个经济体的外国投资流入量已经增加到 3430 亿美元，占到了全球外国直接投资流入总量的 24%，未来不断扩大趋势明显。

近 10 年来，中国已同相关国家一起，规划建设了中巴经济走廊、研究规
划了孟中印缅经济走廊，还要打造中国—东盟自贸区升级版。对于这一
点，《世界投资报告》给予明确肯定，认为建设中巴经济走廊，研究规
划孟中印缅经济走廊、打造中国—东盟自贸区升级版以及中国上海自由
贸易试验区等贸易自由化和投资便利化举措的实施，必然直接推动亚洲
区域内外国直接投资流入量的持续增加，从而给中国给亚洲给世界经济
一体化带来更大的机遇。

中国离最大贸易国仍有差距。根据中国海关的数据，2013 年中国的
贸易总额达 4.1 万亿美元，而美国是 3.9 万亿美元，但海关既有货物与服
务贸易即时报关统计之利，也有未能反映在途与转口甚至更多元复杂的
流程的局限，因此也是一个相对参考数据。在一些国际贸易专家看来，
全球最大的贸易经济体是欧盟，而既非中国亦非美国。截至 2013 年 10
月，欧元区与世界其他地区的贸易额已经达到 4.8 万亿美元。中国的货物
贸易量大而服务贸易量小，据统计，中国服务贸易年逆差至少 1000 亿美
元。这是个明显的短板。提高服务贸易水平，是中国发展外向型经济重
要的努力方向。

中美经济合作的可能与必要

　　像对中国经济的评论一样，人们对美国经济也有各种评论，有经济复苏论，也有萎缩论和西方经济发展极限论等。讲萎缩讲极限，并不是有谁希望西方经济真的就此衰落，在经济全球化中，无论东方还是西方，大家毕竟在同一条现代"诺亚方舟"上生存发展，有着一荣俱荣一损俱损的共同利益。

　　经济衰退有相对和绝对之分。即以美元的国际地位，作为各国外汇储备的基准货币，在 2001 年 6 月曾达 73%的峰值。但 IMF 统计，2014 年 3 月在各国外汇储备中降到 60.9%。这个比例不能说美国的美元十分坚挺，也不能说美元地位已经衰退。事实上，美国经济已经走出了低谷，重新成为发达国家经济发展的"领头羊"，而中国则作为世界第二大经济体，与美国是当前同时拉动世界经济发展的主要动力来源。美国经济开始复苏，除了那个页岩气革命和资源禀赋，主要还是科技创新优势明显，正像美国的一位历史学家约翰·斯蒂尔·戈登所言："20 世纪几乎每一项重大科技进展都源起于美国，或者主要在美国实现产业化，转变成消费品。"美国作为移民国家，享尽了人口红利，与多数富国不同，劳动人口持续扩大，老龄化速度缓慢。美国也是世界上教育水平最高的国家，世界排名前十的大学中有 7 所在美国。美元仍然是世界上最大最有影响的储备货币，美国的政府制度使得集权有效率但地方又有很大的活力。这些显而易见的因素使之能够走出危机。预言美国已经衰落，是一个极其轻率的结论。

诚然，西方经济是否真的陷入衰退和西方发达国家是否面临增长极限，依然是西方学界当前的经济学术关切。美国乔治梅森大学经济学教授泰勒·考恩提出古印度的教训，说是要谨防西方经济陷入 18 世纪与 19 世纪之交所发生的"印度式"衰退。在他看来，本轮衰退没有结束，也非同于 30 年代的大萧条。1705 年印度制造业占世界制造业的四分之一，但到 1900 年只占 2%。原因很多，比如没有跟上工业革命的步伐，没有实现规模化生产等，因此"一个足够大的国际贸易震动就能导致一个大型经济体数十年的经济衰退"，使当时的"印度失去了主要出口行业特别是纺织业的大部分市场"。他说："如果法国或意大利的经济停滞 15 到 20 年（更不要说同时停滞），那么欧元区将很难避免陷入另一场重大的经济危机。"他显然认为，"去工业化"和国际贸易的裹足不前是长期衰退的根源，要想翻转，只有再工业化和强化国际贸易，但翻转需要在更大半径的经济全球化中去实现。对于美国，考恩教授认为经济衰退的几率较低，因为美国经济相对灵活，找到了"再工业化"的新路径，尽管复苏缓慢，但基础依然稳固。

对西方经济复苏步伐不一致，目前看法是基本一致的。有预测说，美国 2014 年增长 1.5%，但国际货币基金组织的预测更加乐观，认为美国 2014 年至 2015 年的实际增长率在 3%左右。欧洲的情况比较困难，因此欧洲央行不仅开始量化宽松，还要推出 3000 亿欧元投资拉动计划。2014 年 8 月全球央行年会在美举行，美联储主席耶伦认为，欧洲的失业是长期性的结构问题，美国则是周期问题，如果就业市场的改善比美联储预期的快，或者通胀下降，美国就可能提前加息。欧洲央行行长说，欧元区面临通缩，欧元区通胀率从 2012 年的 2.5%一直降到了近期的 0.4%，需要保卫中期价格的稳定，推行量化宽松政策。日央行行长黑田东彦则表示，在通胀达到 2%前，日本将继续推行超宽松货币政策而且果然加大了力度。这必然将巩固对欧元与日元的强势，稳定其全球货币地位。另一个有些语出惊人的观点是日本东京大学教授福田慎一提出的：发达国家面临无法回避的增长极限。他引用哈佛大学教授劳伦斯·萨默斯的警告说，正如日本经历了"失去的 20 年"一样，长期需求不足和通缩现象在美国也表现得越来越明显。"长期停滞论"是美国经济大萧条后期哈佛大学教授阿尔文·汉森在 1938 年首先提出的，中心论点是大萧条后的过度储蓄与需求不足，促使低增长和失业时代来临。萨默斯重提"长期停滞论"的主要论据是，眼下美国经济比金融危机前的水平低 10%，而且是在极度宽松的货币政策下，即在实际利率为负的情况下勉强实现的。由于工资和物价上涨缓慢，美国经济很可能进入一个实际增长率低于增长潜力的长期停滞期。这自然是对美国"量宽"的一种批评。福田教授又在萨默斯论述的基础上对日本经济做了分析，认为今后数十年日本经济的潜在增长率仍会低于其他主要发达国家。"长期停滞"也就成为无法回避的问题。为什么"长期停滞论"会再次出现呢？一个分析基于很难指望出现过去 250 年里取得的连续的重大技术进步的流行观点，一个分析是量化宽松政策可以有效消除通货紧缩，但会催生资产泡沫，一旦泡沫再次破裂，又会再次陷入通货紧缩形成恶性循环，资产泡沫中的资产价格上涨进而使财富集中到富人手里，引起贫富分化和社会不稳定。这些分析都不无道理。

但这未必是美国很快要衰败的最终理论根据。经济衰退有周期性和趋向性之分，也有绝对与相对之分，断言美国经济很快衰败为时尚早。尤其在经济全球化和区域经济一体化继续推进的情况下，各国经济发展有更大的回旋余地，经济互补将成为世界经济发展中的新常态。各国经济相互依赖的进一步加深会带来新的风险，也会避免某个经济体单独陷入危机。以投资来说，《2014 年世界投资报告》特别指出，美国仍是吸引 FDI 最多的国家，为 1880 亿美元，同比增长 17%。中国位居第二，为 1240 亿美元。俄罗斯位居第三，为 790 亿美元。投资吸引力最强的是亚洲，为 4260 亿美元，占全球总流量的 30%。流入欧盟的 FDI 有所增长，总量为 2460 亿美元，比 2012 年增长 14%。欧洲最具吸引力的投资目的地是西班牙，为 390 亿美元。意大利则从 2012 年的低水平激增至 165 亿美元。流入量增长的还有墨西哥。美国吸引外国直接投资的能力，说明其经济具有较强的经济自我修复能力。

中美之间的合作特别是经济密切合作也有一种必然性。同在经济全球化和区域经济一体化的同一个市场里，必然会有竞争中的企划，有对利益的衡量与分歧，但同样有利益的共同交集，这如同所有经济体与其他经济体的经济关系一样，终归要在沟通互动和不断的合作中扩大对共同利益的共识。中美关系有多个层面，但经济关系是其中的一个核心层面。

在第 22 次 APEC 会议期间的"习奥会"上，习近平不仅强调从 6 个方向进一步推进中美新型大国关系建设，不冲突不对抗，达成对重大军事行动相互通报与海空相遇规则制定的共识，在气候变化合作、反恐合作、反腐败合作和贸易合作方面取得更大的成果。在贸易问题上，中美就尽快恢复和结束《信息技术协定》产品扩围达成共识，约 200 项产品将取消关税，具有重大商业意义。如果协议最后达成，将是世贸组织成立 19 年来第一份关税减让协议，将有力地促进全球贸易和信息产业的发展。该协议涉及几万亿美元的贸易，涉及 78 个谈判成员 IT 产品总出口的 97%。包括美英在内的各国际媒体认为这是中美贸易进入新阶段的一个标志。中美联合发表《中美联合气候变化声明》，不仅为解决全球变暖带来转机与希望，推动巴黎气候大会目标实现，也将是惠及全球经济的历史性协议。特别是加强包括碳捕获和封存在内的清洁能源与技术合作研究和应用，经济意义更加重大。中美在这些领域合作的突破性进展，说明中美经济合作天地很宽。随着中美之间相互投资谈判、协定谈判的陆续展开，也将促进中美经济合作的进程，将对经济全球化和区域经济一体化产生巨大影响。

中美之间确乎存在一些分歧，有的还涉及领土领海主权和中国的其他核心利益。在维护网络安全问题上，中国同样是受害者，不能捕风捉影地把问题推到中国人的身上。应当说，中美双边关系有更深刻的背景，但最重要的还是经济关系。双边贸易投资关系是经济全球化与区域化的直接体现，也是中美关系的一个重点。一些问题可以沟通，也可以暂时搁置，让时间来明辨是非。但现实的经济合作需要不断推进。对抗从来不是历史的好选择，消极也不是好结局。中美之间的合作大于分歧，更多关注利益交集和合作共赢，在求同化异中取得合作成功，是最重要的互动环节。中美经济合作，包括扩大贸易、投资、金融乃至技术合作，加快双边投资协定谈判等，都有现实的需求和广阔的市场前景。只有贸易才能促进共同繁荣，也只有繁荣才能促成更多更大规模的贸易。这是合作共赢法则使然。美国政府也明白，解决当前各种全球性问题和挑战，离不开中美合作，中国政府也知道，推动全球经济继续复苏和实现新的工业革命，同样离不开中美合作。中国历来是以和为贵文化传统的国家，同时也提倡"和而不同"，在国家相对衰落时是这样，在国家开始强盛时也是这样。解开这样一个并非秘密的中华文化密码，中国其实是对包括美国在内的所有国家最容易相处的邻居。对于美国目前在世界上的经济地位，中国既无改变的意思，也不需要人为地去改变。中国同一切主权国家一样，需要国际间的平等与相互尊重，对各自文化传统的互相尊重，对国家自身核心利益的尊重，对制度与道路选择的尊重。只有相互尊重，不断推进经济合作，才有中美合作与世界合作的未来。

中美关系的拦路虎

毋庸讳言，中美经济关系之间也还有拦路虎。这个拦路虎不是经济而是绑架经济的另一些潜藏的深层次因素。中美新型大国关系和全球双边多边贸易谈判开始出现一些积极的动向，但道路依然曲折，依然缺乏互信；不断挑动国家关系走向紧张的负面力量，影响经济全球化的历史进程，也影响中美合作进程。

从大的层面上看，2014 年是一个多事的年头，自打美国宣称重返太平洋起，世界就一直没有安宁过。中韩与日本、俄罗斯与乌克兰、美国与叙利亚和伊拉克北部突然冒出的 ISIS，当然也包括所谓的"中国南海风波"，世界似乎乱成一锅粥。但人们从乱中看到了几个既简单又复杂的大"三角"。这就是"俄美欧"、"中美欧"、"欧俄中"和"中美俄"。仔细分析这四个"三角"，它们并不在一个平面上。比如"中美欧"，因为在经济上特别是经济复苏问题上，美国与欧盟都需要中国，欧盟国家又与中国经济合作不断加深，要谈的话题大都是经济与投资。另一个"中美欧"关系，则可以从 TPP 与 TTIP 自贸谈判的经济角力中看出来。正像一些国际媒体所言，TTIP 是欧盟和美国在面对日益强盛的发展中国家时彼此自己主导地位的举措，而跨太平洋的 TPP 明显是在分化亚洲新兴经济体合力发展的力量。"欧中俄"则有点戏剧化复杂化，除了克里米亚及乌克兰事态与美欧俄之间制裁反制裁，还有俄罗斯经济重心开始东移，但这是不同的两件事。在制裁问题上真戏假唱、假戏真唱皆有之。一俟对阵，也就变成"美俄欧"的制裁与反制裁甚至更激烈的对抗。这个"三角"问题已经构成了世界的一大热点，但欧盟国家也出现不同声音。对抗的结果是俄欧双方的日子更难过。比如欧盟第一大经济体德国是俄罗斯在欧洲的最大经济伙伴，2013年德对俄商品出口占欧盟对俄出口的35%，双边贸易额为765亿欧元，德国国内35万个就业机会与德俄贸易有关，在俄德国企业有6200家，受制裁影响的占四分之一。据统计，欧盟对俄第一轮制裁就令德国企业损失60亿欧元，新的制裁造成的损失更大。在西方国家实施对俄金融、军工和能源行业制裁后，俄罗斯宣布禁止从美国和欧盟以及加拿大、澳大利亚、挪威等进口农产品与食品，对欧盟生产商直接造成打击。芬兰将造成相当于GDP0.5%的损失。农产品历来在对俄贸易中占重要地位，仅2013年俄罗斯就从欧盟进口118亿欧元的农产品。俄罗斯从美国每年进口的农产品也达14亿美元。制裁是把双刃剑，因此欧盟一面对俄发动一轮又一轮制裁，同时也不愿把事做绝，比如在制裁的同时，也同意就乌、欧自由贸易协定展开讨论。但乌、欧自由贸易协定究竟是象征性的还是乌克兰进入欧盟的通道，依然是糊涂账。对俄制裁究竟划算不划算，美国国内有辩论。许多学者认为，"美俄误判新冷战将致双输"。最后的结果是"除非取胜，否则就只能缓和"。约瑟夫·奈也持同样的观点但角度不同，他认为俄罗斯正在衰落，因为其GDP只是美国的七分之一，经济结构单一，石油、天然气占其出口的三分之二，占其GDP的20%，而且据联合国人口统计学家估计，俄罗斯人口到21世纪中叶可能从目前的1.45亿减少到1.12亿。俄虽然拥有国防工业的尖端产品，但缺少长期复苏战略。但他也承认俄罗斯在核武、石油、天然气、网络技术的能力足够给西方带来"麻烦"，因此需要在遏制的同时保持长期的接触战略。欧俄问题虽然重要，但在西方战略家眼里仍属第二个层次，他们需要真正战略"再平衡"的是美—

中—俄，而其间的中美关系又是当今世界上最重要的双边关系。

这是有原因的。因为随着发展中经济体的发展曲线一路向上，世界经济重心的"跷跷板"开始出现并非"一头沉"的明显变化，尽管美国经济一头的砝码还不少，甚至在结束第三次"量化宽松"之前，增添了页岩气革命的新砝码，资金要回流，实体经济要振兴，找到了些新感觉。尽管中国经济崛起后的 10 万多亿美元与美国的经济总量之差，未必是现实经济压力，但对"老大"惯了的美国，这个弯子太难转，因此就出现了"再平衡"的这一幕与那一幕。不能说美国重返太平洋没有遏制中国的意图。有可能竞选美国总统的克林顿·希拉里就有说法，对中国要有合作，也要有制约。但原本想着"一对一"甚至"N 对一"地重返太平洋，但这种线性格局在变几个"三角"后变得复杂，既要宣布强化美在欧洲的军事存在，又在 ISIS 的突起中不得不去重返中东，多重目标与多重压力下，其进度与力度的纠结也就可想而知。是否早有一种可能，鉴于直线与"三角"的力学结构不同，也鉴于中东之事再起，保不准哪里还有乱子发生，美国手里的算术题会变成一道"代数题"，把 B 的 N 次方代入"铁杆盟友"，然后拍拍后者的肩膀，你不是要变"正常国家吗，那就看你的了"。美国地缘政治学者近来还提出一个新概念——"锐实力"。这是继"软实力"、"巧实力"之后的又一次概念调整。何谓"锐实力"？美国国防学院副院长麦克尔·J.马扎尔在《"锐实力"助美国维持全球领导权》一文中说，新的竞争关系不断出现，美国的战略制定者因此面临进退两难的境地，需要找到一个能够满足彼此冲突要求的国家安全的新方法，最佳候选可称之为"锐实力"。但"锐实力"葫芦里装什么药？在欲言又止的语境里，人们看到的是这样几个关键词语：一是"锐实力战略不是一项撤退战略"，要"继续介入亚洲"，但"将会利用更为谨慎的概念来取代那些天花乱坠和野心勃勃的作战概念"，并且"要求借助以非军事为主的手段来达成目标"。二是中国虽然强大，但中国的利益和"最近的历史"，"无一表明"美国正在与一个意在征服整个地区的强国打交道。"锐实力要求我们（美国）不要夸大主观感觉到的威胁"，要以"一系列强有力的外交和经济行动对于表明继续介入亚洲的作用"。三是"对于解决仍是最有可能的战争起因的误判和误会风险是必不可少的"。"锐实力"论要把亚洲作为新战略的首个案例，一方面还是维护自身军事经济霸权，另一方面也不得不降下身段，寻求外交与经济的办法。

但这种策略转换，也会给日本以难题。日本表面上好像为"成为正常国家"而战，但又不甘揭示为什么"不正常"的深层原因，好像全身再次武装起来就正常了。美国要玩"锐实力"它也只能暂且跟进，办法就是试图在"三角"之中或在"三角"之外，打上几个"楔子"。安倍四出活动，想把楔子打进印度、越南、澳大利亚甚至布鲁赛尔欧盟议会等，但作用力并不大。日本的一些官员称，地区影响力比一个国家的经济规模更重要。与美国达成合作关系的日本可以提供一个自由市场民主化模式，该地区其他国家则会渴望照着这一模式发展，而中国提供的是资金，不是模式。但是，对日本的非资金的口惠实不至的自由市场民主化模式，谁又会真的感兴趣？人们倒是看到，安倍的楔子是沿着当年日本军国主义战争集团南下的路线一路打去的，从印度到菲律宾、印尼、马来西亚再到缅甸，都是日本与美国的同盟国英法争夺过的计划营造"大东亚共荣圈"的血腥战场，连接中国的西南丝路也变成了血的通道。1938 年，日本政府发表《大东亚新秩序》宣言，1940 年时任外相的松冈洋右将这个"新秩序"明确表述为"大东亚共荣圈"。这个"共荣圈"有多大呢？东至波利尼西亚，北至西伯利亚，南到澳大利亚达尔文港，西至中亚和南亚的印巴。这也许是它所谓回归正常国家的真正的注脚。人们记得，2006 年安倍第一次上台，前外相麻生太郎就提出"自由与繁荣之弧"，将东盟各国置于弧的中央，把印度当作弧的结点。这个"自由与繁荣之弧"，就是多半个"大东亚共荣圈"。至少是企图在美国曾主导打造的

"第一岛链"上，再次建立对华围堵圈。

美国国内对美国的对华遏制持异议的并不少，美国《国家利益》双月刊网站 2014 年 8 月 16 日刊出凯特学会高级研究员特德·盖伦的一篇文章说，"遏制加接触终究是短暂的规避对策而非连贯一致的政策，这种政策的时日不多了"。作者说，这种"政策是逐步构建对华遏制政策构架，同时又坚决否认它在推行这种政策"，"所有这些举措都有一个共同点：都是与对中国有敌意或至少对中国在东亚力量增强深感担忧的国家建立安全关系"。"然而，美国领导人必须要重视现实，尽管现实可能令人难以接受。这种现实就是美国当前的战略不仅自相矛盾，而且长期来看是不可持续的。鉴于西太平洋以及东中国海地区日渐形成的新战略局面，在不远的将来，美国将不得不采取一种更明确一致的政策。这就要求它在三个选项中做出选择。"哪三个选项呢？第一个选项是"采取明显的遏制政策"，也即复制冷战时期对付苏联的政策。但美国与苏联和中国的双边经济联系程度大不一样。"中国不仅是美国重要的贸易伙伴，而且持有大约 1.3 万亿美元的美国国债，明目张胆地实行遏制政策会使这种关系面临危险。"第二个选项是"接受中国在东中国海的卓越地位"。"这种政策模式就如同 19 世纪末英政府承认美国在西半球占主导地位一样。英国当时的这种让步后来被证明是极其成功的。他不仅结束了英美两国 100 多年的摩擦，而且还为两国后来在两次世界大战中结成盟友奠定了基础。美国如果承认中国在东亚的地位，或许也会带来类似的好处。"第三个选项是"美国不要干涉该地区均势发展"。"不仅是中国的崛起，其他东亚国家的日益繁荣和强大也使美国的优势大大减弱。决策者要扪心自问，期望离东亚地区数千英里远的美国永远保持在该地区的霸主地位是否现实。"

其实，真正的拦路虎来自马汉的不肖门徒"新马汉"们。在马汉海权逻辑中，军事是第二位的，第一位的是为了保证贸易的畅通和海上贸易的安全所具有的海上军事能力。"新马汉"们阉割了马汉海权贸易的海上贸易安全是一种"公共产品"的重要论述，将马汉的海权逻辑变成了一具只有战争植物神经的嗜血的"机械战警"。"新马汉"们要把经济全球化变为军事全球化，把全球发展战略继续捆绑在军事战略之中。他们重提"抵消战略"，甚至新创了"摸不准"战略。甚至鼓吹所谓"抨击空海战"和"近岸控制"，好像就要回到"八国联军"的时代。为加强海上遏制的纵深感，"新马汉"们在关岛搞了最大的军事动静。那里已经成了"翻修扩建"的大工地，预算搬迁费就是86亿美元，其中日本出资31亿美元。太平洋空军司令部有关人员认为，阿拉斯加、夏威夷和关岛是个战略大三角，关岛则是西太平洋里的"矛尖"，修建这样强大的基地设施有利于美国向远方投送兵力。这个远方在什么地方，如果是中东，为什么不在欧洲"翻修扩建"呢？但翻修关岛还是不放心，于是风传中国的"东风-26C中程导弹"威慑关岛一说。各种捕风捉影的预测，无非是要经费要预算，甚至建议把"千舰舰队"的跨国设想扩大到多国军费叠加的可笑的构想中。

"新马汉"们在经济全球化的历史进程中再次杀出，不是不甘寂寞，他们实际上是军工利益集团的工具。翻翻美国的历史就知道，美国尽管有主导二战胜利的光荣历史，但其军工利益集团有着躲在后面寻求利益最大化的不光彩的传统，不管是直接挑起军事冲突还是寻求代理冲突，都会大赚。代理者赢了，美国收获双份红利，代理人输了，也有经济利益垫底。美国的总统其实很可怜，内政和金融被大财团和华尔街拿去，外交军事又让国务院和五角大楼分权，加上两院的掣肘，一身光环，说穿了就是个"撞钟人"。在军工联合体的眼里，一般全球化贸易带来的常规利益，怎能比得过"大炮一响黄金万两"？赳赳武夫与只知赚钱的军火商人纠结在一起，太平洋也就无法太平起来。一些人炒作中国威胁，无异于给军工利益集团做了最大的嵌入性广告。

美国的军工集团是没有道德底线的，二战前期就同日本军国主义在经济上站在一起。卢沟桥事变发生的1937年，美国对日出口在当时是天文数字般的28亿美元，美国对日出口物资60%是汽油，其余是废钢与飞机。日本侵华战争的前3年里，日军消耗的4000万吨汽油70%是美国军工集团供给的。在太平洋战争爆发前，美国与日本签署《日美谅解方案》，其主要内容居然是美国承认日本对满蒙的占有权，美国向蒋介石政权施压，要求蒋、汪合并，如果蒋介石不同意则停止对华援助。此时的美国也在玩一战时的两手，蒙头要发发战争财。只是欧洲战局发生变化，美国才开始对日禁运，恼羞成怒的日本军悍然发动太平洋战争，美国才正式对日宣战。钓鱼岛问题也与美国不无关系。20世纪80年代，美国一边打压日本的又一次"经济袭击珍珠港事件"，与日本签署迫使日元升值的《广场协议》，并以大量资本搞跨日本楼市，造成日本6000亿美元的坏账和日本长达15年的经济零增长，同时在田中首相访华前悄然宣布，把法理上归属中国的钓鱼岛的海域训练区交给日本，由此在钓鱼岛安装了未来可以引爆的一颗引信。美国的奥利弗·斯通和彼得·库茨尼克的《躁动的帝国——不为人知的美国历史》一书中，明白地揭开了美国的战争秘密：战争是笔大生意。他们在这本巨著中列出：在一战中，战场上每名敌军军人倒下，美国就有25000美元的进账，还不必讲在战争中英国如何沦为美国的债务国。二战初，美国仍在与纳粹德国做生意，250家美国公司拥有4.5亿美元的德国资产。在伊拉克战争后，美国公司大肆敛财，仅哈里伯顿伊拉克分公司的利润就超过240亿美元。现在美国政府预算紧张，但他们敲计算机的频率不减，你政府不是要压预算吗？可以拉别国的"千艘舰队"，凑不够不要紧，美国会有人卖给你军舰。你出钱出力甚至出命，我赚了你还要帮着数钱，这才是一些人热衷于战争的公开的秘密。

美国《国民评论》发表的一篇文章显示了"新马汉"的真切嘴脸。

"新规则可能正在形成，因为我们还困在狂野的西部时代，酒吧里的所有人都抽出了左轮手枪，琢磨警长出了什么事，同时也在琢磨谁会有胆量第一个开枪。"文章直观地把所谓"无序"归于三个原因，一是美国留下真空，二是对手不再惧怕，三是友邦并不可靠。为什么留下了真空？是因为奥巴马认为："把资源用于解决国内的不平等和不公平问题，肯定会好得多。增税计划、巨额预算赤字和大幅度增加的福利支出使得美国丧失了预算空间，无法展开维护国外局势所需要的防务。"为什么说友邦并不可靠？是因为"欧洲知道，只有当美国充分具备坏警察的硬实力霸权偶尔愿意加以使用时，欧洲的好警察的软实力才能发挥作用"。这无疑是一篇具有西部牛仔品行特征的文章，是当年西部无序秩序土壤里生长的一位"新马汉"的气急败坏的语言。他大概没有克林顿·希拉里的外交生涯的修养，因此赤裸裸地向总算还想到美国国民福祉的奥巴马发难。

"新马汉"的思维还在影响着美国，甚至要绑架美国。这是美国的真正的梦魇。因为有如此一伙"新马汉"和他们的"安倍版"，这个世界是不安宁的。他们甚至宣称"伊斯兰国对美的威胁远逊于中俄"。亏能想得出来！美国国内有人计算过，自二战以来，美国已经对13个国家和地区发动过战争与空袭，5年多就有一次，也就是平均每个总统的任期都要来一次。不能说美国人生来好战，而是走不出一种"怪圈"。美国《国家利益》双月刊在2014年10月号就推出《美国必须勇敢面对中国的挑战》，作者对自己的身份毫不隐晦，是一位美国特种作战司令部的独立承包商。他的理由既霸道也简单：因为中国要作为强国回归于世界，势必导致竞争。昔日"冷战的安全较量耗费了美国颇多精力，中国的挑战至少会耗费美国同样多的精力"，与其如此，不如在"莫须有"的逻辑下先下手为强，用挑战面对"挑战"。且不说这个利令智昏的军火商人把别人的发展视为"挑战"如何的不通，他提出的四个"面对"更让人啼笑皆非：一是要求下一任美国总统及其顾问必须承认，"宽容政策不是有效的对华政策"。二是美国军方将领和规划者必须"打破 70 年来形成的作战和采购习惯"。三是国会和军工行业必须为"重建美国部队"而调整，核心是远程飞机、潜艇与导弹。四是美国的公众"无论多么疲惫，都不能停歇"，必须接受"无限期的负担"。他甚至提出，美国的总统候选人要把"竞选季"作为面对"挑战的机会"。这位军火商人的文章很有点希特勒当年啤酒馆政变演说的才情，但他以为美国的民众都是傻子吗？

实际上，美国的长远经济战略目标是要把中国市场融入美国的太平洋经济圈，就像他们把英国和欧洲融入美欧大西洋经济圈一样。但历史没给出征服的机会，唯一的可能是经济全球化和区域经济一体化的经济的互相融入。在经济全球化的新条件下，中美经济相互平等的经济融合是顺理成章之事。究竟是一个经济强大市场活跃的中国对美国有利，还是一个市场萎缩的中国对美国有利？答案应当是清楚的。美国的"新马汉们"反其道而行之，又要拿出对华军事遏制的老办法，能行得通吗？

2014 年 9 月，直接推动中美外交的美国前总统卡特在出席中美青年高峰论坛时接受媒体记者访谈。他说，与中国建交"是我一生中最正确的决定之一"，"当时美国国内的反对声真让人应接不暇，但我依然坚持我的主张"。现在，"中国经济已经超过日本，将来有可能成为世界最大经济体，这就让很多美国民众担心，我们的地位是否会被取代。伴随着这些疑问的便是不安。其实，中国的强大不仅对美国，对世界来说都是有益的。只要两个国家认清形势，加强互信，学会共同承担责任，没有什么问题不能解决。我甚至认为，美国能够找到中国这样一个合作伙伴将是一件好事，因为我们可以更好地努力维护世界的和平。"

"中国梦"、"亚太梦"、"丝路梦"

在中国改革开放之初，一本美国的畅销书《光荣与梦想》曾经在中国一纸风行，这本书的确叙述了近代美国的发展史，读来让人有些感慨良多，后来托夫勒的《第三次浪潮》和另一本《大趋势》也成为中国人案头必备的参考读物。哪个时期是美国的经济上升时期？经过计划经济困顿的中国人在寻找新的出路，但发展之路在哪里，除了"摸着石头过河"，也同时把目光投向全球，要学习，要引进，打开国门，看看国外究竟发生了什么。毋庸说，《光荣与梦想》描绘了美国发展自"五月花"登岸后的光鲜的一面，虽然后来证明那是一幅制作得很好的广告，把一切最闪亮的片段拼接起来，把黑幕与阴影剪掉，但我们也努力地从中看到美国经济发展的曲折和其中付出的代价与努力。这本书的一个优点是没有心怀叵测的政客气，并没有更多地涉及美国政客视为珍宝的所谓美国的"价值观"和"国际秩序"，也没有为美国军工集团涂脂抹粉，而是着眼于美国国内的经济开发与发展历史，因此还不失为一本好读的信史。

"美国梦"其实有好几个层面，如个人事业的发展，国家的强大与强盛以及带给世界的影响。就个人的事业而言，美国早期的开发史也是筚路蓝缕的历史，尽管这里也有华人的血，有无数前仆后继的各国新移民的泪，但毕竟还是开拓的一种代价。"美国梦"的一幕似乎开始接近尾声。2012年美国出版的由美国资深媒体人唐纳德·巴利特和詹姆斯·斯蒂尔合著的一本《被出卖的美国梦》揭示了这种变化和深刻的原因。他们对近 20 年美国人的生存状态进行调查，美国的失业率不仅一路上升到最高的将近 10%，美国家庭收入也减少了 10% 以上。2000 年与 2011 年之比是 100 比 89.4。美国的贫富差距拉大了，占 1% 的少数人收入增加 18%，占到全社会财富的 40%。美国的减税政策表面理由是让大企业主更多地给职工创造福利和就业岗位，福利和就业岗位没有创造多少，上交的税金却从 1980 年的 47.9% 降到 2007 年的 19.8%。在美国多数的逐梦人的心目中，美国是"机运之地"和"理想国度"的梦已经打破，至少是理想中的"美国梦"打了大折扣。究竟是谁出卖了曾经的"美国梦"，唐纳德·巴利特和詹姆斯·斯蒂尔明确地讲，是美国的政客、富人和大公司，是他们弄醒了"美国梦"，冠冕堂皇地侵蚀中产阶层与劳动者的利益。2014 年，瑞士信贷银行对 2013 年的全球财富做了一个统计，主要来自房地产和证券市场的全球财富 263 万亿美元，被 10% 的人占有 50%，其中美国和北美 91 万亿美元，占到 34.7%，欧洲占 32.4%，中国只占 8.1%。中产阶级倒不少，全球 10 亿人，但中产阶级的定义是 1 万美元至 10 万美元，不少人是被中产了。让世界经济走向困顿的金融危机出现转机，让所有人松了一口气。美国在这场危机中也吸取了教训，开始重视实体经济的发展，开始回流资金甚至回流企业。但是无论是美国还是其他发达经济体，都深感复苏的不易与不稳。就以欧盟经济来说，2014 年刚刚显示回暖，第二季度就惊现零增长，美国经济复苏的步伐也在放慢，说明复苏同样有周期。那么美国企业资本回流就那么简单吗？尽管官方不断动员企业回归，并责备选择外迁的美国企业缺乏社会责任，是"丢掉自己国籍的企业逃兵"，但为了逃避美国高达 35% 的税收，许多企业还是选择出走之路而不是回归之途。途径之一就是利用在国外的子公司并购在国内的母公司。比如美国的全球第二大的医疗器械公司美敦力和制药企业艾伯维，其"并购"规模分别为 429 亿美元和 540 亿美元。有评论说，这是发达经济体中，继 2013 年法国富人外迁后由个人延续到企业的一种"出走潮"。

避税固然是一个原因，但也反映了对美经济的信心。2014 年中，《华尔街日报》与美国全国广播公司联合调查，美国的富人与穷人持生活悲观情绪的分别为 75% 和 73%。美国梦是美国人的一种乐观特质，也吸引着很多的世界人，但这种乐观特质自 2008 年危机以来并无大的恢复。当然，对企业的归来与出走，在经济一体下，并不是问题。但资本特别是直接投资的数量也是一个国家最关心的问题。人们看到，在美国最需要投资的时候，中国人来了，从 2011 年到 2013 年，中国企业每年对美制造业投资不过 4 亿美元，但 2014 年上半年就达到 20 亿美元，中国企业提供的就业岗位也从 2010 年的 2 万个增加到 8 万个。因此有经济学家说，随着中国在美国投资的持续增长，"有一天中国企业将在美国成为不容忽视的雇主"。中国的房地产商和文化产业企业也进入了美国，具有代表性的是万达集团，在斥资 2.65 亿欧元收购西班牙马德里的西班牙大厦的投资不久，又一次投资 12 亿美元买下位于比弗利山庄的地块，并准备在纽约和芝加哥经营另两个十数亿美元的酒店项目。据了解，中国房地产外国直接投资，在 2014 年第一季度的增幅就是 17%。但美国在华同期的投资并购额却降到了 12 年来最低的 6 亿美元。这只是管中窥豹，美国的投资来源主力里少不了中国企业。美国发展得早，基础设施也相应出现老化，德国西门子公司正在美国建设电气化高速公路，相信在美国经济由虚转实的结构调整过程中，有许多新的互补机会也包括中国基础设施商的投资机会。尤其是美国的农产品，没有哪个更大的市场可以容纳与消费。尽管美国制造业扩张强劲，但这样一些一目了然的领域也都提示了，在全球化的今天，资本与企业和产品的流动是一个新的常态，美国也不能例外。或者说，美国需要中国的时候并不比中国需要的少。其实，被视为"低档"的日常消费品的生产也非美国的长项，即便是说破了嘴"生产袜子也可以赚钱",但对于习惯于高消费的美国人来讲,转型并不那么容易,也许要靠中国企业家去投资去生产。

国家的强大与强盛,是国民自豪感与社会责任感的重要来源。但一场历时6年的次贷危机和金融危机使美国陷入经济衰退,尽管经济在复苏,但美国的经济规模比危机前小了15%。诺贝尔经济学奖获得者约瑟夫·施蒂格利茨认为,GDP不是衡量经济成功的好指标,更重要的指标是家庭收入,但美国公司员工的中位数收入还不如40年前。美国经济相对"复苏"过程中的成果还是被富人拿走了大半,即10%富有者拿走了149%的超成果,1%的最富者拿走81%,其余90%的人在理论上收入至少缩水一倍。收入一路下滑,让一般的美国公民继续产生自豪感和社会责任感,那岂不是一种缘木求鱼?现在,在危机之后惊魂初定的美国人,想到的是下一场危机会不会发生,又在什么时间发生。这在经济学界已是直言不讳的研究课题,甚至影响到在中国天津举行的达沃斯夏季峰会。英国的《每日电讯报》发表《全球金融灾难的10个预示征兆》,列出中国经济减速、铁矿石价格下跌、油价下跌、大宗商品价格下跌、小盘股抛售、科技市场泡沫破裂、美国量化宽松推高股市、美国股市被高估、股价不可能永远上涨和利率冲击等等。有的把中国的经济转型中的新常态列为第一,反映了西方的一种矛盾扭曲心态:一方面不希望中国发展,一方面又不得不把中国的发展视为动力,一方面攻击中国占用更多的资源,一方面又要中国购买更多的初级资源产品。中国的一点正常的变化都被看作是经济走向的征兆,这是一个什么样的逻辑?

"美国梦"做到世界上,就是要带给世界他们的价值观体系和所谓的"世界秩序",这其实是政客们和军工利益集团的"双簧",美国的老百姓是不要听的,他们的最低也是最高的梦境要求是回到以前的"美国梦"中去。2014年年中,美国前国务卿基辛格博士出版了新书《世界秩序》。他说,利比亚陷于内战,伊斯兰激进团体正在叙利亚和伊拉克建立自封的伊斯兰国，而阿富汗这个年轻的民主国家处在瘫痪的边缘。雪上加霜的是，与俄罗斯的紧张关系故态复萌，与中国的关系是承诺与公开相互指责并存。曾经是现代基石的世界秩序如今岌岌可危。基辛格为什么这样说呢？因为他认为，这个世界秩序有三个缺陷，一是西方的理念不被认同。美国认为，传播"民主"是国际秩序的首要目标，但世界大部分地区从来没有与西方相同的秩序观，只是默认西方的秩序观，这种保留态度现在正变得直言不讳。西方建立和宣传的秩序观现在处在转折点上。二是经济体系已经全球化，而世界的政治结构仍然是以民族国家为基础，因此国际秩序面临一种自相矛盾的窘境。"其兴盛赖于全球化的成功，但是这个过程产生了往往与其志向背道而驰的政治反映。"三是缺乏一种大国在重大问题上进行磋商和可能进行合作的有效机制。基辛格在肯定美国还要在21世界秩序的演变中发挥负责任的作用的同时，提出美国需要在两个看似矛盾的层面上进行思考："推广普世原则需要同时承认其他地区有自己的历史、文化和安全观这一现实。"基辛格强调了"全面的地缘政治战略的重要性"。

　　强调地缘政治战略的"全面"，意味着在基辛格的眼里，美国的现行战略并不是全面的。这是美国与其他大国关系复杂化的原因所在。他追溯了从西奥多·罗斯福至今美国崛起的过程，并探讨了他自己在尼克松政府任职期间的经历，认为尼克松自始至终致力于美国的"普遍主义愿望"与"残酷现实之间的调和"。他说，尼克松在1971年就对美国的《时代》周刊说过，大国之间有必要拥有相交互叠的一系列目标，"如果我们拥有一个强大、健康的美国、欧洲、苏联、中国、日本，相互平衡，不彼此对抗，就将有一个更加安全、更加美好的世界。"基辛格认为，"拥有相交互叠的一系列目标"，"不彼此对抗"的以相互尊重为基础的大国关系下的世界秩序的理念，"高于任何一个地区或国家的观点及理想"。

　　基辛格讲了"威斯特伐立亚和约"签订前后的欧洲。"威斯特伐立亚和约"是怎么回事呢？"威斯特伐利亚和约"也称"维也纳和约"，是1815 年由奥地利首相冯·梅涅特主持下签订的欧洲大国俄、法、德、意保持均势的一个国际和约。彼时，拿破仑刚刚战败，但俄国的亚历山大沙皇未能进入中欧与西欧，德意也未能实现他们"崛起"的目标。这是世界近代史上一个在"妥协"中保持均衡与均势的著名的多边外交的实例。他认为，有必要重提"威斯特伐立亚和约"，在保持大国均势"融入当代现状的现代化了的体系"里寻求大国关系和维持"世界秩序"的出路。他对"推广普世原则需要同时承认其他地区有自己的历史、文化和安全观这一现实"的认知和建立"大国在重大问题上进行磋商和可能进行合作的有效机制"的呼吁，都表明了他是美国外交领域的一位真正的智者。他提出了一个新的世纪性命题，在 21 世纪的全球治理图景里，如何把不同的历史经验和价值观塑造成一个共同的秩序。

　　基辛格博士的《世界秩序》引起了巨大反响，前面讲到的《红星照耀在太平洋》的作者之一，美国海军学院教授詹姆斯·R.霍姆斯发表了感言，认为现行秩序遭遇大国挑战，"重塑秩序"是长期的。他回顾二战后富兰克林·罗斯福设想的"四警察"——美国、英国、苏联和中国，加上法国，即是后来的联合国安理会的五个常任理事国，"进一步推动实现编入《联合国宪章》的共同目标"的历程，提出了一个有意思的问题："当警察就管辖边界发生争执时会发生什么？当一位警察干涉另一位警察的辖区时，又会发生什么呢？"他说："麻烦，这似乎是基辛格努力克服的麻烦。他提醒我们，中国、印度和俄罗斯有其自己的传统和历史，不同的起源产生了不同的观点，因此对于什么规定和规则应该约束国际体系，各国观点不尽相同。"詹姆斯·R.霍姆斯强调基辛格的判断，从 20 世纪 40 年代美国发动其世界秩序攻势，到 2000 年时已达顶点，"之后会扭头进入下降趋势"。"重获美国魔力，就要重建国家，再度实现繁荣。""如果美国关于世界秩序的设计不负众望，那么它将赢得外国听众的青睐，如果做不到，那么人们将会对美国的恳求充耳不闻。"关于被一些人讥为"高谈阔论"的基辛格的威斯特伐利亚协议，法国学者给了正面回应，确乎是保证了彼时欧洲 50 年的和平的有效努力。特别是在 1814 年至 1815 年，欧洲出现了"均势概念"，即共同利益高于任何一方的利益，"集体的利益将永远高于个人的算盘"。威斯特伐利亚协议完全"可作为一面镜子"。美国当代地缘学者罗伯特·D.卡普兰也认为，地球系统毕竟过于庞大，无法由一个霸权主导，将会出现"区域性分权"，每两个区域都会互相影响，在这个新兴世界里，区域性的庞然大物实在太多了，有美国、欧盟、中国、印度和俄罗斯，还有土耳其、伊朗、印度尼西亚、越南、巴西等中等国家，对于斯皮克曼们来讲，都是意料之外的。

其实，就地缘政治层面上讲，"均势概念"是和平的有保证的重要外在形式，在更重要的地缘经济的发展中，在经济全球化和区域经济一体化中，"均势概念"也是为创造和平发展环境与各国共同发展需要的一种"公共产品"。正像基辛格博士喜爱奥巴马第二次访华前接受记者采访中讲的：就中美关系而言，"中美两国有特殊的机会和责任为世界和平与进步共同努力。中国是一个正在崛起的国家，美国是一个老牌的发达国家，因此两国在国际事务中的互动是不可避免的"，没有中国与美国的合作，一些问题都不会得到解决。"我相信中国与美国有机会建立一种新型大国关系。这不是一个抽象的理论，而是现代技术发展的必然要求，也是我们共同面对诸多问题的客观要求。"

中国的发展提出了"中国梦"。这是一个富民强国梦，是民族复兴之梦，是经济发展之梦。就经济发展而言，岂止中国人有梦，欧洲有梦、非洲有梦、拉丁美洲有梦、整个亚洲有梦，亚太国家和俄罗斯、印度都有梦。绝不会美国可以有梦，别人就没有资格有梦。在"中国梦"里，居民生活的改善、公平机遇中个人包容发展中的共同富裕已经成为不断继续的走势。2013 年美国的一项跨国民调表明，85% 的受访中国人对自己国家的发展方向表示"非常满意",美国则是 31%。不说别的,就是那个并不完全靠谱的"购买力平价",也有另一面的居民购买力的比较与权衡,中国居民的经济实惠,远比美国多。古老中华复兴的发展目标也从来没有如此真切,这是无可置疑的。但是,"中国梦"的梦境更广阔,和平发展是它的底色,与亚太地区和世界各国的共同发展,构成了"中国梦"更大的全景图。因此,"中国梦"和"亚太发展梦"、"世界发展梦"是相连的。美国一些人最大的心结是担忧中国的经济崛起会改变世界均势。他们按照自己的崛起经验和想象,描画出一幅"令人心悸的前瞻图景",但连美国的颇有些见识的学者也明白,"中国不会按照美国模式崛起"。美国耶鲁大学历史系教授亚当·图泽 2014 年 5 月 23 日在英国《金融时报》网站发表文章说,"毋庸置疑,中国复兴将是 21 世纪初期具有决定意义的大事",但美国崛起的独特条件很难在当今世界重演,"经济史的一条长线或许能从 19 世纪的英国贯穿到 20 世纪的美国和 21 世纪的中国,但地缘政治的长绳却是由更为粗糙的麻线织成",因此,"假想中国的崛起会因循美国当时的历史轨迹,不仅无助于正确理解局势,反而会激起不必要的对抗和冲突"。这应当是美国学界的主流声音,与此相应的声音是,奥巴马在西点军校讲话中的略带自嘲,"不能仅仅因为我们拥有最好的锤子就把所有问题都看成钉子"。但更重要的是来自美国公众的声音:中国经济不断壮大,中国人购买力上升,这对美国是好消息,带来了美国出口商品的新市场并扩大了规模,美国对华贸易扩大,这不是美国经济发展想要也能要到的吗?从这个角度看,"中国梦"也连接着美国的经济复苏梦。

"中国梦"与"亚太发展梦"和"世界经济发展梦"乃至"美国经济复苏梦"的一体相连,决定了五彩斑斓的"丝路梦"也是其中至关重要的内涵。推动世界经济全方位开放的"一带一路"和平发展的轨道和将要出现的经济合作成果,既造福中国也造福全球。"一带一路"是循环不已的历史经济文化跑道，也是通向未来经济发展的循环不已的轨迹。和平发展、和平崛起才是人类社会最真正值得追求的普世价值，才会造成全世界的和谐秩序。新丝路建设、新丝路规划、新丝路交通、新丝路产业、新丝路贸易、新丝路生态、新丝路旅游正在形成，正在催生世界全球化与区域经济一体化平等合作发展的新的前景。

探索全球经济治理的新途径

2014年注定是不平凡的，几乎所有应该和不应该的事情都发生了。从一个方面看，这是个大融合、大接触、大谈判、大外交的年代，从另一面看，又是大分化、大交集、大合作的年代。有人把它看成过程与机遇所在，有人把它看作成败的关键。但不管怎么讲，推动世界多极化、经济全球化、文化多样化、社会信息化，已经成为全球性主要议题。各种想法和利益会有碰撞，但负能量终究抵不过正能量。这个正能量就在经济全球化带来的发展机遇之中。

2014年，是中国全面实施"一带一路"发展战略构想的一年，也是"一带一路"发展并引起世界关注成为经济全球化交响曲的主旋律的一年。这种关注给这个看似纷乱的世界带来希望。在2014年里，中国正在顺利地进入经济转型期和经济发展战略的转换期，迎来中国发展的新的机遇期。这个时期也许比以往更具挑战性，但风雨过去，便是万里晴空与开阔的大海。人们不会忘记丝路精神里内含的另一种坚忍不拔的驼队精神和郑和们劈波斩浪的水手精神，在坚定明晰的方向感里把握人类文明的发展走向，耐力永远是前进中的灵魂。

从某种意义上讲，合作与遏制是矛盾共生体，这也是事物的一种另类包容性。正像习近平讲到的，"志同道合，是伙伴。求同存异，也是伙伴"。有同就会有合作，尽可能和最大化地化异求同，更符合逻辑关系。目前，中美两国其实在不同经济基础条件和不同的经济结构中同时进入新的经济转型期，世界各国也不同程度地进入了新的转型期。这往往是人们忽略了的一个极为重要的国际经济新特征。中国经济目前具有"三期叠加"的过渡特点，美国经济也有不同的"三期叠加"，即经济全面复苏与金融政策调整期、实体经济回归期和新的吸引外国投资力度空前加大的经济开放期。世界各国则面临着不断消除贸易壁垒及不断在多种谈判中相互平等经济合作的发展新阶段。互补性更强了，相互依存度更高了。世界经济合作的空间比以往任何时候都大，全球经济步伐比任何时候都快。

在这种国际经济发展的新常态中，探求全球经济治理新途径，就成为一种必然的要求。习近平主席出席 2014 年 G20 峰会时，提出了全面的主张。他不仅提出经济"双轮驱动"，更提出要继续建设一体化大市场、进入大流通、基础设施建设大联通、人文大交流；多边参与国际多边合作，提高发展中经济体在全球经济治理中的话语权；致力于建设开放型世界经济，落实国际货币基金组织的改革方案，推动全球经济发展。习近平还提出，要敢破敢立，不能让结果性风险进一步聚集，要创新发展布局，要平衡政策组合，强调开放型世界经济的首要之义是反对贸易保护主义，维护多边贸易体制，推动多哈回合谈判和多种自由贸易协定的开放、包容、透明和非歧视。贸易是经济增长的重要动力，基础设施建设是寻找新增长动力的必由路径，要形成各国发展创新、利益融合、增长联动的新局面。习近平最后提出，要继续推动改革国际金融体系，参与国际能源规则制定，建设公平公正、包容有序的国际金融体系，加强世界经济的韧性和抗风险能力。

参考文献

[1]〔美〕威廉·麦克尼尔．世界史[M]．施诚,赵婧,译．北京:中信出版社,
    2013.

[2]〔美〕罗伯特·D.卡普兰．即将到来的地缘战争[M]．涵朴,译．广州:广东人
    民出版社,2013.

[3]高洪雷．另一半中国史[M]．北京:文化艺术出版社,2010.

[4]王彬．大唐西市[M]．西安:陕西人民出版社,2009.

[5]唐晋．大国的崛起[M]．北京:人民出版社,2006.

[6]〔美〕伊恩·莫里斯．西方将主宰多久[M]．钱峰,译．北京:中信出版社,
    2011.

[7]〔日〕宫崎正胜．航海图的世界史[M]．朱悦玮,译．北京:中信出版社,
    2014.

[8]王伟．中国周边[M]．北京:九州出版社,2014.

[9]〔日〕吉原恒淑,〔美〕詹姆斯·霍姆斯．红星照耀太平洋[M]．钟飞腾,李志斐,
    黄杨海,译．北京:社会科学文献出版社,2014.

[10]〔美〕比尔·波特．丝绸之路[M]．马宏伟,吕长清,译．成都:四川文艺出版
    社,2013.

[11]王炳华．丝绸之路考古研究[M]．乌鲁木齐:新疆人民出版社,1993.

[12]王博,祁小山．丝绸之路草原石人研究[M]．乌鲁木齐:新疆人民出版社,
    1995.

[13]盖山林．丝绸之路草原民族文化[M]．乌鲁木齐:新疆人民出版社,1996.

[14]沈福伟．中西文化交流史[M]．上海:上海人民出版社,1985.

[15]范长江．塞上行[M]．银川:宁夏人民出版社,2010.

[16]范长江．中国的西北角[M]．成都:四川大学出版社,2010.

[17]高振刚. 新亚欧大陆桥战略研究[M]. 济南:山东人民出版社,1996.

[18]〔日〕前田正名. 河西历史地理学研究[M]. 陈俊谋,译. 北京:中国藏学出版社,1993.

[19]陈嘉厚. 现代伊斯兰主义[M]. 北京:经济日报出版社,1998.

[20]〔美〕马歇尔. 经济学原理:下卷[M]. 陈良璧,译. 北京:商务印书馆,2009.

[21]〔美〕保罗·斯威齐. 资本主义发展论[M]. 陈观烈,秦亚男,译. 北京:商务印书馆,2009.

[22]〔苏〕波德纳尔斯基. 古代地理学[M]. 梁昭锡,译. 北京:商务印书馆,1986.

[23]〔日〕上田信. 海与帝国:明清时代[M]. 高莹莹,译. 桂林:广西师范大学出版社,2014.

[24]〔美〕奥利弗·斯通,〔美〕彼得·库茨尼克. 躁动的帝国——不为人知的美国历史:下册[M]. 潘丽君,张波,王祖宁,译. 重庆:重庆出版社,2014.

[25]〔美〕劳伦斯·贝尔格林. 马可·波罗[M]. 周侠,译. 海口:海南出版社,2014.

后 记

经济日报报业集团中国经济信息杂志社编辑宁夏专刊时，约请我写一篇卷首语。这是一个反映了宁夏在"一带一路"建设最新变化的图文并茂的专辑，我便欣然答应了。这不仅因为宁夏是我走上工作岗位的第二故乡，也是因为宁夏在"一带一路"建设中区位独特。这里是西北地区多条陆上丝绸之路交汇区，具有历史底蕴、人文条件和现实发展的巨大潜力。这两个因素使我要把有关新丝路的思考作为一种心愿交由宁夏人民出版社出版。

在我看来，作为宁夏回族自治区首府和丝路发展节点城市的银川，在历史上是北上内蒙古与北京，南去青藏高原，西接丝路干线，东进陕甘的咽喉之地，现在则通过京包—包兰公铁双线、中宝铁路和银青高速以及2014年开通的太银铁路与绿洲丝路、北方草原丝路以及海上丝路相互联结起来，进一步凸显其南北沟通、东西相连的经济发展战略地位，并使丝路联通和丝路物流大格局有了更多的优化选择。

宁夏回族自治区还有一种无可替代的人文资源，这种人文资源使宁夏与中亚、西亚的伊斯兰国家建立了广泛的市场联系与产业联系，与东南亚、南亚如马来西亚、印度尼西亚、孟加拉国、巴基斯坦等国家也有着密切的贸易往来。丝绸之路经济带经济合作的宽展性与网络便利性，给出宁夏发展丝路经济的巨大回旋空间和独特的优势。从某种意义上讲，银川在铁路运输上与兰州、西宁颇具物流"铁三角"的潜能。它拥有直接进入"河西走廊"直向武威的世界少有的沙漠铁路系统，不仅可以缓解兰州的物流压力，也使武威重新找回"古凉州"在现代丝路经济中的新感觉。宁夏在"一带一路"的发展格局中不仅处在传导与接力的"二线"，也同样处于"一线"区位。近年来银川成功举办的中国—阿拉伯国家博览会，不仅硕果累累，还成立了中阿贸易争端解决咨询委员会和中阿产业投资基金，在中阿之间首次实现规模金融合作，便是一个最好的例证。中兴公司是有慧眼的，在与宁夏合作中建立了云计算中心，也是另一个好的例证。

博鳌亚洲论坛举行期间，国务院授权国家发展改革委员会、外交部、商务部联合发布《推动共建丝绸之路经济带和21世纪海上丝绸之路的愿景与行动》（见附件），明确新丝绸之路经济带建设当前合作重点方向是畅通中国经中亚和俄罗斯至欧洲，中国经中亚、西亚至波斯湾及地中海，中国至东南亚、南亚、印度洋的通道。21世纪海上丝绸之路重点方向是从中国沿海港口过南海到印度洋延伸到欧洲和从中国沿海港口过南海到南太平洋。

在这份文件里，宁夏的战略地位是十分重要的。宁夏素有"塞上江南"的美称，物宝天华，人杰地灵。2000年前的丝路重镇有为有位，2000年后的新丝路重镇意气风发。银川平原水资源相对丰富，与著名的河西走廊适成绿色发展的直角线，形成西北两条大的经济与交通走廊。应当说，对于这条南北走廊和由此形成的北至（内蒙古额济纳旗北部）的"金三角"，我们还在不断认识之中。认识是伴随实践的连续不断的历史长河，随着"一带一路"建设的发展，新的机遇将会出现，而且，千里黄河和万里丝路富的不仅是宁夏，也包括这个绿洲与沙漠交错的"金三角"。

"一带一路"经济发展战略从提出到呈现出大气象，时间还不到两年，影响已经遍及沿线国家。这种影响力在任何一个时代和国家里是罕见的。拙作《丝路大视野》成书时间只有半年，只能说是对丝路发展这个内涵丰富的战略体系的初步领会。国际国内的新丝路建设可谓一日千里，变化之快与变革之大，确乎也使人感到目不暇接，因此有些资料还有待于今后继续补充与思考。需要提及的是，本书侧重于国内丝路联通的角度与内容，侧重于国际方面的内容将在前后出版的一本书里更多展开，有兴趣可以相互参阅。谢谢读者的支持与批评，也再次感谢宁夏的父老乡亲和本书的编辑。

由于时间短，水平有限，错误和疏漏难免，敬请读者原谅。

在此向王杨宝先生、吴月霞女士、何志明先生和本书的责任编辑管世献先生、赵学佳先生致以衷心的感谢，感谢他们的指导。同时也遥谢笔者一直作为第二故乡的宁夏的父老乡亲，谢谢他们在 40 年前对笔者的关照，而这本搁笔之作也算是笔者对处在"一带一路"建设第一线的宁夏父老的回报。祝"一带一路"建设兴旺，祝"一带一路"建设大有所成。

冯 并

2015 年 4 月 15 日于北京三里屯